Nikita Romanow, ein Großneffe Nikolaus' II. von Rußland, wuchs in Europa auf, wurde in England erzogen und studierte an der Universität von Kalifornien in Berkeley. Er spricht fließend Russisch und befaßte sich eingehend mit der Geschichte seines Landes. Er unterrichtete in den Fächern Russisch und zentraleuropäische Geschichte. Nikita Romanow lebt in New York und beschäftigt sind vorwiegend mit Geschichtsforschung.

Robert Payne hat an verschiedenen Universitäten gelehrt und lebt heute als freier Schriftsteller in New York. Er ist Autor zahlreicher bemerkenswerter historischer und biographischer Bücher über Lenin, Stalin, Dostojewski, Mao, Gandhi, Churchill und Hitler.

D1723737

Vollständige Taschenbuchausgabe
Droemersche Verlagsanstalt Th. Knaur Nachf. München
Lizenzausgabe mit freundlicher Genehmigung
des Scherz Verlags, Bern und München
Copyright © 1975 by Robert Payne und Nikita Romanow
Alle Rechte vorbehalten durch Scherz Verlag, Bern und München
Titel der Originalausgabe »Ivan the Terrible«
Aus dem Amerikanischen von Margitta de Hervás
Umschlaggestaltung Christel Aumann
unter Verwendung eines Gemäldes von A. M. Wasnezow, 1897,
aus der Tretjakow-Galerie, Moskau
(Foto Bildarchiv Preußischer Kulturbesitz, Berlin)
Druck und Bindung Ebner Ulm
Printed in Germany · 1 · 9 · 883
ISBN 3-426-02311-3

1. Auflage

Nikita Romanow/Robert Payne:
Iwan der Schreckliche

Leben und Zeit des ersten Zaren, unter dessen
Herrschaft das Großrussische Reich entstand
und Rußland in die europäische Geschichte eintrat

Mit 36 Abbildungen

Inhalt

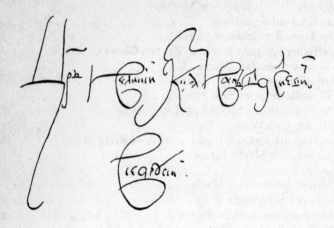

Die Unterschrift Iwans IV.: Zar und Großfürst Iwan Wassiljewitsch von ganz Rußland. Einige Historiker glauben allerdings, Iwan habe nie selbst Dokumente unterzeichnet, sondern seinen Ersten Sekretär beauftragt, für ihn zu unterschreiben.

Wassilij III., Großfürst von Moskau

Großfürst Wassilij hielt sich für den unglücklichsten aller Russen. Er konnte seinen Stammbaum väterlicherseits bis zu Rurik, dem legendären Gründer des russischen Reiches, zurückverfolgen und über seine Mutter, Sophia Paläologa, zu einer langen Reihe byzantinischer Kaiser, aber er besaß weder Söhne noch Töchter, die die Linie fortgesetzt hätten.

Als er eines Tages in der Umgebung Moskaus spazierenging, erblickte er ein Vogelnest und betrachtete die junge Brut mit einem Gefühl der Scham. »Wem gleiche ich?« fragte er. »Nicht den Vögeln unter dem Himmel, denn sie sind fruchtbar. Nicht den Tieren auf der Erde, denn sie bringen Junge zur Welt...« Ein paar Tage später beklagte er in einem Gespräch mit den Edlen seines Landes, den Bojaren, von neuem sein Geschick. »Wer wird nach mir im russischen Land, in meinen Städten, innerhalb meiner Grenzen herrschen?« rief er aus. »Soll ich alles meinen Brüdern überlassen? Die können ja nicht einmal ihre eigenen Fürstentümer verwalten!« Die Bojaren entgegneten: »Herr und Großfürst, der unfruchtbare Feigenbaum muß abgehauen und aus dem Garten entfernt werden!«

Großfürst Wassilij III. war ein milder, beim Volk sehr beliebter Herrscher. Im Gegensatz zu seinem berühmteren Vater, Iwan III., der Geschichte als Iwan der Große bekannt, der ausgedehnte Gebiete erobert und die Tataren bezwungen hatte, besaß Wassilij III. keine der Gaben, die einen Eroberer ausmachen. Er hatte hie und da Krieg gegen Litauen geführt, seinem Reich Pskow, Smolensk und Rjasan einverleibt und sich als vorsichtiger, vernünftiger Mann erwiesen, der sich nur selten den Luxus gestattete, seine ganze Macht zu demonstrieren. Ein Porträt in der Erzengel-Kathedrale, die er zu Beginn seiner Regierungszeit erbauen ließ, zeigt ihn als großen, gewichtigen Mann mit einem empfindsamen, von Melancholie überschatteten Gesicht, traurigen Augen, geschürzten Lippen und wallendem Bart.

Seine Gemahlin, die Großfürstin Salomonia, Tochter eines reichen Bojaren, galt zur Zeit ihrer Heirat als die schönste Frau Rußlands. Sie war fromm, sanft und liebevoll, und niemand hatte je etwas an ihr auszusetzen gehabt. Jetzt, nachdem er fast ein Vierteljahrhundert regiert hatte, entdeckte der siebenundvierzigjährige Großfürst doch einen Fehler an ihr: Sie war unfruchtbar und mußte aus dem Garten entfernt werden. Salomonia protestierte – sie habe kein Verbrechen begangen, ihre Unfruchtbarkeit sei Gottes Wille und überhaupt lehne die Kirche Scheidungen, für die kein anderer Grund als dieser vorliege, kategorisch ab.

Sie hatte mächtige Verbündete. Zu ihnen gehörten der Metropolit Warlaam, der große Theologe Maxim der Grieche und Fürst Simeon Kurbskij. Der Metropolit wurde in ein Kloster im Hohen Norden verbannt, Maxim der Grieche der Ketzerei angeklagt und nach Twer verbannt, Fürst Kurbskij vom Hofe verwiesen. Die Ehe Wassilijs III. wurde geschieden und die Großfürstin Salomonia in ein Kloster in Susdal geschickt. Sie soll sich gegen die Ungerechtigkeit ihrer Scheidung bis zu ihrem Ende aufgelehnt und den Gatten, der sie verstoßen hatte, verflucht haben. Ein noch viel schlimmerer Fluch wird Markus, dem Patriarchen von Jerusalem, zugeschrieben, der auf die Nachricht von der bevorstehenden Scheidung mit den Donnerworten reagiert haben soll: »Wenn du diese verruchte Tat begehst, wirst du einen verruchten Sohn haben. Schrecken und Tränen werden über dein Volk kommen. Ströme von Blut werden fließen, die Köpfe der Mächtigen werden fallen und deine Städte in Flammen aufgehen.« Und so geschah es.

Wassilij III. sah seiner neuen Ehe frohen Herzens entgegen. Seine Braut war die litauische Prinzessin Helena Glinskaja, die als Flüchtling am russischen Hof lebte. Sie stand unter der Vormundschaft ihres Onkels, Fürst Michail Glinskij, der im Laufe seines abenteuerlichen Lebens in den Armeen Kaiser Maximilians und Alberts von Sachsen gekämpft hatte. Sein Mündel war etwa zwanzig, schön, willensstark und voll überschäumender Vitalität. Ihr zu Gefallen ließ sich der Großfürst sogar seinen Bart abrasieren, obwohl die Orthodoxe Kirche das als Sünde betrachtete. Doch so verliebt er auch in sie war – für ihre Familie hatte er nicht viel übrig. Fürst Glinskij verbrachte seine Tage zu dieser Zeit gerade in einem russischen Kerker; er war wegen Verrats festgenommen worden, lag in Ketten, und seine Ländereien hatte man konfisziert. Erst im Februar 1527 erlangte er seine Freiheit wieder.

Die Bojaren standen der angekündigten Eheschließung mit gemischten Gefühlen gegenüber. Helena war für sie eine suspekte Ausländerin, und sie fürchteten, ihr könnte mehr an Litauen gelegen sein als an Rußland. Man mußte damit rechnen, daß sie ihren Gemahl überleben würde, und sofern sie nicht sehr bald einen Sohn gebar und der Großfürst lange genug am Leben blieb, um die Erziehung seines Erben zu überwachen, gab es keine Gewähr für eine gesicherte Thronfolge. Helena hatte bereits gezeigt, daß sie einen eigenen Kopf besaß, und mochte sich sehr wohl als unlenkbar erweisen. Ihre Vorfahren waren litauische Fürsten, die gegen Rußland gekämpft hatten, und außerdem zählte sie Mamaj zu ihren Ahnen, den Tatarenfürsten, der Moskowien verwüstet hatte, bis er von Großfürst Dimitrij Donskoj in der Schlacht auf dem Kulikowo-Feld besiegt wurde.

Doch es gab auch viele, die Vorteile in dieser Heirat sahen. Die Braut war jung, lebhaft, gut erzogen. Sie war nicht so fromm wie Salomonia, und sie steckte voller Fröhlichkeit, die Wassilij Vergnügen bereitete und glücklich machte. Sie würde mit ihrer jugendlichen Frische Leben und Kurzweil an den eintönig gewordenen, verstaubten Hof bringen.

Die Hochzeit fand am 21. Januar 1526 statt. Sie scheint eigens auf diesen Tag gelegt worden zu sein, damit sie nicht in die Fastenzeit fiel, während der keine Ehen geschlossen werden durften. Die Vermählungszeremonie begann in dem Augenblick, als Helena, von zwei kerzentragenden Edelleuten angeführt, in Begleitung ihrer Ehrendamen einen der Säle des Goldenen Palastes im Kreml betrat. Sie trug ein kostbares, juwelenbesetztes Gewand und nahm auf einem mit vierzig schwarzen Zobelfellen ausgepolsterten Sessel Platz. Fürst Jurij von Dimitrow, einer von Wassilijs zwei Brüdern, rief aus: »Herr, finde dich ein an dem Ort, wohin dich Gott ruft«, und dann erschien – ebenso prächtig gekleidet wie die Braut – Wassilij, betete vor den Ikonen und ließ sich anschließend auf einem zweiten mit vierzig schwarzen Zobelfellen überzogenen Sessel neben Helena nieder. Die Hochzeitskerzen wurden angezündet und Gebete gesprochen; die Ehrendamen kämmten das Haar der Braut und des Bräutigams, setzten Helena den Kopfschmuck auf, der einer verheirateten Frau zukam, und hüllten ein feines Seidentuch darum. Hopfenblüten, Zeichen der Fruchtbarkeit, wurden über das Paar gestreut. Den Hochzeitsgästen reichte man Brot und Käse zur Stärkung, denn die Zeremonie dauerte lang.

Der zweite Teil der Feier fand in der Verkündigungs-Kathedrale statt, der kleinsten und schönsten der Kremlkathedralen. Wassilij begab sich zu Fuß dorthin; Helena fuhr in einem Pferdeschlitten. Ein zobelgesäumter roter Damastteppich war in der Kathedrale für sie ausgebreitet worden. Der Metropolit Daniel reichte ihnen ein Glas mit italienischem Wein, und nachdem sie beide davon getrunken hatten, warf Wassilij das Glas auf den Boden und zertrat es. Choräle erklangen, Segenssprüche und Gebete wurden gesprochen.

Es folgte das Festessen – ein Brathuhn für das frischvermählte Paar –, und danach geleitete man die beiden in das Schlafgemach. Die Hochzeitskerzen wurden in mit Weizen gefüllte kleine Fässer gesteckt, auf das Bett wurden siebenundzwanzig Roggengarben, in die Ecken des Raumes Zobelfelle und Weizenbrotlaibe gelegt und in jede Ecke Pfeile geschossen. Die Pfeile symbolisierten den Sieg über die Gegner der Heirat, die Weizenbrotlaibe die Hoffnung auf Nachkommenschaft.

Unglücklicherweise schien Helena jedoch nicht fruchtbarer zu sein als ihre Vorgängerin. Die Monate verstrichen, und Wassilij, der sich unter so vielen Schwierigkeiten eine neue Frau verschafft hatte, blieb kinderlos. Ihm – einem absoluten Herrscher, der mehr persönliche Macht besaß als jeder andere europäische Monarch – blieb versagt, was jedem Bauern nur zu leicht gelang.

Baron Sigismund von Herberstein, der Gesandte Kaiser Maximilians im Kreml, war ein ungewöhnlich guter Beobachter, der schon bald Einblick gewann in die komplizierten Verhältnisse am russischen Hof. Er wußte viel von Helena und ihren Brüdern Jurij und Michail, er verstand Wassilij und brachte ihm eine gewisse Zuneigung entgegen. Was ihm am meisten auffiel, war die in der ganzen Welt einmalige Stellung, die Wassilij seinen Untertanen gegenüber einnahm. »Der Wille des Herrn ist der Wille Gottes«, sagten die Moskowiter, für die Wassilij »Gottes Haushofmeister und Kammerherr« war. Von einer absoluten Autokratie konnte man allerdings nicht sprechen; über alle wichtigen Angelegenheiten entschied Wassilij zusammen mit seinem Bojarenrat; der Metropolit hatte das Recht, für jeden, der in Ungnade gefallen war, Fürsprache einzulegen. Moskau als »Drittes Rom« an Stelle des eroberten Byzanz – eine Idee, über die immer wieder gesprochen wurde.

Der Regierungsapparat, so erkannte Herberstein, funktionierte oft auf völlig unberechenbare Weise. Beschlüsse wurden vom Herrscher und dem Bojarenrat, einer sorgfältig ausgewählten Gruppe von Adligen, gefaßt, aber die Durchführung dieser Beschlüsse oblag einer Heerschar von Schreibern. Herberstein schätzte, daß die Hälfte aller Leute, die ihm in den Amtsräumen des Kreml begegneten, Schreiber waren. Wann immer er einen Bojaren in einer Sache, die mit seiner diplomatischen Mission zu tun hatte, aufsuchte, waren zwei oder drei Schreiber anwesend; wenn er eine Frage stellte, flüsterten die Schreiber dem Bojaren die Antwort ins Ohr. Da sie normalerweise fähiger waren als die Bojaren, konnten sie beinahe alles tun, was ihnen beliebte; und wenn ein Bojar sie beleidigte, drohten sie ihm, ihn vor den Großfürsten zu bringen. Herberstein wurde einmal Zeuge, wie ein bekannter Edelmann, der ein hohes Amt bekleidete, von einer Schar aufgebrachter Schreiber mit Gewalt zum Großfürsten geschleppt wurde.

Die Schreiber waren eine Macht für sich. Sie waren die Bürokratie, die Zivilverwaltung, eine feste Einrichtung. Sie nahmen Bestechungsgeschenke entgegen, machten Versprechungen, die sie sofort wieder vergaßen, und waren stets auf ihren Vorteil bedacht. Man versteht Wassilij besser, wenn man weiß, daß er allmächtig, aber zugleich auf die Schreiber angewiesen war, sich ihnen oft fügte und sie für unentbehrlich hielt. Meist waren es Söhne von Priestern oder armer Leute Kind. Die Bojaren nannten sie nur »Nesselsamen«. Manchmal lag die eigentliche Macht in den Händen weniger Schreiber, die Vertrauensstellungen bekleideten.

Sie regierten das Land, wenn Wassilij und seine junge Frau Moskau verließen und die heiligen Schreine besuchten, in der Hoffnung, durch die Fürbitte der Heiligen endlich zu einem Sohn zu kommen. Außerdem liebte Wassilij die Jagd und reiste gern. Gewöhnlich begleiteten ihn dabei seine Brüder Fürst Jurij von Dimitrow und Fürst Andrej von Stariza; die Fürstentümer Dimitrow und Stariza waren ihr väterliches Erbteil. Die Moskowiter bekamen sie meist nur bei besonderen Anlässen zu sehen – zum Beispiel, als ihnen die neue Großfürstin präsentiert wurde.

Die Stadt hatte ein brodelndes Eigenleben, dessen Mittelpunkt das ausgedehnte Gelände war, das sich vor der Kremlmauer zwischen der Moskwa und der Neglinnaja erstreckte – der heutige »Rote Platz«*, damals einfach »der Platz« genannt. Er diente einmal als zentraler Markt mit geordneten Reihen buntgestrichener Stände, wo man von Seidenstoffen und Damast bis zu eisernen Steigbügeln und Ledersätteln, von Holzbottichen bis zu Schlitten alles kaufen konnte. Wenn die Stände entfernt waren, wurde er für Paraden genutzt oder für Jahrmärkte mit Possenreißern, Gauklern und Tanzbären. Aber auch Hinrichtungen fanden dort statt, man konnte in acht oder neun Holzkirchen beten, sich von einem Schreiber einen Brief aufsetzen lassen, einer Prozession zuschauen oder dem Herold lauschen, wenn er einen vom Großfürsten selbst mit dem königlichen Siegel versehenen Erlaß verkündete.

Was an gewöhnlichen Tagen auf dem Platz am meisten auffiel, war der Lärm. Händler priesen laut ihre Ware an, Pferde galoppierten, Bauernkarren rumpelten hin und her. Ständig hörte man Räder knarren und Peitschen knallen. Dazu Hundegebell, kreischende Frauenstimmen, weinende Kinder, Marktschreier – es war einfach ohrenbetäubend. Andererseits war die Sprache gerade zu jener Zeit besonders klangvoll, weil sie den Rhythmen des Kirchenslawischen noch näher stand als heute. Oft erschien auf der turbulenten Szene ein nackter *jurodiwij*, ein von göttlichem Sendungsbewußtsein erfüllter Narr mit wirrem Bart und funkelnden Augen, der die Leute aufrief, ihre Sünden zu bereuen und auf den Pfad der Rechtschaffenheit zurückzukehren.

Das turbulente Treiben auf dem Platz war nämlich nicht gerade von Rechtschaffenheit geprägt. Es wurde viel gestohlen, und die meisten Männer trugen einen Dolch im Ärmel oder Stiefel; Betrunkene torkelten herum. Met und Wodka waren die bevorzugten Getränke; der kochendheiß ausgeschenkte Met schützte in den langen Winternächten vor der Kälte. Anthony Jenkinson, der im Jahre 1558 in Moskau weilte, hörte von Männern und Frauen, die in den Wirtshäusern, um trinken zu können, ihre Kinder und ihre gesamte Habe verkauften, bis sie schließlich nur noch sich selbst verpfänden konnten. Dann warf der Wirt sie hinaus und

---

* Nicht um einer politischen Anspielung willen, sondern wegen der Farbe seines Pflasters.

schlug sie mit einem Knüttel so lange über die Beine, bis ein mitleidiger Passant sich ihrer erbarmte und sie auslöste. »Alle Last liegt auf den armen Leuten«, schrieb er.

Das Elend der Armen war unbeschreiblich; ein sich langsam entwickelnder Mittelstand lebte gut; die Oberschicht schwelgte in unvorstellbarem Reichtum. Es gab Adlige, die zahlreiche Städte und Dörfer besaßen und sich jeden Luxus leisten konnten. Eine Klasse vermögender Großkaufleute gewann zunehmende Bedeutung; ihnen gehörten die Läden in der Kitaj Gorod, dem Stadtteil unmittelbar hinter dem Platz. Sie kontrollierten die Kornmärkte, finanzierten Fischereiflotten im hohen Norden, trieben Handel mit Persien, den Ostseeländern, Frankreich und Italien. Das Bankwesen steckte noch in seinen Anfängen, aber es fanden komplizierte Tauschgeschäfte statt. Ausländische Handelsleute hatten in Moskau ihre Agenten, und ein Franzose, der Tuch verkaufte, erhielt den Gegenwert in Fellen, Leder und Juwelen.

Während die Kaufleute aus Pskow unter den Ausländern als ehrlich und rechtschaffen galten, waren die Moskowiter für ihre Schläue und ihr hartnäckiges Feilschen bekannt. Sie verlangten bei Fremden das Fünf-, Zehn- oder Zwanzigfache dessen, was ihre Ware wert war, und erzielten manchmal phantastische Gewinne. Geschickte Händler waren auch die Tataren. Sie hielten ihre kräftigen kleinen Pferde auf einem für sie reservierten Gelände am Südufer der Moskwa feil und ritten dann, beladen mit Fellen, Tuchballen, Seidenstoffen, Juwelen, Spiegeln, Lederwaren und allem möglichen Krimskrams, der ihnen gefiel, wieder gen Süden und Osten heim. Es waren behende Männer von kleinerem Wuchs als die Russen, schlitzäugig, plattnasig und krummbeinig. Giles Fletcher schreibt über sie: »Ihre Sprache ist vehement und laut und hört sich an, als käme sie aus einer tiefen, hohlen Kehle. Wenn sie singen, könnte man meinen, eine Kuh brüllt oder ein großer Kettenhund heult.«[*] Sie kannten keinerlei Furcht, wie es einem Volk wohl anstand, das einst ganz Rußland mit Ausnahme des Fürstentums Nowgorod erobert und den Russen Tribut abgefordert hatte. Doch die großen Tage der Goldenen Horde waren vorbei, und das Tatarenreich war in viele, untereinander verfeindete Khanate zerfallen.

---

[*] Die genauen bibliographischen Angaben der im Buch erwähnten und zitierten Werke sind dem Literaturverzeichnis S. 377 zu entnehmen.

Im Oktober, wenn die Flüsse zufroren, wurden die Verkaufsstände des Platzes abgebrochen und auf der vereisten Moskwa wieder aufgebaut, die sich damit in Jahrmarktsgelände, Handelszentrum und Hauptstraße zugleich verwandelte. Schlitten, Holzbottiche, Kessel und Pfannen, Vieh, Pferde, Geflügel, Brot und jede Art von Nahrungsmitteln wurden auf dem Eis verkauft. Die Moskowiter betrachteten das Eis als ihren Freund, weil es das Fleisch frisch hielt und das Reisen erleichterte. Der Winter war die Zeit der Festlichkeiten und der großen religiösen Prozessionen.

Doch am meisten liebten die Moskowiter ihren von der hohen Kremlmauer überragten Platz. Die Paraden und Umzüge, die Fahnen, die Banner, die fröhlich gestreiften Markisen der Buden, die prächtig gekleideten Menschen, die Geschäftigkeit und das Getriebe erfreuten jedermann. Hier trugen auch junge Männer an Sommerabenden Faustkämpfe aus. Herberstein beobachtete einmal einen solchen Kampf, zu dem die Jugendlichen durch einen tiefen Pfeifenton gerufen wurden. Sie schlugen sich tapfer, immer mit dem Ziel, den Gegner k.o. zu schlagen, und manchmal mußte auch einer fortgetragen werden. »Sie kämpfen auf diese Art«, schrieb er, »um zu beweisen, daß sie Schläge austeilen und einstecken können.«

Auf dem Platz erfuhren die Moskowiter am späten Abend des 25. August 1530, daß Großfürstin Helena endlich, nach über vierjähriger Ehe, den langersehnten Thronfolger geboren hatte. Das Ereignis hatte im Terem-Palast im Kreml um sechs Uhr nachmittags stattgefunden. Die Chronisten berichten, daß zur selben Zeit in verschiedenen Teilen Rußlands jähe, furchtbare Stürme über die Erde hinwegfegten, begleitet von Donner und Blitzen. Die Geburt bedeutender Fürsten ist immer von Zeichen – wirklichen oder eingebildeten – begleitet, und diese plötzlichen Unwetter an einem klaren, wolkenlosen Sommertag scheinen zur Begrüßung eines Kindes angemessen, das als Iwan Groznij bekannt werden sollte, denn *groznij* bedeutet »sehr furchtbar, schrecklich« und kommt eigentlich von »Donner« – *grom*.

Die Geburt seines ersten Sohnes löschte alle vergangenen Sorgen Wassilijs aus. Kirchenglocken läuteten, feierliche Dankgottesdienste wurden abgehalten. Helena, die Mutter, und die Grabstätten der Heiligen, die bei Gott Fürsprache eingelegt hatten, damit das heilige Werk der Dynastie Ruriks weitergeführt werden könne, wurden mit Geschenken überhäuft. Die Taufe fand am 4.

September 1530 im Troiza-Sergejewskij-Kloster, fünfzig Meilen nordöstlich von Moskau, statt. Das festungsartige Kloster war der Heiligen Dreifaltigkeit *(troiza)* geweiht und dem heiligen Sergius von Radonesch, der dort in einer reichgeschmückten Gruft begraben lag. Auf diesem Grab erhielt das Kind seinen Namen und war damit, so glaubte man, sein Leben lang des Schutzes der Dreifaltigkeit und der Fürbitte des Heiligen gewiß.

In der großen Kathedrale hinter den hohen Klostermauern hielt Wassilij dem Abt Joasaf feierlich seinen Sohn Iwan entgegen. Fast der gesamte Hof, prunkvoll gekleidet, wie es dem Anlaß entsprach, war anwesend. Wassilij trug seine Krone, die Kerzen warfen ihr flackerndes Licht auf die mit Szenen aus dem Leben des heiligen Sergius bemalten Wände, Gebete wurden gesprochen, der Chor sang. Würdevoll schritt der Abt durch die königliche Pforte der Ikonostase zum Altar und flehte Gottes Segen auf das Kind herab. Dann verließ er das Sanktuarium und reichte das Kind wieder Wassilij, der seinen Sohn auf das Grab des Heiligen legte und mit Tränen in den Augen betete: »O Sergius, du hast mir durch deine Gebete zur Dreifaltigkeit zu einem Sohn verholfen. Schütze ihn vor allem Bösen, sichtbaren und unsichtbaren, bis er stark ist. Mein ganzes Vertrauen setze ich in dich.«

Die Taufe selbst nahm ein frommer Mönch vor, Kassian der Barfüßige; der Knabe erhielt nach Johannes dem Täufer den Namen Iwan. Während der Zeremonie wurden die Heilige Dreifaltigkeit, die Gottesmutter, der heilige Sergius und Johannes der Täufer angerufen, und bis an sein Lebensende glaubte sich Iwan unter ihrem besonderen Schutz. Er fand zwar im Laufe der Zeit noch viele andere Heilige, an die er sich in inbrünstigem Gebet wandte, auf ihre Fürsprache vertrauend, blieb aber zugleich den Heiligen seiner Geburt immer treu.

Nachdem Wassilij das Kloster reich beschenkt hatte, kehrte er mit seinem Sohn, der nach den Worten eines Chronisten »von Gott geschickt worden war, um seine Seele zu erquicken, seine Hoffnungen zu erfüllen und das Zarentum zu stärken«, nach Moskau zurück. Helena hatte der Zeremonie nicht beigewohnt.

Ein Jahr später, an seinem Geburtstag, trat Iwan zum ersten Mal öffentlich in Erscheinung. Vor der Kremlmauer wurde auf Wassilijs Befehl eine kleine, Johannes dem Täufer geweihte Holzkirche errichtet. Eine gewaltige Menschenmenge versammelte sich, um den Kirchenbau, der an einem einzigen Tag vonstatten ging, zu beobachten und Wassilij, Helena und ihrem Sohn, der dem Volk feierlich präsentiert wurde, zu huldigen.

Ein weiteres Jahr verstrich, und wieder wohnte Iwan der Weihe einer Kirche bei. Diesmal war es die Himmelfahrtskirche, die zum Dank für die Geburt des langerwarteten Erben auf dem Familiensitz in Kolomenskoje, zehn Meilen westlich von Moskau, errichtet worden war. Der harmonische Bau, die schönste architektonische Leistung aus Wassilijs Regierungszeit, stand auf einer Anhöhe über der Moskwa. Sein schlanker Turm war zwanzig Meilen weit zu sehen. Obwohl die Kirche ausgesprochen imposant wirkte, war der Innenraum verhältnismäßig klein – kaum größer als ein Wohnzimmer. Auf der einen Seite stand der mit dem Doppeladler verzierte Thron des Großfürsten, und hier, seinen Sohn auf einem kleineren Thronsessel neben sich, nahm er die Glückwünsche des Adels und der kirchlichen Würdenträger entgegen.

Drei Tage waren mit Gebeten, Gesängen, Festlichkeiten und Banketten ausgefüllt. Der Metropolit Daniel leitete die religiösen Feiern. Unter den Anwesenden waren auch Wassilijs Brüder Jurij und Andrej; aber aller Augen richteten sich auf den rothaarigen, helläugigen kleinen Knaben, zu dessen Ehre die Kirche errichtet worden war.

Am 5. September 1532 endeten diese Zeremonien, und Wassilij begab sich bald darauf zum alljährlich stattfindenden St.-Sergius-Gedächtnisgottesdienst in das Troiza-Sergejewskij-Kloster. Iwan blieb im Kreml bei seiner Mutter, die ihr zweites Kind erwartete. Jurij wurde am 30. Oktober geboren und – so der Chronist – »in Moskau herrschte eitel Freude«. Die Eltern dürften diese Freude wahrscheinlich nicht ganz geteilt haben, denn Jurij kam taubstumm zur Welt und blieb es sein Leben lang.

Über die frühe Kindheit Iwans liegen uns nur wenige Daten vor. Am 2. Februar 1533 war Iwan auf der Hochzeit seines Onkels, des Fürsten Andrej von Stariza, die im Kreml stattfand, und überreichte dem frischvermählten Paar Geschenke. Wir wissen auch, daß sowohl Iwan als auch seine Mutter um diese Zeit nicht bei bester Gesundheit waren. Helena litt an Kopf- und Ohrenschmerzen oder anderen Beschwerden, und Iwan hatte häufig Furunkel. Wassilij erfuhr auf einer seiner Reisen davon und schrieb an seine Gemahlin:

»Der Großfürst Wassilij Iwanowitsch von Rußland an seine Gemahlin Helena.

Du hast mir am Freitag geschrieben, daß Iwan erkrankt ist. Jetzt schreibst Du, daß er ein hartes Furunkel im Nacken hat. Du erwähntest das in Deinem vorausgegangenen Brief nicht. Jetzt höre ich von Dir, daß das Furunkel in der ersten Morgenstunde des Sonntags anschwoll und sich rötete und daß es schmerzte, jedoch kein Eiter austrat.

Warum schriebst Du das nie zuvor? Du sagtest nur, Iwan sei krank. Du solltest mir berichten, wie Gott über ihn wacht und was genau es ist, das sich da an seinem Halse zeigte. Wie entstand es? Wann begann es? Wie sieht es jetzt aus? Sprich mit den Fürsten und den anderen Damen des Hofes und frage sie, woran unser Sohn Iwan leidet und ob diese Krankheit bei kleinen Kindern üblich ist. Wenn sie häufig auftritt, dann finde heraus, ob sie angeboren ist oder eine andere Ursache hat. Sprich mit den Hofdamen und befrage sie über alle diese Dinge und schreibe mir, damit ich weiß, was vorgeht. Was wird nach ihrer Meinung geschehen? Schreibe es mir. Kommt es oft vor? Was denken sie? Wie wacht Gott über Dir und unserem Sohn Iwan? Schreibe mir alles.«

Ohne Zweifel hatten die Nachrichten Wassilij sehr beunruhigt, und er fürchtete, seinem Sohn könnten noch schlimmere Leiden bevorstehen. Helena hatte zwar auch ihre eigenen Beschwerden erwähnt, aber ganz offensichtlich sorgte er sich mehr um seinen Sohn. Sie schrieb ihrem Gatten, daß Iwans Furunkel aufgegangen sei und er nun zu genesen scheine. Wassilij war noch immer nicht zufrieden und sandte ihr eine weitere, dringende Botschaft:

»Der Großfürst Wassilij Iwanowitsch an seine Frau Helena.

Gib mir Nachricht über Deine Gesundheit. Wie hält Gott seine Hand über Dir, und wie geht es Dir? Schreibe mir auch über unseren Sohn Iwan. Läßt ihm Gott seinen Schutz angedeihen? Was mich betrifft, so wisse, daß ich dank dem Allmächtigen und der Fürbitte der vollkommenen Mutter unseres Herrn und aller Heiligen lebe und mich guter Gesundheit erfreue.

Du hast mir geschrieben, daß das Furunkel im Nacken unseres Sohnes Iwan sich geöffnet hat und der Eiter herauskam, daß aber jetzt nur Lymphe austritt. Du solltest mir schreiben, ob noch etwas anderes herauskommt und ob das Furunkel größer oder kleiner geworden ist. Schreibe mir auch, wie es Dir Gott ergehen läßt. Schmerzt eine Seite Deines Kopfes und das Ohr und die eine Hälfte des Körpers? Schreibe mir alles.«

Der junge Iwan (links)
begleitet Wassilij III.
und Helena zum
Troiza-Sergejewskij-
Kloster und empfängt
den Segen des Abtes
(aus der »Nikon-Chro-
nik mit Miniaturen«,
16. Jahrhundert).

Diese Briefe dürften aus dem Sommer 1533 stammen. Furunkel
waren damals eine sehr ernste Sache, weil dabei oft Komplikatio-
nen auftraten; und wenn man sie öffnete, kam es vor, daß der
Patient an Blutvergiftung starb. Wassilij hatte also allen Grund,
besorgt zu sein.

Am 21. September 1533 begab er sich wieder von Moskau aus
zum Troiza-Sergejewskij-Kloster. Seine ganze Familie begleitete
ihn. Diesmal sollte es nur ein kurzer Besuch sein, weil er die
Absicht hatte, gleich zu seiner etwa zwanzig Meilen nordwestlich

von Moskau gelegenen Besitzung weiterzureisen, um dort zu jagen. Wie gewöhnlich empfingen ihn die Mönche mit kerzenbeleuchteten Ikonen, und neben der Gruft des heiligen Sergius wurde eine Andacht abgehalten. Anschließend lud Wassilij die Mönche zu einem Festmahl ein, dann setzte er mit großem Gefolge seine Reise fort. Er hatte den heiligen Sergius angefleht, über seiner Gesundheit zu wachen, doch die Gebete waren vergebens gewesen. Bei der ersten Rast in Wolokolamsk zeigte sich, daß er an der Innenseite seines linken Oberschenkels eine wunde Stelle hatte, die vermutlich durch das lange Reiten entstanden war.

Als sie nach vier oder fünf Tagen seine Jagdhütte in dem kleinen Ort Klop erreichten, litt er bereits unter starken Schmerzen. Er war gerade noch imstande, zu dem Bankett zu erscheinen, das sein bevorzugter Kammerherr, Iwan Schigona, ihm zu Ehren gab; der Weg zum Badehaus anderntags kostete ihn große Mühe. Doch das Wetter war so schön, daß er nicht widerstehen konnte und nach zwei Ruhetagen mit seinem Gefolge und seinem Bruder Andrej zur Jagd aufbrach. Sie hatten kaum mehr als eine Meile auf ihren flinken kleinen Pferden zurückgelegt, als Wassilij plötzlich über große Schmerzen klagte und sagte, es sei ihm unmöglich weiterzureiten. Alle kehrten zur Jagdhütte zurück, und der Großfürst legte sich nieder. Er wußte jetzt, daß er ein schwerkranker Mann war.

Ärzte wurden herbeigerufen, aber sie konnten nur wenig tun, um seine Schmerzen zu lindern. An der wunden Stelle hatte sich ein riesiger, schwärender Abszeß gebildet. Ein Breiumschlag aus frischem Honig, Weizenmehl und gebackenen Zwiebeln blieb praktisch wirkungslos. Das Geschwür wurde größer und schmerzhafter, Eiter trat aus, die Schwellung nahm zu. Man brachte Wassilij auf einer Tragbahre nach Wolokolamsk, dort wurde der Abszeß von neuem untersucht und mit Umschlägen behandelt; jetzt klagte Wassilij auch über Schmerzen in der Brust. Die Ärzte gaben ihm ein Abführmittel, aber es schwächte ihn nur noch mehr, und das Sprechen begann ihm schwerzufallen.

Er wußte, daß sein Tod einen Aufstand im Lande heraufbeschwören konnte, und die Sorge um die Thronfolge ließ ihm keine Ruhe. Er fürchtete, sein Bruder, Fürst Jurij, würde die Macht an sich reißen. Als Jurij in Wolokolamsk ankam, erhielt er die Weisung, in sein Fürstentum zurückzukehren, weil Wassilij nicht wollte, daß er erführe, wie es um ihn stand. Der Thron sollte um jeden Preis auf seinen Sohn Iwan übergehen.

Zwei Sekretäre seines Vertrauens, Jakow Mansurow und Grigorij Putjatin, wurden in geheimer Mission, über die weder Helena noch der Metropolit Daniel oder einer der Bojaren informiert war, nach Moskau geschickt. Sie sollten die letztwilligen Verfügungen des Großfürsten, seines Vaters und seines Großvaters sicherstellen und umgehend nach Wolokolamsk bringen. Besonders wichtig war, daß sie Wassilijs Testament fanden, denn es war vor seiner Vermählung mit Helena aufgesetzt worden und sollte vernichtet werden. Die anderen Dokumente wollte Wassilij sorgfältig prüfen lassen. Es gelang den Sekretären, das Testament unbemerkt mitzunehmen, und nach ihrer Rückkehr gesellten sie sich dem geheimen Rat zu, der Wassilij helfen sollte, seinen Letzten Willen neu aufzusetzen.

Sein Zustand verschlechterte sich rapide. Die Schwellung war zurückgegangen, aber aus der Wunde quollen Unmengen von Eiter, und natürlich war sein ganzer Organismus in Mitleidenschaft gezogen. Ein paar Tage lang sah es so aus, als hielte er durch, doch gegen Ende Oktober wurde klar, daß man zu seiner Rettung äußerste Mittel würde anwenden müssen.

Es gab bereits unheilverkündende Zeichen. In der Nacht des 24. Oktober – es war ein Freitag, der Vorabend zum Fest des heiligen Demetrius – sah man in ganz Rußland Sternschnuppen fallen: »Wie Hagel oder Regen«, heißt es in den Chroniken.

Einem Mönch namens Missail Sukin, der aus Moskau herbeigerufen wurde, um Wassilijs Beichte zu hören, verkündete der Großfürst, er werde, selbst wenn er durch die Fürbitte der Heiligen dem Tod entrinnen sollte, auf den Thron verzichten und den Rest seines Lebens als Mönch in einem Kloster verbringen.

Die Tage verstrichen, und er wurde zusehends schwächer. Allenfalls ein Wunder konnte ihn noch retten. Den Grabstätten mancher Heiligen sagte man übernatürliche Kräfte nach, und es gab in der Nähe eine solche Gruft. Ungefähr zwölf Meilen von Wolokolamsk stand ein festungsartiges Kloster, das von dem später unter dem Namen »heiliger Joseph von Wolokolamsk« kanonisierten Joseph Sanin gegründet worden war. Auf einem berühmten Kirchenkonzil im Jahre 1503 hatte Joseph Sanin den Reichtum der Klöster gegen einen gewissen Nilus Maikow verteidigt, der die Armut der Klöster forderte. Joseph erklärte, es könne keine Wohltätigkeit geben ohne Reichtum, und Nilus beharrte ebenso nachdrücklich darauf, daß man nur, wenn man allem persönlichen Besitz entsagte, zu Christus gelangen könne. Die Russische Kirche in ihrer Weisheit kanonisierte sowohl Joseph als auch Nilus, der fortan als »heiliger Nilus von Sorsk« bekannt war.

Joseph von Wolokolamsk, der im Jahre 1515 starb, wurde in der prächtigen Himmelfahrtskirche des Klosters begraben. Wassilij konnte sich kaum aufrecht halten und mußte von zwei Edelleuten gestützt werden. Er betete mit Fürst Andrej von Stariza, Helena und seinen beiden Söhnen vor dem Grab. Helena weinte, und Wassilij wurde während der Zeremonie so schwach, daß er hinausgetragen werden mußte. Er verbrachte die Nacht im Kloster und brach am anderen Morgen in einem mit vielen Polstern und Kissen ausgestatteten Schlitten nach Moskau auf. Man bangte um sein Leben und hoffte nur, daß seine Ankunft unbemerkt bliebe, denn niemand sollte seinen wahren Zustand auch nur ahnen, solange die Nachfolge noch nicht in allen Einzelheiten festgelegt war. Außerdem gab es Gesandte und andere Ausländer in der Stadt, die Gerüchte hören und ihre Regierungen benachrichtigen könnten. Der Winter begann, es schneite, und Eis bedeckte die Flüsse.

Wassilij traf am 24. November in Moskau ein. Es war keine Zeit mehr zu verlieren. Im Kreml angelangt, berief er sofort den Staatsrat ein, um die Thronfolge zu erörtern. Der Zusammenkunft wohnten die Fürsten Wassilij und Iwan Schuiskij und die Bojaren Michail Sacharin, Michail Woronzow und Michail Tutschkow-Morosow bei. Peter Golowin, der Oberschatzmeister, und Iwan Schigona, der Kammerherr, waren ebenfalls anwesend sowie zwei Schreiber, die die Worte des Großfürsten festhalten sollten. Zugegen war auch Fürst Michail Glinskij, Helenas Onkel, ein stämmiger Mann von riesenhaftem Wuchs, der als Vertreter der Großfürstin zur Beratung geladen worden war.

In seinem Bett liegend diktierte Wassilij die Bestimmungen des in Wolokolamsk bereits aufgesetzten Testaments. Es war eine sehr einfache letztwillige Verfügung. Er übergab Rußland seinem dreijährigen Sohn Iwan, der bis zu seinem fünfzehnten Lebensjahr unter der Regentschaft seiner Mutter mit Unterstützung des Bojarenrats herrschen sollte. Die näheren Einzelheiten der Thronfolge festzulegen, war Wassilij zu schwach.

Am dritten Tag nach seiner Ankunft in Moskau, am 26. November, war er imstande, die heilige Kommunion zu empfangen und an die versammelten kirchlichen Würdenträger und Bojaren das Wort zu richten. Der Metropolit Daniel, Fürst Jurij, Fürst Andrej und alle hohen Hofbeamten waren zugegen. Wassilij sprach den Wunsch aus, daß die engen Beziehungen zwischen den Bojaren und dem Souverän auch während der Regierungszeit seines Sohnes erhalten blieben. Die Bojaren mußten seinem Sohn die Treue schwören, und er bat sie, Helena zu unterstützen und keine Uneinigkeit in den eigenen Reihen aufkommen zu lassen. Es war, als sähe er eine lange, friedliche Zeit voraus, in der sein Sohn Iwan in völliger Harmonie mit den Bojaren regieren würde:

»Wie ihr alle wißt, leitet sich unsere Herrschaft über Moskau, Wladimir und Nowgorod von Wladimir, dem Großfürsten von Kiew, her. Wir sind eure erblichen Souveräne, und ihr seid seit undenklichen Zeiten unsere Bojaren gewesen. Mit mir habt ihr das Land regiert, und ich hielt euch in Ehren und schenkte euren Kindern meine besondere Gunst, und mein Ruhm gelangte in alle Länder. Ihr alle habt geschworen, mir und meinen Kindern zu dienen. Und so vertraue ich euch jetzt meine Fürstin und ihren Sohn, den Großfürsten Iwan, an. Brüder, schützt das russische Land, unseren souveränen Staat und die gesamte Christenheit vor allen Feinden . . .

Ich weiß, daß ich dem Tode nahe bin, und habe deshalb in meinem Testament niedergeschrieben, wie alles weitergehen soll für Fürstin Helena, meine Söhne und meine Brüder in den Jahren, die da kommen.

Wenn ihr wollt, daß Gutes geschieht, dann setzt euren Namen unter das Testament und küßt das Kreuz zum Zeichen, daß ihr euren Schwur halten werdet. Und sollte ich etwas Ungerechtes geschrieben haben, so kann es geändert werden.«

Alle Bojaren waren bereit, das Testament zu bestätigen, manche mit ihrem Namenszug, andere durch ihr Siegel. Wassilijs Zeit schien abgelaufen; aber sechs Tage später war er immer noch am Leben.

In den ersten Stunden des nächsten Morgens betrat Abt Joasaf vom Troiza-Sergejewskij-Kloster das Gemach. Wassilij war bei vollem Bewußtsein und bat um seinen Segen. »Betet, Vater, für das Wohlergehen des Landes und für meinen Sohn Iwan und um Vergebung meiner Sünden«, sagte er. »Gott und der heilige Sergius, der große Wundertäter, schenkten mir dank Eurer Gebete meinen Sohn. Er wurde bei der Gruft des Heiligen getauft, ihm

Wassilij III. kurz vor seinem Tode (aus der »Nikon-Chronik mit Miniaturen«, 16. Jahrhundert).

dargeboten, ich legte ihn auf sein Grab und vertraute ihn Euren Armen an. Betet zu Gott, der Heiligen Jungfrau und dem großen Wundertätigen für meinen Sohn Iwan und für meine arme Gemahlin und verlaßt die Stadt nicht.«

Später am gleichen Tag, als Wassilij merkte, daß seine Kräfte zusehends schwanden, sprach er den Wunsch aus, sich von seiner Gemahlin und seinem Sohn zu verabschieden. Der Thronfolger wurde von Fürst Michail Glinskij hereingetragen. Der Großfürst nahm das Kreuz des heiligen Metropoliten Peter, drückte es an die Lippen seines Sohnes und legte es ihm um den Hals. Zu Agrafena Tscheliadnina, der Erzieherin des Knaben, sagte er: »Behüte meinen Sohn gut und lasse ihn keinen Augenblick allein.« Als er dann das Schluchzen der Fürstin hörte, die auf das Gemach zukam, entließ er Iwan und die Erzieherin und bereitete sich darauf vor, seine Gemahlin zu empfangen, die von Fürst Andrej von Stariza gestützt wurde.

Die Fürstin weinte fassungslos, und er tat sein Bestes, sie zu trösten. Er versicherte ihr, daß er keine Schmerzen habe – was stimmte –, und fügte hinzu, daß er sich besser fühle, was nicht zutraf. Er erklärte ihr, daß Iwan Rußland erben würde und daß sie selbst, wie es Tradition sei, eine Apanage und Jurij das Fürstentum Uglitsch erhalten sollte. Und er eröffnete ihr, daß er sie bis zu Iwans Volljährigkeit zur Regentin bestimmt hatte.

Nun war der Augenblick für ihn gekommen, die letzten Tröstungen der Kirche zu empfangen und die Kleidung eines Großfürsten mit der Mönchskutte zu vertauschen. Die Reliquien der heiligen Katharina von Alexandria wurden ihm gebracht, er küßte sie ehrerbietig, und als Fürst Jurij von Dimitrow an sein Bett trat, sagte er: »Bruder, weißt du noch, wie unser Vater am Tage und in der Nacht seines Todes von Schwäche befallen wurde? Auch ich nähere mich jetzt der Stunde meines Todes.«

Dann erinnerte er die Priester daran, daß er Mönch werden wollte, wogegen Fürst Andrej von Stariza jedoch sofort Einspruch erhob. Er erklärte den Anwesenden, der heldenhafte Großfürst Wladimir von Kiew sei auch nicht als Mönch verschieden und habe dennoch den Frieden des Gerechten gefunden, und viele andere Großfürsten hätten es ihm gleichgetan. Am Bett des Sterbenden entstand ein unschicklicher Streit: Der Bojar Michail Sacharin befürwortete die Ordination; Fürst Andrej, unterstützt von dem Bojaren Michail Woronzow, erklärte sie für unnötig. In hellem Zorn wandte sich der Metropolit an Fürst Andrej und sagte: »Ich werde Euch weder in diesem noch im nächsten Leben meinen Segen gewähren!« Das beendete die Auseinandersetzung. Man legte dem Großfürsten die Mönchskutte an. In aller Eile, denn der Todkranke war dem Ende nahe, nahm der Metropolit die Weihe vor. Der Mann auf dem Bett war nicht mehr Großfürst Wassilji III., Herr von Pskow, Nowgorod und hundert anderen Städten. Er war der Mönch Wassilij.

Er starb um Mitternacht, am 3. Dezember 1533. Iwan Schigona erzählte später, im Augenblick des Todes sei die Seele des Großfürsten als dünner silbriger Dunst seinem Körper entwichen.

Der Tote wurde wieder zum Großfürsten, als er in der Erzengel-Kathedrale in einem steinernen Sarkophag neben seinem Vater seine letzte Ruhestätte fand. Die Glocken läuteten, Chöre sangen. Mit allem einem regierenden Monarchen gebührenden Zeremoniell wurde das Requiem gelesen. Helena, zu schwach, um selbst den kurzen Weg zu Fuß zurückzulegen, fuhr in einem Schlitten vom Kreml-Palast zur Kirche. Iwan war nicht zugegen, vermutlich, weil man ihm die schmerzlichen Eindrücke der langen Zeremonie ersparen wollte. In der überfüllten, von Öllampen und Kerzen hell erleuchteten Kathedrale gab es nur wenige Menschen, die nicht das Gefühl hatten, daß da ein guter Mann von ihnen gegangen und die Zukunft dunkel und ungewiß war.

Die Moskowiter, so berichten die Chronisten, beweinten ihren Herrscher bei seinem Begräbnis wie einen Vater. Über siebzig Jahre lang war Rußland unter Iwan III. und Wassilij III. in starken, fähigen Händen gewesen. Jetzt glich es einem steuerlosen Schiff . . .

Ein Kind auf dem Thron

Theoretisch lag nun die gesamte Macht in den Händen des dreijährigen Großfürsten Iwan Wassiljewitsch.

Ein paar Tage nach der Beisetzung seines Vaters wurde er im Rahmen einer feierlichen Zeremonie in der Uspenskij-Kathedrale zum rechtmäßigen Herrscher über ganz Rußland ausgerufen. Der kleine, rothaarige Knabe saß, eine Krone auf dem Kopf und mit königlichen Gewändern angetan, auf seinem Thron, während der Metropolit Daniel die Proklamation sprach: »Gott segne Euch, Herrscher, Großfürst Iwan Wassiljewitsch von Wladimir, Moskau, Nowgorod, Pskow, Twer, Smolensk, Jugorsk, Perm, dem Land der Bulgaren und vieler anderer Länder, Zar und Herrscher über ganz Rußland! Möge es Euch beschieden sein, lange bei bester Gesundheit auf dem Thron Eures großfürstlichen Vaters zu verbleiben!« Reichsapfel und Zepter wurden in seine Hände gelegt, und die versammelten Fürsten, Bojaren, Priester und Höflinge sowie alle anderen, die zur Feier geladen worden waren, schworen ihm Treue und sangen die Hymne »Lang möge er regieren«. Am Ende zogen sie an ihm vorbei und legten kostbare Geschenke zu seinen Füßen nieder.

Das Land, über das er regierte, war sehr viel kleiner als das Rußland von heute. Die Gesamtbevölkerung betrug etwa acht Millionen. Es erstreckte sich vom Nördlichen Eismeer bis zu den Steppen des Südens, wo die Tataren umherstreiften. Im Osten grenzte es an das mächtige Khanat von Kasan, im Westen an Livland, Lettland und Polen. Der größte Teil der Ukraine gehörte – einschließlich Kiew – zu Litauen.

Der junge Iwan kam mit der Welt jenseits der hohen Kremlmauern, hinter denen sich sein streng reglementiertes Leben abspielte, nur dann in Berührung, wenn er eine Wallfahrt zu den Schreinen der Heiligen unternahm. Er wurde mit großer Ehrerbie-

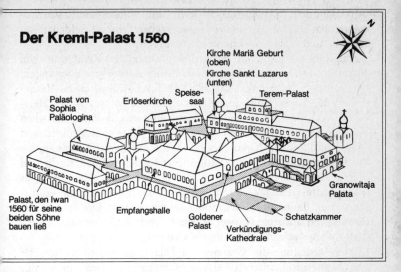

Der Kreml-Palast 1560

Kirche Mariä Geburt (oben)
Kirche Sankt Lazarus (unten)

Palast von Sophia Paläologina

Erlöserkirche

Speisesaal

Terem-Palast

Palast, den Iwan 1560 für seine beiden Söhne bauen ließ

Empfangshalle

Goldener Palast

Verkündigungs-Kathedrale

Schatzkammer

Granowitaja Palata

tung behandelt, fremden Gesandten vorgeführt, bei feierlichen
Anlässen auf seinen Thron gesetzt und mußte sich unzählige
Reden anhören, in denen man ihn als Herrscher, Herr, Autokrat,
Zar und Großfürst ansprach, während ihm gleichzeitig nachdrücklich vor Augen gehalten wurde, daß er keinerlei Macht besaß. Er
scheint seine Kindheit zumeist in Gesellschaft Erwachsener verbracht zu haben; sein einziger Spielgefährte war sein taubstummer Bruder Jurij. Priester kümmerten sich um seine Erziehung. Er
war ein gelehriger Schüler mit einem regen Verstand und neigte
zu Grübeleien. Die Atmosphäre, in der er aufwuchs, war einer
vernünftigen Erziehung in keiner Weise förderlich.

Auf der ganzen Welt gab es kaum noch einmal so viel Prunk und
Luxus wie im Kreml. Auf verhältnismäßig engem Raum drängte
sich hier Palast an Palast. Gold und Glanz, wohin man auch
blickte. Ein Heer von Bediensteten sorgte dafür, daß alles stets in
untadeligem Zustand blieb. Neben den Palästen gab es im Kremlbereich noch drei Kathedralen, fünf Kirchen, eine Kapelle, eine

Schatzkammer, Regierungskanzleien und Ratszimmer, Vorrats-räume, Badehäuser, Kerker und eine Weberei, in der Seidensticke-reistoffe und Goldbrokat hergestellt wurden.

Die meisten Gebäude waren erst unter der Regierung von Iwans Großvater nach Plänen italienischer Baumeister entstanden. So wurde die Uspenskij-Kathedrale (Mariä-Himmelfahrts-Kathe-drale), der Mittelpunkt des religiösen Lebens der russischen Herr-scher, von Rudolfo Aristotele Fioravanti aus Bologna zwischen 1475 und 1479 erbaut, und etwa zwanzig Jahre später folgte, von Marco und Aloisio Novo entworfen, die Erzengel-Kathedrale, wo die Großfürsten ihre letzte Ruhestätte fanden. Marco Ruffo und Pietro Antonio Solario waren die Schöpfer des Hauptpalastes »Granowitaja Palata«, der so hieß, weil die Steine wie die Frucht-kerne der Granatäpfel zusammengesetzt waren. Der imposante, die meisten anderen Bauwerke überragende »Glockenturm Iwans des Großen« war ein Werk von Marco Bono.

Mit Ausnahme des Granowitaja Palata, der an einen luxuriö-sen, kleinen italienischen Palazzo erinnerte, verrieten nur wenige der Gebäude ihren italienischen Ursprung. Die Baumeister hatten sich intensiv mit der traditionellen russischen Architektur beschäf-tigt und arbeiteten eng mit russischen Baumeistern zusammen. Sie verliehen dem Ganzen lediglich eine gewisse Anmut und Leichtigkeit.

In dieser Welt der Paläste und Kathedralen verbrachte Iwan den größten Teil seiner Kindheit. Hier konzentrierte sich, dem byzantinischen Modell folgend, die Macht der regierenden Dyna-stie. Im Kreml fanden alle wichtigen Staatszeremonien statt; hier wurden normalerweise die Großfürsten geboren, getraut und gekrönt, hier starben sie, und hier wurden sie beigesetzt. Ein Großfürst brauchte diesen gutbewachten Bereich eigentlich nie zu verlassen, es sei denn, um seine Armeen anzuführen.

Doch das Leben im Kreml war nicht immer angenehm. Ein strenges Protokoll wurde beachtet. Es gab feine Rangabstufun-gen, und die Macht nahm vom Thronsaal aus die geheimnisvoll-sten Wege. Titel konnten viel oder wenig bedeuten, je nachdem, wer ihr Träger war. Traditionsgemäß hatten die Bojarenfamilien – es gab etwa fünfzehn –, die zum titellosen Adel gehörten, gro-ßen Einfluß. Sie waren die erblichen Feudalherren Moskaus, nur dem Großfürsten untertan, und standen in hohem Ansehen. Die Geschichte der Stadt war zum großen Teil die Geschichte dieser fünfzehn Familien, der Tscheliadins, Morosows, Sacharins, Saburows, Saltijkows, Woronzows, Scheremetews, Pleschtschejews, Kolijtschows und ein paar anderer. Ein Fürst zu sein, hieß nicht zwangsläufig, daß man reich oder mächtig war, aber ein Morosow oder ein Sacharin zu sein, bedeutete soviel Reichtum und Macht, wie es sich ein einfacher Mann in seinen kühnsten Träumen nicht vorstellen konnte. All das mußte Iwan schon in seinen frühen Jahren lernen.

Es gab noch nicht viele Titel, eigentlich nur zwei: *welikij knijas* oder Großfürst, der Titel des Herrschers, und *knijas*, ein Titel, den etwa hundert Familien innehatten. Alle Söhne und Töchter dieser Familien erhielten ihn; daher die Vielzahl der Fürsten und Fürstinnen, von denen einige vermögend und einflußreich waren, andere nur in bescheidenen Verhältnissen lebten. Auch hier gab es wieder feinste Abstufungen. Ein Fürst Belskij oder ein Fürst Mstislawskij zu sein, bedeutete sehr viel, weil sie mit dem Herrscher mütterlicherseits nah verwandt waren. Auch die Fürsten Schuiskij, die von den Großfürsten von Nischni-Nowgorod abstammten, genossen hohes Ansehen. Nachkommen von Großfürsten, die einst über riesige Fürstentümer geherrscht hatten, zählten weit mehr als Fürsten mit kleineren Territorien. Am höchsten rangierten die Fürsten von königlichem Geblüt, die Brüder und Onkel des regierenden Großfürsten.

Zu den Thron- und Empfangssälen im ersten Stock der Kremlpaläste führten gutbewachte schmale Außentreppen, auf denen nur zwei oder drei Personen nebeneinander Platz hatten. Das Empfangsprotokoll war für jeden Besucher genau festgelegt. Handelte es sich um einen Fürsten königlichen Gebluts, einen Nachfahren des Dynastiebegründers Rurik, dann konnte es sein, daß ihn der Großfürst selbst am Fuße der Treppe begrüßte, zumindest jedoch erwarteten ihn dort ein paar Edelleute hohen Ranges und geleiteten ihn hinauf. War der Ankömmling ein Bojar, so wurde er von einem anderen Bojaren oder von einem Fürsten, der zum Hof gehörte, begrüßt. Je nach seiner Bedeutung wurde der Besucher am Fuß der Treppe, auf halber Höhe oder erst oben von Adligen oder Palastdienern erwartet. Ein Gesandter wußte bereits, wenn er sich der Treppe näherte, ob er im Thronsaal gnädig oder ungnädig empfangen werden würde.

Wie die absichtsvoll eng konstruierten Treppen, zeugten auch die schmalen, niedrigen Türöffnungen, die die verschiedenen

Räume miteinander verbanden, von der Furcht, die in den Palästen herrschte. Der junge Iwan lernte sehr bald, daß die Königswürde eine riskante Sache war. Die größte Gefahr drohte stets von nahen Verwandten: Onkel, Vettern, Fürsten königlichen Geblüts hätten oft nur zu gern selbst den Thron bestiegen. Die Türsteher dienten keineswegs nur zur Zierde – sie waren schwer bewaffnet.

Als Kind sah Iwan sehr wenig von der Welt jenseits der Kremlmauer. Sein zurückgezogenes Leben spielte sich großenteils im Terem-Palast ab, wo Großfürstin Helena, von ihren Hofdamen umgeben, in Glanz und Luxus lebte. Der langgestreckte, fünfstöckige Palast war verschwenderisch ausgestattet, zierliches Schnitzwerk umrahmte die Fenster, die Wände waren mit riesigen Blumen bemalt. In der zweiten Etage standen die Webstühle, auf denen Unmengen von Goldbrokat und silberbestickten Seiden für die Prunkgewänder, die die großfürstliche Familie bei offiziellen Anlässen trug, hergestellt wurden. Auch die Fürsten, Bojaren und Priester kauften diese Stoffe, und es gab Läden in Moskau, wo man die Erzeugnisse der königlichen Weberei erwerben konnte.

Hinter den Palästen lagen zwei kleine Gärten, der Sommer- und der Wintergarten, wo Iwan, von bewaffneten Wächtern beschützt, spazierengehen und etwas spielen durfte. Er konnte auch die in der Nähe wohnenden Verwandten besuchen. Das erstickende Protokoll eines byzantinischen Hofes organisierte seine Welt bis ins kleinste Detail. Im Kreml gab es immer wieder Verschwörungen und Gegenverschwörungen, die wildesten Gerüchte verbreiteten sich mit Windeseile in den düsteren Gängen, und Verrat lag ständig in der Luft.

Die meiste Macht in Rußland besaß ein Mann, den Wassilij III. für einen Erzverräter gehalten hatte: Fürst Michail Glinskij, Helenas Onkel – schlau, nüchtern, berechnend und beherrscht von einem ausgeprägten Überlebensinstinkt. Für halbe Sachen hatte er nichts übrig. Er war erster Minister des Königs von Polen und Großfürsten von Litauen, Sigismund II. August, gewesen, überwarf sich jedoch mit ihm, verriet ihn, schwor dem Großfürsten von Moskau Treue, wurde erneut zum Verräter, weil Wassilij sich weigerte, ihm die große Stadt Smolensk zu schenken, und wollte gerade nach Litauen zurückkehren, als er verhaftet wurde. Grenzenlos stolz, ein Mann, der den Tod geringschätzte und dem nur Macht etwas galt, wurde er vor Wassilij gebracht, um sich für seinen jüngsten Treubruch zu verantworten. Er rechtfertigte sich mit der Erklärung, daß er Smolensk erobert und demzufolge Anspruch auf den Besitz der Stadt habe, und fügte hinzu: »Ich habe nie treulos gehandelt, und wenn Ihr Euer Versprechen gehalten hättet, so hättet Ihr in mir den treuesten aller Diener gefunden. Ich habe den Tod stets verachtet und heiße ihn gern willkommen, weil ich dann Euer tyrannisches Gesicht nicht mehr sehen muß!«

Viele Männer hatten die verschiedensten Todesarten für unbedeutendere Verrätereien und geringere Vergehen erduldet, aber Wassilij war gnädig gestimmt. Fürst Michail Glinskij wurde eingekerkert und im Jahre 1527, nachdem seine Nichte Wassilij geheiratet hatte, wieder freigelassen. Von da an erfreute er sich in zunehmendem Maße Wassilijs Gunst, der ihm sein heftiges Temperament und seinen unbändigen Stolz verzieh, weil er ehrlich und offen und ohne Heuchelei gesprochen hatte.

Fürst Michail Glinskij war jetzt der eigentliche Herrscher Rußlands, der Mann, der die letzten Entscheidungen traf. Als er erfuhr, daß es geheime Bestrebungen gab, Fürst Jurij von Dimitrow auf den Thron zu setzen – vielleicht war es auch nur ein Gerücht, das Fürst Andrej Schuiskij in Umlauf gesetzt hatte –, zögerte er nicht, Fürst Jurij festzunehmen. Großfürst Wassilij war erst acht Tage tot, als Fürst Jurij auf Befehl der Regentin und des Bojarenrats in Ketten gelegt und in einen der Kerker des Kremls gebracht wurde. Zweieinhalb Jahre später starb er dort und wurde in der Erzengel-Kathedrale »an einer Stelle, die den Fürsten vorbehalten war«, beigesetzt.

Das Leben eines Fürsten schwebte ständig in Gefahr, denn er war Intrigen, Gerüchten und den verschiedensten Verdächtigungen ziemlich schutzlos preisgegeben. Es bedurfte gar keiner verräterischen Handlung, um ins Gefängnis geworfen zu werden oder seinen Kopf zu verlieren. Es genügte, daß eine einflußreiche Persönlichkeit irgendeinen Vorteil daraus zog, ihn verhaften oder enthaupten zu lassen.

Die Regentin besaß einen ebenso unbeugsamen Willen wie ihr Onkel, und so kam es zwangsläufig zu Zwistigkeiten. Als sie sich den jungen, gutaussehenden Fürsten Iwan Obolenskij zum Liebhaber nahm, protestierte Fürst Michail Glinskij energisch. Es war unziemlich; es war entehrend; es war gegen die Staatsräson. Es war auch eine Bedrohung seiner eigenen Position – der Position des Mannes, der hinter den Kulissen alle Fäden in der Hand hielt. Er setzte ihr so zu, daß Helena die einzige Waffe einsetzte, die ihr blieb: Er mußte unter der Anklage des Despotismus vor dem Bojarenrat erscheinen. Am 5. August 1534 gefangengesetzt, wurde er zu lebenslänglichem Kerker verurteilt, nachdem er kaum mehr als sieben Monate die höchste Macht besessen hatte. Man legte ihn in Ketten wie zuvor Fürst Jurij von Dimitrow, den er nur um etwa sechs Wochen überlebte. Er starb – so steht es in den Chroniken – am 15. September 1536 »in dem Steingebäude hinter dem Kreml-Palast«. Helena ließ ihn zunächst ohne besonderes Zeremoniell beisetzen und erst ein paar Monate später, als sie milder gestimmt war, in das Troiza-Sergejewskij-Kloster überführen, wo er dann mit allem Pomp, der einem Großfürsten gebührte, noch einmal bestattet wurde.

Jetzt repräsentierte der junge Fürst Obolenskij die Macht hinter dem Thron. Seine Schwester Agrafena war Iwans Kinderfrau. Die Regentin hatte ihn zum Oberstallmeister und zum Mitglied des Bojarenrats ernannt. Er war somit in einer Position, die es ihm ermöglichte, den kleinen Kreis um die Regentin zu beherrschen, und da sich Iwan zu ihm hingezogen fühlte und ihm vertraute und Helena ihn über alle Maßen liebte, schien sein Einfluß fürs erste gesichert.

Der aus fünfzehn Mitgliedern bestehende Bojarenrat war in zwei Parteien gespalten, wobei die Familien der Belskijs und der Schuiskijs die führenden Rollen spielten. Als der einzige, der eine ständige Verbindung zum Thron unterhielt, konnte Fürst Obolenskij die anderen Ratsmitglieder in seinem Sinne beeinflussen. Seine Macht, das wußte er, hing von Helena ab. Sollte sie sterben, mußte er damit rechnen, das ganze Gewicht der Feindschaft, die er geweckt hatte, zu spüren zu bekommen.

Fürst Dimitrij Belskij, der im Bojarenrat den Vorsitz führte, war einer jener ruhigen, nüchternen, vorsichtigen Männer, die so daran gewöhnt sind, eine Machtposition innezuhaben, daß sie für die Intrigen um sie herum nur wenig Interesse bekunden, weil sie wissen, daß sie ihnen mit einem Federstrich ein Ende bereiten können. Auf eine überlegene Weise unparteiisch, blieb er zugleich dem Thron gegenüber bedingungslos loyal. Er stammte von einer der Töchter Iwans III. und den Großfürsten von Litauen und Rjasan ab. In seinen Adern floß königliches Blut, und er war sich dessen sehr wohl bewußt. Seine jüngeren Brüder Iwan und

Der junge Iwan empfängt die Bojaren; links oben seine Mutter Helena (aus der »Nikon-Chronik mit Miniaturen«, 16. Jahrhundert).

Simeon besaßen nichts von seiner ruhigen Selbstdisziplin und schmiedeten ständig irgendwelche dunklen Ränke, aber niemand äußerte auch nur den Verdacht, daß ihr älterer Bruder sie dabei unterstützen könnte.

Die Schuiskijs waren gewalttätig und habgierig, vor allem Fürst Andrej Schuiskij, dessen feingesponnene Intrigen die Festnahme und Einkerkerung des Fürsten Jurij von Dimitrow zur Folge hatten. Die Schuiskijs stammten von den Großfürsten von Nischni-Nowgorod und Susdal ab, die der Großfürst von Moskau Anfang des 15. Jahrhunderts unterworfen hatte. Ihr einziges Ziel war es, bei der ersten sich bietenden Gelegenheit die Macht zu ergreifen, aber sie waren bereit, geduldig auf den richtigen Moment zu warten.

Iwan erfüllte unter der Obhut seiner Kinderfrau und seiner geistlichen Lehrer gewissenhaft seine königlichen Pflichten. Bei allen offiziellen Anlässen war er dabei: ein ernster, großäugiger Knabe, der sehr wohl wußte, daß man ihm größte Ehrerbietung schuldete. Wenn die Gesandten der Tatarenkhans kamen, richtete er in ihrer eigenen Sprache das Wort an sie, und er hörte höflich und vermutlich weitgehend verständnislos zu, wenn Berichte vorgelesen wurden und formell in seinem Namen von seiner Mutter etwas unterzeichnet wurde.

Nervös, leidenschaftlich, leicht erregbar und unfähig, seine Gefühle zu verbergen, ließ Iwan bereits als Kind viele seiner späteren Charaktereigenschaften erkennen. Er war fasziniert von kirchlichen Ritualen, Wallfahrten, Reliquien und den äußeren Zeichen seiner Königswürde. Seine Helden waren David, Salomo, Augustus, Konstantin und Theodosius. Die Könige und Kaiser von Jerusalem, Rom und Byzanz interessierten ihn genauso wie die Großfürsten von Moskau. Aber auch die byzantinischen Kaiser zählten zu seinen Vorfahren, und so konnte er sich einreden, daß sein königlicher Stammbaum bis zu König David zurückreiche. Er beschäftigte sich mit Königen und Heiligen und wußte nur sehr wenig vom Leben gewöhnlicher Menschen – genauso wenig wie von dem seine ganze Kindheit hindurch währenden, makabren Tanz der Fürsten um den Thron.

Fürst Andrej von Stariza, Iwans Onkel, war Wassilij III. in vielem ähnlich. Stolz und unbeugsam, zeigte er sich seinen Freunden gegenüber jedoch großzügig und war sich seiner Rechte als Mitglied des Herrscherhauses stets bewußt. Sein Bruder hatte ihm testamentarisch das reiche Fürstentum Wolozk vermacht, aber die Regentin verweigerte ihm dieses Erbe und gab ihm statt dessen die üblichen Geschenke, die man den Brüdern eines verstorbenen Großfürsten zukommen ließ. Er erhielt einige Pferde mit reichverzierten Sätteln, viele Felle und Pokale – dann eröffnete man ihm, daß das Fürstentum Wolozk im Besitz der Regentin verbleiben werde. Als er sich über die Mißachtung der testamentarischen Bestimmungen Wassilijs beschwerte, bekam er noch mehr Pferde, Felle und Pokale.

Andrej zog sich daraufhin nach Stariza zurück, zutiefst verstimmt, aber nicht gewillt, gegen die Regentin zu intrigieren. Sein Bruder, Fürst Jurij, schmachtete bereits als angeblicher Verräter im Kerker. Es war offensichtlich, daß ein paar Leute am Hof Fürst Andrej das gleiche Schicksal wünschten.

Gerüchte gelangten nach Moskau, daß er sich bitter über die Verweigerung des ihm zugesagten Fürstentums beklagt habe. Fürst Iwan Schuiskij wurde als Mitglied des Bojarenrats zu ihm entsandt, um mit ihm zu verhandeln und ihn zu einer Unterredung mit der Regentin nach Moskau zu bitten. Er verlangte zuerst einen von Helena unterzeichneten Geleitbrief und scheint die Reise nach Moskau selbst dann noch schweren Herzens angetreten zu haben, so als wüßte er schon, daß von diesem Zusammentreffen nichts Gutes zu erwarten sein würde, obwohl sich der Metropolit Daniel als Vermittler angeboten hatte. Helena begann das Gespräch ohne Umschweife. »Wir haben erfahren, daß Ihr zornige Worte gegen Uns geäußert habt«, sagte sie. »Ihr solltet Uns treu ergeben sein und nicht auf Unruhestifter hören. Sagt Uns, wer diese Unruhestifter sind, und es werden keine Zwistigkeiten mehr zwischen uns aufkommen.«

Ihre Worte waren der klassische Anklageauftakt. Fürst Andrej bestritt alles; er sei kein Mann, der sich mit Unruhestiftern umgebe; er sei dem Thron trotz der ernsten Herausforderung, die er habe hinnehmen müssen, treu ergeben. Helena zwang ihn, ein Dokument zu unterschreiben, in dem er versprach, die Namen aller zukünftigen Unruhestifter preiszugeben und niemanden, der dem Großfürsten diente, in seinen Dienst zu nehmen. Iwan war bei diesem Akt zugegen.

Fürst Andrej wurde mit höchster Ehrerbietung behandelt, aber er machte sich keine Illusionen. Seine Freiheit und sein Leben waren in Gefahr. Er kehrte nach Stariza zurück, um über seine Machtlosigkeit nachzugrübeln, über den Verlust von Wolozk, die Gefangenschaft seines älteren Bruders und die Aussicht, sich eines Tages selbst in einer steinernen Zelle wiederzufinden.

Als er im August 1536 hörte, daß sein Bruder im Kerker

gestorben war, nahm er die Nachricht verhältnismäßig ruhig auf. Er hatte damit gerechnet, und er litt schweigend. Nach einigen Monaten erfuhr die Regentin oder gab vor, es erfahren zu haben, daß er entschlossen sei, außer Landes zu fliehen. Sie sandte ihm eine Botschaft, worin sie ihn aufforderte, unverzüglich mit den Adligen seines Fürstentums, samt deren Pferden, Waffen und Dienern, in Moskau zu erscheinen, weil die Tataren von Kasan Krieg gegen Rußland führten. Die Tataren hatten tatsächlich bereits weite Gebiete um Nischni-Nowgorod verwüstet, aber Helena hatte ihn noch nie zuvor aufgefordert, Kriegsdienst für sie zu leisten, und er fürchtete eine Falle.

Er antwortete, er sei krank und könne nicht nach Moskau kommen. Die Regentin schickte einen Arzt nach Stariza, und als dieser berichtete, es liege keine ernste Erkrankung vor, vermutete Helena – daran gewöhnt, daß man ihr gehorchte – eine Verschwörung, entsandte ein paar Edelleute nach Stariza, die das seltsame Verhalten des Fürsten ergründen sollten und erfuhr ohne große Überraschung von ihnen, daß Andrej einfach Angst vor seinem mutmaßlichen Schicksal in Moskau habe. Dennoch blieb sie unnachgiebig und bestand darauf, daß er bei Hof erscheine. Zweimal befahl sie ihm zu kommen; zweimal weigerte er sich. Auf die dritte Aufforderung hin verfaßte er einen Brief, den er mit voller Absicht an den Großfürsten Iwan richtete, weil er in dessen Namen nach Moskau gerufen worden war. Er schrieb:

»Mein Herr, Ihr habt mich mit Nachdruck vor Euer Angesicht befohlen. Es betrübt mich zutiefst, daß Ihr meiner Krankheit keinen Glauben schenkt und mein unverzügliches Erscheinen verlangt. Mein Herr, in früheren Zeiten galt es nicht als schicklich, daß wir uns auf einer Tragbahre zu Euch, unserem Herrn, schleppen ließen. Krankheit, Unglück und Schmerz haben mir Geist und Verstand verwirrt.

Deshalb, mein Herr, solltet Ihr mir Gnade und Gunst erweisen, auf daß sich Körper und Seele Eures Dieners erwärmen. Durch Eure Gunst wird Euer Diener von Angst und Kummer befreit, so Gott Euer Herz lenkt.«

Während der Brief noch unterwegs war, beschloß die Regentin zu handeln. Sie entsandte eine Abordnung von Geistlichen nach Stariza, die den Fürsten bewegen sollten, nach Moskau zu kommen, und gleichzeitig schickte sie ein Truppenkontingent nach Wolozk, das ihn abfangen sollte, falls er nach Litauen zu fliehen versuchte.

Die Angelegenheit war von solcher Bedeutung für sie, daß sie ihrem Geliebten, dem Fürsten Iwan Obolenskij, das Kommando über die Truppen anvertraute. Er sollte Fürst Andrej um jeden Preis gefangennehmen. Da es auf beiden Seiten Spione gab, hörte der Fürst ungefähr um dieselbe Zeit, als Helena erfuhr, daß Andrej tatsächlich das Land verlassen wollte, daß Obolenskijs Truppen nach Stariza unterwegs waren. Er hatte lediglich seine Ruhe gewollt und nie einen Treubruch im Sinn gehabt. Jetzt wurde er ihm aufgezwungen.

Am 2. Mai 1537 verließ Fürst Andrej mit seiner Familie, seinen bewaffneten Edelleuten und seinem gesamten Hof Stariza. Er hielt zunächst auf Torsok zu, und man rechnete damit, daß er dann nach Westen abschwenken würde, um zur litauischen Grenze zu gelangen. Statt dessen ritt er ohne Hast nach Nowgorod weiter, überzeugt, Obolenskij entkommen zu sein. Er hatte vergessen, daß überall Spione lauerten und alle seine Bewegungen dem Gegner bekannt waren.

Er ließ Aufrufe an die Bevölkerung der Provinz Nowgorod ergehen, den Kampf gegen die Regentin und den Großfürsten aufzunehmen, und etwa dreißig Adlige aus Nowgorod schlossen sich ihm an. Fürst Nikita Obolenskij, ein junger Vetter von Helenas Geliebtem, erhielt den Befehl, mit einer Truppenkolonne nach Nowgorod zu eilen, um die Stadt in Verteidigungsbereitschaft zu versetzen. Er erreichte Nowgorod in der Tat noch rechtzeitig; die Stadtväter schworen der Regentin und ihrem Sohn Iwan IV. Treue, und die gesamte Einwohnerschaft wurde herangezogen, um Befestigungen zu bauen. Nowgorod war uneinnehmbar.

Widerwillig mußte Fürst Andrej einsehen, daß er sich nur noch jenseits der litauischen Grenze in Sicherheit bringen konnte. Seine Edelleute ließen ihn im Stich, und seine Hoffnungen, einen Aufstand anzuzetteln, schwanden rasch. Er war auf dem Weg nach Litauen, vierzig Meilen von Nowgorod entfernt, als die Truppen Fürst Iwan Obolenskijs ihn einholten. Der Kampf schien unvermeidlich. Da sandte Fürst Obolenskij einen Boten und sicherte Fürst Andrej im Namen der Regentin und des Zaren freies Geleit zu, wenn er nach Moskau zurückkehrte. Man würde ihn wieder nach Stariza gehen lassen und ihm seine »Sünden« allesamt vergeben.

Fürst Andrej schenkte den Worten des Fürsten Obolenskij Glauben und ritt nach Moskau, wo er überaus höflich behandelt wurde und die Erlaubnis erhielt, mit seiner Gattin Efrosinia und seinem zwei Jahre alten Sohn Wladimir in seinem Haus innerhalb der Kremlmauern zu wohnen. Er glaubte, ein freier Mann zu sein, doch in Wirklichkeit stand er unter strengster Bewachung. Zwei Tage lang berieten Helena und ihr Liebhaber, was sie mit ihrem Gefangenen tun sollten; dann beschlossen sie, daß er in derselben Zelle, in der sein Bruder eingekerkert gewesen war, sein Ende finden sollte. In Ketten geschmiedet starb Fürst Andrej von Stariza sechs Monate später.

Helenas Sieg war aber noch nicht vollständig; es galt, alle diejenigen zu bestrafen, die den Fürsten bei seiner kurzlebigen Rebellion unterstützt hatten. Seine Höflinge, Bojaren und Edelleute wurden festgenommen, ausgepeitscht und in den Kerker geworfen. Für die dreißig Adligen aus Nowgorod, die ihn auf seinem Zug nach Norden begleitet hatten, dachte man sich etwas Besonderes aus. Sie wurden hingerichtet, und die Galgen mit ihren Leichen säumten die Straße von Moskau nach Nowgorod, damit alle Reisenden sahen, was für ein Schicksal sie erwartete, wenn sie sich gegen Moskau erhoben.

Damit war die Regentschaft gesichert, die Feinde beseitigt. Helena – vom Bojarenrat unterstützt – würde regieren, bis Iwan großjährig war. Keine dreißig, jung, stolz und tatkräftig, hatte sie noch das ganze Leben vor sich. Doch das Ende kam rascher als erwartet. In den frühen Morgenstunden des 3. April 1538 starb Helena – vielleicht an einem Herzschlag, vielleicht auch an Gift. Noch am gleichen Tag wurde sie ohne jeden Pomp in der Auferstehungskirche im Kreml beigesetzt.

Ihr plötzlicher Tod und das eilige schlichte Begräbnis deuteten auf Mord hin, aber Iwan selbst scheint an ein natürliches Ende seiner Mutter geglaubt zu haben. Ihr Tod traf ihn tief, aber mehr noch litt er unter dem Verhalten Wassilij Schuiskijs, der nun die Macht an sich riß und Regent wurde. Schon in der ersten Woche ließ er Iwan Obolenskij einkerkern und dessen Schwester Agrafena, Iwans Kinderfrau, in einem Kloster unterbringen. Für Iwan selbst empfand Wassilij Schuiskij keinerlei Sympathie. Der Knabe sollte lediglich als Galionsfigur dienen, und sein Wohl hing davon ab, ob er sich dem Regenten bedingungslos unterwerfen würde. Auf Wassilijs Befehl hin wurden sämtliche Juwelen und goldenen Gefäße aus Helenas Besitz zu Bündeln geschnürt und in die gutbewachte Schatzkammer gebracht.

Viele Jahre später schrieb Iwan über die Ereignisse nach dem Tod seiner Mutter:

»So geschah es durch des Allmächtigen Willen, daß Unsere Mutter, die fromme Zariza Helena, das irdische mit dem himmlischen Königreich vertauschte und Wir und Unser Bruder Jurij verlassen, elternlos zurückblieben und niemanden mehr besaßen, der sich um uns kümmerte. Doch Wir vertrauten auf Gott... Als ich in mein achtes Lebensjahr trat, brachten es Unsere Untertanen dahin, ein Königreich ohne Herrscher zu haben. Sie betrachteten mich nicht als ihren Herrscher, dem sie liebevolle Ergebenheit schuldeten. Sie jagten nur dem Reichtum und dem Ruhm nach, und sie befehdeten sich untereinander heftig. Und was taten sie nicht alles! Wie viele Bojaren und treue Anhänger meines Vaters, wie viele Feldherren wurden von ihnen getötet! Und sie nahmen die Schätze meiner Mutter und schleppten sie in die Schatzkammer, traten mit den Füßen danach und stachen mit scharfen Gegenständen darin herum, und einiges davon teilten sie untereinander auf.«

Die Welt Iwans war nun kalt und leer. Er wurde nur noch geduldet, lebte in Furcht und Schrecken. Seine Mutter hatte ihn vergöttert, seine Kinderfrau ihn zärtlich geliebt, Obolenskij sich ihm viel gewidmet, und jetzt waren sie alle wie fortgeweht. Er stand unter Bewachung; keine seiner Handlungen blieb unbeobachtet, jedes Wort, das er sagte, wurde weitergetragen. Seine einzigen Waffen waren List, Verschwiegenheit und das Bewußtsein, der rechtmäßige Herr und Großfürst von Rußland zu sein. Vor allem dieses Wissen half ihm, alle Prüfungen zu bestehen.

Wassilij Schuiskij war in der Kunst des Regierens nicht unerfahren. Er stand in den Sechzigern, ein kampfgewohnter Soldat und Verwalter, ein wortkarger Mann. Als er die Macht übernahm, ließ er als erstes alle diejenigen frei, die von Helena wegen Verrats eingekerkert worden waren. Zwei Monate nach dem Tod der Regentin heiratete er Anastasia, Iwans Kusine, die Tochter seiner Tante Ewdokia. Die Fürstin selbst hatte keineswegs den Wunsch, seine Frau zu werden, aber er war der Mann, der über Leben und Tod aller bestimmte, und sie fügte sich seinem Willen. Durch diese Einheirat legitimierte Wassilij Schuiskij seine Machtergreifung. Und als Enkelin Iwans III. und Ibrahims, eines früheren Khans von Kasan, war die Fürstin sogar von zwei Seiten königlichen Gebüts. Sofort nach der Hochzeit bezog Wassilij

Schuiskij mit seiner jungen Gemahlin den Kreml-Palast des Fürsten Andrej von Stariza.

Die Chroniken berichten, daß Iwan »seine Schwester* Anastasia zu ihrer Trauung begleitete«. Also muß er der Zeremonie beigewohnt haben, wenn auch nur als machtloser Zuschauer. Er fürchtete und verabscheute den Regenten, lernte aber schon früh, daß er seine Angst nicht zeigen durfte und jeder falsche Schritt seinen Tod oder seine Gefangennahme nach sich ziehen würde.

Drei Menschen hielten sich stets in seiner Nähe auf: der Metropolit Daniel, Fjodor Mischurin, der früher einmal Sekretär seines Vaters gewesen war, und Fürst Iwan Belskij, der ehrgeizige jüngere Bruder Dimitrij Belskijs, des Vorsitzenden des Bojarenrats. Dem Fürsten ging es darum, Iwans Leben zu schützen, um selbst derjenige zu sein, der dem Thron am nächsten stand. In seinen Adern floß das Blut der Großfürsten von Moskau, und er sah sich bereits als den zukünftigen Regenten. Sein älterer Bruder, der mehr Anspruch auf eine so hohe Position gehabt hätte, war daran überhaupt nicht interessiert. Als Vorsitzender des Bojarenrats nahmen ihn die täglichen Regierungsgeschäfte voll in Anspruch, und er zeigte keine Neigung, wirkliche Macht gegen bloße Machtsymbole einzutauschen.

Wieder einmal waren die Karten verteilt; neue Intrigantengruppen bildeten sich. Fürst Iwan Belskij würde selbstverständlich Fürst Wassilij Schuiskij zu stürzen versuchen, es würde Palastrevolten geben, die Verlierer mußten damit rechnen, verbannt, gefoltert oder in Ketten gelegt zu werden. Alle, die auf einen Umsturz hinarbeiteten, kannten das Risiko, das sie eingingen. Fürst Iwan Belskij bemühte sich, möglichst viele Freunde und Verwandte in den Bojarenrat einzuschleusen, ohne daß der Regent es merkte. Dies war der erste Schritt. Als nächstes mußte Wassilij zum einfachen Ratsmitglied degradiert werden. Und der letzte Schritt war, die Schuiskijs um ihr Vermögen und ihren Einfluß zu bringen.

---

* Am russischen Hof war es üblich, sogar entfernte weibliche Verwandte des Zaren als »Schwester« zu bezeichnen. Ewdokia, die Schwester des Großfürsten Wassilij I., heiratete Kudaikul, den Fürsten von Kasan und jüngeren Bruder des regierenden Khans Alegam. Kudaikul wurde Christ und erhielt den Namen Peter. Die Hochzeit Peters und Ewdokias fand am 25. Januar 1506 statt.

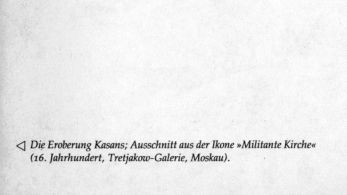

◁ *Die Eroberung Kasans; Ausschnitt aus der Ikone »Militante Kirche«*
(16. Jahrhundert, Tretjakow-Galerie, Moskau).

Sofern Iwan von diesen Intrigen etwas wußte, schwieg er darüber. Jedes Jahr stattete er dem Troiza-Sergejewskij-Kloster einen offiziellen Besuch ab, um am Grab des Heiligen zu beten und den Segen des Himmels zu erflehen. So erschien er auch diesmal mit großem Gefolge zum Geburtstag des heiligen Sergius; sein Bruder Jurij, der Regent und dessen Bruder, Fürst Iwan Schuiskij, begleiteten ihn. Diese Gelegenheit nutzte Fürst Iwan Belskij, um in Moskau einen Aufstand gegen den Regenten zu inszenieren, der jedoch fehlschlug, vermutlich weil er schlecht organisiert war. Als der Regent nach Moskau zurückkehrte, befahl er die Festnahme aller Verschwörer.

Fürst Belskij wurde unter Hausarrest gestellt, seine engsten Freunde auf ihre Güter verbannt, und die schwerste Strafe traf den unglücklichen Sekretär, Fjodor Mischurin, der nackt hingerichtet wurde. Da Fürst Belskij ein Blutsverwandter war, entging er weiterer Bestrafung. Die Zwistigkeiten zwischen den Fürsten fanden ein jähes Ende, als Wassilij Schuiskij kurz nach Fjodor Mischurins Hinrichtung starb. Sein Nachfolger wurde sein jüngerer Bruder Fürst Iwan Schuiskij.

Wieder einmal hatte der kleine Iwan seine Freunde verloren: Fjodor Mischurin war tot, Iwan Belskij ein Gefangener, der Metropolit Daniel galt als verdächtig. Am 2. Februar 1539 verlangte Fürst Iwan Schuiskij vom Bojarenrat die Aburteilung des Metropoliten, als dessen Hauptverbrechen die Teilnahme an der Belskij-Verschwörung galt. Doch davon erwähnte der neue Regent nichts. Statt dessen zählte er die Laster des Metropoliten auf. »Er hat sich sehr unbarmherzig und grausam gezeigt«, erklärte er. »Er hat Menschen einkerkern, in Ketten legen und verhungern lassen. Er hat ein ungeheures Vermögen angehäuft.« Der Bojarenrat entschied auf Verbannung des Metropoliten. Sein Nachfolger wurde Joasaf, der Abt des Troiza-Sergejewskij-Klosters.

Über das Schicksal des Fürsten Iwan Belskij war noch immer kein Beschluß gefaßt worden. Vor seinem Haus standen Wachen, die Befehl hatten, ihn nicht passieren zu lassen, doch am 25. Juli 1540 gelang es ihm, unbemerkt hinauszugelangen und den Kreml-Palast zu betreten, wo er von Iwan, der überglücklich war, den Mann wiederzusehen, den er als seinen Freund und Vertrauten betrachtete, sofort empfangen wurde. Iwan Schuiskij tobte vor Zorn, konnte aber gegen Belskij, der von dem neuen Metropoliten gestützt wurde, nichts unternehmen. Er beschuldigte den Metropoliten Joasaf, zusammen mit einigen Mitgliedern des Bojarenrats den Coup angezettelt zu haben, und kümmerte sich nicht mehr um die Regierungsgeschäfte.

Damit fiel die Regentschaft Iwan Belskij zu, der so vernünftig war, seinen Gegner ungeschoren zu lassen, da ihm dessen Sturz Strafe genug erschien. Er erwies sich als unparteiisch und besonnen, tolerant und klug, und zwei Jahre lang spürte das Land seinen mäßigenden Einfluß. Dann drehte sich das Rad der Geschichte erneut, und Iwan Schuiskij kam wieder an die Macht.

Iwan war nun fast zehn Jahre alt. Seit seiner frühesten Kindheit hatte er nur Verschwörungen, Intrigen und Treulosigkeit kennengelernt und gesehen, wie sich die Fürsten gegenseitig durch Mord oder Verrat die Macht zu entreißen versuchten. Der empfindsame, sehr belesene und über politische Angelegenheiten weit über sein Alter hinaus unterrichtete Knabe war sich der Gefahren seiner hohen Stellung wohl bewußt. Viele der tragischen Ereignisse während seiner Herrschaft dürften auf die Ängste und Schrecken zurückzuführen sein, die seine Kindheit prägten.

Doch zunächst kam nun eine kurze Zeit, in der Angst und Schrecken wichen und er während eines Krieges gegen die Tataren die Rolle des Königs spielen durfte.

Die Erben der Goldenen Horde

In den Jahren der Regentschaft von Helena und ihren Nachfolgern hatten die Feinde Rußlands kaum eine Bedrohung dargestellt. Ein zweijähriger Krieg mit dem Großfürstentum Litauen war nicht viel mehr als eine Reihe von Grenzscharmützeln gewesen. Auch nach Unterzeichnung eines Friedensvertrags gab es immer wieder kleine Zusammenstöße, und ab und zu überschritt ein unzufriedener oder um sein Leben bangender russischer Adliger die Grenze, gelobte dem litauischen Großfürsten Treue und wurde mit ausgedehnten Ländereien belohnt. Litauen und Rußland waren verschworene Feinde, die sich immer bekriegen würden, aber eine Gefahr für den Fortbestand des Landes war das benachbarte Großfürstentum nicht.

Ein weitaus bedrohlicherer Gegner lauerte im Südosten – die Erben der Goldenen Horde. Die Tataren, ein Mischvolk altaisch-mongolischer Abstammung, gelbhäutig und schlitzäugig, bewohnten weite Gebiete der südlichen Steppen, ihre Khans herrschten über Kasan, Astrachan und die Krim und verfügten über mächtige Armeen. Die Großfürsten von Moskau schlossen Verträge mit ihnen, ließen tatarische Gesandte und Händler in die Hauptstadt kommen, arrangierten Heiraten zwischen den fürstlichen Familien Rußlands und den Familien der Khans, die in den Dienst des Zaren traten, und erwiesen den Khans stets die Achtung, die Personen königlicher Herkunft gebührte. Tatarenblut floß in den Adern russischer Fürstenfamilien, und viele waren stolz darauf, zugleich Nachfahren Ruriks und Dschingis Khans zu sein. Die russische Kultur hatte viel von der Kultur der Tataren angenommen*, und im Russischen gibt es zahlreiche Lehn-

---

* Viele Wörter aus dem russischen Alltag, vor allem solche, die mit Handel, Nahrung, Kleidung, Pferden und Edelsteinen zu tun haben, wurden von den Tataren entlehnt. Darunter z. B. *tma* (zehntausend), *dengi* (Geld), *balagan* (Verkaufsbude), *baschmak* (Schuh), *tabun* (Pferdeherde).

wörter aus der erdverbundenen Sprache jener Männer, die ohne Sattel auf zottigen kleinen Pferden ritten und denen es nichts ausmachte, auf diese Weise ganz Asien zu durchqueren. Ihre heroische Poesie gab der russischen Dichtkunst eine besondere Prägung, und ihre Lebensweise beeinflußte die russische Mentalität.

All das hatte sich zwangsläufig so ergeben. Die tatarischen Heerscharen waren brandschatzend über Rußland hinweggefegt, hatten geplündert, Frauen geschändet und von den russischen Fürsten, die persönlich vor dem Khan der Goldenen Horde in seiner Zeltstadt Sarai an der unteren Wolga erscheinen mußten, Tribute entgegengenommen. Die erste Welle der Eindringlinge kam 1223 unter Dschingis Khan. Ihre Anführer waren Sübütai und Djebe, »der Pfeil«, einer der bedeutendsten Eroberer überhaupt: Er befehligte die Tataren, als sie in China einfielen, in Persien, Georgien und in Rußland. Das russische Heer unter Fürst Mstislaw von Galitsch trat den Invasoren am Kalka zwischen dem Don und dem Kaspischen Meer entgegen, und als der Kampf vorüber war, lagen fast alle Russen erschlagen auf dem Schlachtfeld, und Südrußland war den Eindringlingen schutzlos preisgegeben. Doch Sübütai und Djebe griffen anschließend die Bulgaren an der oberen Wolga an, vernichteten deren Armee und vergaßen Rußland dann erst einmal wieder.

Vierzehn Jahre später erhielt Sübütai von Batu, dem Enkel Dschingis Khans, den Befehl, Rußland zu unterwerfen. Er versuchte zunächst, sein Ziel kampflos zu erreichen. Abgesandte wurden nach Moskau geschickt; der Mongolenfürst forderte ein Zehntel allen Eigentums und ein Zehntel der Bevölkerung. Die Russen brachten die Abgesandten um; daraufhin gab Batu Befehl zum Angriff. Rjasan fiel nach sechstägiger Belagerung, dann war Wladimir an der Reihe. Das russische Heer wurde bis zum Sit zurückgetrieben, zweihundert Meilen nordwestlich von Wladimir, und vollständig vernichtet. Sübütais Scharen ritten nach Norden; sie standen etwa sechzig Meilen vor Nowgorod, hätten also nur noch wenige Tage gebraucht, um ein Imperium zu gründen, das vom Stillen Ozean bis zur Ostsee gereicht hätte, als der Befehl zur Rückkehr eintraf: Die Schneeschmelze würde bald einsetzen und die nordrussischen Ebenen in einen unpassierbaren Morast verwandeln. Nowgorod blieb unversehrt, aber alle russischen Fürstentümer hatten aufgehört zu bestehen oder existierten nur noch von der Tataren Gnaden.

So wurde der größte Teil Rußlands eine Kolonie der Goldenen Horde, und die Fürsten fungierten als Steuereintreiber der Eroberer, eine Rolle, der sie sich manchmal voll Eifer und manchmal voll Groll, fast immer jedoch bereitwillig unterwarfen. Die Tribute wurden regelmäßig dem regierenden Khan überstellt, und die Fürsten erschienen in Sarai, um ihre Titel entgegenzunehmen und Treueide abzulegen. Gelegentlich rebellierte ein Fürst gegen das Tatarenjoch, ließ die Gesandten aus Sarai ermorden und rief zu einem heiligen Krieg gegen die Ungläubigen auf. Dann bekam sofort einer der anderen Fürsten aus Sarai den Befehl, den Aufstand zu unterdrücken, und man drohte ihm, daß er, falls er sich widersetze, sein Fürstentum einbüßen werde. So kämpften Russen gegen Russen, um die *pax tatarica* zu wahren.

Nach und nach wurde das Fürstentum Moskau, dem der Khan auf mancherlei Weise seine Gunst erwies, weil es zahlreiche Rebellionen niedergeschlagen hatte, die vorherrschende Macht in Rußland. Zur Zeit Djebes war Moskau nicht mehr als eine kleine Grenzfeste am Rand der Sümpfe gewesen. Doch allmählich wurde es eine große Stadt, die ihren Einflußbereich immer weiter ausdehnte und mit ihrer Bündnispolitik die Macht der Goldenen Horde in Frage stellte. Mamaj, der Befehlshaber der Tataren unter Khan Murid, fand es an der Zeit, dem russischen Expansionsdrang Einhalt zu gebieten. Am 8. September 1380 traf er auf der weiten Kulikowo-Ebene mit dem Heer des Großfürsten Dimitrij von Moskau zusammen. Nachdem Mamaj die Hälfte seiner Kavallerie verloren hatte, floh er. Dimitrij büßte die Hälfte seiner Infanterie ein. Hier an den Ufern des oberen Don zeigten die Russen, daß sie entschlossen waren, den Tataren die Macht zu entreißen.

Die tatarischen Invasionen gingen zwar weiter und große Gebiete Südrußlands wurden ständig überfallen, aber die Eindringlinge waren nicht mehr imstande, ihre Tributforderungen durchzusetzen. Um die Zeit Iwans IV. hatte sich die einst so mächtige Goldene Horde in die getrennten Khanate von Astrachan, Kasan und der Krim aufgelöst, und daneben gab es noch ein paar umherschweifende, plündernde Stämme. Astrachan und Kasan waren befestigte Städte; Bachtschisaraij im südlichen Teil der Krim war eine Stadt der Paläste; und überall herrschte ein Khan, der von sich behauptete, ein Nachkomme Dschingis Khans zu sein. Ein weiteres Khanat schuf der Großfürst von Moskowien mit Bedacht in seinem eigenen Territorium. Südlich von Moskau an der Oka gelegen, hieß es Kasimow nach Khan Kasim, seinem ersten Herrscher. Kasimow war das Hauptquartier der Tataren, die in den Dienst des Großfürsten traten, und unterstand der Gerichtsbarkeit des Großfürsten.

Dieses Khanat war eine mächtige psychologische Waffe gegen die Tatarenkhane an der Wolga und auf der Krim. Einmal erinnerte es sie daran, daß Moskowien Tausende von Tataren zu seiner Verteidigung aufbieten konnte, zum anderen zeigte die bloße Tatsache seiner Gründung, daß die Tataren untereinander zerstritten waren. Die findigen Russen taten außerdem alles, um diesen Dorn im Auge der anderen Khane noch zuzuspitzen. Die Khane von Kasimow erhielten den Vorrang vor allen Russen mit Ausnahme des Großfürsten und seiner Familie. Sie wurden im Kreml mit königlichen Ehren empfangen, obwohl sie nur über ein kleines Territorium herrschten, das aus Gorodez (der »kleinen Stadt«) und dem umliegenden Gebiet bestand. Für die Russen war Kasimow ein Tor zum Osten, ein Handels-, Nachrichten- und Rekrutierungszentrum. Hier sahen sich abtrünnige kleine Tatarenfürsten auf großzügigste Weise unterstützt, hier konnten sie in aller Ruhe Ränke gegen die Khane schmieden – die das Intrigieren auch nicht schlecht verstanden.

Als Iwan Belskij an die Macht kam, erhielt er die niederschmetternde Botschaft, daß sein jüngerer Bruder Simeon, der sich 1534 nach Litauen abgesetzt hatte, inzwischen der oberste Ratgeber des Krim-Khans war und einen Einfall in Rußland plante. Er war schon immer ein ehrgeiziger Mann gewesen, korrupt und leichtfertig, und hatte seine älteren Brüder gehaßt, weil sie bei Hof hohe Ämter bekleideten, die ihm versagt blieben.

Diesmal bestand eine sehr reale Möglichkeit, daß die Invasion gelang. Khan Saip Guirej unterhielt ein Bündnis mit dem türkischen Sultan Suleiman dem Prächtigen und konnte auf schwere türkische Kanonen und gut ausgebildete türkische Schützen zählen. Auch Litauen war sein Verbündeter. Der Angriffsplan sah eine massive Zusammenziehung dreier großer Armeen vor – aus Litauen im Westen, Kasan im Osten und der Krim im Süden. Wenn sie gleichzeitig Moskau erreichten, konnten sie es bezwingen und ganz Rußland würde zwischen den Tataren und den Litauern aufgeteilt werden.

Khan Saip Guirej war ein stolzer, zielbewußter Mann. In einem

Brief an den noch nicht ganz elfjährigen Großfürsten Iwan kündigte er an, daß er das Land Moskowien zerstören und seine Bewohner zu Sklaven machen werde. Ganz im anmaßenden Ton der Khane der Goldenen Horde schreibt er: »Ich werde Dich überfallen. Ich werde von Deinem Besitz auf den Sperlingshügeln auf Moskau hinunterschauen, ich werde mein Heer in alle Richtungen ausschwärmen lassen, ich werde Dein Land unterwerfen.«

Im Juli 1541 berichtete ein Späher von einem der vorgeschobenen Grenzposten, daß der Khan mit seinen Truppen entlang dem Oberlauf des Donez heranrücke. Er sagte, er sei ihnen einen ganzen Tag lang gefolgt und schätze die Streitmacht auf hunderttausend Mann. Später kam ein anderer Kundschafter mit der Nachricht nach Moskau, daß der Feind den Don überschritten habe. Dann hörte man, daß die neue Steinfestung in Saraisk, das stärkste Bollwerk an der Südgrenze, angegriffen worden sei, doch die Russen konnten den Feind abwehren und sogar ein paar Tataren gefangennehmen. Sie wurden nach Moskau geschafft, wo sie damit prahlten, ihr Khan würde in Kürze die Oka überqueren und das gesamte Gebiet um die Hauptstadt verwüsten. Sie bestätigten auch, daß Simeon Belskij den Khan begleitete.

Moskau rüstete sich für den Feind. Dimitrij Belskij übernahm den Oberbefehl über die gesamten Truppen, Iwan Belskij die Verantwortung für die Verteidigung der Hauptstadt. Iwan Schuiskij vereinte sein Heer in Wladimir mit den Truppen Schigalejs, des Khans von Kasimow, um dort den Versuch zu unternehmen, eine von Safa Gurej, dem Khan von Kasan, angeführte Armee abzufangen. Dimitrij Belskij richtete sein Hauptquartier in Kolomna ein, um den Krim-Tataren den Weg abzuschneiden.

Obwohl Iwan noch ein Knabe war und keine militärischen Entscheidungen treffen konnte, spielte er bei der Verteidigung Moskaus eine wichtige Rolle. Er diente als eindrucksvolle Galionsfigur, wobei ihm seine Jugend zugute kam, und die Tatsache, daß er so fromm war und vielleicht sogar mit Gott und den Heiligen in persönlicher Verbindung stand. Sein Reich war bedroht; nie zuvor hatte es eine so groß angelegte Invasion der Tataren gegeben. In die Staatsgewänder gehüllt, flehte er in Begleitung seines Bruders mit Tränen in den Augen vor der Ikone der Jungfrau von Wladimir in der Uspenskij-Kathedrale, einer Reihe anderer Ikonen und am Grab des heiligen Metropoliten Peter, von dem man glaubte, daß er Moskau unter seine besondere Obhut genommen habe, um Fürbitte beim Allerhöchsten. Anschließend kehrte er in den Kreml-Palast zurück, wo ihn der Bojarenrat erwartete.

Man überlegte, ob Iwan in Moskau bleiben oder die Stadt verlassen und an einen sicheren Ort gebracht werden sollte. Nachdem die Gefahren, die ihm unterwegs drohen könnten, erörtert worden waren, erklärte der Metropolit Joasaf, daß Iwan und sein Bruder Jurij im Kreml mit den heiligen Kirchen und Reliquien noch am sichersten seien, und die Bojaren schlossen sich seiner Meinung an: Iwan sollte in der Stadt bleiben. Befehle für die Verteidigung Moskaus wurden in seinem Namen erlassen, Kanoniere und Musketiere an den Mauern und Türmen postiert. Kitaj Gorod, der dichtbevölkerte Stadtteil östlich des Kremls, wurde befestigt, und die Leute erhielten Anweisung, ihr gesamtes bewegliches Hab und Gut hinter die Wälle zu bringen. Den Chronisten zufolge war die Einwohnerschaft fest entschlossen, bis zum Tod für die heiligen Kirchen, die Großfürsten und ihre eigenen Familien zu kämpfen.

Als die Nachricht nach Moskau gelangte, daß die Tataren Behelfsbrücken über die Oka bauten, wurde im Namen des Großfürsten sogleich eine Proklamation verfaßt und Dimitrij Belskij zugestellt. Darin wurden die Truppen aufgerufen, Widerstand bis zum Äußersten zu leisten und den Feind auf keinen Fall über den Fluß zu lassen. »Sollte es sich dennoch ergeben, daß es dem Khan gelingt, den Fluß zu überschreiten, dann müßt Ihr um der heiligen Kirchen und der orthodoxen Christenheit willen ausharren und mit Gottes Hilfe gegen die Tataren streiten. Ich werde es Euch und Euren Kindern großzügig vergelten, und die Namen derjenigen, die Gott zu sich nimmt, werden in das Buch des Lebens eingetragen, und ich werde ihre Frauen und Kinder belohnen.«

Die Proklamation erreichte die Armee gerade noch rechtzeitig und erzielte die erwünschte Wirkung – zeigte sie doch, daß Iwan das Wohlergehen seiner Truppen am Herzen lag. Als Dimitrij Belskij die Begeisterung der Soldaten sah, gab er Befehl, zur Oka vorzurücken.

Die Krim-Armee erreichte die Oka am 30. Juli 1541 um drei Uhr nachmittags. Die Tataren hatten bereits in der Nähe der kleinen Stadt Rostislawl Behelfsbrücken gebaut, und die Truppen schickten sich gerade an, den Fluß zu überqueren, als die Russen auf dem gegenüberliegenden Ufer erschienen. Zuerst dachte Saip

Guirej, der sein Hauptquartier auf einem Hügel aufgeschlagen hatte, er habe es mit der ganzen russischen Armee zu tun. Es war heiß, und die Waffen und Harnische glänzten in der Sonne. Trotzdem stürmten seine Truppen über die Brücken, die türkischen Kanonen donnerten, die tatarischen Schützen spannten ihre Bogen, und ein Regen von Pfeilen empfing die Russen. Der massive Angriff brachte die russischen Linien für ein paar Augenblicke ins Wanken. Doch immer mehr russische Truppen strömten nach, und die Linien hielten stand.

Bald beantworteten die schweren russischen Geschütze das Feuer der türkischen Kanonen, und die Tataren mußten sich vom Nordufer des Flusses zurückziehen. Der Khan beriet sich mit seinen Fürsten und hörte, daß endlose Kolonnen von Russen am Fluß zusammenströmten. In der Nacht ließen die Kämpfe nach, aber die Russen stellten noch mehr Geschütze am Ufer auf, und der Khan gewann allmählich die Überzeugung, daß seine Truppen nie das andere Ufer erreichen würden. Vor Morgengrauen beschloß er, den Kampf abzubrechen. Die russischen Chronisten schildern mit einer gewissen Befriedigung, daß er völlig die Nerven verlor und nicht mehr imstande war, sein Pferd zu besteigen; in einem Wagen mußte er fortgebracht werden. Die ganze Tatarenarmee floh nach Süden.

Dimitrij Belskij schickte dem Feind lediglich eine Kolonne nach, die den Rückzug beschleunigen sollte. Von den Gefangenen, die die Russen unterwegs machten, erfuhren sie, daß der Khan entschlossen war, sich für die schmähliche Niederlage zu rächen, indem er die gut befestigte Stadt Pronsk in der Provinz Rjasan nahm. Er wollte sie ihrer Schätze berauben, die Einwohner zu Sklaven machen und die Stadt in Brand stecken.

Die Armee des Khans traf am 3. August vor Pronsk ein und griff die Stadt sofort mit den türkischen Geschützen und Wurfmaschinen an. Aber die Mauern hielten stand; die Einwohner von Pronsk vertrauten darauf, daß sie befreit werden würden: Der Befehlshaber der Truppen in der Stadt wußte, daß eine russische Einheit unterwegs war. Und inzwischen bemühten sich die Verteidiger, die Tataren, die die Mauern zu erklettern versuchten, mit Spießen, Steinen, Messern und siedendem Wasser abzuwehren. Dann gelang es sieben Vorläufern der zu Hilfe kommenden Soldaten, unbemerkt in die Stadt zu schlüpfen und die Nachricht zu überbringen, daß die Kolonne nur noch ein paar Meilen weit entfernt war. Kurz darauf machten die Tataren einen Gefangenen, der – dem Khan vorgeführt – kühn erklärte, die Tataren müßten es bald mit der gesamten russischen Armee aufnehmen. Der Khan geriet in Panik, befahl, die Belagerung aufzuheben und enteilte gen Süden. Als die Kolonne in Pronsk eintraf, waren alle Tataren bereits geflohen.

In Moskau läuteten die Glocken zur Feier des Sieges. Iwans Triumph war vollkommen. »Herrscher, Eure engelsgleichen Gebete und Euer Glück haben uns zum Sieg verholfen«, schmeichelte man ihm, und er glaubte es. Galionsfigur, Talisman, Gegenstand der Verehrung, Symbol dynastischer Traditionen – er war all das und noch viel mehr, aber er war auch ein Knabe, der allen Machenschaften der verschiedenen Bojarenparteien hilflos ausgeliefert war.

Iwan Belskij, der ihm sehr nahestand, hatte seine Regentschaft mit Milde, Geschick und ohne Brutalität begonnen und nicht nur Iwan Schuiskij nach seinem Sturz die Freiheit gelassen, sondern ihm sogar den Befehl über die Armee in Wladimir anvertraut. Man hatte dort mit einem Angriff der Streitmacht des Khans gerechnet. Aber es kam zu keinem Kampf. Da sah der ehrgeizige Iwan Schuiskij eine Gelegenheit, wieder Regent zu werden. Er verfügte über Truppen, ein Hauptquartier in Nowgorod und Spione, die im Kreml für ihn arbeiteten. Seine Familie war durch enge Beziehungen mit den Bewohnern Nowgorods verbunden, und der Adel Nowgorods schlug sich auf seine Seite. Mit Hilfe der Fürsten Iwan Kubenskij und Dimitrij Palezkij sowie des Schatzmeisters Iwan Tretiakow schmiedete er einen Plan, der so atemberaubend simpel war, daß er einfach gelingen mußte: In einer Nacht sollten gleichzeitig der Großfürst Iwan, der Metropolit Joasaf und Iwan Belskij festgenommen werden. Am nächsten Tag würde Iwan Schuiskij, begleitet von dreihundert Bewaffneten aus Wladimir, im Triumph im Kreml einziehen.

Und genauso geschah es. Iwan Belskij wußte nicht das geringste von der Intrige und hatte keinerlei Sicherheitsmaßnahmen getroffen. In der Nacht des 2. Januar 1542 stürmten bewaffnete Männer in seinen Palast, nahmen ihn fest und brachten ihn zu der gutbewachten Schatzkammer in der Nähe des Kreml-Palasts.

Etwa zur gleichen Zeit, um fünf Uhr morgens, als es noch ziemlich dunkel war, wurde Iwan von einer Gruppe Bojaren, die in den Kreml-Palast eindrangen, unsanft geweckt. Sie befahlen dem erschrockenen Knaben, aufzustehen und seine Gebete vor den Ikonen in seinem Schlafzimmer zu sprechen. Als er noch damit beschäftigt war, erschien der Metropolit. Er war durch Steine, die man gegen sein Fenster geworfen hatte, geweckt worden, hatte sofort eine Verschwörung vermutet und war von seinem Palast in den Kreml-Palast gestürzt, um Iwan zu wecken und in Sicherheit zu bringen. Doch statt dessen ging er in die Falle, konnte den Bojaren aber noch einmal entwischen und bis zum Troizkij-Tor des Kremls gelangen. Eine Gruppe Edelleute aus Nowgorod setzte ihm nach, und Fürst Dimitrij Palezkij, einer der Anführer der Verschwörung, kam gerade noch rechtzeitig, um seine Ermordung zu verhindern. Doch das Ziel der Verschwörer war erreicht:

Iwan Belskij und der Metropolit waren festgenommen, und der junge Großfürst befand sich in ihrer Gewalt; die Kremltore konnten sich nun für Iwan Schuiskij und seine dreihundert Bewaffneten aus Wladimir öffnen.

Der neue Regent, der etwas später am Tag eintraf, widmete sich als erstes der Aufgabe, über das Geschick Iwan Belskijs und des Metropoliten zu entscheiden. Er schickte beide zum Beloosero, zum »Weißen See«, im Norden, wo Iwan Belskij die letzten Monate seines Lebens im Kerker verbrachte, während dem Metropoliten eine Zelle des Kirillow-Klosters zugewiesen wurde. Einige der engsten Vertrauten Iwan Belskijs verbannte man auf ihre Güter. Der Erzbischof von Nowgorod und Pskow, Makarij, wurde der neue Metropolit.

Die Moskowiter waren bereits daran gewöhnt, immer wieder von jemand anderem regiert zu werden. Die auswärtigen Angelegenheiten wurden im wesentlichen gehandhabt wie bisher. So empfing Iwan zusammen mit dem neuen Regenten und Dimitrij Belskij, der als Vorsitzender des Bojarenrats den Ehrenplatz an Iwans rechter Seite einnahm, die litauischen Abgesandten, die im März nach Moskau kamen. Am 25. März 1542 wurde ein Abkommen über sieben Jahre Waffenruhe unterzeichnet. Auf das Dokument wurde ein Kreuz gelegt, das Iwan feierlich küßte. In der Öffentlichkeit wahrte der elfjährige Knabe stets die Form, auch wenn er insgeheim vor Zorn bebte.

Und er hatte allen Grund, zornig zu sein. Noch viele Jahre später erinnerte er sich der Mißachtung, der er seitens des Regenten und der anderen Schuiskijs am Hofe ausgesetzt war, und schrieb:

»Die Schuiskijs behandelten uns – mich und meinen Bruder – als wären wir Fremde oder elendes Gesindel. Wie habe ich unter Mangel an Kleidung und Nahrung gelitten! Ich durfte keinen eigenen Willen haben; immer geschah das Gegenteil von dem, was ich wollte, und auf eine Art, die meinem zarten Alter nicht zuträglich war. Ich entsinne mich, daß ich einmal mit meinem Bruder spielte, und Fürst Iwan Wassilijewitsch Schuiskij saß auf einer Bank, die Ellbogen auf meines Vaters Bett, sein Bein in einem Sessel, und er bekundete weder väterliches Interesse für uns, noch Demut. Wer könnte so viel Anmaßung ertragen?«

Solche Wunden schwärten und mußten mit der Zeit seinen gesamten Organismus vergiften. Er fand nur Trost, wenn er auf Rache sann, was er denn auch mit Vorliebe tat. Ungeduldig sehnte er den Moment herbei, da er der Tyrannei der Fürsten, die ihn als Marionette betrachteten, ein Ende würde setzen können. Mit fünfzehn würde er volljährig sein und von da an selbst regieren, und niemand konnte ihm mehr Befehle erteilen.

Iwan Schuiskij erfreute sich seiner Macht nicht lange. Er starb im Mai 1542 eines natürlichen Todes; die Nachfolge trat sein Vetter Andrej an. Im selben Monat starb auch Iwan Belskij im Kerker. Einem Bericht zufolge ließ man ihn verhungern, eine andere Quelle spricht von Mord. Sicher ist, daß Andrej Schuiskij ihn aus dem Weg haben wollte. Zum Zeitpunkt seines Todes war Belskij ungefähr vierzig Jahre alt, ein ruhiger, gebildeter und sehr religiöser Mann, der sein Schicksal mit Gleichmut hingenommen zu haben scheint.

Andrej Schuiskij war ein notorischer Ränkeschmied und Unheilstifter. Vor Jahren hatte er die Festnahme des Fürsten Jurij von Dimitrow, Iwans Onkel, veranlaßt und ihn des Verrats bezichtigt. 1539 wurde er Statthalter von Pskow, wo er ein solches Talent dafür entwickelte, Bestechungsgeschenke zu erpressen, daß er abberufen werden mußte. Jetzt war er als das älteste, schlaueste und geschickteste Mitglied des Schuiskij-Klans auf der Höhe seiner Macht und entschlossen, Iwan für seine Zwecke zu benutzen. Unter allen Umständen mußte verhindert werden, daß Iwan enge Beziehungen zu Leuten unterhielt, die nicht zu den Schuiskij-Anhängern zählten.

Zu Iwans besten Freunden gehörte Fjodor Woronzow, ein Mann mittleren Alters, der einer bekannten Bojarenfamilie entstammte. Er hatte schon Iwans Vater gedient, galt als unbedingt loyal dem Thron gegenüber und war dem Großfürsten sehr zugetan. Seine Anwesenheit im Kreml-Palast war den Schuiskijs ein Dorn im Auge, und sie beschlossen, sich von ihm zu befreien.

Am 9. September 1542 versammelte sich der Bojarenrat im Speisesaal des Kreml-Palasts. Die Schuiskijs waren in großer Zahl vertreten. Iwan saß auf seinem Thron, der Metropolit Makarij auf einem anderen, der etwas tiefer stand. Plötzlich gab es eine spürbare Unruhe, denn die Schuiskijs hatten Fjodor Woronzow erblickt. Heftiges Geschrei erhob sich, und dann sprangen die Schuiskijs und ihre Anhänger hoch und stürzten sich auf Woronzow, der sich verteidigte, so gut er konnte, den Angreifern aber nicht gewachsen war. Sie packten ihn, rissen an seinen Kleidern, schlugen ihn ins Gesicht und schleppten ihn in eines der Vorzimmer. Iwan war entsetzt. Er bat den Metropoliten und die beiden Bojaren Iwan und Wassilij Morosow, einzuschreiten. Es war offenkundig, daß die Schuiskijs die Absicht hatten, Woronzow zu töten.

Der Metropolit war von den Schuiskijs ernannt worden, und sie erwarteten wahrscheinlich, daß er ihnen gehorchen würde. Doch er war ein friedliebender Mann, der die Szene im Speisesaal abstoßend gefunden hatte, und so schritt er energisch ein. Er forderte und erhielt das Versprechen, daß Woronzow nicht getötet würde. Er verlangte auch, daß man ihn freiließe, jedoch vergebens. Woronzow wurde in einen Kerker auf der anderen Seite der Neglinnaja gebracht.

Obwohl die Schuiskijs versprochen hatten, Woronzow lediglich an einen weit entfernten Ort zu verbannen, fürchtete Iwan das Schlimmste. Noch einmal beauftragte er den Metropoliten und die Morosows, mit den Schuiskijs zu verhandeln. Erregte Worte wurden gewechselt, eine Menschenmenge umringte den Metropoliten, und ein gewisser Foma Golowin trat ihm absichtlich auf den Saum seines Gewandes, so daß es zerriß. Die Morosows wurden hinterrücks überfallen. Dennoch konnten sie Iwan berichten, daß Woronzow kein Leid geschehen würde, wenn er bereit sei, nach Kostroma zu gehen.

Iwan wartete seine Zeit ab. Ein tödlicher Haß gegen Andrej Schuiskij war in ihm gewachsen, und irgendwann würde er schreckliche Rache nehmen.

Im Kreml-Palast und auf langen Wallfahrten zu abgelegenen Klöstern blieb das Zeremoniell gewahrt. Die Schuiskijs regierten in Iwans Namen. Von Zeit zu Zeit empfing Iwan Gesandte, verlas

Erklärungen, deren Verfasser Leute waren, die er verabscheute, und erfüllte mechanisch die Pflichten, die einem Großfürsten oblagen. Wenn er auf sein junges Leben zurückblickte, erkannte er, daß er fortwährend mißachtet und von anderen ausgenutzt worden war. Hinter der starren Maske, die er der Welt gegenüber bei offiziellen Anlässen zur Schau trug, verbargen sich wilde Verzweiflung und ein umfassendes Wissen über die verschiedenen Formen von Gewaltanwendung. Er grübelte viel und las die Heilige Schrift, vor allem jene Textstellen, die von Verschwörungen an den Höfen der Könige von Israel berichteten.

Im September 1543, kurz nach seinem dreizehnten Geburtstag, brach Iwan wie jedes Jahr zum Troiza-Sergejewskij-Kloster auf. Diesmal zog sich die Pilgerfahrt ungewöhnlich in die Länge, und er kehrte erst Ende November nach Moskau zurück. Das Wetter war denkbar schlecht; heftige Regenfälle gingen nieder, die Moskwa trat über ihre Ufer, und da es so kalt war, bildete sich Eis, das beträchtlichen Schaden anrichtete. Im Winter, bei grauem Himmel, ist der Kreml ein wenig einladender Ort. Iwan war in denkbar schlechtester Stimmung, als er widerwillig zurückkehrte.

Am unerträglichsten waren ihm die Audienzen, die er den Schuiskijs und vor allem dem Regenten gezwungenermaßen gewähren mußte. So beschloß er, endlich zu handeln. Andrej Schuiskij erschien am 20. Dezember 1543 zu einer Audienz – allein und unbewaffnet, ohne seine Leibwache. Da befahl Iwan plötzlich seine Festnahme. Normalerweise wurde der Betreffende in solchen Fällen den Palastwachen übergeben, in Ketten gelegt und in eine der kleinen Zellen an der Kremlmauer gebracht. Doch Iwan ordnete an, sein Gefangener solle dem Hundehalter überantwortet werden. Die Burschen, die in den Hundezwingern arbeiteten, schlugen mit Knütteln auf ihn ein, bis er tot war, und warfen seinen Leichnam vor das Kuriatnij-Tor.

Einer zehn Jahre später in Moskau verfaßten Chronik zufolge befahl Iwan lediglich, Andrej Schuiskij festzunehmen. »Der Großfürst vermochte das unwürdige Benehmen und die Willkür der Bojaren, die ihre Macht mißbrauchten, nicht mehr zu ertragen«, schrieb der Chronist. »Sie und ihre Anhänger hatten viele Menschenleben auf dem Gewissen und fügten dem Land während der Minderjährigkeit des Großfürsten viel Schaden zu. Deshalb erteilte der Großfürst den Befehl, ihren Anführer, den Fürsten Andrej Schuiskij, festzunehmen.« Jahre danach verfaßte Iwan selbst eine Chronik, in der es heißt: »Die Bojaren begingen zahlreiche schamlose Handlungen in Gegenwart des Großfürsten und verletzten seine Würde.« Der Moskauer Chronist schrieb: »Von diesem Zeitpunkt an begannen die Bojaren, den Großfürsten zu fürchten.« Iwan ergänzte diese Feststellung durch ein paar Worte, die er sicher mit tiefer Genugtuung zu Papier brachte: »... und gehorchten ihm.«

Im Alter von dreizehn Jahren beging Iwan seinen ersten Mord. Er lernte sehr bald, daß Mord eine schnelle, wirksame und deshalb besonders befriedigende Waffe war. Er lernte auch, daß es verschiedene Stufen des Mordens gab und daß die Konsequenzen eines Mordes manchmal unberechenbar sind. Machiavelli hat behauptet, daß ein Mann, wenn er die Macht ergreift, grausam sein muß, weil ihm das Volk sonst nicht uneingeschränkten Respekt zollt. Iwan hatte diese Lektion gut gelernt.

Herrscher von ganz Rußland,
Zar von Gottes Gnaden

Ein anderer Iwan saß nun auf dem Thron. Endlich war er Herr im eigenen Haus, konnte sich in aller Freiheit seine Freunde und Ratgeber aussuchen, war nicht länger Bittsteller selbsternannter Regenten. Als erstes rief er Fjodor Woronzow aus der Verbannung zurück. Die Schuiskijs waren gestürzt, jetzt gewannen die Woronzows Einfluß und Ansehen, und schon bald bekleideten viele Mitglieder dieser Familie hohe Ämter. Eine vielleicht unvermeidliche, aber nicht ungefährliche Entwicklung. Irgendwann würde auch der schwarze Tag der Woronzows kommen.

Der »engelsgleiche« Fürst, den die Moskowiter zur Zeit des Tatareneinbruchs verehrt hatten, war einem stolzen, gebieterischen Herrscher gewichen, der wußte, wie man Befehle erteilt, und erwartete, daß sie unverzüglich ausgeführt wurden. Lange bevor er Andrej Schuiskij hinrichten ließ, hatte er schon grausame Züge gezeigt. Manchmal machte er seinem Zorn auf die Welt Luft, indem er Hunde von der Terrasse des Kreml-Palastes herunterschleuderte. Fürst Andrej Kurbskij, der ihn gut kannte, jedoch kein ganz unbefangener Zeuge ist, erwähnt andeutungsweise sogar noch schlimmere Grausamkeiten. Mit vierzehn hatte Iwan seinen Spaß daran, mit seinen jungen Gefährten halsbrecherische Ritte über die Plätze und Märkte Moskaus zu unternehmen, die Händler zu berauben und nach allen Seiten Peitschenhiebe auszuteilen. Moskau war sein persönlicher Besitz; niemand wagte es, ihn von solchen wilden Jagden abzuhalten. Vielmehr gab es immer Schmeichler am Hof, die nach solchen Eskapaden bemerkten, daß er damit lediglich seine Männlichkeit beweise.

Im September 1545, als Iwan gerade fünfzehn Jahre alt geworden war und zu seiner alljährlichen Wallfahrt zum Troiza-Sergejewskij-Kloster aufbrach, geriet er in Zorn, weil ein gewisser Afanasij Buturlin, ein junger Edelmann aus einer bekannten

Adelsfamilie, ihm nicht so ehrerbietig begegnet war, wie er es von seinen Leuten bei Hofe erwartete. Buturlin hatte »ein paar grobe Worte« gebraucht und mußte deshalb bestraft werden. Iwan entschied, daß ihm vor den Augen der Einwohner Moskaus die Zunge herausgeschnitten werden sollte. Buturlin nahm die Strafe hin. Später scheint Iwan seine Tat bereut zu haben, denn er nahm Buturlin wieder bei Hofe auf und machte ihn sogar zu einem Mitglied des Bojarenrats.

Voll Genugtuung darüber, daß er einem dreisten Höfling eine Lektion erteilt hatte, begleitete Iwan seinen Bruder zum Troiza-Sergejewskij-Kloster, wo er sich ganz besonders um das Wohl der Mönche besorgt zeigte und ihnen großzügige Geschenke machte. Dann begab er sich zu seiner Jagdhütte in Alexandrowa Sloboda, wo er mehrere Wochen verbrachte, bevor er nach Moskau zurückkehrte. Das Ergebnis seiner Meditationen in der Jagdhütte war eine Flut harter Befehle, die sich vornehmlich gegen die mittlerweile in Ungnade gefallenen Woronzows richteten. Fjodor Woronzows Verbrechen war, daß er Iwan ständig daran hinderte, Privilegien und Gunstbeweise zu gewähren, die er – Woronzow – nicht überprüft und gebilligt hatte, und in ungeheuren Zorn geriet, wenn seine Ratschläge mißachtet wurden. Auch Dimitrij Belskij, der lange und geduldig den Vorsitz über den Bojarenrat geführt hatte, besaß nicht länger Iwans Gunst. Einige Mitglieder der Familie Schuiskij, zum Beispiel Fürst Dimitrij Palezkij, dem der Metropolit Joasaf sein Leben verdankte, mußten ebenfalls den Hof verlassen. Ein paar Wochen später wurde ihnen durch die Vermittlung des Metropoliten Makarij wieder vergeben. Iwan bewies sich und den anderen, daß er durchaus fähig war, seine Günstlinge fortzujagen.

Neue Schwierigkeiten mit den Tataren kündigten sich an, doch es war noch unklar, welcher Art sie sein würden. Die Russen schürten alle Intrigen, die unter den Khanen und den Prätendenten im Khanat Kasan aufkamen. Im Januar 1546 hörte Iwan auf einer Inspektionsreise durch die Provinzen in Wladimir, daß in Kasan ein Aufstand stattgefunden hatte. Khan Safa Guirej und seine Freunde und Berater von der Krim waren aus der Stadt geflohen, und die pro-russische Partei wollte, daß Schigalej unter russischer Oberherrschaft Khan von Kasan würde. Die unerwartete Nachricht freute Iwan, der sehr wohl wußte, wie schwer sich die Zusammenarbeit mit den Tataren gestalten konnte, und deshalb vorsichtig handelte. Erst im Juni geleiteten Iwans Abgesandte Khan Schigalej nach Kasan, wo er offiziell in sein Amt eingeführt wurde und in Gegenwart Dimitrij Belskijs einen Treueid auf den Großfürsten ablegte. Kasan war wieder ein Vasallenstaat.

Der Krim-Khan entwickelte eine fieberhafte Aktivität. Um jeden Preis mußte der Einfluß Moskaus in Kasan, wo vorher sein Neffe Safa Guirej geherrscht hatte, gebrochen werden. Russische Intrigen und russisches Geld hatten die Palastrevolution in die Wege geleitet; er konnte ebenfalls eine Palastrevolution vom Zaun brechen und außerdem noch einen neuen Krieg gegen Moskowien führen. Spione von der Krim berichteten, daß Khan Saip Guirej eine Armee über Kolomna längs der Oka nach Moskau führen wollte. Daraufhin verwandelten die Russen Kolomna, eine Stadt mit etwa viertausend Einwohnern, in ein Heerlager. Im Mai 1546 verlegte Iwan sein Hauptquartier vorübergehend in die Stadt im Süden. Er war in bester Stimmung. Eine riesige Armee wurde um ihn herum zusammengezogen, es fanden Prozessionen und Paraden statt, und in den nahen Wäldern ließ es sich herrlich jagen. Der strahlende junge Großfürst genoß die Zeit.

Die Pskarewskij-Chronik berichtet, daß er sich am liebsten mit Leuten seines Alters vergnügte. Er pflügte Felder, säte Buchweizen, verkleidete sich, ging auf Stelzen und ergötzte sich am sogenannten »Bojarenspiel«, das mit Bojaren gar nichts zu tun hatte, sondern eine Art derber Scharade war, bei der junge Männer am Vorabend einer imaginären Hochzeit zusammen zechten. So verbrachte er die Tage mit Rudern, Jagen, Paraden und Spielen. Der Krim-Khan hatte sich, was die Invasion betraf, offenbar anders besonnen; zumindest war von seinen Truppen nichts zu sehen. Trotzdem warf Kasan das russische Joch sehr schnell wieder ab. Khan Schigalej regierte nur wenige Tage und mußte sich dann eilends auf russischem Boden in Sicherheit bringen.

In Moskau lag die Macht nun in den Händen der Glinskijs – der Fürsten Jurij und Michail, die Iwans Onkel waren, und seiner Großmutter, der Fürstin Anna Glinskaja. Die Moskowiter verabscheuten sie alle drei wegen ihrer Grausamkeit und Habgier. Iwan vergötterte sie, denn sie gestatteten ihm, alles zu tun, was ihm beliebte, und nahmen ihm sämtliche Entscheidungen ab.

Der lange Sommer, den das ewige Warten auf die Armee des Khans noch auszudehnen schien, war halb vorbei, als Iwan wieder einmal zeigte, welch ungeheurer Brutalität er fähig war. Er jagte gerade bei Kolomna, als ungefähr fünfzig Musketiere aus Nowgorod mit einer Petition an ihn herantraten. Er hatte keine Lust, Bittsteller zu empfangen, und wies seine Edelleute an, sie fortzuschicken. Als die Männer aus Nowgorod, statt sich demütig zu entfernen, die Edelleute mit Erdklumpen zu bewerfen begannen und ihnen die Hüte vom Kopf stießen, geriet Iwan, der sich in sicherer Entfernung befand, in Zorn und schickte die Adligen, die die Nachhut seiner Jagdgesellschaft bildeten, zur Verstärkung vor. Die Soldaten aus Nowgorod waren mit langen Stangen und Musketen bewaffnet; die Edelleute verfügten über Schwerter, Bogen und Pfeile. Es gab ein Scharmützel, auf beiden Seiten fanden fünf oder sechs Mann den Tod, und Iwan bekam es mit der Angst zu tun. Er gab Befehl, die Jagd abzubrechen und auf Umwegen – da die Musketiere noch immer den Weg versperrten – in seinen Palast nach Kolomna zurückzukehren.

Die Männer aus Nowgorod hatten sich seinen Befehlen widersetzt und seine Würde mißachtet. Das verlangte eine exemplarische Bestrafung. Außerdem mußte in Erfahrung gebracht werden, wer hinter der Intrige steckte, denn Iwan war fest davon überzeugt, daß es sich um Verschwörer handelte. Sein Privatsekretär Wassilij Gniljew-Sacharow erhielt alle Vollmachten bei der Ermittlung gegen die Leute aus Nowgorod. Nicht einen Moment lang scheint Iwan auch nur der Gedanke gekommen zu sein, daß sie vielleicht Gründe für eine Beschwerde gehabt hatten.

Wassilij Gniljew war einer jener Männer, die es verstanden, aus solchen Untersuchungen Nutzen zu ziehen. Er erklärte Iwan, die Verschwörung sei durch die Bojaren Iwan Kubenskij, Fjodor und Wassilij Woronzow angezettelt worden, die alle drei zu den Befehlshabern der Truppen in Kolomna gehörten. Außerdem seien noch Wassilij Woronzows Bruder Iwan sowie ein gewisser Iwan Tscheliadnin, der Oberstallmeister, der einer berühmten Bojarenfamilie angehörte, in die Konspiration verwickelt. Iwan Woronzow wurde auf die Folter gespannt und in die Verbannung geschickt. Iwan Tscheliadnin, der den Großfürsten gut kannte, wußte, daß er sein Leben nur retten würde, wenn er alles zugab, dessen man ihn bezichtigte. Man riß ihm die Kleider vom Leib und zwang ihn, nackt seine Schuld zu bekennen und um Gnade zu bitten. Iwan verbannte ihn nach Beloosero, und sein ungeheurer Besitz – er war einer der reichsten Männer Rußlands – fiel an den Großfürsten.

Die schwerste Strafe traf Iwan Kubenskij, Fjodor und Wassilij Woronzow. Sie waren mächtige, bedeutende Würdenträger, und Fjodor Woronzow war einst Iwans engster Freund und Vertrauter gewesen. Man wußte, daß Fjodor Woronzow den Glinskijs gründlich mißtraute, und es ist durchaus möglich, daß diese Wassilij Gniljew-Sacharow halfen, Beweismaterial gegen Woronzow zu fälschen. Am 21. Juli 1546 wurden die drei Gefangenen mit auf dem Rücken gefesselten Händen Iwan vorgeführt, der vor seinem Zelt auf einem Thron saß. In einem Anfall des Zorns befahl Iwan die sofortige Hinrichtung. Eine zeitgenössische Miniatur im *Zarstwennaja Kniga* (»Das Buch des Königreichs«) zeigt, wie sie auf dem Boden liegen und ihnen ein Scharfrichter mit einem langstieligen Beil die Köpfe abschlägt.

Jetzt hielten die Glinskijs die gesamte Macht in Händen, da Michail Glinskij das Amt des Oberstallmeisters zufiel, ein Titel, der ungeheuren Einfluß und wichtige Privilegien mit sich brachte. Im *Zarstwennaja Kniga* heißt es: »Die Glinskijs waren Vertraute des Großfürsten und standen in seiner Gunst, und sie gestatteten ihren Anhängern, das Volk zu bestehlen und zu unterdrücken, und taten nichts, um sie aufzuhalten.« Verschiedene zeitgenössische Historiker glauben, daß die Anmerkung von Iwans eigener Hand stammt.

Drei Wochen nach der Hinrichtung in Kolomna kehrte Iwan nach Moskau zurück. Im September stattete er mit großem Gepränge dem Grab des heiligen Sergius den üblichen Besuch ab und reiste anschließend noch zu einigen anderen bedeutenden Klöstern und Kirchen, so als wollte er sich innerlich für seine bevorstehende Krönung rüsten.

In Rußland, wo Kirche und Staat eng miteinander verflochten waren, fanden immer wieder kleine Kräfteverschiebungen statt. Das Wesen der geistlichen und irdischen Macht wandelte sich ständig. Neue Begriffe, neue Legenden, neue Argumente wurden vorgebracht, um die Ansprüche von Kirche und Staat zu stützen. Ein gewisser Spiridon Sawwa, den der Patriarch von Konstantinopel im Jahre 1471 zum Metropoliten von Kiew ernannte, wurde durch Großfürst Kasimir von Litauen seines Amtes enthoben und des Landes verwiesen. Er kam nach Rußland und verbrachte im Ferapontow-Kloster in Beloosero seine Zeit mit höchst phantasievoller Geschichtsschreibung.

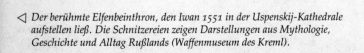
◁ *Der berühmte Elfenbeinthron, den Iwan 1551 in der Uspenskij-Kathedrale aufstellen ließ. Die Schnitzereien zeigen Darstellungen aus Mythologie, Geschichte und Alltag Rußlands (Waffenmuseum des Kreml).*

Im Jahre 1510, als er bereits ein alter Mann war, sandte er Großfürst Wassilij III. einen langen Brief, in dem er den erlauchten Stammbaum des Großfürsten von Moskau rekonstruierte. Letztendlich, so hieß es da, lasse sich die Machtbefugnis der Großfürsten herleiten von Noah, Sesostris, »dem ersten König von Ägypten«, Kaiser Augustus und den byzantinischen Kaisern. Spiridon Sawwa schrieb, Augustus habe zu seiner Krönung das königliche Gewand Sesostris' getragen, und »die Krone des Königs Porus von Indien, die Alexander von Mazedonien von dort mitgebracht hatte«. Kaiser Augustus herrschte über die ganze Erde und übertrug seinem Bruder Prus die Regierung über alle an die Ostsee grenzenden Gebiete. Nach Jahrhunderten gründete Rurik, der direkte Nachkomme Prus', das russische Reich und wurde der Vorfahr aller Großfürsten von Moskau.

Doch das war nur eine der Rechtfertigungen, die die Großfürsten für ihren Machtanspruch besaßen. Im Jahre 1114 wurde Fürst Wladimir Monomach von Kiew durch einen Gesandten des byzantinischen Kaisers mit allen kaiserlichen Insignien gekrönt; es war, als wäre der byzantinische Kaiser selbst anwesend. Der Beweis der Krönung lag mit der juwelenbesetzten »Krone Monomachs« vor. Die Großfürsten von Moskau bezogen ihre Herrscherautorität also sowohl vom kaiserlichen Rom als auch vom kaiserlichen Byzanz.

Schon vor Spiridon Sawwas »historischer« Darlegung war die Vorstellung von Moskau als dem »Dritten Rom« weitverbreitet gewesen. Der Mönch Filofej von Pskow hatte um das Jahr 1500 vom »Dritten Rom« gesprochen, und wahrscheinlich haben andere Mönche vor ihm diese Formulierung auch schon benutzt. Mit der Eroberung Konstantinopels durch die Türken kam bei vielen Russen das Gefühl auf, die Führung und Verteidigung des orthodoxen Christentums sei nun an Moskau und seinen Großfürsten gefallen.

Nach und nach bestimmten diese Ideen das Denken der Russen so sehr, daß sie in Iwan IV. mehr als einen »normalen« Großfürsten sahen. In ihren Augen erreichte er fast das Ansehen und die Würde eines von Gott eingesetzten Weltkaisers. Und die russische Kirche tat alles, um diese Vorstellung zu unterstützen. Der Metropolit Makarij schuf eine Krönungszeremonie, die die veränderte Bedeutung des neuen Herrschers von Moskowien widerspiegeln sollte. Frühere Krönungen wurden studiert. Wassilij III. war nie gekrönt worden, doch es gab einen ausführlichen Bericht über die Krönung des Großfürsten Dimitrij, des ältesten Enkels Iwans III. Der Großfürst war zwar wieder abgesetzt worden, aber der Metropolit Makarij hielt sich bei Iwans Krönung genau an das damalige Protokoll der Feier.

Derartige Zeremonien waren stets ungeheuer lang und kompliziert. Gebete und Segnungen wurden gesprochen, Textstellen aus der Heiligen Schrift verlesen. Das mit purpurfarbenem Stoff bedeckte Krönungspodest stand in der Mitte der Kathedrale, und Stufen führten zur Königspforte hinunter. Die Ikone der Jungfrau

Die Krönung Iwans (aus der »Nikon-Chronik mit Miniaturen«, 16. Jahrhundert).

von Wladimir, von der es hieß, der heilige Lukas habe sie gemalt, bekam einen Ehrenplatz. Auf einem Tisch in der Nähe der Königspforte lagen die königlichen Insignien, die aus einem edelsteinbesetzten Kreuz, einem Zepter, einer juwelenbestickten Stola, *barmij* genannt, und der Krone Monomachs bestanden. Goldbrokat umhüllte die Thronsessel Iwans und des Metropoliten auf dem Krönungspodest, und Iwan, der Adel und die Bojaren trugen Goldbrokatgewänder, die im Licht unzähliger Kerzen schimmerten und glänzten.

An jenem Tag, dem 16. Januar 1547, erhielt der Großfürst aller Russen zum ersten Mal den Titel »Zar«, der in der Vergangenheit nur ab und zu einmal ersatzweise benutzt worden war. Doch von nun an würde der Herrscher von Rußland »Zar und Großfürst« genannt werden.

Bei der Krönungszeremonie hielt Iwan eine Rede, in der er den Zaren- und Großfürstentitel für sich beanspruchte:

»Vater, Heiligster Metropolit durch den Willen Gottes, Unsere Vorfahren, die Großfürsten, haben von den frühesten Tagen bis heute das Großfürstentum an ihre ältesten Söhne weitergegeben. So hat auch mein Vater, der Großfürst Wassilij Iwanowitsch von ganz Rußland, mir noch zu Lebzeiten das Großfürstentum von Wladimir, Moskau, Nowgorod und von ganz Rußland übertragen und befohlen, daß ich den großfürstlichen Thron besteigen, unseren alten Bräuchen gemäß gesalbt und mit der Zarenkrone gekrönt werden solle. Mein Vater, der Großfürst, schrieb dies in seinem Testament nieder.

Deshalb, Unser Vater, solltet Ihr meine Thronbesteigung segnen und mich zum Großfürsten und durch Gott gekrönten Zaren ausrufen. Ihr solltet mich jetzt den überlieferten Zeremonien der Zaren folgend und Gottes Willen sowie dem Segen meines Vaters, des Großfürsten Wassilij Iwanowitsch, gemäß mit der Zarenkrone krönen.«

Was in der Vergangenheit die großfürstliche Krone war, ist nun die Zarenkrone, und was jetzt der Zarenthron ist, wurde als der großfürstliche Thron beschrieben. Iwans Vater ist nicht der Zar, sondern der Großfürst; das Zarentum gehört allein Iwan.

Das waren keine nebensächlichen Details, denn diese Umdeutungen zogen gewaltige Veränderungen der Stellung und neue Definitionen der Machtbefugnisse Iwans nach sich. In den Augen Makarijs, der Iwans Ansprache verfaßte, hatte eine neue, göttlicher Ordnung unterworfene Zeit begonnen. Iwan erhielt die absolute Herrschaft über alles, was dem Kaiser gehörte, aber der Metropolit ermahnte ihn, »durch die Vollbringung vortrefflicher Taten« nach dem Himmelreich zu streben, und er verlangte vom neuen Zaren Gehorsam gegenüber der Kirche.

Das Wort »Zar« als solches deutete auf einen neuen Absolutismus hin, doch Makarij machte mit Nachdruck klar, daß die Pflichten eines absoluten Monarchen seine Rechte überwogen. Es war Aufgabe des Zaren, furchtlos und unparteiisch Gerechtigkeit zu sprechen, das Volk vor seinen Feinden zu schützen und vor Gottes Augen Demut zu üben. Er wurde beschworen, den Armen beizustehen, alle Priester zu achten und dafür zu sorgen, daß keine hohen Ämter durch Bestechungen erkauft wurden. Er sollte mitleidsvoll Barmherzigkeit zeigen und für jeden ein geneigtes Ohr haben, damit er eines Tages in die göttliche Herrlichkeit eingehen könne.

Der Kaiser trug ein über und über mit Edelsteinen besetztes Kreuz auf der Brust, das juwelengeschmückte *barmij* über den Schultern und eine juwelenbesetzte Krone. Außerdem hatte er noch eine goldene Kette umgelegt, die, wie es hieß, einst ein Geschenk des Kaisers von Byzanz gewesen sei. Seine Ohren, die Brust, Schultern, Handflächen und Handrücken wurden mit heiligem Öl gesalbt, und als er die Kathedrale verließ, um sich dem Volk zu zeigen, überschüttete ihn sein Bruder Jurij dreimal mit Gold- und Silbermünzen.

Iwan ging aus der langen, anstrengenden Zeremonie mit der festen Überzeugung hervor, daß Gott ihn gekrönt habe und daß das Geschick eines jeden Russen in seinen gesalbten Händen liege. Starrköpfig, nervös, extrem launenhaft und außerordentlich leicht erregbar, besaß Iwan alle Eigenschaften eines schlechten Zaren. Nur eines hätte ihn retten können – eine gute Gemahlin. Er hatte Makarij gegenüber bereits den Wunsch geäußert, nach seiner Rückkehr aus Nowgorod unverzüglich zu heiraten, und auch gesagt, er wolle eine Russin zur Frau, keine ausländische Prinzessin.

Makarij war hocherfreut darüber, zumal er schon eine Braut im Auge hatte: Anastasia Sacharina, Tochter des einige Jahre zuvor verstorbenen Bojaren Roman Sacharin und Nichte Michail Sacharins, der eine der wichtigsten Persönlichkeiten am Hofe Wassilijs III. war. In jenen Tagen wechselten die Familiennamen oft und rasch, und die Sacharins waren zu Zeiten als die Koschkins, die Jurjews oder die Romanows bekannt. Der Überlieferung zufolge stammte die Familie von einem Fürsten Kobijla ab, der im 13. Jahrhundert aus dem heutigen Ostpreußen nach Rußland gekommen war. Der Name erscheint zum ersten Mal in historischen Aufzeichnungen des Jahres 1347, als der Bojar Andrej Kobijla eine Vertrauensstellung am Hof des Großfürsten Simeon von Moskau einnahm.

Anastasia, schön, sanft und sehr fromm, war durch eine Enkelin Fjodor Koschkins, die den Großfürsten Wassilij II. geheiratet hatte, auch entfernt mit Iwan verwandt. Der Hochzeit stand also

Им Vordergrund die Trauungszeremonie Iwans und Anastasias, rechts oben das Hochzeitsmahl (aus der »Nikon-Chronik mit Miniaturen«, 16. Jahrhundert).

nichts im Wege, und sie wurde am 3. Februar 1547, knapp drei Wochen nach der Krönung, mit großem Pomp gefeiert.

In der Hochzeitsnacht schlief Anastasias jüngerer Bruder Nikita neben dem Bett, während Michail Glinskij, der Oberstallmeister und zweitmächtigste Mann in Rußland, mit erhobenem Schwert in der Hand auf einem Hengst unter den Fenstern des Schlafgemachs hin und her ritt.

Die Festlichkeiten dauerten mehrere Tage, die Kirchenglocken läuteten, und die Moskowiter waren fröhlich und vergnügt. Alle glaubten, daß Iwan unter Makarijs Anleitung und mit Anastasia an seiner Seite ein Leben friedlicher, sinnvoller Aktivitäten beginnen würde.

Doch Iwan dachte gar nicht daran, seine natürlichen Impulse durch die Ehe zügeln zu lassen, und hörte nur selten auf Makarij. Die Krönung hatte ihn in einen wahren Rauschzustand versetzt. Er war Großfürst, Zar, Autokrat, der Nachfolger Sesostris' und Augustus', und nichts konnte ihm verweigert werden. Die Glinskijs regierten anmaßend und korrupt und schienen nicht zu merken, daß sie sowohl wegen ihrer Handlungen als auch wegen ihrer litauischen Herkunft gehaßt wurden. Sie ernannten nach Belieben bestechliche Statthalter und ließen Iwan mit voller Absicht nach seinen Launen leben, damit er nicht so viel Zeit fand, sich in die Staatsgeschäfte einzumischen.

Die Einwohner von Pskow, die unter dem korrupten Statthalter Fürst Turantaj-Pronskij litten, schickten eine Abordnung von siebzig Bürgern nach Moskau, um dessen Ablösung zu erbitten. Sie trafen den Zaren im Dorf Ostrowka in der Nähe der Hauptstadt an. Es war März, der Boden noch schneebedeckt. Die Abordnung brachte ihr Anliegen vor, in der Hoffnung, daß der Zar sie wenigstens anhören und ihnen Achtung erweisen würde. Statt dessen erging er sich in Verwünschungen und Schmähungen, schüttete ihnen heißen Wein über die Köpfe, zündete ihre Bärte an und befahl ihnen dann, sich auszuziehen und nackt in den Schnee zu legen. Er war gerade dabei, sich zu überlegen, was für einen Schimpf er ihnen noch antun könnte, als plötzlich Boten in das Dorf geritten kamen und ihm die Nachricht überbrachten, daß die große Glocke, die die Moskowiter zum Gottesdienst rief, herabgefallen sei. Iwan ließ ein Pferd satteln und ritt davon, um sich etwas Interessanteres anzuschauen als siebzig ältere Männer im Schnee.

Moskau war ständig in Gefahr, in Flammen aufzugehen. Jedes Jahr gab es Brände; ganze Straßenzüge fielen in Schutt und Asche. Es gab zwar seit langem Feuerwächter, aber diese Einrichtung hatte sich als nicht sehr wirksam erwiesen. Zwei Brände im Frühling 1547 zerstörten zahlreiche Häuser und Läden, und im Kreml explodierte ein Pulverturm. In beiden Fällen vermutete man Brandstiftung, und viele Leute wurden verhaftet und gefoltert, bis sie alles gestanden und man sie enthauptete, pfählte oder auf dem Scheiterhaufen verbrannte.

Am 21. Juni 1547 brach um zehn Uhr morgens in der Kreuzerhöhungskirche in der dicht besiedelten Arbatstraße ein Brand aus, und innerhalb einer Stunde war der ganze Bereich auf der anderen Seite der Neglinnaja in Flammen aufgegangen. Ein starker Wind wehte, die Flammen loderten über der Stadt, und als der Wind umschlug, erfaßten sie die Kremlmauern. Der Zarenpalast geriet in Brand. Seine Stallungen, die Waffenkammer und die Schatzkammer wurden eingeäschert. Letztere barg unter anderem die königlichen Insignien, riesige Vorräte goldenen Tafelgeschirrs und das juwelenbesetzte Kreuz, das einen Splitter des echten Kreuzes barg. Die Verkündigungs-Kathedrale mit ihrer goldenen Kuppel fing Feuer, und alle ihre Schätze, darunter die große Ikone der *Deisis* von Andrej Rubljow, wurden ein Raub der Flammen. Das Feuer griff auch auf das Dach der Uspenskij-Kathedrale über, doch ihre Schätze blieben erhalten, und die Ikone der Heiligen Jungfrau von Wladimir erlitt keinen Schaden.

Makarij war gerade in der Kathedrale, als das Dach zu brennen begann. Er flüchtete, und es gelang ihm, zum Tainizkaja-Turm auf der Kremlmauer zu kommen, wo schon andere Schutz gesucht hatten. Um Mitternacht, während in der Stadt noch immer Flammen züngelten, versuchte man ihn an einem Seil auf das darunterliegende Ufer hinabzulassen, doch das Seil riß, und er stürzte schwer. Halb tot wurde er zum Nowinskij-Kloster gebracht. Berühmte alte Gebäude innerhalb der Kremlmauern wurden restlos vernichtet. Das Tschudow-Kloster wurde zerstört, achtzehn Mönche und acht Bedienstete fanden dabei den Tod. Das Wosnesenskij-Kloster, wo die Gemahlinnen der Großfürsten begraben lagen, ging ebenfalls in Flammen auf; in der Asche fand man die verkohlten Leichen von zehn Mönchen. Die hölzernen Wehrgänge auf der Kremlmauer verschwanden; Pulverfässer flogen in die Luft; von dem Steingebäude, worin Iwans reichhaltige Garderobe verwahrt wurde, blieb nichts übrig. Das Dach des Goldenen Palastes schmolz in der Hitze.

In der Kitaj Gorod blieben nur zwei Kirchen, zehn Läden, ein paar Wohnhäuser und einige der Paläste an der Warwarka vom Feuer verschont. Es übersprang die Mauern im Osten und Norden der Kitaj Gorod; Häuser wurden dem Erdboden gleich, das Gemüse in den Gärten verkohlte. Das Tosen der Feuersbrunst erstickte die Schreie der Hilflosen. Moskau war ein einziges Flammenmeer. In den Augen der Moskowiter wurde die Stadt für ihre Sünden bestraft. Gott hatte ja nicht einmal die heiligen Kirchen und Reliquien verschont. In der Nikon-Chronik heißt es:

»Das Feuer erlosch in der dritten Morgenstunde. Gott bestrafte uns für unsere Sünden, weil sie so zahlreich geworden waren, und er verschonte auch die Reliquien der Heiligen und zahlreiche Kirchen nicht. In einer einzigen Stunde starben siebzehnhundert Männer und Frauen, dazu noch unzählige kleine Kinder in Häusern und Gärten. Denn Gott in seinem unfehlbaren Urteil bringt uns durch Feuer und Hunger und Pest und Krieg zu reuiger Einsicht.«

Auch Iwan, der die Flammen von seinem Palast auf den Sperlingshügeln aus beobachtete, faßte den Brand Moskaus als eine Heimsuchung Gottes auf. Er war sichtlich erschüttert, als er am zweiten Tag nach dem Feuer einer Versammlung des Bojarenrats im Nowinskij-Kloster beiwohnte. Die Zusammenkunft fand dort statt, damit Makarij daran teilnehmen konnte, und hier hörte Iwan zum ersten Mal aus dem Mund seines Beichtvaters, des Erzpriesters Fjodor Barmin, daß die Einwohnerschaft Moskaus zu wissen glaubte, wie das Feuer entstanden war: Die geheimnisvollen, angeblich schon seit einiger Zeit umgehenden *serdetschniki* hätten den Menschen die Herzen gestohlen, sie ins Wasser gelegt und die Stadt dann mit diesem Wasser besprengt, das die Zauberkraft erlangt habe, alles, womit es in Berührung kam, in Brand zu setzen. Die Worte des Erzpriesters wurden von den Bojaren Fjodor Schuiskij und Iwan Tscheliadnin, die wieder an den Hof hatten zurückkehren dürfen, bestätigt. Die Angelegenheit erforderte Nachforschungen, und Iwan erteilte den Befehl, einen Ausschuß mit der Untersuchung des Problems der *serdetschniki* zu betrauen.

Am 26. Juni, einem Sonntag, fünf Tage nach dem großen Brand, traf die Bojarenkommission vor der Uspenskij-Kathedrale zusammen, wo sich eine aufgebrachte Menschenmenge zusam-

Die Ermordung Fürst Jurij Glinskijs am 26. Juni 1547. Oben rechts erscheint Iwan; in der Mitte der Abbildung sieht man, wie Fürst Glinskij aus der Kathedrale gezerrt wird; im unteren Teil des Bildes ist die Leiche des Fürsten dargestellt.

mengerottet hatte. Viele Leute hatten ihre Familien und ihr ganzes Hab und Gut verloren; sie haßten die Glinskijs und fürchteten den Zaren. Gegen ihn waren sie machtlos, aber an seiner Großmutter, der Fürstin Anna Glinskaja, und allen ihren Nachkommen konnten sie sich schadlos halten. Sie sagten den Bojaren: »Die Fürstin Anna Glinskaja und ihre Kinder und Diener haben schwarze Magie getrieben; sie selbst hat den Menschen die Herzen entrissen und ins Wasser gelegt; dann ist sie durch Moskau gefahren, hat das Wasser verspritzt, und so ist Moskau niedergebrannt.«

Um diese Zeit lebten Fürst Michail Glinskij und seine betagte Mutter auf ihren Gütern in Rschew und waren nicht zu erreichen. Aber Michails Bruder Jurij, der vor kurzem in Moskau angekommen war, hielt sich sogar auf dem Platz vor der Kathedrale auf. Er wurde erkannt und flüchtete in die Kirche, doch die wogende Menge drängte ihm nach, tötete ihn und schleppte seine Leiche triumphierend zur Hinrichtungsstätte auf dem Platz vor dem Kreml, wo jedermann ihn sehen konnte. Damit wollten sie zeigen, daß Fürst Jurij Glinskij die gerechte Strafe für seine Verbrechen zuteil geworden war.

Dann wandte sich das erregte Volk gegen die Mitglieder seines Hauses, seine Bediensteten und Gefolgsmänner, hetzten sie zu Tode und plünderten alles, was von dem Besitz der Glinskijs den Brand überstanden hatte.

Plötzlich verbreitete sich das Gerücht, die Fürstin und Fürst Michail hielten sich in Iwans Palast auf den Sperlingshügeln verborgen, und zugleich hieß es, die Glinskijs stünden in geheimer Verbindung mit den Tataren, die ihre Zelte an der Südgrenze aufgeschlagen hätten und einen Einfall in Rußland planten. Die Hexe und ihre Sippschaft mußten um jeden Preis unschädlich gemacht werden. Bewaffnet mit dem, was ihnen gerade in die Hände fiel, stürmten die Leute auf die Sperlingshügel. Iwan sah den sich nähernden Mob, und Angst ergriff ihn. Doch es gelang ihm, die Moskowiter davon zu überzeugen, daß er die Glinskijs nicht bei sich versteckt hielt, und so zogen sie schließlich wieder ab. Wütend über diese Bedrohung, ordnete er eine Untersuchung an und befahl die Festnahme und Hinrichtung der Rädelsführer. Die meisten von ihnen waren geflohen. Fürst Michail Glinskij und seine Mutter hatten sich in einem Kloster in Sicherheit gebracht.

In späteren Jahren beklagte Iwan sich in einem berühmten

Brief an Fürst Kurbskij darüber, daß die Bojaren mit Vorbedacht das Gerücht in Umlauf gesetzt hätten, die Glinskijs seien für den Brand verantwortlich zu machen. Ebenso hätten sie auch angedeutet, Iwan selbst sei in die Sache verwickelt gewesen – eine Bezichtigung, die er überaus heftig zurückwies. Er konnte aber auch nicht verstehen, weshalb die Glinskijs so verhaßt waren, und zeigte sich entschlossen, eine Erklärung für die schrecklichen Ereignisse zu finden.

Sylvester, ein Priester, der kurz zuvor aus Nowgorod gekommen war und zu den Geistlichen der Verkündigungs-Kathedrale gehörte, verhalf ihm zu dieser Erklärung. Er verfügte über eine natürliche Autorität und war zudem Iwans Beichtvater. Ihm zufolge war das Feuer wie auch die Ermordung von Iwans Onkel eine Strafe Gottes. Von nun an müsse er, Iwan, gottesfürchtig leben und auf den Pfaden der Tugend wandeln. Sylvesters Einfluß auf Iwan war um so größer, als dieser sich nicht scheute, von Prophezeiungen, Erscheinungen und Wundern zu sprechen. Er war ein praktischer, gewandter Mann, aber auch ein Mystiker; und er überzeugte Iwan davon, daß er die Antwort auf viele Mysterien kenne. Fürst Andrej Kurbskij meinte später, Sylvester sei faktisch gezwungen gewesen, zu dieser List zu greifen: »Vielleicht täuschte dieser heilige Mann auf diese Weise Iwan für einen guten Zweck; er heilte und reinigte seine Seele vom Aussatz, erneuerte seinen Geist und leitete ihn so auf den Weg der Wahrheit.«

Ein paar Jahre lang stand Iwan dann auch mit Zittern und Zagen vor Gott, die strenge Gestalt Sylvesters neben sich. Er versuchte, Gutes zu tun, verantwortungsbewußt zu handeln und zeigte gegenüber den Bojaren eine vorsichtige, respektvolle Haltung. Der gute Zar Iwan, auf den beinahe niemand mehr gehofft hatte, trat plötzlich in Erscheinung.

Doch wie sich sehr bald zeigen sollte, war Sylvesters Medizin zu stark. Ohne es zu merken, legte der kluge Priester in Iwan den Keim zu einer Rebellion, die vielleicht noch gefährlicher war als die ursprüngliche. Zu gegebener Zeit würde Iwan sich von Sylvester abwenden und den strengen Moralkodex, den ihm ein viel älterer und weiserer Mann auferlegt hatte, verwerfen und alles vernichten, was sich ihm in den Weg stellte.

»Sylvester besaß alle Macht . . .«

Die Herrschaft Iwans IV., die so unheilvoll begonnen hatte, schien nun einen vielversprechenden Verlauf zu nehmen. Die Glinskijs waren nicht mehr an der Macht, die Regierung lag wieder in den Händen erfahrener Bojaren und Höflinge, und es gab keinen Grund, weshalb Rußland nicht ein mächtiger und zufriedener Staat werden sollte. Iwan, klug, gottesfürchtig und voller Reue, strebte offenbar nur eines an: ein guter Herrscher zu sein.

Zeitgenössische Miniaturen zeigen ihn mit rundem, bartlosem Gesicht, dichtem lockigen Haar – einen jungen Mann, der trotz seiner schweren Kleidung stets eine straffe Haltung bewahrt. Er trägt eine massive Krone aus blattförmigen, gebogenen Goldelementen, die mit Edelsteinen besetzt sind. Da die Miniaturmaler mit ihren Arbeiten die von Mönchen geschriebenen Chroniken illustrierten, sehen wir Iwan häufig zusammen mit Mönchen und Geistlichen dargestellt, und er scheint auch tatsächlich sehr viel Zeit in ihrer Gesellschaft verbracht zu haben.

Sylvester mit seiner bemerkenswerten Überzeugungskraft, seiner Energie und seinem gewissen, mühsam gezügelten Fanatismus war Iwans oberster Ratgeber – zugleich Priester, Mann der Verwaltung und Gelehrter mit ausgeprägt logischem Verstand.

Zum engeren Ratgeberkreis des Zaren gehörte auch Alexej Adaschow, der früher bei Hofe mitverantwortlich für die Sicherheit des Zaren und zur Zeit des Brandes von Moskau Kammerherr war. Er führte jetzt den Vorsitz über den Gewählten Rat, der in den folgenden Jahren eigentlich im Namen des Zaren Rußland regierte. Adaschow war für seine Redlichkeit und Aufrichtigkeit bekannt. Noch ein Vierteljahrhundert nach seinem Tod war sein Andenken so lebendig, daß ein polnischer Erzbischof, der fragte, was für ein Mensch Boris Godunow sei, nur zur Antwort bekam: »Gütig wie Adaschow.«

Adaschow war trotzdem kein Ausbund an Tugend. Er hatte eine scharfe Intelligenz und konnte auch hart sein, wenn er es im Interesse Rußlands für nötig hielt. Ein Chronist schreibt, Adaschow und Sylvester hätten »gemeinsam Rußland regiert«, obwohl Sylvester, der selten an den Zusammenkünften des Gewählten Rats teilnahm, es vorzog, hinter den Kulissen zu bleiben. In einer Randbemerkung des *Zarstwennaja Kniga*, die von Iwan oder einem seiner Schreiber stammt, heißt es: »Sylvester besaß alle Macht, und niemand wagte, sich ihm zu widersetzen.«

Zu den ersten Mitgliedern des Gewählten Rates zählten – von Adaschow und Sylvester berufen – Fürst Andrej Kurbskij, Fürst Iwan Mstislawskij, Iwan Scheremetjow der Ältere, Iwan Tscheliadnin, Iwan Wiskowatij und Michail Morosow, der mit der Tochter Dimitrij Belskijs verheiratet war. Von wenigen Ausnahmen abgesehen, waren es verhältnismäßig junge Männer Anfang der Dreißig. Auch der Bojarenrat trat noch immer regelmäßig zusammen, und die Machtbereiche der beiden Einrichtungen scheinen sich häufig überschnitten zu haben.

Es waren schwierige Zeiten; mehrmals hintereinander hatte es eine schlechte Ernte gegeben, und Rußland stand im Krieg mit den Tataren, die ständig bewaffnete Einfälle in russisches Hoheitsgebiet durchführten. So zog Fürst Dimitrij Belskij Anfang Dezember an der Spitze eines Heeres nach Kasan, und am 11. Dezember folgte ihm eine Armee, die von Iwan befehligt wurde. Sie traf neun Tage später in Wladimir ein. Wolkenbruchartiger Regen verhinderte zwei Wochen lang den Weitermarsch, so daß Iwan erst am 26. Januar mit der schweren Artillerie in Nischni-Nowgorod anlangte. Normalerweise war die Wolga um diese Jahreszeit mit einer dicken Eisschicht bedeckt, und die schweren Kanonen hätten ohne Schwierigkeiten ans andere Ufer gezogen werden können. Durch einen plötzlichen Wärmeeinbruch begann das Eis jedoch zu schmelzen, und viele Kanonen gingen verloren. Iwan nahm dies als ein böses Omen und kehrte nach Moskau zurück.

Die Russen hatten nicht die Absicht, Kasan zu erobern. Sie wollten lediglich, daß die tatarische Armee sich vor den Stadtmauern zum Kampf stellte. Das geschah auch – Khan Safa Guirej traf in der Ebene von Arsk, östlich der Stadt, auf die russische Vorhut und wurde geschlagen. Fürst Belskij sandte sofort Kuriere nach Moskau, um den Sieg zu verkünden. Es war die erste bedeutende

Schlacht, die während Iwans Regierungszeit zugunsten der Russen entschieden wurde. Das gab ihnen Auftrieb, und schon sahen sie sich berufen, das gewaltige Reich der Tataren zu vernichten.

Die Tataren waren untereinander zerstritten, und im darauffolgenden Jahr zog der Khan der Krim gegen den Khan von Astrachan ins Feld, der über eine vergleichsweise armselige Armee und nur unzulängliche Verteidigungsanlagen verfügte. Der Krim-Khan eroberte die Stadt, ließ die Stadtmauern niederreißen und machte zahlreiche Gefangene. Danach betrachtete er sich als obersten Lehnsherrn des weiten Gebiets zwischen Kasan und den Nordhängen des Kaukasus.

Im Vollgefühl seiner Macht schrieb er an Iwan: »Bisher warst Du noch sehr jung, aber jetzt bist Du erwachsen. Laß mich wissen, was Du willst: mein Wohlwollen oder Blutvergießen? Wenn Du mein Wohlwollen willst, dann speise Uns nicht mit wertlosen Kleinigkeiten ab, sondern sende Uns, wie der König von Polen, der Uns jährlich 15 000 Goldstücke schickt, ansehnliche Geschenke. Wenn Du Krieg wünschst, so werde ich auf Moskau marschieren, und Dein Land wird unter die Hufe meiner Pferde geraten.«

Das waren Drohungen, die ernstgenommen wurden. Der Gewählte Rat kam zu dem Schluß, daß hart durchgegriffen werden sollte. Als sich die Nachricht verbreitete, daß der Krim-Khan gefangene russische Händler als Bedienstete verwendete und den russischen Gesandten schlecht behandelte, ordnete der Gewählte Rat an, sämtliche Krim-Gesandten gefangenzunehmen. Als Safa Guirej, der Khan von Kasan, im Frühling 1549 bei einem Trinkgelage im Streit ums Leben kam und nur einen zweijährigen Sohn, Utemisch Guirej, als Nachfolger zurückließ, schickte der Adel Kasans eine Delegation zum Krim-Khan, um seinen militärischen Beistand zu erbitten. Es gelang den Russen, die Delegierten abzufangen und in Ketten nach Moskau zu bringen. Der Zufall und die Umstände arbeiteten zusammen, und eine ernste Konfrontation mit den Tataren bahnte sich an.

Noch eine andere, wichtigere Entwicklung fand statt: Iwan befaßte sich mit den Problemen seines Volkes. Er hielt Beratungen über die Notwendigkeit von Reformen ab und erörterte Pläne für eine völlige Neuordnung des Staates. Adaschow hatte sich selbst zum Gutachter aller Gesuche und Bittschriften ernannt und kam zu dem Schluß, daß wirklich vieles nach Abhilfe schrie.

Aus dieser Zeit ist wenig über Iwans persönliches Leben oder private Angelegenheiten des Hofes bekannt. Man weiß, daß sein taubstummer Bruder Jurij am 3. November 1547 die Tochter des Fürsten Dimitrij Palezkij heiratete. Die Großmutter des Bräutigams, Fürstin Anna Glinskaja, und sein Onkel, Fürst Michail Glinskij, die zurückgezogen auf ihrem Besitz in Rschew lebten, erschienen nicht zur Hochzeit. In der Annahme, daß Iwan von dem Ereignis völlig in Anspruch genommen sein würde, beschlossen sie, die Gelegenheit zur Flucht nach Litauen zu nutzen. Doch Iwan verfügte über einen verläßlichen Spionagedienst, und die Nachricht gelangte schon zwei Tage später nach Moskau. Aus derselben Quelle erfuhr Iwan, daß auch Fürst Turantaj-Pronskij zur litauischen Grenze aufgebrochen war.

Angeführt von Fürst Peter Schuiskij begannen die Grenztruppen des Zars die Flüchtigen in den dichten Wäldern vor der Grenze zu umzingeln. Die Glinskijs und Fürst Turantaj-Pronskij machten kehrt und eilten nach Moskau, um sich unter den Schutz des Zaren zu stellen. Sie hatten vereinbart, als Grund für ihre Flucht eine Wallfahrt zu einem Kloster nahe der litauischen Grenze anzugeben. Sie glaubten, die Spione des Fürsten Schuiskij abschütteln zu können, wurden aber, kaum in Moskau angelangt, festgenommen. Fürstin Anna Glinskaja wird von da an nicht mehr erwähnt, vermutlich wurde ihr vergeben, weil sie Iwans Großmutter war. Fürst Glinskij und Fürst Turantaj-Pronskij mußten sich vor Gericht verantworten und wären ohne das Einschreiten Makarijs sicher zum Tode verurteilt worden. Ihre Ländereien und ihr sonstiger Besitz wurden eingezogen.

Im Grunde war es gar nicht mehr so wichtig, was mit den Glinskijs, die ihre Rolle längst ausgespielt hatten, geschah. Iwan und der Gewählte Rat sahen sich vor weitaus bedeutendere Aufgaben gestellt.

Die Reformer waren am Werk, stets auf der Suche nach neuen Methoden, neuen Ideen. Viele von ihnen kamen aus der Priesterschaft, dort war der Bildungsstand am höchsten, und solange Sylvester eine Vorrangstellung einnahm, fanden sie auch leicht Zugang zum Kreml. Unter denen, die die neue Lage nutzten, waren zwei Priester aus Pskow, Ermolaj Erasm, der zu den Geistlichen der Erlöserkirche im Kreml gehörte, und ein anderer, der einfach unter dem Namen Artemij von Pskow bekannt war. Artemijs Ziele waren radikal. Er wollte, daß die großen Klostergüter aufgelöst und unter die Armen verteilt würden, da er gegen klösterlichen Grundbesitz war. Die Wurzel allen Übels, so sagte er, sei das Geld, und großer Reichtum des Teufels. Die Probleme Rußlands konnten nur gelöst werden, wenn der Zar äußerste Demut gegenüber dem Volk übte und Gottes Gebote befolgte. Artemij gehörte zum Kreis um Sylvester, und es ist bekannt, daß »er zum Tisch des Zaren geladen wurde«.

Ermolaj Erasm ging das Regierungsproblem in einer Flugschrift an mit dem Titel »Über die Regierung und die Wirtschaft, so wie sie von den wohlmeinenden Herrschern gesehen werden«. Er glaubte, den Schlüssel zur vollkommenen Regierungsform gefunden zu haben. Erasm schrieb, der Zar solle den Bauern, nicht dem Adel, den Vorrang einräumen und sich selbst der Kirche unterwerfen, die den Willen Gottes repräsentiere und keine irdischen Interessen verfolge. Da die Bauern Nahrung und Kleidung erzeugten und der Wohlstand des Landes letztlich von ihnen abhing, sollten sie nur geringe Abgaben – in Form von Getreide – entrichten. Der niedere Adel sollte seiner Meinung nach in den Städten leben, wo er in Kriegszeiten leichter zu erfassen sei. Bauern, die für Gutsherren arbeiteten, sollten Steuerfreiheit genießen. Damit wollte er offenbar die Grundbesitzer verpflichten, für die Abgaben ihrer Bauern aufzukommen. Was die großen Klöster betraf, so fand Erasm, daß sie, da sie göttlichen Zielen dienten, ihre Ländereien behalten sollten. Später änderte er diese Ansicht und meinte, klösterlicher Grundbesitz sei von Übel, denn er hindere die Mönche daran, ein wirklich asketisches Leben zu führen.

Sein Reformvorschlag zielte deutlich darauf ab, die materielle Lage der Bauernschaft zu verbessern und die Macht des erblichen Adels zu schwächen. Die Tatsache, daß man diese umwälzenden Reformen am Tisch des Zaren und im Gewählten Rat erörterte, spricht für die Liberalität der neuen Herrscher des Landes – schließlich hatten sie am meisten zu verlieren, wenn diese Pläne Wirklichkeit würden. Niemand, der Reformvorschläge unterbreitete, wurde bestraft, und zu Beginn des Jahres 1549 war klar, daß einige grundsätzliche Reformen bald in den Gesetzbüchern verankert werden würden.

Die Reformen sollten zuerst auf einer großen Versammlung den kirchlichen Würdenträgern und dem Adel im Kreml-Palast bekanntgemacht werden, ein paar Tage danach dem Volk auf dem Platz vor dem Kreml.

Die Versammlung im Kreml-Palast begann am 27. Februar 1549. Iwan erklärte, in der Zeit seiner Minderjährigkeit wären viele schwere Fehler von den herrschenden Bojaren und Fürsten begangen worden, solche Vergehen könne er nicht länger dulden. Er würde dem Provinzadel und dem Volk gestatten, Klagen gegen ihre Unterdrücker vorzubringen, und er erbot sich, dabei als Richter zu fungieren. Eine der Konsequenzen dieser neuen Regelung war, daß der Provinzadel nicht mehr der Gerichtsbarkeit der Statthalter unterlag, es sei denn, es handelte sich um Raub oder Mord.

Die Volksversammlung auf dem Platz vor dem Kreml fand am 3. März statt. Eine Prozession von Priestern, die Banner und Kreuze trugen, kam aus dem Kreml, gefolgt von den Großfürsten und Bojaren des Hofes. Aus allen Teilen Rußlands war das Volk zusammengeströmt. Ein Gottesdienst wurde abgehalten, und dann trat der junge Zar auf die *Lobnoje Mesto*, eine Steinplattform an der höchsten Stelle des Platzes. Als erstes bat er Makarij, für ihn zu beten. Dann tat er Abbitte für die Verbrechen, die während der Herrschaft der Glinskijs und anderer Fürsten, die sich widerrechtlich die Macht angeeignet hatten, begangen worden waren:

»Ich war noch sehr jung, als mir Gott meinen Vater und meine Mutter nahm. Die mächtigen Bojaren und Edelleute, die das Land regieren wollten, versäumten es, sich um mich zu kümmern. In meinem Namen erlangten sie Rang und Ehren, bereicherten sich widerrechtlich und unterdrückten das Volk. Es gab niemanden, der sie aufgehalten hätte. In meiner Jugend und Unerfahrenheit benahm ich mich wie ein Taubstummer. Ich hörte nicht das Stöhnen der Armen, und da ich jung und unverständig war, tadelte ich die Bösen nicht.«

An dieser Stelle wandte sich Iwan den Bojaren und Fürsten zu, die in seiner Nähe standen und schleuderte ihnen die Worte entgegen: »Ihr wart bestechlich, unmoralisch, habgierig und übtet falsche Gerechtigkeit. Was habt ihr dazu zu sagen? Wie viele Tränen und wieviel Blut sind euretwegen vergossen worden! Ich bin schuldlos an diesen Verbrechen, aber Gottes Urteil wird euch treffen!«

Es sieht so aus, als hätten diese Vorwürfe nicht zu der vorbereiteten Rede gehört. Sie sollten lediglich das Volk besänftigen. Nur wenige Tage zuvor hatte er den Bojaren und Fürsten gegenüber jeden Groll begraben. Jetzt plötzlich erkannte er, daß es von Vorteil war, der Menge zu zeigen, daß er auf ihrer Seite stand. Er fuhr fort:

»Gottes Volk wurde Uns von Gott anvertraut. Ich bitte euch, Gott zu vertrauen und mich zu lieben. Es ist nicht möglich, alle die Ungerechtigkeiten und räuberischen Handlungen wiedergutzumachen, die ihr während meiner Kindheit als Folge der Missetaten der Bojaren und Regierungsbeamten erduldet habt. Deshalb bitte ich euch, eure Händel untereinander und das Unrecht, das ihr erlitten habt, zu vergessen. In allen diesen Angelegenheiten werde ich in Zukunft euer Richter und Beschützer sein. Ich werde diese Missetaten ausrotten, und euch alles wiedergeben, was euch genommen worden ist.«

Anschließend soll sich der Zar in alle Richtungen gewandt und vor dem Volk verbeugt haben. Auffallend an der Rede ist ihre theatralische Note. Die Chronik verzeichnet, daß Iwan Tränen vergoß und das Volk mit ihm weinte. Sie wußten nicht, daß er bei anderer Gelegenheit versprochen hatte, alles Vergangene zu verzeihen und niemanden zu bestrafen.

Bei seinem ersten öffentlichen Auftreten zeigte sich Iwan als vollendeter Schauspieler. Er war unaufrichtig und glaubte zugleich an jede der Rollen, die er spielte, obwohl sich einige davon widersprachen. Er konnte nicht gleichzeitig das Volk gegen die Bojaren aufbringen und die Bojaren vor dem Volk schützen. Er konnte die Ländereien der Bojaren nicht unter dem Volk aufteilen, da die Kirche fast ein Drittel allen Bodens besaß, der in privater Hand war. Er konnte kirchlichen Grundbesitz nicht enteignen, ohne seine Beziehungen zur Kirche zu gefährden. Es war unvermeidlich, die großen Reformen einzuschränken.

Artemij von Pskow und Ermolaj Erasm hatten die Interessen der Bauern vertreten. Ein anderer Reformer, Iwan Pereswetow, setzte sich für den niederen Adel ein, jene Grundbesitzer, die ihr Land unter der Bedingung erhielten, daß sie eine bestimmte Anzahl Feldarbeiter in Uniform steckten, sie ausbildeten und in die Schlacht führten. Am 8. September 1549, am Fest Mariä Geburt, überreichte Pereswetow dem Zaren die erste Bittschrift, in der es um die Belange des niederen Adels ging. Sie war in allegorischer Form abgefaßt und berichtete von einem Sultan Mehmet, der einen mächtigen Staat schuf, indem er alle Prinzen hinrichten ließ, die Verrat begingen, bestechlich oder träge waren.

Pereswetow glaubte an die russische Mission, die Tataren zu besiegen und die verlorenen Gebiete im Westen zurückzugewinnen. Daher maß er dem niederen Adel als der Hauptstütze der Armee viel Bedeutung bei und setzte sich für militärische Reformen ein. Er glaubte, daß Rußland früher oder später in Konflikt mit dem Ottomanischen Reich geraten und die Griechen und die slawischen Völker auf dem Balkan befreien würde.

Pereswetows Reformen brachten nicht mehr Abhilfe als die Reformen Artemijs und Ermolaj Erasms, aber sie boten wenigstens praktikable Lösungen für anliegende Probleme. Weder Iwan noch die herrschenden Bojaren waren ernsthaft bereit, an den Grundprinzipien des Staates zu rütteln. Die Fürstenfamilien blieben weiterhin einflußreich, der niedere Adel empfing Land und Titel nach Gunst des Zaren, und die Bauern waren den Grundbesitzern auf Gedeih und Verderb ausgeliefert. Nur die Kirche ermöglichte sofortige Reformen, da sie gespalten war in die Anhänger Josephs von Wolokolamsk, der den Besitz der großen Klöster verteidigte, und jene, die die Meinung vertraten, daß die Kirche keine Reichtümer anhäufen dürfe.

Anfang Januar 1551 berief Iwan den Klerus zu einer Versammlung in den Kreml-Palast, an der auch der Bojarenrat und viele Würdenträger des Hofes teilnahmen. Diese Versammlung wurde unter dem Namen *Stoglawnij Sobor*, oder kurz *Stoglaw* bekannt, was soviel heißt wie »Hundert-Kapitel-Konzil«, weil die Gesetze und Empfehlungen in 100 Artikeln festgehalten wurden.

Iwan trat vor die Versammelten, nannte sich einen Sünder, der eher Vergebung forderte als erflehte, und die Schuld an allen Übeln, die Rußland befallen hatten, den Bojaren zuschob:

»Keine menschliche Zunge kann das Böse schildern, das ich durch meine jugendlichen Sünden verursacht habe. Zuerst demütigte mich Gott, indem er mir meinen Vater nahm, der euer Hirte und Beschützer war. Die Bojaren und Edelleute taten so, als wollten sie mir wohl, doch sie strebten nur nach Macht, und da ihr Geist von Finsternis erfüllt war, wagten sie es, den Bruder meines Vaters festzunehmen und ihn zu ermorden. Nach dem Tode meiner Mutter begannen die Bojaren das Zarenreich wie Despoten zu beherrschen. Viele Menschen gingen zugrunde, litten und fanden ein Ende, weil ich sündig, eine Waise und jung war. Ich wuchs vernachlässigt, ohne Unterweisung auf und gewöhnte mich an die schlechte Lebensart der Bojaren. Wieviel habe ich seither noch gesündigt! Wie viele Strafen hat uns Gott geschickt!

Mehr als einmal versuchten Wir selbst, Uns an Unseren Feinden zu rächen, doch ohne Erfolg. Es erschien mir unfaßbar, daß mir Gott schwere Strafen auferlegte, und deshalb bereute ich meine Sünden nicht und fuhr fort, mit allen Mitteln die Christen zu unterdrücken. Gott strafte mich für meine Sünden mit Überschwemmungen und Pest, und selbst da empfand ich noch keine Reue. Dann sandte Gott große Feuersbrünste, und ich erschrak sehr, meine Knochen zitterten, und meine Seele war von Demut erfüllt... Ich erbat und erhielt Vergebung von den Priestern, und ich vergab den Fürsten und Bojaren.«

Iwans *mea culpa* wäre eindrucksvoller gewesen, wenn es von Herzen gekommen wäre; es klingt zu überlegt, um überzeugend zu sein.

Obwohl die kirchlichen Ländereien theoretisch unangetastet blieben, wurde doch der zukünftige Eigentumserwerb durch Dekrete erheblich eingeschränkt. Die bestehenden Steuerprivilegien wurden abgeschafft; Grundstücke, die der Kirche während Kindheit und Jugend Iwans gestiftet worden waren, wurden von der Regierung beschlagnahmt; und alles Land, das die Kirche als Schuldausgleich erhalten hatte — vom niederen Adel und von Bauern —, ging in den Besitz der Regierung über.

Eine der wichtigsten Entscheidungen des Konzils zielte darauf ab, ein allgemeines Schulsystem in den russischen Städten einzuführen. Priester und Hilfsgeistliche, die »des Lesens und Schreibens kundig waren«, sollten in ihren eigenen Häusern Schulen einrichten. Die Eltern wurden angehalten, so viel zu bezahlen, wie sie konnten. Schulen solcher Art gab es zwar schon viele Jahre, aber nicht auf gesetzlicher Grundlage. Universitäten existierten noch nicht, so daß die gesamte Bildung und Erziehung den Priestern anvertraut war, die von jetzt an auf diesem Gebiet eine noch größere Rolle spielen sollten, eine Entwicklung, die, wie es scheint, hauptsächlich auf Iwan selbst zurückzuführen ist.

Die Chroniken berichten nur wenig über Iwans erste Ehejahre. Anastasia bleibt eine schemenhafte Figur, schön, sanft, fromm, der Inbegriff aller weiblichen Tugenden. Nur ganz selten ist von ihr die Rede. Am 10. August 1549 gebar sie ihr erstes Kind, eine Tochter, die auf den Namen Anna getauft wurde. Zwei Tage später empfing sie eine Abordnung des Metropoliten, der ihr in Begleitung anderer kirchlicher Würdenträger sowie der Bojaren und ihrer Gemahlinnen einen Besuch abstattete.

Am nächsten Tag führte auch Iwan eine größere Gruppe von

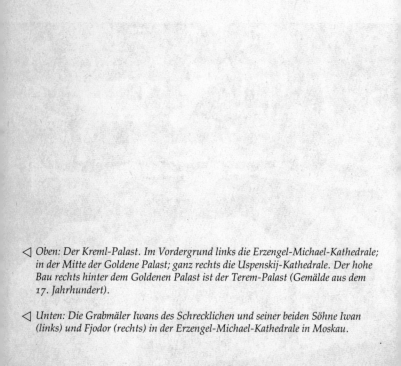

◁ Oben: Der Kreml-Palast. Im Vordergrund links die Erzengel-Michael-Kathedrale; in der Mitte der Goldene Palast; ganz rechts die Uspenskij-Kathedrale. Der hohe Bau rechts hinter dem Goldenen Palast ist der Terem-Palast (Gemälde aus dem 17. Jahrhundert).

◁ Unten: Die Grabmäler Iwans des Schrecklichen und seiner beiden Söhne Iwan (links) und Fjodor (rechts) in der Erzengel-Michael-Kathedrale in Moskau.

Edelleuten in das Schlafgemach. Noch einmal segnete der Metropolit Anastasia und ihre neugeborene Tochter, während Juliana, die Gattin von Iwans Bruder Jurij, den Gästen Süßigkeiten anbot. Am gleichen Abend gab Iwan ein Bankett, und anschließend gingen die Geladenen wieder zu Anastasia, um ihr Glück zu wünschen, Wein zu trinken und Konfekt zu essen. Weitere Festlichkeiten fanden anläßlich der Taufe der Prinzessin statt, und an die Armen wurden Gaben verteilt. Iwan war überglücklich. Er konnte nicht wissen, daß seine Erstgeborene nicht einmal ein Jahr alt werden würde.

Einstweilen waren Iwan und der Gewählte Rat mit dem heraufziehenden Krieg gegen Kasan beschäftigt. Die Tage der Scharmützel waren vorüber. Die Macht der Tataren mußte ein für alle Male zerstört werden. Am 24. November 1549 brach Iwan mit 60 000 Mann von Moskau auf. Über Wladimir gelangten sie am 18. Januar 1550 nach Nischni-Nowgorod.

Alles schien für die Russen zu arbeiten. Kasan stand kurz vor einem Bürgerkrieg, der Khan war ein Kind, der Regent unbeliebt, und viele Tataren Kasans unterstützten Iwan, denn unter den russischen Truppen befand sich eine stattliche Tatarenarmee, die Khan Schigalej, ein Anwärter auf den Thron von Kasan, befehligte. Den Oberbefehl über die russische Armee teilten sich Fürst Dimitrij Belskij und Fürst Wladimir Worotijnskij.

Die Pläne waren sorgfältig ausgearbeitet; alles war für den Sturm auf die Stadt gerüstet – da schlug das Wetter um. Zuerst kam ein heftiger Wind auf, dann wurde es für die Jahreszeit ungewöhnlich warm, und Wolkenbrüche gingen nieder. Das Eis schmolz, die Flüsse traten über die Ufer, die Kanonen versanken im Schlamm, das Pulver, das man für die Musketen brauchte, wurde feucht. Elf Tage lang harrte die Armee bei strömendem Regen aus, doch das Wetter änderte sich nicht. Die Verpflegung wurde knapp. Am 25. Februar beschloß man, die Belagerung aufzuheben.

Als sie auf dem Rückzug nach Moskau die noch zugefrorene Wolga entlangschritten, erspähte Iwan in der Nähe der Mündung der Swijaga, etwa zwanzig Meilen von Kasan entfernt, einen runden Hügel, hinter dem ein See lag. Mit einem Gefolge von etwa dreißig Bojaren und Höflingen ritt er hinauf und verkündete: »Auf diesem Hügel werden wir eine christliche Stadt erbauen. Von hier aus werden wir Kasan angreifen, und die Stadt wird mit

Gottes Hilfe in unsere Hände fallen.« So entstand die Festungsstadt Swijaschsk.

Nach Aufhebung der Belagerung schöpften die Tataren neuen
Mut; den ganzen folgenden Sommer und Winter hindurch gaben
sie keinen Frieden. Iwan verbrachte im Spätsommer einen Monat
an der Südfront. Im Winter überfielen die Nogaj-Tataren die russischen Grenzgebiete im Südosten. Aber diesmal begünstigte das
Wetter die Russen; viele Tataren erfroren, und die Überlebenden
wurden zum größten Teil umzingelt. Iwan war mit dem Erfolg
des Feldzuges so zufrieden, daß er die Befehlshaber großzügig
belohnte und sie im Kreml festlich bewirtete.

Der Khan von Kasan, Utemisch Guirej, war der Enkel des
Nogaj-Häuptlings Jusuf Mirsa, den Suleiman der Prächtige den
»Fürsten aller Fürsten« genannt hatte. Khan Utemisch war etwa
fünf Jahre alt, und die eigentliche Macht lag in den Händen eines
Adligen von der Krim, Ulan Korschtschak, der die Russen verabscheute und bereit war, Kasan bis zum letzten Mann zu verteidigen. Im Frühling 1551 begannen die Russen ihren dritten Feldzug
gegen Kasan unter dem Oberbefehl von Khan Schigalej, und am
18. Mai nutzte eine Vorhut russischer Kavallerie unter Fürst Peter
Serebrijanij einen dichten Nebel, um die Randbezirke Kasans zu
überfallen und den Tataren beträchtlichen Schaden zuzufügen.

Sechs Tage später erreichte Khan Schigalej mit dem russischen
Heer den runden Hügel an der Mündung der Swijaga, wo er von
Fürst Serebrijanij und seinen Soldaten mit Siegestrophäen empfangen wurde. Das Holz für den Bau der Festungsstadt Swijaschsk war mittlerweile eingetroffen, die Bäume auf der Kuppe
des Hügels wurden gefällt, die Stadtmauern markiert, und Priester, die Banner und Ikonen trugen, versprengten in einem feierlichen Umzug Weihwasser. Innerhalb von vier Wochen stand die
Stadt für ihre Bewohner bereit. Es gab sogar eine hölzerne Kirche,
die der Geburt der Muttergottes geweiht war. Die in der Umgebung lebenden Tscheremiss-Tataren waren gebührend beeindruckt
von der Geschwindigkeit, mit der die Russen eine Festung zu
erbauen vermochten – noch dazu so nah bei Kasan.

Hier auf dem rechten Wolgaufer lebten Angehörige der ver-
schiedensten Stämme, die alle der Oberhoheit des Khans von
Kasan unterstanden. Es waren Tscheremiss, Tschuwasch und
Mordwins, die alle finnisch-ugrische Dialekte sprachen. Ihre
Häuptlinge erkannten die Stärke der russischen Armee und

schwören den Treueid auf Iwan. Abordnungen erschienen im russischen Lager und wurden mit Urkunden belohnt, die die Häuptlinge in ihrer Würde bestätigten und den Stammesgenossen drei Jahre Steuerfreiheit zusicherten. Verwaltungsmäßig unterstanden sie nun der neuen Stadt Swijaschsk.

Ulan Korschtschak beteuerte den Tataren in Kasan, daß sie letztlich siegen würden, aber niemand wußte, wie dieser Sieg errungen werden sollte. Es standen nur knapp 20 000 Soldaten zur Verfügung, das umliegende Gebiet befand sich in russischer Hand, und die Tataren selbst waren untereinander zerstritten. Bald erkannte sogar Ulan Korschtschak, daß er in Gefahr war, und floh mit dreihundert Anhängern aus der Stadt, nachdem er zuvor die Schatzkammer geplündert hatte. Als sie die Kama überquerten, fiel plötzlich die russische Kavallerie über sie her, vernichtete ihre Flöße und nahm etwa fünfzig Leute gefangen, darunter Ulan Korschtschak, der nach Moskau gebracht und hingerichtet wurde.

Tatarische Gesandte kamen nach Moskau und erklärten sich bereit, Iwans Vasall, Khan Schigalej, als Herrscher von Kasan zu akzeptieren. Iwan verlangte die Auslieferung Sujun Bekas und ihres kleinen Sohnes, des Khans Utemisch. Die Gesandten waren einverstanden, forderten aber, daß das rechte Wolgaufer an Kasan zurückgegeben werden sollte. Doch da blieb Iwan hart; nichts würde er zurückgeben, was er einmal erobert hatte. Alexej Adaschow wurde zu Khan Schigalej geschickt, um die Lage zu erläutern. Der Khan antwortete sehr klug: »Wenn Ihr das tut, wie soll ich dann regieren? Kann ich Liebe von meinem Volk erwarten, wenn ich einen großen Teil seines Gebietes Rußland überlassen habe?« Doch auch er vermochte nichts gegen Iwans Entschluß auszurichten.

Am 11. August kam Sujun Beka mit ihrem Sohn, nachdem sie vor der Abreise Abschied vom Grab ihres Mannes und von ihrem weinenden Volk genommen hatte; und obwohl ihr alle Ehren, die ihrem Rang entsprachen, erwiesen wurden, war sie untröstlich über ihre Gefangenschaft. Man betrachtete sie als Garantie dafür, daß Kasan nicht abtrünnig wurde.

Khan Schigalej wählte jenen Palast in Kasan als Residenz, den zuvor Sujun Beka und ihr Sohn bewohnt hatten. Dreihundert Angehörige seiner Tatarengarde aus Kasimow und zweihundert russische Musketiere begleiteten ihn.

Iwan hatte Kasan erobert, ohne daß auch nur ein einziger Russe getötet wurde; er hatte das rechte Wolgaufer annektiert, zahllose Russen befreit, die von den Tataren versklavt worden waren, und er hatte einen Vasallenkhan ernannt, der sich seinen Befehlen zu unterwerfen schien. Khan Schigalej war entschlossen, keine Gegner um sich zu dulden. Er lud eine Schar tatarischer Edelleute zu einem Versöhnungsbankett ein und ließ sie dann niedermetzeln. Siebzig wurden getötet, der Rest entkam in dem Tumult; einige schlugen sich bis Moskau durch, andere stießen zu den Nogaj.

Kasan selbst war unter Khan Schigalej, der Marionette Iwans, nicht glücklicher als unter den Repräsentanten des mächtigen Krim-Khans.

Khan Schigalejs Beziehungen zu Moskau verschlechterten sich jedoch rasch, denn er beharrte darauf, daß er die Stadt nicht regieren könne, solange das rechte Wolgaufer in russischer Hand sei. Die Tatarenedelleute, die dem Massaker entkommen waren, nannten ihn ein blutrünstiges Ungeheuer, das vom Thron gejagt werden müsse. Wenn kein Nachfolger zu finden sei, könne Iwan ja einen Vizekönig ernennen. So erhielt Khan Schigalej den Befehl, sich mit seinen Adligen in Swijaschsk einzufinden und zuvor die Stadt kampflos zu übergeben.

Am 6. März 1552 verließ er die Stadt, nachdem er einige der Geschütze Kasans vernagelt und viele Pulverfässer und Musketen heimlich nach Swijaschsk geschafft hatte, unter dem Vorwand, an einem nahen See zu angeln. Es ist nicht anzunehmen, daß irgend jemand ernsthaft daran glaubte, er würde wirklich angeln gehen, denn es begleitete ihn ein überaus großes Gefolge: Edelleute von seinem Hof in Kasimow, vierundachtzig Adelige aus Kasan und fünfhundert russische Musketiere, deren Anwesenheit, so hoffte Schigalej, allem, was er zu sagen gedachte, entsprechenden Nachdruck verleihen würde.

Vor der Stadtmauer ließ der Khan die Adligen von Kasan umzingeln und richtete das Wort an sie: »Ihr wolltet mich töten und entthronen lassen und ihr habt den Zaren darum ersucht, an meiner Stelle einen Vizekönig zu ernennen! Gut, der Zar hat mir befohlen, meinen Thron preiszugeben, und ich gehe jetzt zu ihm. Wir werden unsere Rechnung dort begleichen!«

Khan Schigalej hatte offenbar gehofft, der gesamte Adel von Kasan würde auf Befehl des Zaren vernichtet werden. Doch das geschah nicht, denn in Swijaschsk hörten sie, daß sie ihre hohen Ämter behalten dürften, wenn sie den Treueid auf Iwan ablegten. Iwan war nämlich mittlerweile zu dem Schluß gekommen, daß man sich des Tatarenadels würde bedienen müssen, wenn man Kasan regieren wollte.

Jetzt war der Weg frei für den Vizekönig, Fürst Simeon Mikulinskij. Dieser brach bald darauf mit seinen Dienern und Leibwächtern und einigen der tatarischen Edelleute, die den Zaren ihrer Loyalität versichert hatten, nach Kasan auf. Er nahm auch Iwan Scheremetjow und Alexej Adaschow mit, die zu den mächtigsten Männern Rußlands gehörten.

Die tatarischen Adligen versprachen Fürst Mikulinskij, daß ihm ein feierlicher und herzlicher Empfang bereitet würde. Der war hocherfreut, als eine Abordnung aus Kasan eintraf, die ihn mit vielen Liebenswürdigkeiten begrüßte, und er beschloß, sein Gepäck und seine Dienerschaft vorauszuschicken. So gingen die Russen in die Falle. Ein paar tatarische Edelleute ritten mit dem Gepäck voraus und verbreiteten das Gerücht, daß die Moskowiter alle Einwohner Kasans töten wollten, und als der Fürst schließlich vor die Tore der Stadt gelangte, fand er sie verschlossen und auf den Mauern bewaffnete Tataren.

Eineinhalb Tage lang waren die Russen gezwungen, ihre Energien mit nutzlosen Verhandlungen vor der Stadt zu vergeuden; Kasan war nicht bereit, dem Vizekönig Einlaß zu gewähren oder auch nur die russischen Bediensteten hinauszulassen. Jediger Machmet, der Sohn eines früheren Khans von Astrachan, wurde nun zum Khan von Kasan ausgerufen. Fürst Mikulinskij kehrte nach Swijaschsk zurück und schickte eine Depesche an Iwan, in der er den jüngsten Verrat der Tataren schilderte.

Die ganzen sorgfältig ausgearbeiteten Pläne vieler Monate waren fehlgeschlagen. Tatarische Armeen griffen jetzt erfolgreich die Tscheremiss auf dem rechten Wolgaufer an. Kasan schien mächtiger als je und bedrohte außerdem Swijaschsk, wo Skorbut ausgebrochen war und die Truppen völlig demoralisiert herumhingen.

Iwan suchte nach einem Ausweg, fand aber keinen. Jediger Machmet war unbestechlich; er weigerte sich zu verhandeln und war entschlossen anzugreifen. Er hatte fünfhundert bewaffnete Nogaj-Tataren mitgebracht, die die Bevölkerung Kasans in ihrem Entschluß, unabhängig zu bleiben, bestärkten. Es gab nur eine Möglichkeit, das Problem Kasan zu lösen – es zu erobern.

Marsch auf Kasan

Gestärkt durch die Gebete der Kirche und überzeugt, von Gott berufen zu sein, die verräterischen Tataren zu bestrafen, beschloß Iwan, Kasan zu unterwerfen. Er sah sich als einen neuen Josua oder Gideon, der sein Volk ins Gelobte Land führte und den Feind mit furchtbaren Schlägen zu Boden streckte. Er war nun einundzwanzig Jahre alt und würde selbst den Oberbefehl übernehmen.

Nachdem er sich im Troiza-Sergejewskij-Kloster vor der Ikone der Heiligen Dreifaltigkeit und den Reliquien des heiligen Sergius sowie vor der Ikone der Jungfrau von Wladimir in der Uspenskij-Kathedrale unter Tränen und voller Inbrunst göttlichem Schutz anempfohlen hatte, teilte er Anastasia mit, daß Krieg gegen die Tataren bevorstand. Seine Worte hat ein Priester namens Adrian Angelow aufgezeichnet:

»Meine Gemahlin, es ist mein Wille und mein Wunsch, im Vertrauen auf den allmächtigen Gott, der die Menschheit liebt, Krieg gegen die Ungläubigen zu führen. Ich ziehe für den orthodoxen Glauben und die heiligen Kirchen in den Kampf und bin bereit, nicht nur mein Blut zu vergießen, sondern auch in den Tod zu gehen, denn es ist süß, für den wahren Glauben zu sterben, und um Jesu Christi willen den Tod erleiden heißt, das ewige Leben erlangen.

So erduldeten die Märtyrer der Vergangenheit ihre Qualen und die Apostel und die gottesfürchtigen Zaren und ihre Familien, und dafür wurden sie von Gott auf Erden nicht nur mit der Zarenwürde, sondern auch mit Ruhm bedacht. Um ihrer Tapferkeit willen wurden sie von ihren Feinden gefürchtet, und es war ihnen ein langes, glorreiches, irdisches Dasein vergönnt.

Warum spreche ich nun so viel über das, was sterblich ist und vergeht? Weil Gott ihnen einen Platz im Himmel gab dafür, daß sie sich gottesfürchtig gezeigt und um des wahren Glaubens willen gelitten haben; als sie aus der Welt schieden, gingen sie ein in die ewige Glückseligkeit des Herrn und der Engel und der Rechtschaffenen . . .

Darum bitte ich Dich, meine Gemahlin, Dich nicht zu grämen, während ich fort bin. Ich bitte Dich zu fasten, gute Werke zu tun, Gottes heilige Kirche oft zu besuchen und viele Gebete für mich und für Dich zu sprechen. Gib den Bedürftigen reichlich Almosen. Ich bitte Dich auch, den vielen Elenden, die den Unmut des Zaren erweckt haben, zu verzeihen, und gebe Dir die Vollmacht, nach Deinem Gutdünken Gefangene freizulassen. So werden wir Gottes Lohn empfangen: Ich für meine Tapferkeit und Du für Deine guten Werke.«

Adrian Angelow schreibt, daß Anastasia bei den Worten Iwans fast zusammengebrochen wäre, wenn er sie nicht gestützt hätte. Eine Zeitlang blieb sie stumm und weinte bitterlich. Schließlich flehte sie ihn an, siegreich und unversehrt zur höheren Ehre Gottes und des orthodoxen Glaubens zurückzukehren.

Nachdem Iwan die Regierungsgeschäfte Anastasia, Makarij und seinem Bruder Jurij anvertraut hatte, brach er am Morgen des 16. Juni 1552 unter wehenden Fahnen und Trommelwirbel an der Spitze einer mächtigen Armee auf nach Kasan. In dem Dorf Kolomenskoje an der Moskwa machten sie Rast, und Iwan überlegte, welchen Weg sie nehmen sollten. Die Bojaren hatten die Befürchtung ausgesprochen, daß ein Marsch auf Kasan Moskau einem Angriff der Krim-Tataren preisgeben könnte. Er hielt diese Sorge für übertrieben, doch ein paar Stunden später, als sich die Truppen bereits wieder in Bewegung gesetzt hatten, überbrachte ein Kurier aus der Stadt Putiwl an der russischen Südgrenze die Nachricht, daß die Krim-Tataren die Grenze überschritten hatten. Iwan hielt Kriegsrat und gelangte zu dem Ergebnis, daß die Krim-Tataren mit ihrem erklärten Ziel, »den wahren Glauben auszurotten«, eine größere Bedrohung darstellten als die Tataren von Kasan, die lediglich Verrat begangen und viele Christen getötet hatten. Er dirigierte sein Heer zu der schwerbefestigten Stadt Kolomna und ordnete an, die Verteidigung des Nordufers der Oka, von wo aus man die Flußübergänge kontrollieren konnte, zu verstärken. Statt nach Kasan zu marschieren, wartete die russische Armee also nun – in eine Abwehrstellung gedrängt – auf den Angriff der Krim-Tataren.

Ein paar Tage lang hörte man nichts mehr über das Vorrücken des Feindes. Kein Späher traf mit neuer Kunde über Truppenbewegungen der Tataren ein, kein Kurier brachte Nachrichten aus dem Süden. Iwan war in einer verzwickten Lage, denn dieses Schweigen schien Übles zu verheißen. Dann traf ein Bericht ein, wonach eine Streitmacht von ungefähr siebentausend Tataren vor den Toren Tulas erschienen war und sich sofort wieder zurückgezogen hatte. Ein Späher wurde ausgesandt, um den Stand der Verteidigungsanlagen von Tula zu erkunden. Einige Stunden später, am Abend des 23. Juni, hörte Iwan, daß Dewlet Guirej, der Khan der Krim-Tataren, mit einer riesigen Armee und schweren türkischen Kanonen Tula erreicht habe. In aller Eile begab sich Iwan in die Kathedrale von Kolomna, um göttliche Hilfe zu erflehen, und gab sodann seiner gesamten Armee den Befehl, sich nach Tula, das etwa fünfundsiebzig Meilen Luftlinie entfernt lag, in Marsch zu setzen. Seine aus Adligen bestehende Leibgarde bildete die Nachhut.

Die Botschaft, daß das Heer des Zaren unterwegs war, ermutigte die Verteidiger Tulas, und sie entwickelten einen ungeheuren Kampfgeist. Als der Khan erfuhr, daß die Russen nahe waren, hob er die Belagerung auf und befahl den Rückzug. Viele seiner Kanonen und Pulverfässer wurden vor den Mauern von Tula erbeutet; außerdem ließ er auf seiner Flucht nach Süden noch Kamele, Gepäckkarren und riesige Mengen an Proviant zurück.

Iwan war hocherfreut über den Sieg, den er in erster Linie den Einwohnern Tulas zu verdanken hatte. Mit dem Sieg über den Krim-Khan war der Weg für den Marsch auf Kasan frei.

Dem sorgfältig ausgearbeiteten Feldzugsplan zufolge sollte die Armee von Kolomna in zwei Abteilungen nach Swijaschsk marschieren, wobei die von Norden vorstoßende Kolonne die Straße über Wladimir und Murom, die von Süden kommende die über Rjasan und Meschtschera nehmen würde. Die beiden Kolonnen sollten sich an einem Flußübergang der Sura wiedervereinen, bevor sie in Richtung Swijaschsk vorrückten. Die nördliche Kolonne wurde von Iwan befehligt, die südliche von Fürst Iwan Mstislawskij und Fürst Michail Worotijnskij. Khan Schigalej, zu beleibt und träge, um zu reiten, erhielt die Erlaubnis, die Strecke auf einem Flußschiff zurückzulegen. Die südliche Kolonne, die den Zaren gegen Attacken marodierender Nogaj-Tataren abschirmen sollte, bestand aus etwa 15 000 Mann, während die Hauptarmee ungefähr 125 000 Mann zählte.

Am 3. Juli 1552 gab Iwan nach nochmaligen Gebeten vor der Ikone der Heiligen Jungfrau in der Kathedrale von Kolomna den

Marschbefehl. In fünf Tagen erreichte der größte Teil der Armee Wladimir. Hier erflehte er wieder, wie es seiner Gewohnheit entsprach, vor den Reliquien der Heiligen den Segen Gottes und der Jungfrau Maria, und es schien ihm eine Antwort auf seine Gebete zu sein, als er erfuhr, daß eine Skorbut-Epidemie, die beinahe die gesamte Besatzung Swijaschsks dahingerafft hätte, gebannt war. Die Stadt war mit Weihwasser besprengt worden, Prozessionen und Bittgottesdienste hatten stattgefunden. Die Einwohner, zuvor einem ausschweifenden Lebenswandel verfallen, kehrten nun, allenthalben vom Tod umgeben, aus Dankbarkeit dafür, daß Gott sie verschont und ihnen ihre Sünden vergeben hatte, auf den Pfad der Tugend zurück. Iwan war hocherfreut. Wieder einmal hatte Gott ihn erhört, und er sah sich als Mittler zwischen dem Allmächtigen und dem russischen Volk.

Er blieb eine Woche in Wladimir und erreichte am 13. Juli Murom, wo er einen langen Brief von Makarij erhielt. Der Metropolit ermahnte ihn darin, unter Hinweis auf den vorangegangenen Sittenverfall in Swijaschsk und die Sündhaftigkeit selbst so vortrefflicher Männer, wie es König David, Noah und Salomo gewesen waren, seiner Ahnen zu gedenken, die keusch und mäßig im heiligen Stand der Ehe gelebt hatten und darum von Gott mit Siegen über die Heiden belohnt worden waren. »So bitten wir denn Euch, frommer Zar Iwan, und Euren Bruder Wladimir Andrejewitsch und alle Eure großen Herren . . . und Eure christliche Armee, rein, demütig, weise, keusch und bußfertig zu bleiben und auch der anderen Tugenden eingedenk zu sein.«

Iwan sandte ihm ein ungewöhnlich kurzes Antwortschreiben:

»An Unseren Vater, seine Heiligkeit Makarij, Metropolit aller Russen, Grüße des Zaren und Großfürsten Iwan Wassiljewitsch.

Ihr habt Uns die Weisung erteilt, der Sünde abzuschwören und fromm zu sein. Wir versprechen, Herr, Euer Verlangen zu erfüllen. Jetzt werden Wir mit Wladimir von Stariza, den Bojaren und Unserer ganzen von Liebe zu Christus erfüllten Armee im Vertrauen auf die Hilfe Gottes, der Jungfrau Maria und aller Heiligen weiterziehen.«

Am 20. März verließ Iwan mit seinen Truppen Murom; zwei Wochen später erreichte er die Sura, den Grenzfluß zwischen Rußland und dem Gebiet der Tataren. Hier empfing er eine Abordnung von Tscheremiss-Häuptlingen, die sich gegen ihn erhoben hatten, jetzt aber bereit waren, ihren Treueid auf den Zaren zu erneuern. Iwan verzieh ihnen, ließ ihnen Speisen von seinem Tisch reichen und schmeichelte ihnen mit liebenswürdigen Worten.

Am selben Tag überquerte, wie abgesprochen, auch die südliche Kolonne den Fluß. Fürst Kurbskij, der mit diesem Teil des Heeres geritten war, berichtet von den Strapazen, die sie hatten erdulden müssen, vom Hunger und der unendlichen Einsamkeit der Steppe.

Iwan überquert die Wolga, um Kasan anzugreifen (aus der »Nikon-Chronik mit Miniaturen«, 16. Jahrhundert).

Der schlimmste Teil des Marsches war nun überstanden. Noch etwa eine Woche, und sie würden in Swijaschsk sein. Fürst Kurbskij schreibt über den Ritt:

»Von der Sura ritten wir mit der Armee acht Tage lang durch Steppe und Wälder ... Wir sahen kaum Dörfer, denn diese Leute verbergen ihre Häuser hinter natürlichen Befestigungen, so daß man sie nicht einmal aus der Nähe bemerkt. Aber wir ... konnten diesmal Brot und Fleisch kaufen, wiewohl wir teuer dafür bezahlen mußten ...

Es erfüllte uns ... mit Freude und Dankbarkeit ..., mit unserem Zaren für unser orthodox-christliches Vaterland gegen die Feinde des Kreuzes Christi zu Felde zu ziehen ...«

In dieser Stimmung gelangte die große Reiterei nach Swijaschsk, wo sie von der Bevölkerung jubelnd empfangen wurde.

Fürst Kurbskij fand, es sei, »wie wenn man nach einer langen, anstrengenden Reise heimkehrt«. Ganz Rußland schien in Swijaschsk versammelt; die Kaufleute aus Moskau, Jaroslawl und Nischni-Nowgorod hatten Schiffe mit allen nur denkbaren Waren geschickt. Die sandigen Ufer des Flusses waren in einen Marktplatz verwandelt, und täglich trafen neue Schiffe ein, um ihre Schätze zu entladen.

Man hoffte in Swijaschsk, der Zar würde in einem der größeren Häuser Wohnung nehmen, doch er ließ sein prunkvolles Zelt auf einer Wiese außerhalb der Stadtmauern aufschlagen. Dort hielt er wieder einen Kriegsrat ab, an dem auch Khan Schigalej teilnahm. Der erhielt die Anweisung, einen Brief an Khan Jediger Machmet zu schreiben, in dem er ihn aufforderte, sich zu ergeben, und ihm gleichzeitig versicherte, daß er in diesem Falle nichts zu befürchten habe, sondern im Gegenteil noch reiche Belohnung aus den Händen des Zaren entgegennehmen dürfe. Der Zar selbst sandte einen weiteren Brief an den obersten Mullah und alle in Kasan lebenden Tataren und versprach, ihnen ihre aufrührerischen Taten zu verzeihen, wenn sie sich ihm jetzt unterwarfen.

Iwan hegte eigentlich keine Hoffnung, daß Khan Jediger Machmet die Stadt übergeben würde. Die Briefe sollten lediglich seinem Anspruch auf Kasan formellen Ausdruck verleihen.

Ohne auf Antwort zu warten, befahl er, daß die Armee am nächsten Tag, dem 16. August, beginnen sollte, die Wolga zu überschreiten. Zwei Tage später überquerte er mit seiner Leibgarde den Strom, und es dauerte noch einen weiteren Tag, bis die ganze Armee das linke Ufer erreicht hatte. Das sonnige Wetter war vorbei, wolkenbruchartiger Regen fiel vom Himmel, die Wolga stieg, und das angrenzende flache Land verwandelte sich in Seen und Sümpfe. Das Haupthindernis war der kleine Fluß Kasanka mit seiner starken Strömung, doch man schlug sechs Brücken darüber, und am 20. August hatte ihn die ganze Armee überquert.

Das Wetter besserte sich ein wenig, aber man mußte mit neuen Regenfällen rechnen. Im Osten, vier Meilen von der Mündung der Kasanka entfernt, zeichnete sich die Zitadelle von Kasan dunkel gegen den Himmel ab. Die Tataren hatten die Stadttore geschlossen und warteten auf den Angriff. Auch der Zar wartete – er hatte Zeit.

Ein vollkommener Sieg

Von Iwans Lager an den Ufern der Wolga sah man eine auf einem Hügel gelegene Stadt mit Türmen und Zinnen und Mauern, die aus riesigen, in den Wäldern der Umgebung geschlagenen Baumstämmen errichtet worden war. Auf den Westhängen, die die Kasanka überblickten, standen Minarette, Moscheen, weiße Steinpaläste, und Festungsmauern ragten in den Himmel. Um diese ausgezeichnet geschützte Seite zu stürmen, mußte man schroffe Felsen überwinden. Der einzige andere Zugang waren die steilen Pfade im Osten. Für die Verteidiger, die ihre Stadt als uneinnehmbar betrachteten, gab es keinen Grund, über Iwans Armee besonders beunruhigt zu sein. Sie konnten jedes Boot, das die Wolga heraufkam, und jeden russischen Soldaten in der Ebene sehen, während sie selbst hinter ihren Mauern allen Blicken entzogen waren.

Wenn ganz Kasan auf einem hohen Felsen gelegen hätte, wäre das Problem seiner Eroberung nahezu unlösbar gewesen. Aber die Stadt war nach dem Muster vieler mittelalterlicher Städte entstanden: Auf dem höchsten Punkt der Anlage erhob sich die Festung, und darunter, bis in die Ebene, breitete sich die Stadt aus mit ihren engen Gäßchen und langen Straßen, die zu schwer befestigten Toren führten. Die untere Stadt war stellenweise durch Schluchten zerschnitten, und manchmal öffneten sich die schmalen Straßen auf Gärten und Seen hin. In der unteren Stadt wohnten die Händler und Kaufleute, die Handwerker, die Armen und die Besatzung der hölzernen Türme.

Zur Verteidigung der Stadt standen Khan Jediger Machmet ungefähr 30 000 gutausgebildete Soldaten und etwa 2700 Nogaj-Tataren zur Verfügung, die mit Pfeil und Bogen, Speeren, Schwertern, Lanzen, Keulen und Musketen bewaffnet waren. Sie hatten auch schwere Kanonen und reichliche Pulvervorräte, und es gab genug Lebensmittel in der Stadt, um einer langen Belagerung standzuhalten. Sowohl die Tataren als auch die Russen trugen Kettenpanzer und spitze Eisenhelme, so daß es manchmal schwierig war, sie voneinander zu unterscheiden.

Iwan gab sich keinen Illusionen hin, was die Gefahren anbelangte, denen er sich aussetzte. Khan Jediger Machmet war ein entschlossener, kühner und erbarmungsloser Gegner, der sich jeder Kriegslist bedienen würde, um die Stadt nicht in russische Hände fallen zu lassen. Es ging nicht nur darum, eine gutverteidigte Stadt zu erobern; man mußte auch mit den tatarischen Truppen fertig werden, die in Arsk lagen, jenseits des dichten Waldes, der sich fast bis zu den Mauern von Kasan erstreckte. Insgesamt gab es etwa 35 000 Tataren und Tscheremiss außerhalb der Stadt, die dem Khan gegenüber loyal gesinnt waren und sich zumeist im Wald von Arsk verborgen hielten. Iwan mußte notgedrungen besondere Maßnahmen ergreifen, um seine Nachhut und die Verbindung zu den Versorgungsschiffen zu sichern. Gleichzeitig war der Schutz seiner eigenen Person sehr wichtig, denn die Tataren wußten sehr gut, daß die Belagerung aufgehoben würde, wenn der Zar den Tod fand oder in Gefangenschaft geriet.

Der Schlachtplan wurde entworfen vom Kriegsrat des Zaren, der aus rund einem Dutzend Generälen bestand – in der Mehrzahl junge Männer in den Zwanzigern oder Dreißigern. Jede Armee wurde von zwei Generälen geführt, die Hauptarmee von Fürst Iwan Mstislawskij und Fürst Michail Worotijnskij als stellvertretendem Befehlshaber. Sein Bruder, Fürst Wladimir Worotijnskij, befehligte das Elitekorps des Zaren, unterstützt von Iwan Scheremetjow dem Älteren. Die Scheremetjows waren keine Fürsten, aber sie gehörten einer alten Bojarenfamilie an, die sich den Fürstenfamilien gegenüber zumindest als gleichrangig betrachtete. Neben diesen beiden Armeen gab es noch sieben weitere: die Vorhut, die Nachhut, den rechten Flügel, den linken Flügel, die Späher sowie die Armeen Wladimirs von Stariza und Khan Schigalejs. Jede Armee bekam ihre eigene Aufgabe zugewiesen, und alle standen unter dem Oberkommando des erst fünfundzwanzig Jahre alten Fürsten Iwan Mstislawskij, der zu seinen Vorfahren nıcht nur Rurik zählen konnte, sondern auch Dschingis Khan und die alte Linie der Großfürsten von Litauen. Sein Großvater, Fürst Kudaikul von Kasan, hatte die Schwester Wassilijs III. geheiratet, und seine Mutter war ihre Tochter. Er war ein hervorragender Befehlshaber, und Iwan vertraute ihm völlig.

Die Generäle waren wie Pfauen herausgeputzt, mit schimmerndem Harnisch, Federn am Helm und reichbestickten Umhängen. Auch das 20 000 Mann zählende Elitekorps, das vornehmlich aus Adligen und ihren Gefolgsleuten bestand, bot einen stattlichen Anblick.

Iwan wurde von seinem ganzen Hofstaat begleitet: Der Siegelbewahrer, der Oberstallmeister, Sekretäre, Stallmeister, Herolde, Waffenschmiede, Pagen und Schreiber hielten sich ständig in seiner Umgebung auf sowie eine Reihe Priester und sein Beichtvater Andrej Protopopow. Außerdem verfügte er noch über zahlreiche Kuriere und ein Heer von Dienern.

Der Marschbefehl wurde in den frühen Morgenstunden des 23. August erteilt. Der Schlachtplan gründete auf der Annahme, daß Kasan nur nach längerer Belagerung erobert werden könne. Die Hauptarmee sollte vor den östlichen und südlichen Mauern Stellung beziehen, die Vorhut vor der Nordmauer, die Nachhut und der linke Flügel vor der westlichen Mauer. Die Späher sollten das sumpfige Gelände südlich der Kasanka besetzen. Im Brennpunkt des Kampfes würde die Hauptarmee stehen, die außerdem gegen die aus dem Wald von Arsk kommenden Tataren zu streiten haben würde. Da die Mauern von Kasan über sieben Meter dick waren, konnte man nur Breschen in sie schlagen, indem man sie mit Pulver in die Luft sprengte. Rund um die Festung wurden sogenannte Schanzkörbe von etwa zweieinhalb Meter Höhe errichtet und dicht mit Erde verkleidet. Sie sollten die Kanonen schützen und als Verteidigungsanlagen gegen plötzliche Ausfälle der Tataren dienen.

Am Morgen, als die Armee auf Kasan vorrückte, war Iwan in sehr nachdenklicher Stimmung und wünschte zutiefst, sich göttlicher Führung anzuvertrauen. Als sie etwa drei Viertel des Wegs zurückgelegt hatten, ließ er Halt machen und seine große Standarte entrollen, die ein »nicht von Menschenhand gefertigtes« Bildnis Christi zierte. Trompeten erschallten, Trommelwirbel erklang, und der Zar und seine Generäle saßen ab, um für den Sieg zu beten. »Ich bin bereit, mein Leben für den Triumph der Christenheit hinzugeben«, sagte Iwan, und Wladimir von Stariza bestärkte ihn mit den Worten: »Wir sind alle vor Gott und vor Dir vereinigt, o Zar!« Die Chroniken verzeichnen, daß Iwan erklärt habe, die Zeit für eine Entscheidungsschlacht sei gekommen, und fortfuhr:

»... Wenn wir sterben, so bedeutet das nicht Tod, sondern Leben! Wenn wir jetzt nicht den Versuch machen, was können wir dann von den Ungläubigen in Zukunft erwarten? ... Niemand wird daran zweifeln, daß Gott unsere ständigen Gebete erhört und uns seine Hilfe gewährt. Ich werde euch reich belohnen, euch mit allem versehen, was ihr braucht ... Und ich werde für die Frauen und Kinder derer sorgen, die fallen.«

Auf diese Weise versicherte sich der Zar der Loyalität seiner Truppen, die in begeisterte Rufe ausbrachen, weinten, beteten und ganz im Bann religiöser Gefühle zu stehen schienen. Eine Stunde lang betrachteten alle die Standarte Christi, und schließlich sagte der Zar mit weittragender Stimme: »Gott, in Deinem Namen setzen wir uns in Marsch.« Dann befahl er allen, sich zu bekreuzigen, und sie ritten auf Kasan zu.

Als die Soldaten an den Stadtmauern hochsahen, bemerkten sie kein Lebenszeichen. Keine Wächter waren auf den Türmen, die Tore waren geschlossen, die Stadt wirkte stumm und verlassen. Viele Russen frohlockten, weil sie sich einbildeten, die Tataren seien von Furcht überwältigt in den Wald geflohen. Andere, die den Feind besser kannten, empfahlen Vorsicht.

Der Bulak, kaum mehr als ein trüber Bach, folgte der Westmauer von Kasan, und auf der anderen Seite des Flüßchens lag hinter einer kleinen Bodenerhebung die Ebene von Arsk. Als eine Vorhut von ungefähr siebentausend Spähern über diese Erhöhung marschierte, öffnete sich plötzlich das große Nogaj-Tor, und eine unübersehbare Menge Tataren strömte heraus. Die Russen wurden einfach überrannt. Etwa fünftausend tatarische Reiter stürmten auf die Spähtruppen zu, gefolgt von tausend Bogenschützen. Die Russen wurden über die Höhe zurückgedrängt, und sie wären bis zum letzten Mann niedergemacht worden, wenn nicht die Truppen von Fürst Iwan Turantaj-Pronskij ihnen zu Hilfe geeilt wären. Die Tataren wurden schließlich wieder in die Stadt zurückgetrieben. Sie hatten gut gekämpft, es war ihnen gelungen, die Russen zu überrumpeln, und nur zehn Gefangene waren dem Feind in die Hände gefallen; aber sie hatten das Scharmützel verloren. Der Zar freute sich über seinen bescheidenen Sieg, doch er wußte auch, daß sich die Tore jeden Moment von neuem öffnen konnten.

Sein eigenes Lager befand sich auf der Wiese des Khans, etwa eine Meile westlich der Stadt. Bevor sein privates Zelt aufgeschlagen wurde, gab er Befehl, drei Kirchenzelte aufzustellen, die dem Erzengel Michael, der heiligen Katharina der Märtyrerin und dem wundertätigen heiligen Sergius geweiht waren. Während der lan-

Ein Porträt Iwans des Schrecklichen aus dem 17. Jahrhundert (Britisches Museum).

gen Wochen der Belagerung betete der Zar immer wieder in diesen Zelten, die reich mit Ikonen und Reliquien ausgeschmückt waren.

Doch Gott erhörte diese Gebete nur manchmal. In der Nacht des 24. August erhob sich ein so schrecklicher Sturm, daß man ihn als ein Zeichen göttlichen Unwillens hätte auslegen können. Viele russische Schiffe sanken, große Lebensmittel- und Munitionsvorräte gingen verloren, so daß aus Swijaschsk und sogar aus Moskau Nachschub angefordert werden mußte. Alle Zelte einschließlich der Kirchenzelte brachen zusammen, und das Wiesengelände verwandelte sich in einen seichten See. Der Sturm hielt die ganze Nacht an und legte sich erst gegen Morgen.

Den nächsten Tag und die darauffolgende Nacht nutzten die Russen, um Kampfstellungen rings um Kasan auszubauen und Schanzkörbe für die Kanonen aufzustellen. Währenddessen machten die Tataren eine Anzahl Ausfälle gegen die russischen Linien und gelangten manchmal bis zu den Schanzkörben, aber nicht weiter. Hier und da eröffneten sie auch von den Wällen her Feuer mit Musketen und Kanonen. Sie richteten jedoch wenig Schaden an, denn inzwischen waren die Russen durch ihre Erdwälle ausreichend geschützt.

Es war klar, daß Fürst Jepantscha unter diesen Bedingungen irgendwann einen Ausbruchsversuch aus dem Wald von Arsk starten würde. Doch vorerst rechneten die Russen noch nicht damit und wurden daher von dem ersten Ausfall am 28. August völlig überrascht. Der Befehlshaber der am Waldrand stationierten russischen Reiter kam ums Leben; wenn nicht rasch Verstärkung eingetroffen wäre, hätte keiner der Russen den Angriff überstanden. Und auch so hatten sie empfindliche Verluste zu verzeichnen. Diese erste Schlacht in der Ebene von Arsk war den Russen eine Lehre: Solange Fürst Jepantscha mit seinen Leuten im Wald lag, durften sie sich nie sicher fühlen.

Am nächsten Tag erschienen die Tataren wieder am Waldrand, doch diesmal waren die Russen vorbereitet. Allerdings gab der Zar den Befehl, den Feind nicht anzugreifen. Den ganzen Tag über beobachteten sich Russen und Tataren mißtrauisch. Die Moskowiter konnten nur raten, wie viele Tataren sich wohl insgesamt in dem dunklen Wald verborgen hielten.

Außerdem wurden die Truppen des Zaren ab und zu auch von den Tscheremiss aus dem Nordwesten attackiert. Sie waren schlecht ausgerüstet und ihren Gegnern nicht gewachsen, aber ihre Angriffe zermürbten die Männer. Die Tataren auf der Akropolis verständigten sich mit ihren Verbündeten am Waldrand von Arsk durch Flaggensignale, die vom höchsten Turm der Stadt aus gegeben wurden. Die Moskowiter benutzten zum gleichen Zweck schwere Trommeln.

Iwan rechnete bereits damit, daß die Belagerung den ganzen Winter über dauern würde, und hatte alle Hoffnungen auf einen schnellen Sieg begraben. Seine Soldaten waren halb verhungert und lebten nur noch von trocken Brot, Wasser und dem wenigen, was sie zu maßlos überhöhten Preisen erstehen konnten. Schon zehn Tage nachdem sie vor Kasan Stellung bezogen hatte, machten sich bei der Armee erste Zeichen der Erschöpfung bemerkbar.

Da erfuhr der russische Kriegsat durch Kamaj Mirsa, daß die Quelle, von der Kasans Wasserversorgung im wesentlichen abhing, außerhalb der Stadtmauern lag. Das Wasser wurde durch einen geheimen, unterirdischen Gang in die Stadt geleitet. Kasan selbst verfügte ansonsten nur noch über ein paar trübe Teiche und Seen. Wenn man den Gang finden und in die Luft sprengen könnte, müßten die Einwohner Kasans verdursten – oder sich ergeben.

Ein steinernes Badehaus im Nordwesten der Stadt hatten die Russen bereits eingenommen. Es war mit Recht anzunehmen, daß der geheime Gang in der Nähe vorbeiführte. Unter dem Kommando Alexej Adaschows begannen die Russen am 26. August zu graben und stießen nach zehn Tagen auf eine Stelle, unter der der Geheimgang lag. Sie konnten sogar die Schritte der Tataren über sich hören. Elf Pulverfässer wurden in den Tunnel gerollt und am frühen Morgen des 4. September, einem Sonntag, gezündet. Zar Iwan beobachtete mit Befriedigung die Explosion, die einen Teil der Mauer niederriß. Riesige Steine und Geröll wurden in die Luft geschleudert, die Mauer geriet in Brand und viele Tataren kamen um. Kasans Einwohner waren bestürzt über die Zerstörung ihrer Wasserzufuhr, und viele begannen von Übergabe zu sprechen. Sie gruben im Felsen nach einer anderen Quelle, fanden aber nur eine, deren Wasser so brackig war, daß einige Leute nach seinem Genuß erkrankten und manche sogar starben. Trotzdem kämpften die Tataren weiter.

Die Russen trieben weitere Tunnel unter die Stadtmauern. Zwei befestigte Türme, der eine an der südwestlichen Ecke Kasans und der zweite an der Ostmauer, wurden unterminiert. Die Arbeit schritt nur langsam voran und war erst Ende September abgeschlossen. Gleichzeitig zerschossen die Russen das Arsk-Tor mit ihren schweren Kanonen, aber die Tataren errichteten sehr schnell ein neues Holztor. Tag und Nacht schleuderten Mörser Steinkugeln über die Mauer, damit der Feind nicht zur Ruhe käme.

Fürst Jepantscha führte von seinem Versteck im Wald von Arsk fortwährend Ausfälle gegen die Russen durch, und diese ständigen Scharmützel wurden allmählich kostspielig. Schließlich gelang es den Russen jedoch, ihn auf die offene Ebene zu locken, zu schlagen und zu besiegen. Die Reste seiner Armee zogen sich in eine massive Holzfestung im Wald zurück, die auf einem von Sumpf umgebenen Hügel lag. Von dort aus wollten sie die Russen zu gegebener Zeit von neuem angreifen.

Der Kriegsrat beschloß, daß dieses starke Bollwerk um jeden Preis zerstört werden müsse – eine Aufgabe, die Fürst Alexander Gorbatij-Schuiskij anvertraut wurde. Als nächstes sollte er dann nach Arsk vorrücken, das etwa zwanzig Meilen hinter der Festung an den Ufern der Kasanka lag. Außer seinen eigenen Truppen wurden dem Fürsten noch die Tataren von Khan Schigalej unterstellt sowie einige Tscheremiss, die ihm im Wald als Führer dienen sollten.

Als der Fürst mit seiner Reiterschar das Sumpfgebiet erreichte, saßen alle ab und teilten sich in zwei Gruppen; die eine ging mit Bogenschützen und Musketieren frontal zum Sturm auf die Festung über, die andere unternahm, nachdem sie sich einen Weg durch die dichten Wälder gebahnt hatte, einen Überraschungsangriff von der rechten Seite. Die Schlacht war nach zwei Stunden vorüber, die Tataren, von den Russen verfolgt, ergriffen die Flucht. Die Soldaten des Zaren machten über hundert Gefangene und reiche Beute.

Zwei Tage später erreichten die Russen Arsk und fanden die Stadt verlassen vor. Hier in den Ebenen lagen die Güter der tatarischen Adligen, die fruchtbare Felder, Vieh, Korn und Honig ihr eigen nannten, und es gab viele Dörfer, die die Soldaten nach Herzenslust plünderten. Auf den Gütern arbeiteten zahlreiche russische Sklaven, die – nun befreit – sich den plündernden Moskowitern anschlossen. Iwan befahl, daß Fürst Gorbatij-Schuiskij unverzüglich zurückkehren solle, doch der hatte keine Eile. Er hatte ein Land gefunden, in dem Überfluß herrschte, und seine Soldaten genossen dieses Leben.

Je mehr Zeit verging, um so beunruhigter zeigte sich Iwan über die lange Abwesenheit des Fürsten. Wie immer war er voller düsterer Vorahnungen. Seine Stimmung hob sich ein wenig, als der Mönch Adrian Angelow aus dem Troiza-Sergejewskij-Kloster kam und ihm Geschenke überbrachte, darunter viele Ikonen. Angelow beschreibt, wie Iwan vor der Ikone der Heiligen Dreifaltigkeit auf die Knie sank und sagte: »Lob und Preis sei Dir, mein Schöpfer, der zu mir Sünder in diese fernen Lande kommt. Ich hebe meinen Blick zu dieser Ikone, und es ist, als sähe ich in Wahrheit meinen Gott, und bete um Beistand für mich und meine Armee!« Dann empfing er die Hostie, trank das geweihte Wasser und erhob seine Arme mit den Worten zum Himmel: »Heilige Dreifaltigkeit und Heiligste Muttergottes, helft uns!«

Iwan verbrachte den halben Tag im Gebet und die andere Hälfte damit, Beratungen abzuhalten oder seine Truppen zu besichtigen. Sein außerordentlicher religiöser Eifer wunderte Angelow ein wenig. Der Zar war mehr denn je von seiner göttlichen Sendung überzeugt und erwartete als Stellvertreter Gottes auf Erden blinden Gehorsam von seinem Volk. Sein ganzes Leben lang beharrte er auf diesen Ansprüchen, und er rechtfertigte selbst seine schrecklichsten Handlungen damit, daß Gott, die Muttergottes und die Gemeinschaft aller Heiligen ihm befohlen hätten, seine Macht auszuüben.

Das lange Ausbleiben der Armee des Fürsten Gorbatij-Schuiskij hatte Iwan in Wut versetzt, doch diese Wut wich der Freude, als die Truppen endlich zurückkehrten und nicht nur die befreiten Russen und zahlreiche Gefangene mitbrachten, sondern auch Viehherden und Wagenladungen von Pelzen und Kostbarkeiten. Die Russen, auf karge Rationen gesetzt, schwelgten auf einmal im Überfluß. Kühe konnten für fünf Kopeken gekauft werden, und ein großer Ochse kostete nur wenig mehr. Nach einem Dankgottesdienst umarmte der Zar Fürst Gorbatij-Schuiskij, reichte den Offizieren seine Hand zum Kuß, machte ihnen wertvolle Geschenke, gab mehrere Festmähler und bedachte die Sieger mit lobenden Worten. Die aus dem tatarischen Joch befreiten Russen ließ er einkleiden und sandte sie dann mit einer Eskorte zu ihrem Schutz in ihre Heimatorte zurück.

Iwan wartete nur noch auf die Nachricht, daß alles für die

Sprengung der beiden Türme bereit sei. Durch diese Breschen würde seine Armee dann in die Stadt eindringen. Sein Glaube an den Sieg wurde bestärkt durch Berichte, daß der heilige Sergius sich in Kasan gezeigt habe. Flüchtlinge, denen es gelungen war, über die Mauern zu entkommen, erzählten, daß sie einen alten Mann in zerlumpten Kleidern gesehen hätten, der die Straßen fegte. Er schien ein Mönch zu sein und trug einen dichten, nicht sehr langen Bart. Befragt, weshalb er die Straßen fege, antwortete der greise Mann: »Ich tue das, weil ich bald viele Gäste hier erwarte.« Wenn ihn die Leute zu berühren versuchten, stellten sie fest, daß er so körperlos war wie die Luft.

Iwan war über das Erscheinen seines Lieblingsheiligen keineswegs erstaunt, gab aber Befehl, daß die Geschichte zunächst geheimgehalten werden sollte. Im übrigen verließ er sich keineswegs nur auf Ikonen, Gebete und die Anwesenheit des heiligen Sergius. Eine riesige Belagerungsmaschine wurde heimlich in einiger Entfernung von Kasan gebaut, ein zweiundvierzig Fuß hoher gewaltiger Holzturm, der beträchtlich höher war als die Stadtmauer. Auf der obersten Plattform wurden zehn schwere und fünfzig leichte Kanonen aufgestellt. Nach zwei Wochen war die Arbeit beendet, und in der Nacht rollte man den Turm zum Tor des Khans. Bei Tagesanbruch wurden die Geschütze abgefeuert. Sie richteten in der Stadt furchtbare Zerstörungen an, unzählige Frauen und Kinder kamen ums Leben. Die Tataren hoben hinter dem Tor in aller Eile Gräben aus und warfen Wälle auf, doch der mit Kanonen gespickte riesige Turm erinnerte sie von nun an ständig an die Übermacht des Feindes.

Als die Tataren sich praktisch umzingelt sahen, machten sie mehrere Ausfälle und kämpften verzweifelt an den Toren, in der Hoffnung, den Russen so große Verluste beibringen zu können, daß sie die Belagerung aufhoben. Iwan zweifelte jedoch keinen Augenblick an seinem endgültigen Sieg. Hatte Gott ihm nicht gesagt, daß er Kasan erobern würde? Der Metropolit Makarij sandte ihm eine mit Perlen und Edelsteinen verzierte Ikone der Himmelfahrt Mariä; die Kirchenzelte barsten beinahe unter dem Gewicht der Schätze, die sich inzwischen in ihnen angesammelt hatten.

Alles hing nun von den Erdarbeiten ab, die bereits einen Monat im Gange waren. Iwan war über die Verzögerung erzürnt, doch am 1. Oktober kam endlich die Nachricht, daß alle Tunnel fertig und die Pulverfässer an ihren Plätzen seien; nur die Zündschnüre mußten noch in Brand gesteckt werden. Der Kriegsrat beschloß, die Stadt in der Morgendämmerung des nächsten Tages zu erstürmen.

An jenem Samstag wurden die letzten Vorbereitungen getroffen. Die russischen Kanonen nahmen die Stadt unter besonders schweren Beschuß, der Graben um die Stadtmauer wurde, wo

Iwan verfolgt von seinem Beobachtungsposten aus, wie seine Armee Kasan erobert (aus der »Nikon-Chronik mit Miniaturen«, 16. Jahrhundert).

immer möglich, mit Erde und Baumstämmen gefüllt, damit die Soldaten jede schwache Stelle in der Mauer sofort durchbrechen könnten. Der Zar befahl allen seinen Soldaten zu beichten und das Heilige Abendmahl zu nehmen, damit sie im Zustand der Gnade und gegen Angst gefeit seien. Als er dann das Wort an seine Truppen richtete, sprach er mit besonderem Nachdruck über das Leiden:

»Diejenigen, welche wahrhaft leiden, werden Ruhm auf Erden und Ehre im Himmel ernten. Eure Namen werden in die Bücher des Himmels eingehen, und hier auf Erden, in der so berühmten Stadt Moskau, werden sie in der großen Kathedrale* für alle Zeit in Gottesdiensten erwähnt werden. Man wird ihrer in ganz Rußland gedenken. Solltet ihr sterben, so werde ich für eure Frauen und Kinder sorgen und eure Gläubiger bezahlen. Die Güter, die ihr von euren Vorfahren geerbt habt oder euch von mir übertragen wurden, werden im Besitz eurer Frauen und Kinder bleiben. Was mich betrifft, liebe Brüder und Freunde, so bin ich bereit, um der heiligen Kirche, des orthodoxen Glaubens, des christlichen Blutes und meines eigenen Erbes willen den Tod zu erleiden.«

Der Zar sprach seine Worte mit großer Inbrunst, und als seine Soldaten beteuerten, sie seien bereit, alles zu ertragen, was er ihnen auferlegte, weinte er vor Freude.

Am frühen Morgen des 2. Oktober wurden die beiden Türme gesprengt, und der Sturm auf die Stadt begann. Iwan, der sich in das Kirchenzelt des heiligen Sergius begeben hatte, betete noch immer vor den Ikonen, als einer seiner Offiziere das Zelt betrat und sagte: »Herr, es wird Zeit für Euch.« Er berichtete, in der Stadt tobten heftige Kämpfe und die Soldaten erwarteten ihn. Zusammen mit Wladimir von Stariza und Khan Schigalej ritt er zu einer Erhöhung in der Nähe des Khan-Tors im Süden der Stadt. Auf den Mauern flatterten bereits russische Standarten.

Während die Russen in der Innenstadt verbissen kämpften und die Tataren zu der Schlucht am Fuße der Akropolis zurückdrängten, geschah etwas so Unerhörtes, daß die Befehlshaber der russischen Armee kaum ihren Augen trauen wollten. Scharenweise strömten Russen durch das Tor des Khans aus der Stadt heraus, aber nicht, weil sie der Feind verjagt hätte, sondern weil sie ihre Beute im Feldlager in Sicherheit bringen wollten. Die militärischen Berater des Zaren befahlen, daß das ausnahmslos aus Adligen bestehende Elitekorps in die Schlacht eingreifen solle, um gegen den Feind zu kämpfen und zugleich der Plünderei ein Ende zu setzen. Normalerweise wurde dieses Reiterkorps in Reserve gehalten und diente dem Zaren als Leibwache.

* Mit der »großen Kathedrale« meinte Iwan zweifellos die Uspenskij-Kathedrale im Kreml, wo die Zaren gekrönt, wichtige Dekrete verkündet und die feierlichsten Zeremonien abgehalten wurden. Die Metropoliten von Moskau wurden dort begraben.

Die Tataren flohen über die Kasanka; Khan Jediger Machmet zog sich in seinen befestigten Palast auf der Akropolis zurück und versuchte, die Eindringlinge weiterhin abzuwehren. Doch schließlich stürmten sie den Palast, wo sie wahllos Männer, Frauen und Kinder niedermachten. Kul Scherif, der oberste Mullah von Kasan, führte einen verzweifelten Angriff auf die Russen an, doch er und alle seine Männer wurden erschlagen. Überall lagen die Toten, in den engen Gäßchen der Stadt, in den Palästen, in den Moscheen und an den Stadtmauern wurden sie übereinandergestapelt. Die russischen Chronisten berichten, daß die ganze Ebene von Arsk mit Leichen übersät gewesen sei.

Khan Jediger Machmet entkam aus seinem Palast und suchte in einem der befestigten Türme, die noch in der Hand der Tataren waren, Zuflucht. Hier verhandelte Fürst Dimitrij Palezkij mit ihm und empfahl ihm eindringlich, sich zu ergeben, und damit dem Kampf ein Ende zu machen. Vom Turm aus sah der Khan seine Stadt in Flammen und die Akropolis von den Russen besetzt. Er bot die Übergabe an, doch die Reste seiner Armee beschlossen angesichts des Geschicks, das ihre Landsleute getroffen hatte, zu fliehen. Während der Khan, seine Gemahlin und sein Hof in die Gefangenschaft gingen, gelang es den verbleibenden tatarischen Soldaten, über die Mauern zu entkommen. Sie hofften, in die Wälder jenseits der Kasanka zu gelangen, doch die meisten von ihnen wurden von der russischen Reiterei getötet.

Ansonsten erlosch in Kasan aller Widerstand, und man hörte nur noch das Wehklagen der Frauen und das Prasseln des Feuers. Der Kampf, der in der Morgendämmerung begonnen hatte, war am frühen Nachmittag vorüber.

Der Glaube des Zaren an göttliche Hilfe war belohnt worden. Er versicherte seinen Soldaten, daß ihnen der Sieg »durch die Gnade Gottes und die Gebete der Allerreinsten Gottesmutter und der Heiligen Moskaus und ganz Rußlands« geschenkt worden sei. Er sprach allen Männern seine höchste Anerkennung aus, doch in erster Linie, so sagte er, verdankten sie den Sieg »der unendlichen Barmherzigkeit Gottes«. Und während er Wladimir von Stariza umarmte, rief er aus: »Gott hat mich um meiner Demut willen zum Herrn von Großrußland und des östlichen Königreiches Kasan gemacht.«

Die Siegesfeier wurde mit allem zur Verfügung stehenden Glanz und Pomp durchgeführt. Der Zar saß hoch zu Roß, während alle seine Generäle und sogar Wladimir von Stariza sich tief vor ihm verneigten – dem alleinigen Sieger, dem Herrn vieler Länder, Iwan Wassilijewitsch, Zar und Autokrat. Khan Jediger Machmet, seine Gemahlin und seine Höflinge wurden in Ketten dem Zaren vorgeführt und warfen sich vor ihm in den Staub. Zum Dolmetscher sagte der Zar: »Sag ihnen, daß wir ihnen nach unserer barmherzigen Gewohnheit das Leben schenken und laß ihnen die Fesseln abnehmen.« Dann erhob sich Jediger Machmet, schritt zum Pferd des Zaren und küßte den Steigbügel.

Es war ein Moment höchsten Triumphes, wie er sich nie mehr wiederholen sollte. Viele Kriege standen noch bevor, viele Städteplünderungen, viele Einfälle in fremde Länder, doch nie wieder würde der Zar in dem Bewußtsein, daß Gott an seiner Seite schritt, einen so vollkommenen Sieg erlangen.

Die Prophezeiung Maxims des Griechen

Obwohl er nicht direkt an den Kämpfen teilgenommen und sich nie in besonderer Gefahr befunden hatte, war Iwan fest davon überzeugt, daß Kasan von *ihm* erobert worden sei und daß allein seine Anwesenheit auf dem Schlachtfeld – sowie seine Gebete, die heiligen Reliquien, die vielen Priester in seinen Diensten – Gott dazu bewogen habe, die russischen Waffen zu begünstigen.

Er war deshalb in einer sehr feierlichen Stimmung, als er sich überlegte, wie er seinen Triumph am angemessensten feiern sollte. Als erstes befahl er, an der Stelle, wo er während der letzten Phasen des Kampfes gestanden hatte, eine Kirche zu errichten. Der Holzbau war in einem Tag fertig. Dann ordnete er an, die Leichen von den Straßen zu schaffen. Als das getan war, stattete er der Stadt einen offiziellen Besuch ab. Er ritt zum Palast des Khans hinauf, blickte auf die Ebene hinab und kehrte in sein Feldlager zurück.

Später ließ er seine Soldaten zusammenrufen, lobte sie für ihren Mut, ihre Standhaftigkeit und ihren Glauben an Gott und befahl, die Kriegsbeute, zu der auch tatarische Frauen und Kinder gehörten, unter sie zu verteilen. Sein Anteil bestand in Khan Jediger, dessen königlichen Insignien und schweren Kanonen.

Am 4. Oktober hielt Iwan, begleitet von seinen Höflingen und einem Priestergefolge, seinen eigentlichen, triumphalen Einzug in die Stadt. Er wollte die Stelle auf der Akropolis bestimmen, wo die Kathedrale erbaut werden sollte, und dort, wo spätere Generationen Gott huldigen würden, einen ersten Gottesdienst abhalten. Da sie der Fürsprache der Muttergottes so viel verdankten, beschloß er, die neue Kirche Verkündigungs-Kathedrale zu nennen. Nach der Messe wurden in einer feierlichen Prozession die Stadtmauern mit Weihwasser besprengt: Nun war Kasan eine christliche Stadt.

An feierlichen Anlässen fehlte es in diesen Tagen nicht. Von allen in der Umgebung lebenden Stämmen kamen Abgesandte, um Iwan den Treueid zu schwören und sich ihm zu Füßen zu werfen. Sie brachten und erhielten Geschenke. Festessen für die Generäle und Bojaren fanden statt, andere für die Soldaten. Fürst Gorbatij-Schuiskij wurde zum Statthalter von Kasan ernannt, Fürst Wassilij Serebrijanij zu seinem Stellvertreter. Da man überzeugt war, daß die Eroberung der Stadt die Tataren das Fürchten gelehrt hatte, beschloß man, nur eine kleine Streitmacht zurückzulassen, die aus etwa fünfzehnhundert Reitern, dreitausend Musketieren und ein paar Kosakentrupps bestand. Fürst Kurbskij und einige andere hielten diese Entscheidung für vollkommen falsch und drängten Iwan, mit seiner Armee in Kasan zu bleiben, bis alle Tataren des Khanats Kasan unterworfen waren. Doch Iwan lehnte ab. Wer würde es schon wagen, die Hand gegen den siegreichen Zaren zu erheben?

Es gab allerdings noch eine Reihe anderer Gründe, weshalb der Zar diesen Rat zurückwies. Er wollte nach Moskau, er wollte sich in seiner Hauptstadt als Eroberer Kasans feiern lassen. Auch die Adligen und Bojaren, die ihre eigenen Armeen unterhielten, konnten es kaum erwarten, sie aufzulösen und sich wieder auf ihre Güter zu begeben. Außerdem stand Anastasia kurz vor der Niederkunft. Sie hatte ihm bereits zwei Töchter geschenkt, und jetzt erhoffte er sich einen Sohn und Thronerben. Dazu kam, daß er sich in Moskau, dem mystischen Zentrum seines Reiches, mächtiger fühlte als im Feld.

Dabei waren die Vorschläge des Fürsten Kurbskij durchaus vernünftig; er kannte die Tataren. Es gab auch tatsächlich in den nächsten Jahren immer wieder Aufstände in der Region von Kasan, und eine Armee nach der anderen mußte zu ihrer Unterdrückung abkommandiert werden. Der Zar hatte keinen lähmenden Schrecken unter den Tataren verbreitet, sondern ihnen lediglich einige Wunden geschlagen.

Die Reise nach Moskau war ein einziger Triumph. Von den Ufern der Wolga jubelten ihm die Bauern zu, und in ihrem Geschrei gingen die Danksagungslitaneien der Priester unter. Sie nannten ihn ihren Befreier, den Mächtigen, den Zaren, der die Furcht vor den Tataren von ihnen genommen hatte. Ab und zu trafen Kuriere ein, die ihm Briefe und Glückwünsche von Anastasia, seinem Bruder Jurij oder dem Metropoliten Makarij brachten.

In Nischni-Nowgorod fand die feierliche Entlassung der Soldaten statt. Der Zar dankte ihnen für ihre Dienste und erteilte ihnen die Erlaubnis, nach Hause zurückzukehren. Dann setzte er seine Reise nach Moskau über Wladimir, die ehemalige Hauptstadt Rußlands, fort. Auf dem Weg dorthin erreichte ihn Wassilij Trachaniotow, Anastasias Bote, ein Bojar griechischer Abstammung. Er überbrachte ihm die Nachricht, daß Anastasia einen Sohn geboren hatte. Iwan war überglücklich, er sprang vom Pferd und umarmte Trachaniotow. Um das Ereignis zu feiern, nahm er seinen Mantel von den Schultern, reichte ihn dem Überbringer der Botschaft und gab ihm noch sein Pferd dazu. Anastasias Bruder, Nikita Sacharin, wurde eilends nach Moskau geschickt, um des Zaren Glückwünsche zu überbringen.

Die Geburt seines Sohnes, so kurz nach der Eroberung Kasans, machte Iwan geradezu trunken vor Freude. Er hatte zwar schon zwei Töchter, Anna und Maria – Anna starb im Alter von elf Monaten –, aber Töchter waren nichts im Vergleich zu einem Sohn. Gott hatte ihm wieder einmal seine Gunst bezeugt, denn nun war die Erbfolge gesichert. In Wladimir und Susdal rastete er nur kurz, um in den Kirchen zu beten und Glückwünsche entgegenzunehmen. Er eilte weiter nach Moskau, aber zuerst mußte er noch am Grabe des heiligen Sergius im Troiza-Sergejewskij-Kloster beten und mit den Mönchen das Brot brechen. Auf seinem Landgut bei Taininskoje verbrachte er die Nacht. Dort traf ihn sein Bruder Jurij, und früh am nächsten Morgen brachen sie zusammen nach Moskau auf, wo offensichtlich ein großartiger Empfang auf sie wartete.

Noch bevor sie Moskau erreichten, kamen ihnen schon Leute entgegen, um den Zar zu begrüßen. Es waren so viele, daß er Schwierigkeiten hatte voranzukommen und Gefahr lief, von seinen Leibwachen und seinem Gefolge abgeschnitten zu werden. Die Leute küßten seine Hände und Füße und riefen: »Lang lebe unser gottesfürchtiger Zar, Bezwinger der Barbaren, Retter der Christenheit!« Beim Sretinskij-Kloster traf er auf einen Zug, der von Erzbischof Makarij angeführt wurde. Die Geistlichen trugen Kreuze, Banner und Ikonen. Iwan stieg vom Pferd herab und küßte die Ikone Unserer Frau von Wladimir sowie viele andere Heiligenbilder. Die alten Bojaren-Fürsten Michailo Bulgakow und Iwan Morosow, die schon unter seinem Vater und Großvater gedient und während seiner Abwesenheit Moskau regiert hatten, warteten ebenfalls darauf, ihn zu begrüßen. Er umarmte sie, umarmte viele andere Adlige und wurde schließlich von Erzbischof Makarij gesegnet. Dann erklärte er, wie es überhaupt zur Eroberung von Kasan gekommen war:

»Bevor ich gegen Kasan auszog, sprach ich mit Erzbischof Makarij und den Geistlichen darüber, wie der Khan von Kasan und seine Leute das russische Land, die Städte und die Dörfer verwüsteten, Kirchen und Klöster nicht schonten. Wie sie zahllose Christen töteten oder gefangennahmen und sie über die ganze Erde verstreuten. All dies geschah wegen unserer und besonders wegen meiner Sünden. Auf Euren Ratschlag hin zogen Wir gegen die Ungläubigen in den Krieg. Ich bat Euch, für Unser Wohlergehen und die Vergebung Unserer Sünden und für die Errettung von den Barbaren zu Gott, der Heiligen Jungfrau und den Heiligen zu beten. Dank deren Hilfe und auch dank Euerer Gebete . . . erreichten Wir Kasan sicher und wohlbehalten. Gott in seiner großen Güte übersah Unsere Sünden und gewährte Uns den Sieg. Er übergab Uns die Stadt Kasan, warf das Heidentum nieder und errichtete das Kreuz. Durch den Ratschluß Gottes kamen alle Moslems in dieser Stadt ums Leben. Nur Khan Jediger Machmet fiel lebend in Unsere Hände.

Zusammen mit Prinz Wladimir von Stariza danken wir alle Dir, heiliger Vater und der heiligen Priesterschaft, denn dank ihrer Gebete geschah dieses Wunder.«

Iwan sprach als ein Eroberer, der wirklich an die Macht des Gebets glaubte. Es war auch nicht im geringsten ironisch gemeint oder kühl berechnend eingesetzt, wenn er den Sieg der Kraft der Gebete zuschrieb. Er nahm auch keine Hilfe in Anspruch beim Zusammenstellen dieser Reden, die sich wie Predigten anhörten, denn seine Sprache hatte schon seit langem einen geistlichen Ton.

Ein Satz in dieser Rede fällt besonders auf: »All dies geschah wegen unserer und besonders wegen meiner Sünden.« Wir werden ihn noch öfter zu hören bekommen. Manchmal spricht er die Worte zaghaft, in banger Erwartung einer Strafe, aber keine Strafe erfolgt. Manchmal spricht er sie kühn und trotzig, mit dem Klang rollenden Donners. Bis ans Ende seiner Tage wird Iwan immer wieder vor aller Augen und Ohren über seine Sünden sprechen.

Im Sretinskij-Kloster, etwas außerhalb Moskaus, erschien Iwan zur Siegesfeier, in Anwesenheit der reichgekleideten Priester und des Metropoliten, in der vollen Ausrüstung eines Kriegers. Makarij hielt eine Rede von ungewöhnlicher Länge, mit vielen Zitaten aus vielen Schriften. Er rief Gott an, Iwans Größe zu bezeugen, der die orthodoxen Gläubigen und die Orthodoxe Kirche vor den Verheerungen der Tataren bewahrt habe. »Gottes Gnade war mit dir, wie mit allen Herrschern von Gottes Gnaden bisher«, sagte er und sprach dann über Iwans Vorfahren, beginnend mit Konstantin dem Großen bis zu Alexander Newskij und Dimitrij Donskoj. Dann knieten der Metropolit und alle Priester vor Iwan nieder.

Nun war es für Iwan an der Zeit, seine glänzende Rüstung mit den Gewändern des Zaren zu vertauschen und die juwelen- und pelzgeschmückte Krone von Monomach aufs Haupt zu setzen. Außerdem trug er auf seiner Brust ein Kreuz aus Juwelen, das einen echten Splitter vom Kreuz Christi enthielt. So ausgestattet ritt er in Moskau ein.

In der Uspenskij-Kathedrale betete er vor den Ikonen und an den Gräbern des heiligen Peter und des heiligen Jona, die einst Metropoliten von Rußland waren. In der Kathedrale des Erzengels Michael betete er an den Grüften seiner Vorfahren und besuchte dann nacheinander sämtliche Kirchen im Kreml. Als Iwan allen seinen religiösen Verpflichtungen nachgekommen war, erlaubte er sich die Freude, seine Frau und den neugeborenen Sohn zu sehen. Er pries Anastasia, daß sie einem Sohn das Leben geschenkt hatte, und sie pries ihn für die Eroberung Kasans. Das ist alles, was uns die Chronisten über das Wiedersehen von Anastasia und Iwan berichten.

Daraufhin zog er sich eine Woche lang zurück, bis er, am 8. November 1552, seinen Sieg mit einem Bankett im Granowitaja-Palast feierte, an dem der Metropolit Makarij, alle seine Generäle und alle hohen Staatsbeamten teilnahmen. Das Gelage dauerte drei Tage und bedachte alle, die zum Sieg beigetragen hatten, mit Geschenken. Natürlich gingen die ersten Geschenke an den Metropoliten, die Bischöfe und die Geistlichkeit, deren Gebete den Verlauf der Schlacht so günstig beeinflußt hatten. Eine Verdienstliste wurde entrollt, auf der die Namen derer standen, die am tapfersten gekämpft hatten. Ihre Namen wurden verlesen, die betreffenden Soldaten vor den Zaren geführt und mit Geschenken verschiedenster Art belohnt. Der eine Soldat bekam ein Pferd, ein anderer eine Rüstung, der dritte ein seidenes Gewand, goldbestickt und mit Zobel besetzt. Viele erhielten mit Juwelen geschmückte italienische Trinkbecher und goldene Pokale, während andere Landbesitz oder hohe Posten bekamen. Insgesamt gab der Zar in diesen drei Tagen Geld, Pelze, Gewänder, Pokale, Pferde und Rüstungen im Wert von 48 000 Rubel aus. »Nie zuvor hat man solchen Glanz, solch eine Feier und Großzügigkeit im Kreml-Palast gesehen«, notierte ein Chronist.

Ganz Rußland freute sich, und noch den ganzen Winter lang war die Schlacht um Kasan *das* Gesprächsthema. Balladen wurden über sie geschrieben, Legenden rankten sich um sie, die Ereignisse nahmen die Form eines Epos an, in dem die Mächte des Lichts die der Dunkelheit bezwangen. Noch ein Jüngling, praktisch auf sich allein gestellt, hatte er die asiatischen Horden überwunden und das Joch der Tataren abgeworfen, das zweieinhalb Jahrhunderte lang schwer auf den Russen gelastet hatte. Wenn er sonst nichts in seinem Leben erreicht hätte – die Russen wären ihm stets zutiefst dankbar gewesen.

Es war ein großer, bedeutender Moment in der russischen Geschichte. Bald würden die Russen ihren Herrschaftsbereich über Kasan hinaus ausdehnen und das Khanat von Astrachan an der Mündung der Wolga in Besitz nehmen. Und hinter der Wolga lag Sibirien. Sie würden bis zur Krim im Süden und westlich bis zum Baltikum herrschen, nie zufrieden, bis sie nicht ihre Grenzen bis zum weitestmöglichen Punkt ausgedehnt hätten. Rußland würde eine imperiale Macht werden, die über viele Nationen und zahllose Stämme herrscht. Iwan war der eigentliche Begründer dieses Reiches, das immer den Stempel seines Charakters, seiner Gewalttätigkeit, seiner Wutanfälle, seines brennenden Ehrgeizes, seines Stolzes und seiner seltsamen Demut tragen würde.

Iwan war entschlossen, als Autokrat zu herrschen, unabhängig von Adel und Bojaren. Eines Tages, kurz nach der Eroberung Kasans, wandte er sich an sie und sagte: »Gott schütze mich vor euch! Ich konnte euch nicht beherrschen, solange Kasan selbständig war. Ich brauchte euch für alles mögliche, doch nun bin ich frei, und ihr werdet meine Unzufriedenheit und meinen Zorn zu spüren bekommen!«

Viele seiner Berater beobachteten seine neue Selbständigkeit mit schlimmen Vorahnungen. Männer wie Adaschow und Sylvester waren verunsichert. Nicht nur weil ihre Positionen bedroht waren – noch war Sylvester Iwans geistlicher Beistand, noch hörte der Zar auf Adaschows Rat –, aber Iwan zog sich mehr und mehr zurück. Das Gift der absoluten Macht tat seine Wirkung.

Im Dezember reiste er wieder zum Troiza-Sergejewskij-Kloster, um seinen Sohn auf den Namen Dimitrij taufen zu lassen. Die Taufe fand am Grab des heiligen Sergius statt, um dem Jungen ein langes, gotterfülltes und angenehmes Leben zu sichern, wie Iwan glaubte. Er wurde von Anastasia, seinem Bruder Jurij und seinem Cousin Wladimir von Stariza begleitet.

Noch andere Taufen fanden während des folgenden Monats statt. Der sechs Jahre alte Utemisch Guirej, der das Khanat von Kasan geerbt hatte, wurde vom Metropoliten Makarij im Tschudow-Kloster auf den Namen Alexander getauft. Nach der feierlichen Handlung speiste der Knabe mit dem Metropoliten und wurde dann zu Iwan gebracht, der erklärte, daß der Junge von nun an innerhalb des Kreml-Palastes leben sollte. Iwans Absicht war, alle Anwärter auf den Thron von Kasan gut im Auge zu behalten, damit keiner ihm, dem Zaren von Kasan, gefährlich werden konnte.

Im gleichen Monat ließ Jediger Machmet, der letzte Khan von Kasan, den Metropoliten wissen, daß er getauft werden und zum christlichen Glauben übertreten möchte. Um sicher zu sein, daß die Bitte des Khans aufrichtig war, ordnete der Metropolit an, daß er einige Tage lang streng von Priestern befragt werden solle, aber sie fanden nichts, was auf eine Konversion aus rein politischen Gründen hingewiesen hätte. Der Metropolit teilte das Ergebnis der Prüfung Iwan mit, der daraufhin Jediger Machmet empfing und ihn umarmte.

Am 26. Februar 1553 schritt der Khan, bekleidet nur mit einem weißen Leinenhemd, im tiefen Schnee durch das Tainitskaja-Tor, und im Beisein von Iwan, Jurij, Wladimir von Stariza und dem Metropoliten Makarij wurde er über die zugefrorene Moskwa an eine Stelle geführt, wo man das Eis aufgehackt hatte. Er wurde gefragt, ob er irgendwie gezwungen worden sei, den Glauben zu wechseln, und er antwortete: »Ich wünsche aufrichtig und aus ganzem Herzen, Jesus anzubeten. Was den falschen Propheten Mohammed und sein verwerfliches Buch betrifft, verfluche ich sie.« Dann stieg er ins eisige Wasser und wurde auf den Namen Simeon getauft. Ein geräumiges Haus im Kreml stand für ihn bereit, und er wurde mit ausreichender Dienerschaft versehen.

Danach spielt Khan Simeon nur noch eine untergeordnete Rolle in der Geschichte des russischen Hofes. Als Khan wurde ihm erlaubt, Höflinge zu haben, doch sein oberster Berater, ein Bojar namens Iwan Sabolotskij, war direkt dem Zaren unterstellt. Er wurde wie eine Persönlichkeit von fürstlichem Geblüt behandelt, besaß aber keinerlei Macht.

Wenige Tage später, vielleicht weil er sich bei des Khans Taufe eine Erkältung geholt hatte, mußte der Zar das Bett hüten. Diese fiebrige Krankheit – wahrscheinlich eine Art von Grippe –, die ihn an den Rand des Todes brachte, war eines der erschütterndsten Erlebnisse im Leben Iwans. Es beeinflußte nachhaltig seine Einstellung gegenüber den vielen Mitgliedern des Hofes, die sich aus den verschiedensten Gründen weigerten, dem Zarewitsch Dimitrij Gefolgschaft zu schwören. Die Grippe machte Iwan zu einer Zeit hilflos, als er sich im Vollbesitz autokratischer Macht glaubte. Schreckliche Vermutungen schossen durch seinen fiebernden Kopf, während er mit der Krankheit kämpfte. Er wurde noch mißtrauischer, noch unduldsamer, noch verschlagener.

In der Chronik *Zarstwennaja Kniga* gibt es einen Vermerk, daß Iwan an einer fiebrigen Krankheit litt. Es folgen ziemlich ausführliche Ergänzungen, die, wie einige Wissenschaftler glauben, von Iwan selbst oder von seinem persönlichen Sekretär Iwan Wiskowatij eingetragen wurden. Diese Anmerkungen können ziemlich genau auf den Zeitraum Sommer 1566 bis Sommer 1570 datiert werden. Durch dieses Dokument, durch Briefe von Iwan und Fürst Kurbskij, durch die Verhaftung und Amtsenthebung Fürst Simeon Rostowskijs sowie andere Quellen ist es möglich zu rekonstruieren, was während der Krankheit des Zaren geschah.

Dies sind die Worte, die vom Zaren oder dessen Sekretär in die *Zarstwennaja Kniga* geschrieben wurden:

»Nach der Taufe Khan Simeons von Kasan am Mittwoch, dem 1. März 1553, wurde der Zar krank. Die Krankheit war sehr ernst, und er hatte Schwierigkeiten, Leute wiederzuerkennen. Er war so krank, daß viele glaubten, er würde sterben. Der Sekretär des Zaren, Iwan Michailowitsch Wiskowatij, nahm es auf sich, Iwan an sein Testament zu erinnern, das dieser immer zur Hand hatte. Der Zar befahl, daß sein letzter Wille aufgesetzt, unterschrieben und datiert werden solle. Als dies alles geschehen war, erinnerte Wiskowatij den Zaren an den Treueid, den Prinz Wladimir von Stariza und die Bojaren dem Zarewitsch Dimitrij schwören sollten. Noch am selben Abend bekundeten folgende Bojaren dem Zarewitsch ihre Gefolgschaft: Fürst Iwan Fjodorowitsch Mstislawskij, Fürst Wladimir Iwanowitsch Worotijnskij, Iwan Wassiljewitsch Scheremetjow, Michail Jakowlewitsch Morosow, Fürst Dimitrij

Fjodorowitsch Palezkij, der Sekretär Iwan Wiskowatij und auch die Bojaren Danilo Romanowitsch Sacharin, Wassilij Michailowitsch Sacharin sowie die Adligen, die am Konzil teilnahmen, Alexej Fjodorowitsch Adaschow und Ignatij Weschniakow ...«

Das waren alles Mitglieder des Gewählten Rates. Mstislawskij und Worotijnskij waren zwei von Iwans Kommandanten bei Kasan, Palezkij war der Schwiegervater von Iwans Bruder Jurij, und Danilo Sacharin Anastasias älterer Bruder. Später am Abend wurde bekannt, daß zwei andere Mitglieder des Gewählten Rates, Fürst Dimitrij Kurliatjow und der Schatzmeister Nikita Funikow, erkrankt und deshalb nicht in der Lage seien, den Treueid zu schwören.

Viele Bojaren und Adlige zögerten jedoch, den Eid zu leisten. Es gab Gerüchte, daß Prinz Wladimir von Stariza von seiner Mutter, Prinzessin Efrosinia, als Kandidat für den Thron vorgeschlagen worden sei. Sie unterstützten ihn – zum einen, weil sie ihn wirklich bewunderten und nach Iwans Tod als Zaren wünschten, zum andern, weil der Tod Iwans und die Inthronisation Dimitrijs unweigerlich die Herrschaft Anastasias und ihrer Verwandtschaft zur Folge gehabt hätte. Über Fürst Wladimirs Rolle bei der Angelegenheit wird sehr wenig berichtet. Er besuchte Iwan regelmäßig während dessen Krankheit, aber die Bojaren mißtrauten ihm und hielten ihn schließlich vom Schlafzimmer fern, »um den Thron zu schützen«. Sylvester verteidigte Fürst Wladimir gegen diese Angriffe. In seiner Aussage schrieb Fürst Simeon Rostowskij 1554:

»Zu der Zeit, als der Zar im März 1553 krank war, sprachen wir darüber, was wir tun würden, wenn der Zar stürbe. Ein Bote von Prinzessin Efrosinia und Prinz Wladimir von Stariza* kam zu meinem Haus und forderte mich auf, Wladimir von Stariza zu dienen und Leute auf seine Seite herüberzuziehen. Ich besprach die Angelegenheit mit vielen Bojaren, und wir kamen zu dem Ergebnis, daß, wenn wir dem Zarewitsch Dimitrij dienten, wir von den Sacharins regiert würden. Lieber, als von den Sacharins beherrscht zu werden, wollten wir Prinz Wladi-

---

* In Sergej Eisensteins Film *Iwan der Schreckliche* erscheint Wladimir von Stariza als ein einfältiger Jüngling ohne jegliche Begabung, als Opfer des Ehrgeizes seiner Mutter. In Wirklichkeit war er ein intelligenter, aufrichtiger, nicht im geringsten einfältiger Mann und lange Zeit ein treuer Gefährte Iwans.

mir von Stariza Gefolgschaft leisten, und es gab viele Bojaren und Prinzen, die ebenso dachten.«

Die Namen der Bojaren, die lieber Wladimir von Stariza dienen wollten, sind bekannt. Sie waren beunruhigt bei dem Gedanken an eine neue Interims-Regentschaft; die während Iwans Minderjährigkeit war schlimm genug gewesen. Andere wollten zwar dem Zarewitsch Treue schwören, nicht aber der neuen Regierung. So sagte Fjodor Adaschow, der Vater von Iwans engem Freund und Ratgeber Alexej Adaschow: »Gott weiß, und so weißt auch du, o Zar, daß wir das Kreuz um deinetwillen und deines Sohnes, Zarewitsch Dimitrij, willen küssen, aber wir werden nicht unter den Sacharins, Danilo und seinen Brüdern, dienen. Dein Sohn, o Gebieter, befindet sich noch in den Windeln, was zur Folge hat, daß wir von den Sacharins, Danilo und seinen Brüdern, beherrscht werden würden, und wir haben lange genug unter den Bojaren gelitten.«

Für den Zaren, fiebernd und so schwach, daß er nicht stehen und kaum sprechen konnte, klang das wie Verrat. Alles, wofür er gelebt und gekämpft hatte, schien in Gefahr. Er glaubte sich von Verrätern umgeben. In seiner Qual hielt er an einem Gedanken fest: Dimitrij muß regieren. Schließlich sammelte er all seine Kraft und sprach zu den aufsässigen Bojaren:

»Wenn ihr nicht das Kreuz küßt in Treue zu meinem Sohn Dimitrij, bedeutet das, daß ihr schon einen anderen Herrscher gefunden habt. Aber ihr küßtet das Kreuz mehr als einmal, um mir Treue zu schwören, und verspracht damit, keinen anderen Herrscher als mich zu suchen. Ich zeige euch das Kreuz und befehle euch, meinem Sohn Dimitrij zu dienen, nicht den Sacharins. Ich kann nicht viel mehr sagen. Ihr habt eure Schwüre vergessen, weil ihr nicht mir und meinen Kindern dienen wollt. Ihr erinnert euch nicht mehr an das, was ihr einst schwort hochzuhalten. Die, die sich weigern, einem Zar in Windeln zu dienen, werden ihm auch nicht dienen wollen, wenn er erwachsen ist. Wenn ihr mich ablehnt, ladet ihr es euch auf eure Seelen.«

Der Zar wollte unbedingt Gewißheit, aber die Tatsachen – »Dimitrij muß regieren« und »Die Sacharins werden regieren« – ließen keinen zufriedenstellenden Kompromiß zu. Er hatte die Vorstellung, daß Anastasia und Dimitrij in Lebensgefahr seien, und so wandte er sich an die, die ihm Tage zuvor Gefolgschaft geschworen hatten und sagte:

»Gestern habt ihr mir und meinem Sohn Dimitrij den Treueid geleistet, aber es gibt Bojaren, die meinen Sohn nicht auf dem Thron sehen möchten. Wenn es Gottes Wille ist, daß ich sterbe, erinnert euch an euren Schwur. Laßt die Bojaren meinen Sohn nicht durch irgendwelche Mittel unschädlich machen, sondern flieht mit ihm in ein fremdes Land, das Gott euch zeigen wird!«

Schließlich wandte der Zar sich in seiner Sorge an die Sacharins, seinen Schwager Danilo und Wassilij, der Danilos Cousin war, und bat sie inständig, das Leben Anastasias und seines Sohnes zu schonen:

»Und ihr, Sacharins, warum seid ihr so furchtsam? Meint ihr, die Bojaren werden euch schonen? Nein, ihr werdet die ersten Opfer sein! Ihr solltet euer Leben für meinen Sohn und seine Mutter einsetzen und nicht meine Frau von den Bojaren schmählich behandeln lassen!«

Diese letzten Worte ließen die streitenden Bojaren verstummen, denn niemals zuvor hatte der Zar so unumwunden gesprochen. Einer nach dem anderen verließen sie seine Lagerstatt und bahnten sich einen Weg in den Vorraum, wo sie das Kreuz in Treue zum Zarewitsch Dimitrij küßten. Einige Tage später, als der Zar von seiner Krankheit genesen war, gelobten auch Wladimir von Stariza und seine Mutter dem Zarewitsch Gefolgschaft.

Für Iwan waren diese Tage seiner Krankheit Tage des Schreckens, und er erinnerte sich ihrer in den folgenden Jahren nur zu deutlich. Er hatte Verrat gesehen, als er meinte zu sterben; er hatte seine Frau und seinen Sohn schon tot geglaubt. War der Autokrat von Rußland so schwach, daß er nicht einmal seinen eigenen Sohn beschützen konnte? Der Streit währte nur wenige Tage, denn seine Krankheit dauerte kaum länger als eine Woche. Trotzdem hinterließ diese Woche Wunden, die niemals heilen sollten. Von nun an würde er jedem mißtrauen, sogar denen, die ihm am nächsten standen.

Sein Verhältnis zu Wladimir von Stariza war ernstlich belastet, und obwohl sie manchmal bei Hofe zusammentrafen, gab es nicht mehr die ehemalige unbeschwerte Kameradschaft. Im Herbst 1577, beinahe fünfundzwanzig Jahre nach seiner Krankheit und acht Jahre nachdem er die Hinrichtung Wladimirs angeordnet hatte, erinnerte sich Iwan immer noch seiner alten Schmerzen. An Fürst Kurbskij, der mittlerweile sein eingeschworener Feind geworden war, obwohl er ihm während seiner Krankheit die Treue gehalten hatte, schrieb er:

»Sag, warum wolltest Du Wladimir auf den Thron setzen und mich und meine Kinder aus dem Weg schaffen? Habe ich den Thron durch Raub oder blutige Waffenkunststücke erobert? Ich wurde geboren, um durch die Gnade Gottes zu herrschen, ich erinnere mich nicht einmal meines Vaters, wie er mir das Königreich vererbt und mich gesegnet hat. Ich wuchs auf dem Thron auf. Warum sollte dann Fürst Wladimir Herrscher sein? Er wurde als der fünfte in der Erbfolge geboren*. Welches Recht hatte er da zu regieren? An welcher Stelle der Thronfolge stand er? Sein einziger Anspruch war, daß ihr ihn verräterisch unterstütztet und seine Dummheit. Wo lag meine Schuld ihm gegenüber?«

Der Verrat und die Dummheit der anderen beschäftigte den Zaren sehr. Seiner Meinung nach war er Wladimir von Stariza niemals zu nahe getreten. Warum hatte dann der Fürst versucht, ihm den Thron zu rauben?

Während seiner Krankheit hatte er für den Fall seiner Genesung geschworen, zum Kirillow-Kloster bei Beloosero, weit im Norden zu pilgern. (Der heilige Kirill war einer der Schüler des heiligen Sergius gewesen.) Dieses Kloster hatte Iwans Mutter aufgesucht, um dort für die Geburt eines Sohnes zu beten. Indem er dieselbe Pilgerfahrt machte, kehrte er zu den Quellen seines eigenen Lebens zurück. Er hoffte, mit neuer Kraft wiedergeboren und von aller Schuld und allen seinen Sünden reingewaschen zu werden. Diese Pilgerfahrt würde der Beginn eines neuen Lebens sein.

Fast alle Ratgeber versuchten, ihn von seinem Vorhaben abzubringen. Sie meinten, es sei unklug, so bald nach seiner Krankheit eine so anstrengende Pilgerfahrt zu unternehmen, und der Zarewitsch war noch zu jung, um ihn zu begleiten. Kämpfe waren nahe Kasan ausgebrochen, Kasan war in Gefahr; der Wald von Arsk diente wieder einmal als Schutz für eine Tatarenarmee, die tief in seinem Innern eine neue Festung erbaut hatte. Auch Swijaschsk wurde wieder angegriffen. Diese Aufstände erforderten seine Anwesenheit in Moskau. Es gab noch eine Reihe anderer

* Wladimirs Vater, Andrej von Stariza, war der fünfte Sohn des Großfürsten Iwan III. Der älteste Sohn Wassilij wurde Großfürst und Vater Iwan des Schrecklichen. Andrej von Stariza war daher der fünfte in der Erbfolge, und sein Sohn Wladimir konnte nur auf einen sehr entlegenen Platz in der Thronfolge Anspruch erheben.

Gründe, warum er in Moskau hätte bleiben sollen, aber Iwan verwarf sie alle. Niemand konnte ihn davon abbringen, eine Reise zu unternehmen, die ihm so am Herzen lag.

Er nahm die Personen, die er am meisten mochte und denen er am meisten vertraute, mit sich: Anastasia, seinen Bruder Jurij, Danilo und Wassilij Sacharin, Iwan Mstislawskij, Fürst Andrej Kurbskij und Alexej Adaschow. Außerdem begleitete ihn sein Beichtvater, der Erzpriester Andrej Protopopow, der ihm auch schon nach Kasan gefolgt war. Bezeichnenderweise kam Wladimir von Stariza nicht mit.

Maxim der Grieche (aus einer zeitgenössischen Handschrift).

Der erste Halt war das Troiza-Sergejewskij-Kloster, wo Iwan die Zelle von Maxim dem Griechen aufsuchte, einem alten Gelehrten, der von Großfürst Wassilij III. nach Rußland geholt worden war, um Kirchenbücher zu übersetzen. Maxim war ein Asket, streng und kompromißlos, ein Gegner von klösterlichem Besitz an Grund und Boden. Er hatte auch viele Irrtümer in russischen Übersetzungen griechischer Texte berichtigt, zur Verwunderung und Bestürzung russischer Theologen, die Gründe fanden, ihn als Ketzer vor Gericht zu stellen. Er wurde verbannt und erhielt die Sonderbehandlung für Ketzer, die darin bestand, daß man ihn in einer kleinen Zelle an die Wand kettete und ihm nur dann und wann etwas zu essen gab. Der Metropolit Makarij legte Fürsprache für ihn ein, und Iwan gab Befehl, ihm zu erlauben, im Troiza-Sergejewskij-Kloster zu bleiben.

Maxim war zu dieser Zeit bereits ein sehr alter Mann und stand in dem Ruf, außerordentliche spirituelle Fähigkeiten zu besitzen. Iwan besuchte ihn, um seinen Segen zu erhalten – und empfing statt dessen eine Rüge. Besonders erzürnte Maxim, daß Iwan feierlich versprochen hatte, sich um die Witwen und Waisen der Soldaten, die bei Kasan gefallen waren, zu kümmern, daß bisher jedoch überhaupt nichts in dieser Richtung getan worden war. Er ärgerte sich auch darüber, daß Iwan zusammen mit seiner Frau und seinem sieben Monate alten Kind eine so weite Pilgerfahrt nach Norden machte.

Fürst Andrej Kurbskij, der Maxim hoch achtete und ihn gut kannte, hat einen fesselnden Bericht vom Zusammentreffen des frommen Maxim mit dem Zaren hinterlassen. So macht Maxim Iwan klar, daß dieser die Pilgerfahrt aus den falschen Gründen unternimmt:

»Du hast geschworen, den heiligen Kirill zu bitten, Fürsprache für dich bei Gott einzulegen, doch dieser Eid ist nicht weise. Als du gegen das starke und stolze moslemische Königreich Krieg führtest, wurden viele derer, die voller Eifer für den wahren Glauben fochten, getötet. Sie wurden von den Ungläubigen hingeschlachtet, ihre Frauen wurden zu Witwen, ihre Kinder zu Waisen und ihre Mütter ohne Söhne zurückgelassen; sie konnten nur trauern und klagen. Ich würde dir raten, lieber diese Leute zu belohnen und ihnen zu helfen, ihnen ihre Sorgen zu erleichtern und sie in deine Hauptstadt zu rufen, anstatt Schwüre zu erfüllen, die gegen die Vernunft sind.
Wisse, daß Gott überall ist. Er erreicht alle Dinge. Er erblickt alle Orte

mit seinen stets wachenden Augen, wie der Prophet sagt: ›Siehe! er schlummert nicht und schläft nicht, der Hüter Israels.‹* Und ein anderer Prophet sagt: ›Die Augen des Herrn sind siebenmal heller als die Sonne.‹** Genauso sieht der heilige Kirill im Geiste auch die Geister unserer gerechten Vorväter, deren Namen im Himmel geschrieben stehen und die nun vor dem Thron Gottes dienen. Sie besitzen die scharfsichtigen Augen des Heiligen Geistes, die vom Himmel herab mehr sehen als die Reichen in der Hölle; und sie beten zu Gott für alle Menschen auf Erden, besonders für jene, die ihre Sünden bereuen und sich freiwillig von ihren Missetaten abwenden, hin zu Gott.«

Maxim mißfiel, daß Iwan nicht zur Umkehr bereit war. Warum wollte er zum heiligen Kirill reisen, da er doch im Troiza-Sergejewskij-Kloster, im Kreml oder wo auch immer genausogut zu Gott beten konnte? Eine prahlerische Pilgerfahrt würde ihn Gott nicht näher bringen, und die Witwen und Waisen im Stich zu lassen, würde ihn nur von Gott entfernen.

Doch wie besessen wiederholte Iwan immer nur: »Ich muß zum heiligen Kirill reisen, ich muß!« Da wandte Maxim sich zu ihm und mit der Stimme eines Propheten aus dem Alten Testament verkündete er:

»Wenn du nicht auf mich hörst, da ich dir sage, wie du gottgefällig handeln sollst, wenn du das Blut der Märtyrer vergißt, die von den Ungläubigen hingeschlachtet wurden, während sie für den Glauben kämpften, wenn du die Tränen der Witwen und Waisen übersiehst, wenn du hartnäckig auf deiner Pilgerfahrt bestehst, dann wisse, daß dein Sohn sterben und von dort nicht lebend zurückkehren wird. Aber wenn du auf mich hörst, werdet ihr beide, du und dein Sohn, euch bester Gesundheit erfreuen.«

Zu jener Zeit war es keine Seltenheit, daß ein Priester oder Heiliger weissagte. Wie Fürst Kurbskij berichtet, war Maxim von der Wahrheit seiner Voraussage so überzeugt, daß er sie vier Personen gegenüber, die vertrauten Umgang mit dem Zaren hatten, wiederholte. Er bat sie, den Zar daran zu erinnern, daß der Zarewitsch in ernster Gefahr schwebte. Diese Personen waren der Erzpriester Andrej Protopopow, Fürst Iwan Mstislawskij, Alexej Adaschow und Fürst Kurbskij selbst. Der Zar schenkte den war-

* Psalm 121, 4.
** Ecclesiasticus 23, 19.

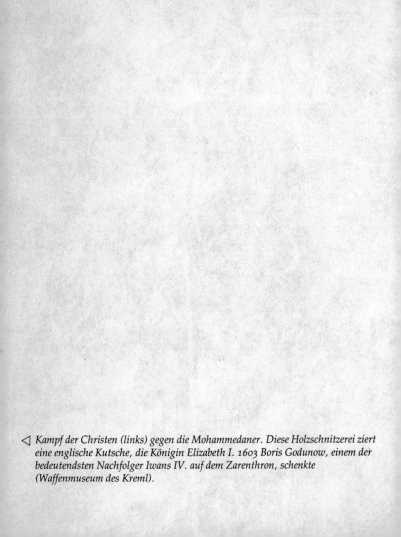

◁ *Kampf der Christen (links) gegen die Mohammedaner. Diese Holzschnitzerei ziert eine englische Kutsche, die Königin Elizabeth I. 1603 Boris Godunow, einem der bedeutendsten Nachfolger Iwans IV. auf dem Zarenthron, schenkte (Waffenmuseum des Kreml).*

nenden Worten jedoch keine Aufmerksamkeit und ging seine eigenen Wege.

Er setzte seine Pilgerreise unbeirrt fort durch die dichtbewaldeten und sumpfigen Regionen nördlich von Moskau, manchmal zu Pferd, manchmal im Schiff, manchmal zu Fuß. Wann immer möglich, verbrachten sie die Nacht in einem Kloster, und das Küssen von Reliquien und Ikonen nahm kein Ende. Meist wurden sogar noch besondere Andachten zu Ehren der Ankunft des Zaren abgehalten. Eines der Klöster, das sie besuchten, war das Pesnoschskij-Kloster nahe der Stadt Dimitrow. Das Kloster lag in einer tiefen sumpfigen Mulde an einem Fluß. Fürst Kurbskij hatte kein gutes Gefühl, als sie sich dem Platz näherten, denn es war der Sitz von Wassian Toporkow, einem ehemaligen Bischof von Kolomna, der zehn Jahre zuvor wegen hinterlistiger und grausamer Handlungen seines Amtes enthoben worden war. Toporkow war entschlossen, auf Iwan einen guten Eindruck zu machen.

Wie Fürst Kurbskij berichtet, geschah alles als ob »der Teufel direkt auf das Herz des Zaren gezielt hätte«. Iwan trat in die Zelle des Mönchs und stellte die Frage, die ihn am meisten beschäftigte: »Wie soll ich herrschen, damit alle meine großen und adeligen Untertanen mir gehorchen?« Toporkow antwortete: »Wenn du Alleinherrscher sein willst, laß keinen einzigen Ratgeber, der klüger ist als du, in deiner Nähe weilen. Sei hart, und du wirst alle in der Hand haben.« Iwan küßte dem Mönch die Hand und sagte: »Selbst wenn mein Vater noch lebte, hätte er mir keinen so guten Rat geben können.«

Die Warnungen Maxims waren beim freudigen Nachsinnen über Toporkows Lobgesang auf die absolute Autokratie vergessen.

Über Uglitsch, die obere Wolga und die Scheksna entlang kamen sie schließlich zum Kirillow-Kloster, das man über dem Grab des heiligen Kirill erbaut hatte. Es war eine Festung, eine Handelsniederlassung, beinahe schon ein Fürstentum und besaß weite Ländereien, große Lagerhäuser, Läden und Schiffe. Beloosero lebte vom Fisch- und Salzhandel, und ein nicht geringer Teil dieses Handels ging durch die Hände der Mönche.

Sie kamen mit dem Schiff an und schlugen ihre Zelte zwischen dem Kloster und dem Fluß Scheksna auf. Es war Juni, und Pilger aus ganz Rußland kamen, um am Schrein des Heiligen zu beten. Es wurde ein feierlicher Gottesdienst zu Ehren des Zaren abgehalten, und Iwan verteilte Geschenke an die Mönche. Er besuchte das nahe Ferapontow-Kloster, das wegen seiner Fresken berühmt war, die Dionysius zu Beginn des 16. Jahrhunderts geschaffen hatte. Iwan blieb nur wenige Tage in Beloosero und gab dann Befehl, nach Moskau zurückzukehren.

Als sie das Schiff, das sie zurückbringen sollte, betraten, geschah etwas so Außergewöhnliches, daß es fast wie eine Legende klingt: Eine Amme, die den Zarewitsch trug, stolperte bei der Landungsbrücke, und Dimitrij fiel aus ihren Armen in den Fluß. Zwar wurde das Kind sofort aus dem Wasser gezogen, aber es war schon tot.

Die Prophezeiung Maxims hatte sich in dem Moment erfüllt, als sie Beloosero verlassen wollten.

Versunken in hoffnungslose Trauer um den Thronerben kehrte Iwan nach Moskau zurück.

Er führte die Staatsgeschäfte mit Hilfe des Gewählten Rates nun mit mehr Zurückhaltung. Er neigte zu vergeben, und der Gewählte Rat zeigte Kompromißbereitschaft. Es gab keine Vergeltungsmaßnahmen gegen diejenigen, die dem Zarewitsch die Gefolgschaft verweigert hatten. Iwan war wieder gottesfürchtig geworden. Er fühlte, daß Gott seine eigenen geheimnisvollen Gründe hatte, ihm seinen Sohn zu nehmen.

Im November 1553 heiratete Khan Simeon von Kasan, der ehemalige Jediger Machmet, Maria Kutosowa, die einer alten Moskauer Adelsfamilie angehörte. Bei der Hochzeit waren viele, die dem Zarewitsch den Treueid verweigert hatten, zugegen. Bereits im Juni 1553 war Fjodor Adaschow, der Vater Alexej Adaschows, in den Rang eines Bojaren erhoben worden, trotz seines Verhaltens während der Krankheit des Zaren. Das war eine höchst außergewöhnliche Beförderung, denn der Rang eines Bojaren galt als Vorrecht des hohen Adels. Die Adaschows jedoch entstammten einer zwar angesehenen, aber dem niederen Adel angehörenden Familie.

Sylvester behielt eine einflußreiche Stellung bei Hof, und es gab eine völlige Aussöhnung mit Fürst Wladimir von Stariza. Ein weiteres Kind war unterwegs, und Iwans Trauer wurde durch das Bewußtsein, daß es bald einen neuen Zarewitsch geben würde, gemildert. Am 28. März 1554 gebar Anastasia einen Sohn, der den Namen Iwan erhielt. Das Neugeborene wurde sorgsam gewogen und sein Gewicht auf einer Tafel vermerkt, auf die später eine Ikone gemalt wurde, die den Heiligen des Knaben darstellte: Johannes Climacus, dessen Kirche sich innerhalb des Glockenturms von Iwan dem Großen im Kreml befand.

Die Geburt eines Thronfolgers war Grund zur Freude in ganz Rußland. Boten wurden ausgesandt, um die frohe Neuigkeit zu verkünden, und Gratulanten strömten zum Palast, um Anastasia zu beglückwünschen. Mönche und Einsiedler kamen, um das neugeborene Kind zu segnen und an der königlichen Tafel zu speisen. Die Gefängnisse wurde geöffnet. Iwan und Anastasia reisten zu den heiligen Schreinen, um Gott und den Heiligen für die erwiesene Gnade zu danken. Sie brachten kostbare Geschenke zu den Klöstern und verteilten Almosen unter die Armen.

Über die Erziehung des Zarewitsch Iwan ist wenig bekannt. Eines Tages, er war ungefähr zwei Jahre alt und saß auf dem Schoß seiner Amme Frosinia, geschah etwas Seltsames. Das Gefäß mit Weihwasser hinter ihnen auf einem Regal begann zu schäumen und zu sprudeln, und es waren seltsame Geräusche zu hören. Die Amme sprang mit dem Zarewitsch im Arm auf, hob den Deckel des Gefäßes, und das Wasser quoll heraus. Offensichtlich war dieses Wunder auf den Zarewitsch gerichtet. Sie goß das Wasser über den Jungen und sagte: »Möchte dieser Gunstbeweis Gottes dir und deinen Eltern und dem ganzen Königreich langes Leben und Glück bescheren.« Die Kunde von dem Wunder drang zu Anastasia, die herbeieilte, das Gefäß zu sehen. Wieder schäumte das Wasser heraus, und sie goß es über Gesicht und Körper. Bald hörte jeder im Palast von dem Wunder und kam, sich mit dem geheiligten Wasser zu benetzen.

Einige Wochen nach der Geburt seines Sohnes erhielt Iwan gute Nachrichten. Er befand sich gerade mit seiner Familie auf dem Landsitz Kolomenskoje, als ein Kurier von Fürst Jurij Schemiakin-Pronskij eintraf, der die Nachricht vom Fall Astrachans an der Wolgamündung überbrachte. Iwan erfuhr, daß die russische Armee ohne Widerstand in die Stadt eindringen konnte. Die Bewohner waren geflohen; der Khan von Astrachan ebenfalls. Nun beherrschten die Russen die ganze Wolga und konnten über das Kaspische Meer segeln. Der Metropolit war ebenfalls auf Kolomenskoje und ein feierlicher Dankgottesdienst wurde alsbald in der kleinen, hübschen Himmelfahrtskirche abgehalten, die Iwans Vater zur Feier der Geburt seines Sohnes hatte erbauen lassen. Einige Wochen später erreichte Fürst Schemiakin-Pronskij

Moskau; er brachte die gefangenen Ehefrauen des Khans mit und wurde reich belohnt. In diesem Moment schien es, als könne das ganze Tatarenland in die Hände der Russen fallen.

Im Mai dieses Jahres machte Iwan sein Testament, das von Makarij beglaubigt wurde. Das Testament besagte, daß nach des Zaren Tod Fürst Wladimir von Stariza Regent werden solle. Falls der Zarewitsch in seinen jungen Jahren sterben würde, sollte Fürst Wladimir der rechtmäßige Thronfolger sein. Früher hatte Iwan alles versucht, den Fürsten vom Thron fernzuhalten, nun sah er, daß es keine andere Lösung gab. Eine Klausel im Testament schrieb vor, daß Fürst Wladimir, sollte er Herrscher werden, seine Mutter nicht schonen dürfe, wenn diese gegen Anastasia und deren Sohn Ränke schmiede. Eine weitere Klausel beinhaltete, daß der Fürst nicht mehr als hundert Soldaten im Moskauer Palast halten dürfe. Er solle »ohne Rachsucht und Voreingenommenheit« regieren und müsse immer den Metropoliten, den Bojarenrat und Anastasia befragen.

Auf diese Weise versuchte Iwan sicherzugehen, daß nach seinem Tode weiterhin sein Wille befolgt werde. Obwohl das Testament von einer gewissen Großmut zeugt, zeigt es doch, daß Iwan praktisch keine andere Wahl blieb. Das war schon nach dem Tod des Zarewitsch Dimitrij klar geworden.

Öffnung nach Westen

Am 9. Mai 1553 hatte Sebastian Cabot, der in Venedig geboren und Engländer geworden war, die lange und intensive Ausbildung der Kapitäne und Mannschaften dreier Schiffe, die er von London nach Cathay (China) schicken wollte, beendet. Er war in den Siebzigern, ehrfurchtsgebietend und außerordentlich mächtig, denn er war zum Präsidenten auf Lebenszeit einer außergewöhnlichen Vereinigung ernannt worden, die sich »Geheimnis und Gesellschaft der handeltreibenden Seefahrer für das Entdecken von Regionen, Gebieten, Inseln und unbekannten Orten« nannte. Die drei Schiffe waren die »Edward Bonaventura«, 160 Tonnen, die »Bona Speranza«, 120 Tonnen, und die »Bona Confidentia«, 90 Tonnen. Er glaubte, daß sie in wenigen Wochen Cathay über die Nord-Ost-Passage erreichen würden.

Cabots Anweisungen umfaßten dreiunddreißig Paragraphen, in denen sich die Erfahrungen vieler Entdeckungsfahrten niedergeschlagen hatten. Die Mannschaft wurde angewiesen, sich immer ordentlich anzuziehen, ihren Kapitänen zu gehorchen, Gotteslästerung, Trunkenheit und das Erzählen schmutziger Geschichten zu unterlassen, sowie alles, was sie sahen, sorgfältig zu notieren. Sie sollten sich nicht vor Fremden fürchten, die Löwen- oder Bärenhäute trugen, denn solche Leute seien meist weniger gefährlich, als sie aussähen. Sie sollten sich jedoch in acht nehmen vor nackten, mit Pfeil und Bogen bewaffneten Schwimmern, die versuchen könnten, an Bord zu klettern, und »die Körper der Menschen als Nahrung begehrten«. Cabot beschäftigte sich vor allem mit dem ersten Zusammentreffen mit Fremden und schlug vor, daß die Matrosen singen und Musikinstrumente spielen sollten, wenn sie an Land ruderten. Sie sollten damit zeigen, daß sie fröhlich, als Freunde kamen; doch hinterher sollten sie einige der Fremden an Bord locken, dort betrunken machen, und so ihre Geheimnisse in

Erfahrung bringen. Das waren vernünftige Ratschläge, und sie schienen auch getreulich befolgt zu werden.

Zwei Tage nachdem er diese Anweisungen gegeben hatte, sah Cabot den Schiffen nach, wie sie die Themse hinuntersegelten – vorbei am Greenwich-Palast, wo der fünfzehn Jahre alte König Edward VI. im Sterben lag, und sie feuerten ihm zu Ehren Salut. Wenige Tage zuvor hatte der König einen Brief unterschrieben, der an den Kaiser von Cathay und alle anderen Könige und Potentaten in den nordöstlichen Teilen der Welt gerichtet war. Diesen sollte Sir Hugh Willoughby, der Kommandant der Flotte, ihnen übergeben. Im Sommer 1554 kehrte die »Edward Bonaventura« mit der Meldung nach England zurück, daß die »Bona Speranza« und die »Bona Confidentia« vor der Küste Lapplands im Eis steckengeblieben wären und alle ihre Leute verloren hätten. Richard Chancellor jedoch, Kapitän der »Edward Bonaventura«, hatte Moskau erreicht und war vom russischen Zaren empfangen worden.

Chancellors Bericht ist eines der interessantesten Dokumente aus jener Zeit. Er mochte die Russen, bewunderte ihre Härte, ihre Art zu leben und war vom Glanz des Zarenhofs sehr beeindruckt. Die russischen Soldaten waren ausdauernd, lebten von Hafergrütze und Wasser und konnten monatelang bitterer Kälte standhalten. »Fürwahr, und obwohl sie zwei Monate im Feld sind und der Schnee einen Meter hoch liegt, hat der gemeine Soldat weder ein Zelt noch sonst irgend etwas über seinem Haupt.« Doch so sehr Chancellor diese Fähigkeit, Kälte zu ertragen, bewunderte, über den Russen als Kämpfer wußte er nicht viel Gutes zu berichten. »Wenn sie rennen, fliegen die Erdbrocken nur so«, schrieb er, »und meistens liefern sie ihrem Gegner kein Gefecht; alles, was sie tun, tun sie verstohlen.«

Er war erschüttert angesichts ihrer Not und staunte über die Armen, die in der Lage waren, verfaulten Fisch zu essen. Sie erzählten ihm, daß das Leben hinter Gittern besser sei als das Leben in Freiheit. In den russischen Gefängnissen bekämen die Leute zu essen und zu trinken, ohne zu arbeiten. »Aber wenn du frei bist, bekommst du gar nichts.«

Von der Mündung der Dwina in das Weiße Meer fuhr Chancellor nach Moskau und wurde von Iwan herzlich begrüßt. Er war geradezu geblendet vom Glanz der kostbaren, goldenen Kleider, als er in den Thronsaal des Kremls trat. Iwan saß auf seinem hohen, vergoldeten Thron und »trug ein langes Gewand von Blattgold, die kaiserliche Krone auf seinem Haupt und einen Stab von Gold und Kristall in seiner rechten Hand, während die andere Hand halb auf seinem Stuhl lag«. Chancellor überreichte den von Edward VI. unterzeichneten Brief, und Iwan erkundigte sich nach der Gesundheit des Königs von England. Chancellor entgegnete, er glaube, daß es seinem König gut gehe; in Wirklichkeit war Edward VI. mittlerweile gestorben, und Maria I., »Bloody Mary«, saß auf dem Thron. Später wurde Chancellor eingeladen, mit dem Zaren zu speisen. Er war beeindruckt von der Unzahl an Tellern, Bechern und Tabletts aus massivem Gold; Diener in Livree mit Servietten über dem Arm bedienten zweihundert Gäste an den Tischen, die mit weißen Tischtüchern bedeckt waren. Der Zar verteilte mit vollen Händen das Brot unter seine Günstlinge, und der Zeremonienmeister verkündete, daß diese Gaben von Iwan Wassilijewitsch, Zar von Rußland und Großfürst von Moskowien, kämen.

Die großartigen Gastmähler an Iwans Hof wurden später berühmt, und es existieren viele Berichte darüber. Chancellor jedoch schildert Einzelheiten, die andere vergaßen. Er beobachtete, daß Iwan immer, bevor er Brot oder ein Messer in die Hand nahm, sich bekreuzigte und daß die Diener während eines Mahls dreimal ihre Uniformen wechselten. So ein Essen war eine langwierige Angelegenheit, es begann am Nachmittag und dauerte bis in den späten Abend hinein. Sagte der Zar seinen Gästen Lebewohl, dann nannte er sie alle beim Namen, wahrscheinlich um jeden zu versichern, daß er noch in seiner Gunst stand. Eine bemerkenswerte Gedächtnisleistung, die Chancellor nicht wenig beeindruckte.

Am meisten beeindruckte ihn jedoch das majestätische Auftreten des Zaren, seine Ausgeglichenheit und Würde. »Seine Erscheinung war der Außerordentlichkeit seines Landes angemessen«, schrieb er.

Chancellor war ein begabter Mann, und es fiel ihm nicht schwer, sich beim Zaren beliebt zu machen, der ihn mit einem Brief an König Edward belohnte, aus dem eine erstaunliche Großzügigkeit sprach. Iwan erlaubte dem Engländer von nun an »Handel mit allen Freiheiten in meinem ganzen Reich mit jeglicher Art Waren, möge er kommen und gehen, wie ihm beliebt«. Der Brief, datiert vom Februar 1554, war in russisch geschrieben und mit einer Übersetzung ins Holländische versehen. Ihm war das Siegel des Zaren aufgedrückt, welches einen Mann zu Pferde zeigte, der einen Drachen zu Boden ritt.

Im folgenden Jahr kehrte Chancellor nach Moskau zurück. Er trug einen Brief von Königin Maria I. bei sich, der in Griechisch, Polnisch und Italienisch abgefaßt war, da es in ganz England scheinbar niemanden gab, der gut genug Russisch schreiben konnte. George Killingworth wurde zum ersten Bevollmächtigten in Moskowien ernannt, und der Zar war von dem ehemaligen Tuchhändler sehr angetan. Dieser trug einen Bart, »der nicht nur voll, breit und blond war, sondern auch 1,60 Meter maß«. Killingworth berichtet, daß der Staatssekretär Iwan Michailowitsch Wiskowatij »ihr bester Freund« war, und tatsächlich wurde den Engländern am Hof nur Freundlichkeit entgegengebracht.

Eines der Ergebnisse dieser zweiten Moskaureise war eine detaillierte Aufstellung der Rechte und Pflichten englischer Händler in Rußland, unterschrieben vom Zaren. Den Engländern wurde erlaubt, in ganz Rußland Handel zu treiben, ohne Steuern dafür zahlen zu müssen; Auseinandersetzungen zwischen englischen und russischen Händlern wurden vom Zaren selbst entschieden. Kein Engländer konnte wegen Schulden verhaftet werden, wenn gewisse Sicherheiten vorhanden waren. Sollte ein englisches Schiff auf dem Weg nach oder von Rußland in irgendeiner Weise beschädigt, beraubt oder von Piraten angegriffen werden, wollte der Zar selbst die Schiffseigentümer entschädigen. Ohne Zweifel gab es rechtliche Unklarheiten in den zehn Abschnitten des Vertrages, aber man spürte, daß wohlgesonnene Männer ihn aufgesetzt hatten, die entschlossen waren, eine Verständigung zwischen den beiden Ländern herzustellen.

Iwan wollte den Handel, vor allem mit Kriegsgeräten, fördern und schlug vor, einen Gesandten mit nach England zu schicken, als Chancellor zur Rückreise rüstete. Seine Wahl fiel auf Osip Nepea, einen hohen Beamten aus Wologda, der berühmt war für seine Redekunst. Iwan hoffte sehr, daß seine diplomatische Mission erfolgreich sein würde.

Am 20. Juli 1556 segelte Chancellor auf dem Weißen Meer mit der »Edward Bonaventura«, einer Fracht von Wachs, Tranöl, Talg, Fellen, Filz und Garn im Werte von 20 000 Pfund. Außerdem barg das Schiff noch eine große Kollektion an Zobelpelzen sowie vier lebende Zobel als Geschenk für das englische Königspaar — Maria, die Tochter Heinrichs VIII. und Katharinas von Aragon, und ihren Mann, Philipp II. von Spanien. Nepea, der sowohl Kaufmann als auch Botschafter war, führte eine Schiffsladung im Werte von 6000 Pfund mit sich — ein stattliches Vermögen. Drei Schiffe, die »Philip and Mary«, die »Bona Confidentia« und die »Bona Speranza«, begleiteten die »Edward Bonaventura«.

Von all diesen Schiffen erreichte nur eines London — die »Philip and Mary«, obwohl sie vom Kurs abgekommen war und neun Monate für ihre Reise brauchte. Die »Bona Speranza« verschwand und wurde nie mehr gesehen. Die »Bona Confidentia« lief vor Norwegen auf Grund und sank mit der ganzen Mannschaft. Die »Edward Bonaventura« zerschellte nach einer stürmischen Überfahrt von vier Monaten bei einem Orkan in der schottischen Bucht von Pitsligo an den Felsen.

Der russische Gesandte traf schließlich am 27. Februar 1557 in London ein. Die Waren und Geschenke waren ein Raub des Meeres geworden. Doch er erhielt goldene Stoffe, Seide und Samt sowie ein edles Pferd mit kostbarem Zaumzeug und wurde überall mit großen Ehren empfangen. Als er ausritt, um den Bürgermeister von London zu treffen, begleiteten ihn dreihundert Reiter. Es war mehr ein Triumphzug, als der Besuch eines Gesandten. Die Leute auf der Straße liefen ihm nach, um den ersten russischen Gesandten, der jemals seinen Fuß auf englischen Boden gesetzt hatte, zu sehen. Am 25. März wurde er vom Königspaar in Westminster empfangen. Iwans Briefe wurden ins Englische und Spanische übersetzt.

Nepea machte einen guten Eindruck auf die Engländer. Er war ernst, höflich und trat wahrhaft staatsmännisch auf, wie es dem Repräsentanten einer großen kaiserlichen Macht wohl anstand. Als eine besondere Ehrenbezeugung wurde er vom König und der Königin eingeladen, den jährlichen Feiern der Ritter des Hosenbandordens beizuwohnen, die immer am St. George's Day, am 23. April, stattfanden. Sechs Tage später wurde ihm zu Ehren ein Bankett in Draper's Hall gegeben. Außerdem mußten Verträge ausgehandelt werden, und es gab viel Geschäftliches zu erledigen. Am 3. Mai 1557 verließ er London an Bord der »Primrose«. Anthony Jenkinson war der Kapitän der kleinen Flotte von vier wohlausgestatteten Schiffen, die alle sicher das Weiße Meer erreichten.

Jenkinson war kein gewöhnlicher Seemann; er war kühl,

zurückhaltend, ein scharfer Beobachter und ausgesprochen abenteuerlustig. Er war kaum zwanzig Jahre alt, als er quer durch Europa reiste, wobei er nach Frankreich, Spanien, Portugal, Flandern, den Niederlanden, Deutschland und Italien kam. Er kannte alle Inseln und Häfen des Mittelmeers und war in Damaskus und Jerusalem gewesen. Sein geheimes Ziel war es, China zu erreichen, Rußland galt ihm nur als eine Durchgangsstation auf längerer Fahrt. Am 12. Juni erreichte er mit seiner Flotte die Sankt-Nikolaus-Bucht im Weißen Meer. Während Nepea sofort nach Moskau aufbrach, um dem Zar Bericht zu erstatten, verzögerte Jenkinson seine Reise absichtlich, indem er in Kholmogori und Wologda anlegte, den damaligen Zentren des Salzhandels und Hauptumschlagplätzen des Nordens. Er wollte sehen, wie die Russen Schiffe bauten, wie sie ihre Geschäfte abwickelten usw. Als er Moskau im Dezember erreichte, wußte er mehr über das nördliche Rußland, als irgendein Engländer und die meisten Russen.

An Weihnachten hatte er die erste Audienz beim Zaren. Der Zar saß, ausgestattet mit den Insignien seiner Macht, auf dem Thron. Sein Bruder Jurij und der zwölf Jahre alte Utemisch Guirej, Khan von Kasan, hatten neben ihm Platz genommen. Jenkinson machte offensichtlich einen guten Eindruck auf den Zaren, denn er wurde gleich zum Essen eingeladen.

Am Ende des Banketts nannte ihn der Zar beim Namen, reichte ihm einen mit Wein gefüllten Pokal und alle standen auf, um ihm zuzutrinken.

Ein paar Tage nach Weihnachten fand die Segnung des Wassers statt. Jenkinson trug russische Kleidung und begleitete den Zug zum vereisten Fluß. Der Zar stand barhäuptig unter seinen Edelleuten, während ein Loch ins Eis geschlagen wurde. Dann segnete der Metropolit das Wasser und besprengte damit alle Anwesenden. Jenkinson berichtet:

»Nachdem dies getan war, drängten sich die Leute heran und füllten Töpfe mit dem Wasser, um es nach Hause mitzunehmen. Einige Kinder wurden darin gebadet, auch Kranke, die aber schnell wieder herausgezogen wurden. Viele Tataren wurden im Beisein des Zaren getauft, und auch des Zaren beste Pferde brachte man herbei, damit sie von dem geheiligten Wasser tränken. Danach kehrte er in seinen Palast zurück und setzte sich zum Nachtmahl bei Kerzenlicht in einem hübsch vergoldeten Holzhaus nieder. Es speisten im Palast ungefähr dreihundert Fremde. Ich saß an einem kleinen Tisch allein, wie schon vorher, genau dem Zaren gegenüber und bekam Fleisch, Brot und Getränke von ihm gereicht.«

Jenkinson war von Rußland und vom Zaren fasziniert, aber noch mehr von der Aussicht, die weiten Gebiete des Orients zu erkunden, vor allem China. Er erhielt Geleitbriefe vom Zaren, die ihm erlaubten, die Wolga hinunter nach Astrachan und darüber hinaus zu reisen. China erreichte er niemals, aber er überquerte das Kaspische Meer und kam nach Buchara, kurz bevor es vom Fürsten von Samarkand geplündert wurde. Mit Geschenken – dem Schwanz einer weißen Kuh und einer Tatarentrommel – und einem Tatarenmädchen mit Namen Aura Sultana, das später Königin Elisabeth vorgestellt wurde, kehrte er traurig nach Moskau zurück.

Auf seiner Wolgafahrt beobachtete Jenkinson, daß die Nogaj-Tataren schrecklich unter Hunger, Pest und Krieg litten. Viele der Überlebenden flohen nach Astrachan, aber die Russen vertrieben sie wieder oder verkauften sie in die Sklaverei. Die Ufer der Wolga nahe der Stadt waren übersät mit toten und verwesenden Körpern. Sie lagen da »wie wilde Tiere, nicht begraben und erbarmungswürdig anzuschauen«.

Die russische Haltung gegenüber den Tataren war ambivalent: Sie wurden bewundert und verabscheut, gefürchtet und geliebt. Viele Mitglieder fürstlicher Tatarenfamilien heirateten in den russischen Adel ein, und es gab kaum eine Familie in Rußland, in der nicht tatarisches Blut floß. Aber die Tataren waren räuberische Nomaden und hatten wenig Sinn für feste Wohnsitze. Der Khan von der Krim überfiel, zusammen mit dem türkischen Sultan, wiederholt russisches Gebiet. Im Gegenschlag verwüsteten die Russen das Territorium des Khans. Im Frühjahr 1558 gelang dem Fürsten Dimitrij Wischnewetskij ein besonders erfolgreicher Angriff auf die Gebiete im Norden der Krim. Er war weit in Tatarenland vorgestoßen, und der Khan sann auf Rache. Er hatte gehört, daß Iwan mit seinen Truppen gegen Livland marschierte. So stellte der Khan eine Armee von 100 000 Mann zusammen und befahl, Rjasan, Tula und Kaschira anzugreifen. Aber Iwan war noch in Moskau, die russische Armee noch nicht aufgebrochen und die Tataren machten an der Metscha wieder kehrt. Die Russen beschlossen daraufhin, die Krim zu erobern.

Im Februar 1559 war alles vorbereitet und der Angriffsplan

ausgearbeitet. Daniel Adaschow, dem jüngeren Bruder von Alexej Adaschow, wurde das Kommando über eine 8000 Mann starke Armee übergeben und befohlen, den Dnjepr hinabzusegeln und die Krim von Westen aus anzugreifen. Gleichzeitig sollte Fürst Dimitrij Wischnewetskij die Donez und den Don hinunter nach Asow fahren, dort sollten sie Schiffe bauen, das Asowsche Meer überqueren und die Krim von Osten her belagern. Die Umzingelung war gut geplant gewesen, doch nur Adaschows Armee hatte Erfolg. An der Mündung des Dnjepr enterten sie zwei türkische Schiffe und zwangen die Kapitäne, nach Perekop zu segeln. Dann verteilten sie sich und griffen alle Tatarenlager und -niederlassungen längs der Küste an. Das Manöver war ein Erfolg auf der ganzen Linie. Die Tataren waren völlig überrascht, viele wurden getötet oder gefangengenommen und ihre riesigen Kamelherden auseinandergetrieben. Die Plünderung dauerte zwei Wochen. Daniel Adaschow freute sich vor allem über die Befreiung vieler russischer und litauischer Gefangener.

Die Russen hatten keine Kriegsflotte, aber die türkischen Schiffe leisteten ihnen gute Dienste. Sie wurden mit dem erbeuteten Gut und den Kriegsgefangenen beladen und gezwungen, zurück zur türkischen Befestigung Ortschakow an der Mündung des Dnjepr zu segeln. Dem dortigen Kommandanten erklärte Adaschow, daß er keinen Streit mit dem Sultan suche, und lieferte die beiden Schiffe und die Gefangenen ab. Anschließend verteilte er seine Armee auf die kleinen Boote, die sie auch den Dnjepr heruntergebracht hatten. Die Türken, obwohl mit den Tataren verbündet, zeigten sich ebenfalls von ihrer freundlichen Seite und überschütteten die Russen mit Geschenken. Sie gaben ihnen auch reichlich Proviant mit und nickten nur verständnisvoll, als Adaschow ihnen erklärte, daß dieses Unternehmen lediglich ein Experiment gewesen sei. In Zukunft würden keine ähnlichen Expeditionen mehr unternommen werden.

Im unteren Dnjepr gibt es hunderte kleinerer Inseln, Sitz von Piraten und Geächteten. Hier konnten zwanzig Männer gegen eine tausendköpfige Armee antreten und im Morgennebel wieder verschwinden. Die Tataren marschierten am Ufer des Flusses entlang, um die stets ausweichende russische Flotte anzugreifen, aber ihre Pfeile konnten nichts gegen die russischen Musketen ausrichten. Es gab nur wenige Zusammenstöße, obwohl der Krim-Khan geschworen hatte, seine verletzte Ehre zu rächen.

Nach sechs Wochen erreichten die Russen die Insel Monastir, die sie sogleich befestigten, da sie erfahren hatten, daß der Khan sie dort vernichten wolle. Aber der erwartete Angriff blieb aus, der Khan zog sich auf die Krim zurück, und Iwan schickte von Moskau eine Abordnung, die Adaschow zu seinem Sieg beglückwünschte und goldene Auszeichnungen unter den Soldaten verteilte. Die Überlegenheit der russischen Armee hatte sich wieder einmal bestätigt. Wie wir aus den Chroniken wissen, neigte der Zar dazu, den Erfolg der Aktion in erster Linie sich selbst zuzuschreiben: »Infolge der Gebete des Zaren, seiner Weisheit und seines Mutes, geschah ein großes Wunder.«

Fürst Wischnewetskijs Feldzug war weniger erfolgreich. Er erreichte die Krim nicht, konnte aber einige Krimtataren töten, die nach Kasan fliehen wollten. Trotzdem glaubte Iwan, die Krim schon bald seinem Herrschaftsbereich eingliedern zu können.

Aber zunächst galt seine Aufmerksamkeit anderen Feinden, Feinden ganz in seiner Nähe: den Livländern, die die südlichen Ufer des finnischen Meerbusens besetzt hielten und vom livländischen Deutschen Ritterorden regiert wurden. Dessen Mitglieder waren Deutsche, und in den Städten Riga, Reval, Dorpat und Narwa wurde normalerweise deutsch gesprochen, während den Bauern erlaubt war, ihre eigenen Dialekte beizubehalten. Die Ritter des Baltikums waren entschlossen, die Russen daran zu hindern, sich westwärts zum Meer hin auszubreiten. 1242 waren sie zwar von Alexander Newskij, dem Fürsten von Nowgorod, geschlagen worden, aber ihre grundsätzlichen Ziele hatten sich dadurch nicht geändert.

Das Verhältnis zwischen Deutschen und Russen war nicht besonders gut. So erlaubten die Ritter nicht, daß irgendwelche Kanoniere, Waffenschmiede oder sonst ausgebildete Handwerker nach Rußland einreisten oder Waffen dort eingeführt wurden. Entschlossen, die Russen von den militärischen Errungenschaften des Westens fernzuhalten, erreichten sie nur, daß ihnen die Russen feindselig gegenüberstanden. Sie betrachteten die Deutschen als Eindringlinge und Livland als ihr Eigentum. Mehr als fünfzig Jahre lebten Livland und Rußland in diesem labilen Friedenszustand. Im Spätherbst 1557 führte Iwan eine 40 000 Mann starke Armee unter dem Kommando des Khan Schigalej von Kasimow an die livländische Grenze. Offizielle Begründung für diese Maßnahme: Dorpat habe fünfzig Jahre lang keine Abgaben mehr gezahlt. In Wirklichkeit wollte Iwan vor allem die Blockade brechen und einen baltischen Seehafen erobern. ·

Die Livländer reagierten schnell. Sie schickten Gesandte nach Moskau, um einen Waffenstillstand auszuhandeln. Im einzelnen boten sie an, jährlich 1000 Golddukaten zu zahlen sowie eine einmalige Leistung von 45 000 Talern zu erbringen. Da die Gesandten das Geld nicht bei sich hatten, lud Iwan sie zu einem Staatsessen ein, bei dem sie von leeren Tellern essen mußten ... Dann durften sie nach Livland zurückkehren. Im darauffolgenden Monat befahl Iwan seiner Armee anzugreifen. Das ganze war als eine Art Strafexpedition gedacht, bei der soviel wie möglich von Livland zerstört werden sollte, ohne die befestigten Städte direkt anzugreifen. Die Bauern litten am meisten unter diesen Aktionen, während die Ritter und Großgrundbesitzer kaum etwas davon spürten.

Der Krieg gegen Livland blieb ergebnislos und seltsam unwirklich. Sinnloses und Unerklärliches passierte. Zum Beispiel eröffneten deutsche Schützen in Narwa plötzlich das Feuer auf die nahegelegene russische Stadt Iwangorod, und zwar während einer Waffenruhe, als livländische Unterhändler gerade in Moskau waren, um einen Friedensvertrag auszuhandeln. Das Bombardement dauerte zwei Wochen lang, was bewies, daß die Kanonen nicht zufällig abgefeuert worden waren. Iwan war wütend und entließ die Gesandten, nachdem er erhöhte Schadenersatzforderungen gestellt hatte. Er befahl einen Gegenangriff auf Narwa. Doch die Stadt schickte eine neue Abordnung, und der Zar akzeptierte großzügig deren Treueid und versprach ihnen dieselben Freiheiten, die sie auch unter den Deutschrittern besessen hatten: die Freiheit, Handel zu treiben, und die Freiheit, ihre althergebrachten Bräuche weiter auszuüben. Plötzlich und unvorhergesehen hatte Iwan sein eigentliches Ziel erreicht – ein Tor nach Westen. Zwanzig Jahre lang blieb Narwa eine russische Handelsstadt.

Nachdem die Russen Narwa kassiert hatten, beschloß Iwan, Dorpat zu erobern, die größte und reichste Stadt im Herzen Livlands. Dorpat mußte entweder im Kampf genommen werden oder durch die Demonstration überlegener Stärke. Im Juli 1558 umzingelte Fürst Peter Schuiskij die Stadt, die von den Rittern verlassen worden war und von 2000 Söldnern verteidigt wurde. Hermann Wieland, der Bischof von Dorpat, hatte das Kommando. Er war kein Gegner für Fürst Schuiskij, der im Schutz der Nacht Türme längs der Festungsmauern bauen und Tunnels darunter graben ließ. Dann befahl er, die Trommeln zu schlagen und der Bevölkerung mitzuteilen, daß sie zwei Tage Zeit hätte, sich zu ergeben. Andernfalls würde die Stadt dem Erdboden gleich gemacht. Er drohte, nicht einen einzigen Mann, weder Frau oder Kind am Leben zu lassen, wenn sie sich seiner Aufforderung widersetzen würden.

Der Fürstbischof kannte die Russen gut und wußte, daß sie nicht die Absicht hatten, die Stadt zu zerstören. Also setzte er eine lange Liste von Bedingungen auf: die religiösen Überzeugungen der Leute sollten respektiert werden, der Adel müßte sein Land behalten dürfen, keine russischen Soldaten dürften bei den angesehenen Bürgern von Dorpat einquartiert werden, für alle Strafverfolgungen sollten weiterhin die Stadtgerichte zuständig sein, und kein Einwohner Dorpats sollte nach Rußland oder anderswohin deportiert werden. Alles in allem wurden Fürst Schuiskij vierzehn Bedingungen vorgelegt – und angenommen. Am gleichen Tag, dem 18. Juli 1558, wurden die Stadttore geöffnet, und die russische Armee marschierte ein.

Der Fürst hielt Wort. Die Einwohner Dorpats wurden zuvorkommend behandelt, der Adel behielt sein Land und schwor dem Zaren Gefolgschaft. Bischof Wieland und einige der Bürger verließen die Stadt. Bei einem Bankett für die Würdenträger von Dorpat verkündete Fürst Schuiskij: »Mein Haus und mein Ohr stehen allen offen. Ich bin gekommen, die Bösen zu bestrafen und die Guten zu beschützen.« Ungewöhnliche Worte aus dem Munde eines russischen Kommandanten, aber es gab eine einfache Erklärung dafür: Iwan hatte beschlossen, ganz Livland zu erobern, ohne einen einzigen Soldaten zu verlieren. Schmeicheleien und Drohungen hießen die Waffen, die es dabei einzusetzen galt. Indem er den livländischen Städten ihre Freiheit zusicherte, schrieb er ihre Unterwerfung fest. Auf diese Weise ergaben sich zwanzig Städte ohne Widerstand.

Aber nicht alle livländischen Städte machten es den Russen so einfach. Reval weigerte sich trotz noch so großzügiger Versprechungen. Die Russen verwüsteten daraufhin die Umgebung der Stadt. Bei kleineren Städten, die Widerstand leisteten, machte man kurzen Prozeß: Sie wurden eingeäschert, ihre Einwohner getötet. Schuiskijs Feldzug endete im Herbst. Der Zar empfing die siegreichen Generäle im Troiza-Sergejewskij-Kloster, wo Andachten zur Feier des Sieges abgehalten wurden. Dann geleitete er sie zu seinem kleinen Palast bei Alexandrowa Sloboda, wo sie mit Pelzen, Pokalen aus Juwelen und Rüstungen belohnt wurden. Außerdem schenkte er ihnen große Ländereien und ließ sie Pferde aus den königlichen Ställen wählen. Dem Landadel, der den größten Teil der Armee ausgemacht hatte, gab er Ländereien in Livland.

Es waren nur wenige russische Garnisonen in den livländischen Städten zurückgelassen worden, der größte Teil des Heeres wurde aufgelöst. Die Deutschritter nutzten die Gelegenheit, einen Angriff auf die Festung bei Ringen zu starten, die sie auch einnahmen. Die russischen Gefangenen, ungefähr zwei- oder dreihundert, wurden in den Kerker geworfen. Wenige Tage später, aus Angst, es könnte russische Verstärkung eintreffen, machten sich die Ritter aus dem Staube und überließen die Gefangenen dem Hungertod.

Sigismund II. Augustus, König von Polen und Großfürst von Litauen.

Im Januar 1559 kehrten die Russen zurück, um ihren Vernichtungsfeldzug fortzusetzen. Gotthard Kettler, der Großmeister des Deutschen Ordens in Livland, wandte sich verzweifelt an Gustav Wasa, den schwedischen König, wurde jedoch abgewiesen. Die Stadt Reval suchte Hilfe bei König Friedrich II. von Dänemark, der dem Zaren eine Note schrieb, in der er ihn bat, keine Truppen mehr nach Livland zu entsenden. Iwan antwortete, er habe das Recht, so viele Truppen nach Livland zu schicken, wie ihm beliebte, da das Land sein Eigentum sei. »Seit den Tagen unserer Väter sind alle Livländer unsere Untertanen«, erklärte er. Trotzdem war er zu einem Waffenstillstand bereit, um dem König von Dänemark entgegenzukommen. Würde Gotthard Kettler nach Moskau kommen und dem Zaren den Treueid leisten, wäre sofort Friede. Kettler wandte sich um Hilfe an Sigismund II. August, König von Polen und Fürst von Litauen. Er wollte unter allen Umständen vermeiden, unter russische Oberherrschaft zu kommen. Sigismund bot ihm, unter der Bedingung, daß die südöstliche Region Livlands ihm überlassen werde, einen Beistandspakt an. Deutsche Staaten sandten Soldaten. Es sah so aus, als ob eine große Allianz zwischen Deutschland, Polen, Litauen und Livland zustande kommen würde. Das wäre zweifellos ein schwerer Schlag für die Russen gewesen. Aber die Kämpfe während des Winters brachten keine Erfolge, und im Januar 1560 schickte Sigismund Gesandte nach Moskau mit der Anweisung, eine Einigung dahingehend zu erzielen, daß der Großmeister des Deutschen Ordens in Livland ein Vasall des Königs von Polen und Großfürsten von Litauen werde. Iwan war mit diesem Vorschlag nicht einverstanden. Er schrieb an Sigismund II. August:

»Gott weiß, und so auch alle Herrscher und das ganze Volk, wem Livland rechtmäßig gehört. Seit der Zeit Unserer Väter bis zu diesem Tag war Livland Unser Eigentum. Mit Unserem Wissen und Unserer Zustimmung wählte Livland deutsche Großmeister und deutsche Priester, aber zahlte Uns immer Tribut. Eure Forderungen sind lächerlich und ungehörig.
Ich weiß, daß der Großmeister in Litauen gewesen ist und Euch unerlaubterweise einige Festungen angeboten hat. Wenn Ihr Frieden wünscht, zieht Eure Leute von dort zurück, macht nicht gemeinsame Sache mit den Verrätern, denn deren Schicksal hängt von meiner Gnade ab. Ich habe aufrichtig ein Bündnis mit Euch gegen die Ungläubigen gewünscht, und lehne es auch jetzt nicht ab, mit Euch ein Bünd-

nis zu schließen. Ich erwarte Eure Abgesandten und hoffe, daß sie mir vernünftige Vorschläge unterbreiten werden.«

Sigismund schrieb zurück: »Ihr nennt Livland Euer. Wie aber kam es dann, daß der Krieg zwischen Moskau und Livland zu Zeiten Eures Großvaters durch einen Waffenstillstand beendet wurde? Welcher Herrscher schließt einen Vertrag mit seinen Untertanen?« Eine harte Antwort – und damit war dieses »Gespräch« beendet. Der deutsche Kaiser schickte einen Gesandten mit einem höflichen, freundlichen Brief an den Zaren, in dem er Livland als eine kaiserliche Provinz bezeichnete, gegen die die Russen nicht Krieg führen sollten. Iwan antwortete ziemlich ungehalten, der deutsche Kaiser solle besser einen Botschafter als einen Boten senden, wenn er wichtige Angelegenheiten bereden wollte.

Die russischen Feldzüge in Livland gingen auf ihre planlose Art und Weise weiter. Iwan war sich bewußt, wie wenig dabei erreicht wurde, und sandte seinen engen Freund und Vertrauten, Fürst Andrej Kurbskij, nach Dorpat, damit dieser die Sache in die Hand nähme. Die besten Truppen waren in den Süden geschickt worden, um die Grenze gegen Tatareneinfälle zu schützen, und die Soldaten in Livland waren dem Feind nicht gewachsen.

Die Überfälle, die Schlachten und Scharmützel gingen weiter, bis es kaum noch einen Quadratmeter in Livland gab, der nicht verwüstet war. Die letzte Festung, die sich nach langer Belagerung ergab, war Fellin, nachdem einige Bedingungen ausgehandelt waren. Den deutschen Soldaten wurde freies Geleit gewährt, nur die Ritter wurden gefangengenommen. Der vornehmste dieser Ritter war Wilhelm Fürstenberg, ein ehemaliger Großmeister des Deutschen Ordens in Livland, und er wurde behandelt, wie es einem königlichen Regenten zustand. Der Zar lud ihn zu seiner Tafel und schenkte ihm ein Stück Land in der Provinz Kostroma. Die anderen Ritter wurden durch die Moskauer Straßen geführt und entschieden weniger gut behandelt.

Mit der Übergabe von Fellin kam der livländische Krieg zu einem vorläufigen Ende. Große Gebiete Livlands waren in russischer Hand, doch der größte Teil Estlands und Kurlands blieb unter Ritter-Herrschaft. Bald brach ein Bürgerkrieg aus. Die Bauern standen gegen die Ritter auf, die ihnen so lange Zeit schwere Steuerlasten auferlegt und sie zu ihrem Fußvolk in ihren endlosen Kriegen gemacht hatten. Mit einer gewissen Befriedigung beobachtete Iwan den Zerfall eines Landes, das einst reich und mächtig gewesen war.

Sonst brachte der Sommer 1560 ihm nur Kummer und Leid: Seine Gattin, die Großfürstin Anastasia, lag im Sterben. Seit sechs Monaten schon litt sie an einer schweren Krankheit, und die Ärzte wußten sich keinen Rat. Der Zar schickte nach Katrina Schilling, einer Witwe, die in Dorpat lebte und berühmt war für ihre heilenden Kräfte. Er versprach ihr das halbe Einkommen der Diözese Dorpat auf Lebenszeit, falls sie die Großfürstin retten könnte.

Aber statt zu genesen, ging es Anastasia immer schlechter. Iwan ließ sie in seinen Palast in Kolomenskoje bringen, weil er hoffte, daß ihr das ruhigere Leben auf dem Lande gut tun würde, zumal jetzt in Moskau die alljährlichen Sommerbrände einsetzten.

Doch am 7. August 1560 starb Anastasia, und ihr Tod stürzte Iwan in tiefe Trauer. Bei der Beerdigung weinte er bitterlich, und man mußte ihn stützen. Die Beisetzung fand innerhalb des Wosnessenskij-Klosters nahe dem Florowskij-Tor statt, dem Haupteingang zum Kreml. Tausende Moskowiter wohnten der Feier bei und folgten dem Sarg bis ans Grab. Sie ließen ihren Tränen freien Lauf, denn Anastasia war sehr beliebt gewesen. Sie hatte einen segensreichen Einfluß auf ihre Umgebung ausgeübt, war schön und fromm, ruhig und barmherzig gewesen.

Viele Jahre später zog Jerome Horsey, der Iwan wahrscheinlich besser kannte als irgendein anderer Engländer, Erkundigungen über Anastasia ein und schrieb dann: »Diese Kaiserin war weise und besaß soviel Heiligkeit, Tugend und Herrscherwürde, weil sie von allen ihren Untertanen verehrt, geliebt und gefürchtet wurde. Sie führte ihn, der jung und unbeherrscht, mit bewundernswerter Güte und Weisheit.« Horsey glaubte, daß der Verdienst für alle Erfolge des Zaren während der ersten Jahre vor allem ihrem Einfluß zuzuschreiben war.

»Schlage deinen Diener,
auch wenn er im Recht ist«

Von allen Kunstwerken, die während Iwans Regierungzeit entstanden, ist die Basilius-Kathedrale mit ihren vielen Kuppeln und leuchtenden Farben auf dem Roten Platz wohl das prächtigste.

Ursprünglich hieß dieses der Heiligen Jungfrau geweihte Gotteshaus allerdings Kathedrale Mariä Fürbitte, denn Iwan ließ die Kirche nach dem Sieg über Kasan erbauen, den er der Fürsprache der Muttergottes zu verdanken glaubte.

Nach fünf Jahren Arbeit wurde die Kathedrale am 1. Oktober 1559 im Beisein Iwans und Anastasias eingeweiht. In späteren Jahren wurden viele bauliche Veränderungen und Ergänzungen vorgenommen, und 1588 errichtete man eine neue Kapelle mit Kuppeldach über dem Grab des heiligen Basilius, der in eben diesem Jahr von der Orthodoxen Kirche heiliggesprochen wurde. Er war 1469 als Sohn eines Bauern aus dem Dorf Jelochino bei Moskau geboren worden, ging bei einem Schuster in die Lehre und entdeckte, daß er die Gabe des Zweiten Gesichts besaß. Ein Kunde, der den Laden betrat, wollte ein paar Schuhe, die einige Jahre halten sollten. Basilius nahm den Auftrag entgegen und lächelte. Als er gefragt wurde, warum er gelächelt habe, sagte er, daß dieser Kunde keine haltbaren Schuhe mehr brauche: Er werde morgen sterben – und so geschah es wirklich.

Bald danach verließ er den Schuster und wurde ein *jurodiwij*, ein heiliger Tor, lief nackt in der Stadt herum, trug schwere Ketten und schlief unter freiem Himmel. Eines Tages schüttete er eine Steige mit Kuchen auf dem Marktplatz aus. Er hatte nämlich gehört, daß der Bäcker Kreide unter das Mehl gemischt habe. Bei anderer Gelegenheit lief er auf dem Platz umher und trug einen Pelzmantel, den ihm ein reicher Wohltäter geschenkt hatte. Ein Dieb näherte sich ihm, deutete auf einen anderen, der vorgab, tot zu sein, und sagte, daß er mit dem Pelzmantel dessen Begräbnis-

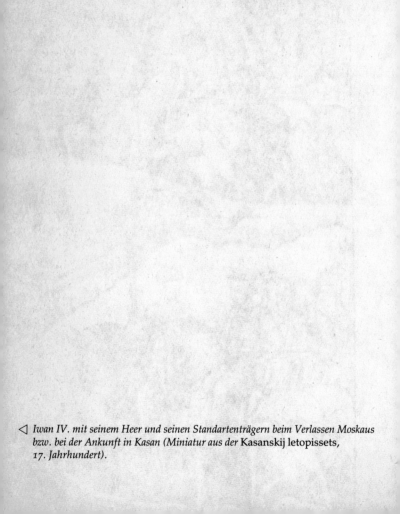

◁ *Iwan IV. mit seinem Heer und seinen Standartenträgern beim Verlassen Moskaus bzw. bei der Ankunft in Kasan (Miniatur aus der* Kasanskij letopissets, *17. Jahrhundert).*

kosten bezahlen könnte. Basilius durchschaute den Schwindel und sagte zu dem Scheintoten: »Du wirst sicher um deiner Schlechtigkeit willen sterben, denn es steht geschrieben, daß alle Schlechten umkommen werden.« Auch diese Vorhersage traf ein.

Iwan verehrte Basilius, und als dieser auf seinem Totenbett lag, besuchte der Zar ihn zusammen mit Anastasia. Der Heilige starb 1552, Iwan begleitete den Sarg zu dem kleinen Friedhof der Troizakirche auf dem Roten Platz. Über diesem Friedhof wurde die Kathedrale Mariä Fürbitte erbaut, und Iwan bestimmte, daß Basilius' Gebeine bleiben sollten, wo sie waren. Das Grab, auf dem die Ketten lagen, die der fromme Mann zu Lebzeiten meist getragen hatte, wurde zum Gegenstand der Verehrung. Es wird berichtet, daß viele Wunder dort geschehen seien. So wurde Basilius einer der vielen Heiligen Moskaus, und da die Moskowiter ihn liebten, tauften sie die Kathedrale auf seinen Namen um.

Keine der in späteren Jahrhunderten vorgenommenen An- und Umbauten konnte die schlichte Erhabenheit dieser Kathedrale beeinträchtigen. Die Kathedrale Mariä Fürbitte war und blieb die größte architektonische Leistung unter Iwans Herrschaft.

Aber auch auf anderen künstlerischen Gebieten gab es bemerkenswerte Schöpfungen. So kann die Krone von Kasan, die für Iwan anläßlich seines Sieges über die Stadt angefertigt wurde, in ihrer Eleganz und Anmut gewiß zu den bewundernswertesten Werken der Goldschmiedekunst gerechnet werden. Sie wurde aus blattförmigen Goldplättchen geformt, die, durchbrochen und juwelenverziert, wie Flammen emporstreben. Sie ist ganz anders als russische Kronen sonst. Wahrscheinlich wurde sie nach dem Vorbild der ursprünglichen Krone von Kasan angefertigt, die die Tatarenkhane trugen. Die meisten russischen Kronen sind nicht erhalten geblieben, diese jedoch kann in der Schatzkammer des Waffenmuseums im Kreml besichtigt werden.

Außerordentlich beeindruckend ist auch der berühmte Elfenbeinthron, der auf Iwans Befehl in der Uspenskij-Kathedrale 1551 aufgestellt wurde. Der ganze Thron ist bedeckt mit geschnitzten, auf dem eigentlichen Holzsessel befestigten Elfenbeintafeln, in denen neben anderen Szenen aus Geschichte und Mythologie legendäre Geschehnisse aus dem Leben des Großfürsten Wladimir Monomach dargestellt sind, »des größten Fürsten von Großrußland«. Nach der Legende erhielt der Fürst, der 1125 starb, die Insignien seiner Macht vom Kaiser von Byzanz und wurde vom

Bischof von Ephesus zum Herrscher von Rußland gekrönt. Die zwölf Tafeln zeigen den Empfang der Gesandten aus Byzanz, die Krönung und Monomachs Kämpfe gegen Thrakien. Diesen Thron kann man noch heute in der Uspenskij-Kathedrale sehen, der Großteil der Vergoldung ist jedoch verschwunden, und die feine Gravur hat im Laufe der Jahre stark gelitten.

Für Iwan, der sich mit Wladimir Monomach identifizierte, bedeutete der Thron mehr als ein schönes Prunkstück, für ihn war er der sichtbare Beweis dafür, daß er seine Macht von Byzanz erhalten hatte.

An der Wand der Kathedrale zur Seite des Throns war eine riesige Ikone zu sehen, die 4 Meter hoch und 1,40 Meter breit war. Sie wurde »Die gesegneten Heerscharen des himmlischen Königs« genannt. Die Ritter waren russische Fürsten und Heilige, die Speere und Fahnen trugen und in drei Reihen auf das Himmlische Jerusalem zu marschierten, wo die Heilige Jungfrau mit ihrem Kind am Tor stand, um sie zu begrüßen. Angeführt wurden sie vom Erzengel Michael, der auf einem scharlachroten geflügelten Pferd ritt. Hinter ihm sieht man Iwan auf einer grauen Stute; er trägt eine Rüstung und juwelenbesetzte Stiefel und hält ein scharlachrotes Banner hoch. Beide, Iwan und der Erzengel, sehen über ihre Schulter zurück zu der riesigen, die ganze Szenerie beherrschenden Gestalt Wladimir Monomachs. Er reitet auf einem schwarzen Schlachtroß, trägt juwelenbesetzte Kleider und eine goldene Krone: das genaue Porträt eines byzantinischen Kaisers.

Es ist ein bewunderswertes Bild, voll Farbe und Bewegung, mit zahlreichen Engeln, die Kronen des Ruhms den gemarterten Heiligen und den kämpfenden Fürsten aufsetzen, die ihr Leben für die Orthodoxe Kirche und ihre gläubigen Untertanen gaben. Außerdem ist es erwähnenswert, weil es die Apotheose des jungen Iwan zum Heiligen darstellt. In der Gestalt Wladimir Monomachs sehen wir Iwan, wie er sich selbst sah: der erste unter allen Großfürsten, der größte Eroberer und ein Liebling der Jungfrau und ihres Sohnes, die ihn mit offenen Armen erwarten.

Unter der Leitung Makarijs machte sich die Moskauer Schule der bildenden Künste daran, in riesigen Darstellungen Macht und Glanz der Regierungszeit Iwans zu verherrlichen. War Rußland nicht von Gott besonders begünstigt? War Moskau nicht das dritte Rom? Die kaiserliche Erbfolge war gesichert, denn während das byzantinische Reich von den Türken besiegt worden war, entstand ein neues, moskowitisches Reich unter der Alleinherrschaft des Großfürsten und Zaren Iwan Wassilijewitsch.

Die Ikonen, Fresken und Holzschnitzereien dieser Zeit sprachen von Größe und Ruhm. Die meisten dieser Kunstwerke sind verlorengegangen. Es existiert jedoch ein Bericht aus dem 17. Jahrhundert, der die Fresken beschreibt, die einst Iwans Goldenen Palast schmückten, den Solotaja-Palast, wo der Gewählte Rat zusammentrat und Abgesandte aus aller Herren Länder empfangen wurden. Die Darstellungen sollten Iwan preisen und zugleich die angemessene Demut Christus und der Kirche gegenüber in ihm wachrufen.

In den späteren Jahren von Iwans Herrschaft, als das ganze Land unter Katastrophen, Hungersnot und Krieg litt, ein in sich selbst gespaltenes Königreich war und die Opritschniki ihre blutige Herrschaft ausübten, stellten immer mehr Künstler die Grausamkeit dieses Zeitalters dar. Sie malten nicht die realen Schrecken, sondern Ikonen, die diese symbolisch wiedergaben. Die Farben wurden düster und bedrohlich. Szenen des Triumphs und der Pracht verschwanden. Der goldene Hintergrund, während der ersten Hälfte des Jahrhunderts durchaus üblich, wurde durch dunkelgrün oder braun ersetzt. Die Gesichter der Heiligen sahen gramzerfurcht und erdfarben aus; die Figuren standen isoliert da, starr und hager, voll unstillbarer Sorge.

Eine der bemerkenswertesten Ikonen dieser Zeit zeigt Johannes den Täufer mit Flügeln gleich einem Erzengel, dünn und ausgezehrt, mit tiefliegenden Augen, die vom Tod gezeichnet sind. In seiner linken Hand hält er eine Schüssel, in der sich sein eigener blutender Kopf befindet – er besitzt also zwei Köpfe, einen lebenden und einen toten. Trotzdem hält er segnend seine rechte Hand über eine Welt, die den Tod zu gut kennengelernt hat. Unterhalb der Schüssel steht ein kleiner, verdorrter Baum, gespalten von einer Axt, mit der Inschrift: »Nun ist auch die Axt an die Wurzeln des Baumes gelegt; so wird jeglicher Baum, der keine guten Früchte hervorbringt, abgehauen und in das Feuer geworfen.«

Aus seinen eigenen Schriften ist ersichtlich, daß Iwan selbst kaum visuelle Phantasie besaß, jedoch über ein außergewöhnlich feines Gehör verfügte. Man erkennt dies an Bau und Tonfall seiner Sätze, ihrer zugleich disziplinierten und ungestümen Melodie. Er komponierte, schrieb Lieder und Hymnen, erfreute sich am Gesang und war ein begabter Chorleiter.

Iwan scheint auch zumindest teilweise verantwortlich zu sein für eine bedeutende Neuerung, die auf dem Konzil 1551 eingeführt wurde: Mehrstimmiger Gesang, in Nowgorod und Pskow schon lange bekannt, wurde obligatorisch in den Moskauer Kirchen. Iwan hörte ihn gern und schrieb wenigstens zwei Hymnen in dieser Art, eine zu Ehren der Jungfrau von Wladimir, die andere zu Ehren des heiligen Metropoliten Peter. In der russischen Gesangskunde nehmen sie einen festen Platz ein – und das nicht nur, weil Iwan sie geschrieben hat.

Sein Leben lang hegte Iwan eine besondere Verehrung für die Jungfrau von Wladimir, eine Ikone, die angeblich vom heiligen Lukas gemalt worden ist. In Wirklichkeit wurde sie von einem großen byzantinischen Meister des 12. Jahrhunderts geschaffen. Die Ikone zeigt das Jesuskind, wie es sein ernstes, aber freundliches Gesicht an das seiner Mutter legt. Dieses melancholische Bildnis vermittelt sowohl einen Eindruck menschlicher Zärtlichkeit als auch göttlicher Würde, wodurch es sich von den üblichen Bildern der Jungfrau unterscheidet, die meist eine gewisse Strenge ausstrahlen. Für die Russen versinnbildlichte diese Ikone die Güte Gottes. Und der elf Jahre alte Iwan hatte sich, als 1541 die Krimtataren einfielen, vor dieser Ikone, die sich in der Uspenskij-Kathedrale im Kreml befand, auf die Knie geworfen und gebetet. Deshalb schrieb Iwan zu Ehren der Jungfrau von Wladimir eine Hymne, die am 23. Juni, dem Tag, an dem sie einst angeblich nach Moskau gekommen war, aufgeführt wurde:

O wundersames Mirakel

(Wort und Ton vom Zaren)

Oh, Du, die Du die Mitleidvollste bist gegenüber dem Sünder,
Oh, Du, reine Muttergottes, immer bereite Trösterin, Retterin und Fürsprecherin,
Freue Dich, o große Stadt Moskau, die wunderwirkende Ikone von Wladimir zu empfangen.
Oh, ihr Gläubigen, laßt uns singen mit den Bischöfen und Fürsten.
Freue Dich, o Frohgemute, der Herr ist mit Dir, gewähre uns Deine große Gnade.
Wunderbar ist Deine Güte, o königliche Jungfrau:
Denn wenn Dich die Christen auf ihren Knien bitten, sie vor schrecklichem Untergang zu bewahren,

Dann betest Du unsichtbar zu Deinem Sohn und rettest dadurch die Menschen,

Oh, ihr Christen, freuet Euch und singet laut.

Freue Dich, o Frohgemute, der Herr ist mit Dir, gewähre uns Deine große Gnade.

Die Bischöfe und Priester, die Zaren und Fürsten,

Die Mönche und Geistlichen und alles Volk, Frau und Kind, preisen Deine Fürsprache.

Die Herren und die russischen Krieger knien vor Deinem heiligen Bild.

Sie preisen Dich und singen zu Dir.

Freue Dich, o Frohgemute, der Herr ist mit Dir, gewähre uns Deine große Gnade.

Lasset die Trompeten am Tage unseres gesegneten Festes erschallen.

Die Dunkelheit wird weichen, das Licht wird kommen und scheinen heller als die Sonne:

Denn Sie ist die Königin und die Herrscherin unser aller, Muttergottes, Mutter des Schöpfers aller Menschen und Mutter von Christus, unserem Herrn.

Wenn Sie die Gebete Ihrer unwürdigen Diener hört, ist Sie voll Mitleid und hebt unsichtbar Ihre Arme auf zu Ihrem Sohn und unserem Gott

Und betet zu Ihm für alle Russen, sie zu befreien von allem Übel und dem Zorn Gottes.

O mitleidvolle und unübertreffliche Jungfrau!

O gnädigste Kaiserin und mächtige Fürsprecherin!

O Muttergottes, die Du durch Deine Gebete zu Deinem Sohn, unserem Gott,

Und durch die Ankunft Deiner heiligen und herrlichen Ikone, die jenseits allen Lobpreises,

Die Stadt und alle Menschen hast befreit von Feind und Tod.

Zaren und Fürsten versammeln sich, Bischöfe und Priester frohlocken:

Lasset die versammelte Menge der Gläubigen aller Zeiten Ihr Loblied singen.

Freue Dich, o Wohnstatt Gottes und lebendige Stadt Christi, unseres Herrn und Gottes.

Freue Dich, o Quelle der Barmherzigkeit, der Gnade und des schicksalhaften Beistands.

Freue Dich, o Zuflucht derer, die zu Dir kommen um Fürbitte, Erlösung und um des Heiles willen.

Iwans sechs Strophen gleichen eher Trompetenfanfaren als demütigen Anrufungen. Sie fordern mit großer Bestimmtheit, von Bescheidenheit ist in seinem Gebet nichts zu spüren. Da sprach ein Herrscher zu einem anderen, und weil er sicher war, daß die Jungfrau seine Gebete erhörte, sprach er triumphierend.

Das Entstehungsdatum der Hymne ist nicht bekannt, aber wir erfahren, daß sie anläßlich der Errettung der Stadt von Feinden geschrieben wurde. Vermutlich geschah dies im Jahre 1551 oder 1552, zu einer Zeit, als Kasan erobert wurde, eine Stadt, deren Macht als dauernde Bedrohung empfunden wurde.

Der heilige Peter, Metropolit aller Russen, der zur Zeit des Großfürsten Iwan Kalita gelebt hatte, war schon seit zweihundert

Die Anfangsverse (mit Notenschrift) der Hymne an die Jungfrau Maria.

Jahren tot, als Iwan ihm zu Ehren eine Hymne komponierte. Er war der Schutzherr Moskaus geworden und wurde als »Dulder Rußlands« verehrt, weil er in einer unheilvollen Zeit gelebt hatte, in der Moskau seinen Feinden zu erliegen drohte. Trotzdem weissagte er, daß Moskau eine der größten und mächtigsten Städte der Welt würde, wenn die Moskowiter der Jungfrau Maria eine Kirche erbauten. Dies geschah und Moskau fiel nicht. Seither wurde er von den Gläubigen verehrt, und viele beteten an seinem Grab im Kreml. Auch Iwans Hymne an ihn besteht aus sechs Strophen, von denen die drei ersten hier aufgeführt werden:

Hymne zum Lobpreis des hl. Peter, Metropolit von Rußland

  (Wort und Ton von Zar Iwan, Herrscher von Rußland)

Lasset uns nun ehren und krönen den Bischof mit Lob.
Er, der in russischer Erde liegt, kann im Geiste von allen denen erreicht werden, die reinen Herzens sind.
Er verteidigt die Gläubigen und bittet für sie, und kümmert sich um alle, die voller Sorge sind.
O Peter, Strom der Frömmigkeit, dessen Wasser dem russischen Land Freude bringen,
Unser glühender Streiter und Wächter!
Mit prophetischen Hymnen krönen wir den Bischof,
Unerschütterlicher Pfeiler unserer Kirche, Kämpfer gegen das Böse, Verteidiger des Glaubens,
Gesegnet von der Wiege an, Überwinder der Moslems, der Schande über alle bringt, die Böses tun.
O Peter, Strom vieler Wunder, dessen Wasser dem russischen Land Freude bringen,
Unser glühender Streiter und Wächter!
Mit prophetischen Liedern preisen wir den Bischof,
Der weit in die Zukunft sieht und sie uns nahe bringt,
Wahr sprachen die Visionen dieses reinsten, priesterlichen Wundertäters.
O Peter, Strom des Heils, dessen Wasser dem russischen Land Freude bringen,
Unser glühender Streiter und Wächter . . .

Daß ein Kaiser auch Hymnen verfaßt, war in jenen Zeiten nicht ungewöhnlich. Zwei byzantinische Kaiser, Leo IV., der Philosoph, und sein Sohn Konstantin VII. Porphyrogenitus, waren für ihre Hymnen berühmt und blieben es bis heute.

Iwan war ein bemerkenswerter Komponist, aber auf dem Gebiet der Prosa hat er noch bedeutenderes geleistet. Seine Briefe sind meist in Form langer Essays abgefaßt und strotzen nur so von heftigen Schmähungen, die er zudem noch in biblische Versmaße kleidet. Fürst Andrej Kurbskijs Briefe zeugen ebenfalls von beachtlichem Stilgefühl, so daß man den Briefwechsel zwischen ihm und Iwan zu den wenigen Beispielen großer Prosa aus diesem Zeitalter zählen muß.

Die Literatur damals war entscheidend von der Kirche geprägt. Heiligenviten, theologische Traktate, Predigtlehren, leidenschaftliche Pamphlete gegen den Ketzerglauben und tiefschürfende Abhandlungen über das Wesen Gottes wurden von Mönchen geschrieben und waren in ganz Rußland verbreitet. Viele Klöster stellten ihre eigenen Chroniken zusammen, deren »historische« Berichte zum Teil stark voneinander abweichen. Ein Mönch aus Nowgorod hatte natürlich eine andere Auffassung von Iwans Herrschaft als jemand, der in Moskau lebte. Trotzdem stimmen die Chronisten im Wesentlichen überein und haben uns einen unschätzbaren zeitgeschichtlichen Kommentar hinterlassen.

Das bedeutendste Werk dieses Zeitalters ist der *Domostroj*, den Sylvester schrieb, um den Russen einen genauen Begriff von Moral zu geben. Er ist praktisch und nüchtern abgefaßt, beschäftigt sich mit allen Gebieten der Hauswirtschaft und betont nicht nur die Notwendigkeit, tugendhaft zu sein, sondern weiß auch über Kochen, Nähen und Sticken Näheres zu sagen. Er gibt Ratschläge, wie man Essen vor dem Verderben schützt, Gemüse anbaut und Obstgärten anlegt, welche Kleider man zur Kirche bzw. für einen Besuch anzieht, und wie man Gäste unterhält. Auf diese Weise erhalten wir ein detailliertes Bild der alltäglichen Sitten und Gebräuche der Mittelschicht im Rußland des 16. Jahrhunderts. Sylvester war ein strenger Mann. Vom Vergnügen – von Tanzen, Singen und nutzlosen Spielen wie Schach – hielt er wenig. Die ganze Familie schuldete dem Herrn des Hauses Ergebenheit und Gehorsam. Die Frau war weniger des Mannes Gefährtin als vielmehr Aufseherin seiner Diener, die blindlings seine Befehle auszuführen hatten. Sie mußte vor den Dienern aufstehen, diese wecken und jede Minute des Tages arbeiten, selbst wenn Gäste kamen.

Sylvester, der Frauen ein geradezu krankhaftes Mißtrauen entgegenbrachte, betrachtete sie als Sklaven oder Lasttiere und genoß es zu beschreiben, welche Strafen ihnen für ihre schweren Vergehen zugemessen werden müßten. Auspeitschen des nackten Rückens wird empfohlen, wozu nur Birkenzweige verwendet werden sollten – keine Eisenstangen (wie sie Iwan ständig bei sich trug). Auch war es nicht erlaubt, die Ehefrau in die untere Herzgegend oder ins Gesicht zu schlagen. Kinder sollten gepeitscht werden, wenn sie etwas Unrechtes getan hatten. »Peitsche dein Kind hart«, schreibt er, »das wird es nicht töten, im Gegenteil, es wird ihm nutzen, denn durch das Schlagen errettest du es von der ewigen Verdammnis.« Dienern ergeht es wenig besser als Söhnen und Töchtern. »Schlage deinen Diener, auch wenn er im Recht ist. So wird jeglicher Hader aufhören, und nichts ist verloren, und es gibt keinen Haß.« Man könnte denken, daß Sylvester Haß predigt, aber er spricht ständig von Freundlichkeit und Geduld als den größten Tugenden. Er bietet dem Menschen ein freudloses Leben als Vorbereitung auf ein angenehmes Jenseits.

In Rußland gab es Gebete für alle Gelegenheiten. Sylvester forderte lange Morgengebete, mehr Gebete am Abend, und dann sollte der gute Christ auch noch um Mitternacht aufwachen, um mit Tränen in den Augen die Sünden zu bereuen, die er am Tage vorher begangen hatte. So heißt es im *Domostroj*:

»Wenn du am Morgen aufstehst, mußt du beten um die Vergebung der Sünden, für den Zaren, für die Zariza, für deren Kinder, für den Bruder des Zaren, für die Bojaren, für die Christus liebende Armee, für Beistand gegen die Feinde, für die Freilassung der Gefangenen, für die Geistlichkeit, für die, die krank oder im Gefängnis sind, für alle Christen, für die Angehörigen des eigenen Haushalts, für deine Verwandten und deinen geistlichen Beistand. Die Abendandacht mußt du immer im Hause halten. Jeden Abend müssen der Ehemann, die Ehefrau und ihre Kinder und Bediensteten an der Abendandacht mit Singen von Hymnen, Gebeten und Verbeugungen bis zur Erde teilnehmen. Und bevor du zu Bett gehst, mußt du dich dreimal verbeugen, und um Mitternacht mußt du aufstehen und weinend zu Gott beten wegen deiner Sünden.«

Sylvesters moralische Maximen und seine detaillierten Ratschläge, wie man ein christliches Leben zu führen habe, mögen heutigen Generationen wenig zusagen, aber sie waren nur der puritanische Kern des damals herrschenden geistlichen Bewußtseins. Wie Sylvester waren die Russen jener Zeit äußerst fromm, glaubten fest an die Wirkung der Gebete, schwärmten für Riten und strömten nur so in die Kirchen. Die Orthodoxe Kirche war eine lebendige Macht, die alle Lebensbereiche beeinflußte. Sylvester war der erste, der einen Leitfaden für den christlichen Lebenswandel schrieb, obwohl die einzelnen Punkte schon lange vorher bekannt waren. Er handelte auch so, wie er lehrte, und die, die ihn gut kannten, betrachteten ihn als einen beispielhaften Haushaltsvorstand. Er liebte die von ihm Abhängigen und sorgte gut für ihre Zukunft; praktisch und ehrlich, ein Mann, der Handel trieb und dabei gewöhnlich Profit machte. Die Menschen mochten ihn. Aber es gab auch eine andere, strenge Seite seines Charakters, und oft war er anmaßend. »Eifere mir nach!« schrieb er seinem Sohn. »Sieh, wie ich von allen respektiert und geliebt werde, weil ich jeden zufriedenstelle!«

Letzteres traf jedoch nicht zu. Iwan, der viele Jahre unter seiner Vormundschaft gelebt hatte, lehnte sich heftig gegen ihn auf und meinte, sein Leben vergeudet zu haben, indem er Sylvester immer gehorcht hatte. Man muß Sylvester für Iwans unstetes Wesen zum Teil verantwortlich machen. Er hatte ihn zu sehr unterdrückt, zu oft auf seiner Meinung beharrt, zu viel von ihm verlangt, so daß Iwan schließlich jegliche Beschränkung seiner Wünsche und Taten ablehnte.

Sylvesters Buch wurde viel gelesen und Hunderte von Abschriften waren verbreitet, gedruckt wurde es aber erst im folgenden Jahrhundert, da die Buchdruckerkunst spät nach Rußland kam. Die ersten gedruckten Bücher erschienen etwa hundert Jahre nach Johannes Gutenbergs Bibelausgabe. Nach der Eroberung Kasans befahl Iwan, daß Kirchen gebaut und ihnen religiöse Bücher zur Verfügung gestellt würden. Jemand bemerkte, daß die verfügbaren handschriftlichen Kopien des Psalters und des Neuen Testaments viele Fehler enthielten und es nur wenige einwandfreie Kopien gäbe. »Als der Zar dies hörte«, schrieb Iwan Fjodorow, der erste russische Buchdrucker, »dachte er, daß es gut wäre, gedruckte Bücher zu haben wie in Griechenland, Venedig und Italien.« Mit dem Segen des Metropoliten Makarij machte sich Iwan daran, einen Mann zu finden, der die Kunst des Druckens erlernen sollte, und seine Wahl fiel auf Iwan Fjodorow, den Diakon der Kremlkirche Sankt Nikolaus Gostunskij. Die erste russische Buchdruckerei wurde in der Kirche eingerichtet.

Über diese ersten Versuche wissen wir sehr wenig. Es scheint so, als ob Fjodorow sein Handwerk von einem italienischen Buchdrucker gelernt hat, denn von Anfang an wurden italienische Termini technici verwendet. Das erste Buch, *Triod Postnaja* (»Fastenpsalmen«), erschien undatiert. Es wurde wahrscheinlich um 1554 gedruckt. Ihm folgte *Triod Zwetnaja* (»Osterpsalmen«) und ein Neues Testament. Das erste datierte Buch war das *Apostol*, das die Apostelgeschichte und alle Paulusbriefe enthielt. Fjodorow begann den Druck des Buches im April 1563 und beendete ihn im März 1564. Die Arbeit ging sehr langsam voran. Später im Jahr erschien ein »Stundenbuch«, das in zwei Monaten fertiggestellt wurde, und im folgenden Jahr brachte er noch ein Neues Testament heraus. Aber die erste Blüte der Druckkunst in Rußland währte nur kurz, und schon bald ging Fjodorow nach Litauen und nahm seine Druckpresse mit. Er klagte, daß er Moskau verlassen hätte, weil ihn einige kirchliche Würdenträger der Ketzerei angeklagt und ihm das Leben schwer gemacht hätten.

Iwan zeigte nur ein flüchtiges Interesse für den Buchdruck. 1568, auf der Höhe des Opritschnina-Terrors in Moskau, wurde zwei Druckern, Andronik Newescha und Nikifor Tarasijew, beide Schüler Fjodorows, erlaubt, einen Psalter zu drucken. Neun Jahre später entstand bei Alexandrowa Sloboda ein zweiter Psalter von Andronik Newescha. Weitere Bücher wurden während Iwans Regierungszeit nicht gedruckt.

Weil er eine riesige Privatbibliothek von Handschriften besaß, war Iwan einer der gebildetsten Männer Rußlands. Er schrieb leidenschaftliche Pamphlete zur Verteidigung seiner Autokratie, seiner absoluten Macht über die Geschicke seiner Untertanen; und wenn er seine Zeitgenossen nicht überzeugen konnte, dann lag dies gewiß nicht an mangelnder Sprachbeherrschung. So hätte Justinian sprechen können, wenn irgend jemand seine absolute Macht über seine Untertanen in Frage gestellt hätte, und wie Justinian betrieb und förderte Iwan nur die Künste, die seinem eigenen Ruhm dienten. Es wäre ihm nie der Gedanke gekommen, daß eine andere Art Herrlichkeit des Überlegens wert gewesen wäre, denn Gottes Herrlichkeit äußerte sich ja im Zarentum.

Deshalb schrieb er Hymnen und förderte Architekten und Maler, aber nur, wenn sie seine eigene Größe feierten. Die Kunstwerke seiner Zeit spiegeln seine frühen Triumphe wieder, aber auch sein Sterben, seine Verzweiflung und die Schrecken der letzten Jahre seiner Herrschaft.

Die bequeme Straße Satans

Nach dem Tod Anastasias ging mit Iwan eine tiefgreifende Wandlung vor sich. Ihr mäßigender Einfluß, ihre Klugheit und ihre tiefe Religiosität hatten ihm wohlgetan und ihn oft vor Unglück bewahrt. Zehn Tage nach ihrem Tod befahl er, daß alles Trauern aufzuhören habe, und stürzte sich in ein Leben der Ausschweifung.

Sie war zur falschen Zeit und auf die falsche Weise gestorben. Er war überzeugt, daß sie vergiftet, verhext wurde, daß auf irgendeine geheimnisvolle Weise die Bojaren ihn bestrafen wollten, indem sie sie aus dem Wege räumten. Von nun an wurde Gewalt ihm zur zweiten Natur; Tote um sich herum zu sehen, war ihm ein Trost. In seinem Zorn versuchte er, alles zu vernichten – den Staat, die Bojaren, seine Freunde. Nach Anastasias Tod betrat der Zar als Massenmörder die Bühne der Weltgeschichte.

Sein Charakter schien sich über Nacht geändert zu haben. Der Mann, der tief religiös und gewissenhaft in seiner Pflichterfüllung war, der sorgfältig die Meinung des Gewählten Rates erwog, der meistens mild und unparteiisch handelte, entpuppte sich plötzlich als grausamer und tyrannischer Herrscher. Er lebte zügellos, trank viel, umgab sich mit Betrügern, Mördern, Dieben, Trunkenbolden und Verbrechern, die keine Mühe hatten, seine latente Neigung zum Kriminellen zu entdecken.

Fürst Andrej Kurbskij war der Ansicht, daß Iwan seine Wahl zwischen Gut und Böse bewußt traf: »Der Zar begann, den engen, mit Kummer und Sorge gepflasterten Pfad, der zum Heil führt durch die Buße, zu verachten. Statt dessen wählte er die breite Straße, die in die Hölle führt. Viele Male hörte ich aus seinem eigenen Munde: Ich muß meine Wahl treffen zwischen dieser und der anderen Welt! Er meinte: zwischen der bequemen Straße Satans oder dem dornenreichen Pfad Christi.«

So einfach war die Wahl wohl nicht. Vielleicht war sie ihm vorgezeichnet von seinen Ahnen, seinem Charakter und seiner Erziehung. In Iwan waren »diese und die andere Welt« nie völlig getrennt. Er konnte leidenschaftlich religiös und gottesfürchtig sein und dabei die grausamsten Verbrechen begehen.

Schon während der letzten Monate vor Anastasias Tod konnte man den Prozeß des Verfalls beobachten. Im Oktober 1559 erfuhr er, daß die Livländer den Waffenstillstand gebrochen hatten und unter dem Oberbefehl von Gotthard Kettler auf Dorpat marschierten. Die Waffenruhe war von Alexej Adaschow, seinem Hauptberater für äußere Angelegenheiten, ausgehandelt worden. Iwan wütete nun gegen Adaschow und all jene, die eine friedliche Koexistenz mit Livland befürworteten. Er glaubte, hintergangen worden zu sein, und witterte Verrat. Iwan befand sich zu dieser Zeit gerade in Moschaisk und wollte unverzüglich nach Moskau zurückeilen, doch das Wetter erlaubte es nicht. Als es aufklarte, fuhr er mit Anastasia, seiner Familie und dem ganzen Hof nach Moskau. Schnee, Matsch und Schlamm behinderten ihr Fortkommen; Anastasia erkrankte auf dieser Reise. Iwan war nicht der Mann, der mit zwei Krisen auf einmal fertig wurde, die doppelte Belastung ging über seine Kräfte. Auch reiste der Erzpriester Sylvester mit ihnen, und Iwan war erbost über dessen Ansicht, daß alles menschliche Unglück Strafe Gottes für begangene Sünden sei. Außerdem meinte er, daß Adaschow und Sylvester sich nicht genug um die Zariza gekümmert hätten.

Wir wissen nicht genau, was auf dieser Reise wirklich geschah. Aber wenn Iwan an die lange, beschwerliche Heimfahrt dachte, erinnerte er sich auch an das »kleine, unpassende Wort«, das er in einem Augenblick des Zorns ausgesprochen hatte. Seine »kleinen Worte« waren meist längere Tiraden, die er im nachhinein bedauerte. Es ist möglich, daß er seine ehemaligen Freunde schwer beleidigt hat. Bald nachdem sie Moskau erreicht hatten, bat Sylvester um die Erlaubnis, sein Amt niederzulegen und sich ins Kirillow-Kloster nach Beloosero zurückzuziehen. Adaschow blieb noch einige Wochen im Amt, aber es war klar, daß er das Vertrauen des Zaren verloren hatte. Anastasia war ernsthaft krank, und in seiner Einsamkeit ließ Iwan sich »in Sachen jeglicher Art auf eine Gott wenig gefällige Weise« ein – so die Worte Fürst Kurbskijs, und sie lassen kaum einen Zweifel daran, daß sich schon zu Anastasias Lebzeiten in Iwan eine Veränderung anbahnte.

Im Mai 1560 entledigte er sich Adaschows, indem er ihn nach Livland schickte, um eine der Armeen zu übernehmen, die bisher von Fürst Mstislawskij befehligt wurden. Das kam einer Bestrafung gleich, denn Adaschow hatte sich heftig gegen jeden weiteren Krieg mit Livland gewandt; er wollte die Hauptkräfte der russischen Armee lieber gegen die Krimtataren führen. Adaschow hatte niemals zuvor ein Heer kommandiert und war auch absolut nicht zum General geeignet. Seine Stärke war es, im Gewählten Rat den Vorsitz zu führen. Seine Freunde hofften, er könnte bald wieder an den Hof zurückkehren – da starb Anastasia. In seiner Trauer und seinem Leid gab Iwan Sylvester und Adaschow die Schuld an ihrem Tod. Er glaubte fest, daß die beiden sie verhext hätten und der halbe russische Adel mit ihnen unter einer Decke steckte.

Gegen Ende des Jahres forderten einige Intriganten und Verleumder am Hof, Adaschow und Sylvester vor Gericht zu stellen; diese wollten ihre Ankläger von Angesicht zu Angesicht sehen. Iwan lehnte das jedoch ab und bildete einen Ausschuß, der aus ihm, dem Metropoliten Makarij und den führenden Bojaren und Bischöfen bestand. Zwei Mönche, Missail Sukin und Wassian Toporkow, lieferten die nötigen »Beweise«. Makarij protestierte; er hielt es für unglaublich, ein Gerichtsverfahren abzuhalten, bei dem die Angeklagten überhaupt nicht anwesend waren. Doch die Furcht der falschen Zeugen vor den beiden hervorragenden Rednern war größer. »Sie sind wohlbekannte Übeltäter und Zauberer!« schrien sie Makarij nieder. »Sie werden den Zaren verhexen und uns vernichten, wenn sie hierherkommen.«

Adaschow und Sylvester wurden für schuldig befunden. Dem Priester befahl man, das Kirillow-Kloster zu verlassen und in das Solowetskij-Kloster überzusiedeln, das auf einer Insel im Weißen Meer liegt. Adaschow wurde sein Kommando entzogen, er selbst unter Hausarrest gestellt. Zwei Monate später bekam er Fieber und starb. Iwan ordnete an, daß sein Körper in der Familiengruft in Uglitsch begraben werden sollte – eine letzte Ehrenbezeigung für den Mann, der ihm so ergeben gedient hatte.

Auf diese Weise verlor Iwan innerhalb weniger Wochen Anastasia, Adaschow und Sylvester, drei Menschen, die in verschiedener Weise großen Einfluß auf sein Leben gehabt und ihn vor mancher schlimmen Tat bewahrt hatten.

Von nun an war er entschlossen, so zu leben, wie es ihm gefiel.

Er würde sich nicht länger die Freuden versagen, die Sylvester als sündig betrachtet hatte. Er würde heiraten, wen immer er wollte, sich mit Schmeichlern und Trinkgenossen umgeben und sich benehmen, als wäre Rußland sein Privateigentum. In seiner Jugend hatte er behauptet, daß es verhängnisvoll sei, wenn ein Zar eine ausländische Prinzessin heiratete. Jetzt wählte er als seine zweite Frau die schöne und intelligente Kotschenej Temriukowna, die Tochter des Tscherkessenhäuptlings Fürst Temriuk, der über weite Gebiete im Kaukasus herrschte. Der Ruf ihrer Schönheit war bis nach Moskau gedrungen, wo zwei ihrer Brüder bei Hofe dienten.

Am 15. Juni 1561 kam sie mit großem Gefolge in Rußlands Hauptstadt an. Ihre Schwester, Fürstin Altijntschatsch, die Frau des Tatarenfürsten Bekbulat, begleitete sie. Der junge Sohn der Fürstin, Prinz Sajin, war ebenfalls mit dabei. Er sollte eines Tages für kurze Zeit Großfürst von Rußland werden und Iwans Platz einnehmen. Tscherkessen und Tataren aus dem ganzen Land strömten an den Hof.

Iwan war begeistert von Prinzessin Kotschenej. Er ordnete an, sie im Orthodoxen Glauben zu unterrichten. Einen Monat später wurde sie feierlich auf den Namen Maria getauft. Im August, gerade ein Jahr nach dem Tod Anastasias, wurden Iwan und Maria in der Verkündigungskirche im Kreml getraut. Sir Jerome Horsey berichtete, »die Art und Weise dieser Hochzeitsfeierlichkeiten war so seltsam und heidnisch, daß man der Wahrheit schwerlich Glauben schenken würde«. Das bezog sich ohne Zweifel auf die wilden tscherkessischen Lustbarkeiten, die der Trauungszeremonie folgten.

Es gab viele bei Hofe, die mit dieser Heirat nicht einverstanden, ja, bestürzt darüber waren. Sie fanden die neue Zarin eigenwillig, fremd, mit einem Zug zur Grausamkeit. Sie würde gewiß keinen mäßigenden Einfluß auf ihren Mann ausüben, war sie doch selbst wild und gewalttätig, sinnlich und rücksichtslos. Sie liebte das Ränkespiel, wohnte Bärenjagden bei und erfreute sich an den öffentlichen Hinrichtungen auf dem Roten Platz. Sie war sich der Macht, die mit ihrem Titel verbunden war, wohl bewußt: Zariza Maria.

Tief im Innern scheint sie die Russen gefürchtet und verachtet und unter quälender Einsamkeit und Schwermut gelitten zu haben. Ein bekanntes Volkslied legt ihr die Worte in den Mund:

»Gebe Gott, daß ich nicht hier wäre
in des Zaren Moskau, aus Stein erbaut,
noch meine Kinder oder meine Enkel,
und nicht nur die, sondern keiner meiner Nachkommen!«

Aber es war nicht so sehr ihre Einsamkeit, sondern ihre Heftigkeit, die die Leute fürchteten. Wie der Historiker Solowjew schrieb: »Es war klar, was Iwan durch die Heirat einer Barbarin gewinnen würde«, aber es war schwerer zu verstehen, was Rußland dadurch gewann.

Zur selben Zeit etwa empfing Iwan noch einen anderen ausländischen Besucher. Es war Joasaf, Metropolit von Kisikos, der ein Geschenk brachte: ein Dokument, unterzeichnet vom Patriarchen von Konstantinopel, in dem Iwans Zarentitel bestätigt wurde.

Gegen Jahresende wurde Iwan, dessen Laune sich im Winter meist verschlechterte, noch aufbrausender. Er war erzürnt über die Entdeckung, daß der junge Fürst Iwan Belskij, der Neffe des ehemaligen Regenten gleichen Namens, eine heimliche Korrespondenz mit König Sigismund II. August führte und im Begriff war, nach Litauen zu fliehen. Fürst Belskij wurde verhaftet. Zwei Adelige, die mit in die Verschwörung verwickelt waren, wurden öffentlich ausgepeitscht. Einem Offizier, der die Fluchtkarte gezeichnet hatte, schnitt man die Zunge heraus. Der Fürst schwebte in größter Gefahr. Makarij setzte sich für ihn ein, und als der Frühling kam, wurde Belskij wieder freigelassen. Er mußte jedoch seinen Treueid auf den Zaren erneuern, und 124 Adelige mußten für ihn bürgen, indem sie versprachen, riesige Summen in des Zaren Schatzkammer zu zahlen, falls Belskij nach Litauen fliehen sollte.

Zur gleichen Zeit war Iwan in eine Auseinandersetzung mit König Sigismund II. August verwickelt. Litauische Gesandte kamen nach Moskau, aber die Verhandlungen gingen nicht voran. Die Russen hatten ein Schreiben des Königs an den Khan von der Krim abgefangen. Sigismund drang in dem Brief darauf, Rußland gleichzeitig von Livland bzw. von der Krim her anzugreifen, und versprach dem Khan reiche Belohnung. Iwan sann sofort auf Rache und bereitete eine groß angelegte Invasion nach Litauen vor; Moschaisk machte er zu seinem Hauptquartier. Er wollte gerade zum Angriff übergehen, als er erfuhr, daß der Khan der Krim Rußland von Süden her attackiere. Die Streitkräfte des

Khans waren überraschend klein, nicht mehr als 15 000 Mann. Fürst Michail Worotijnskij erhielt den Befehl, sie niederzumachen. Das gelang jedoch nicht, da die Truppen des Khans die Flucht ergriffen. Iwan ließ ihn für diesen Fehlschlag verhaften, seine riesigen Besitztümer wurden konfisziert, und er wurde nach Beloosero verbannt. Da es keine Gerichtsverhandlung gab und Worotijnskij im Rang über allen russischen Fürsten stand – ausgenommen die Blutsverwandten des Zaren –, war sein Sturz ein harter Schlag für den Adel. Einige russische Historiker vermuten, daß sein wahres Verbrechen darin bestand, der Zariza nicht den nötigen Respekt erwiesen zu haben.

Im Oktober 1562 wurde ein anderer Adeliger, Fürst Dimitrij Kurliatjow, der einer der engsten Mitarbeiter Adaschows gewesen war, verhaftet. Man warf ihm Verrat vor. Iwan ließ ihm eine Tonsur schneiden und verbannte ihn zusammen mit seinem Sohn in ein Kloster auf einer Insel im Ladoga-See. Seine Frau und zwei Töchter wurden in ein Nonnenkloster geschickt. Später wurde die ganze Familie erdrosselt. Seine Abneigung gegen Fürst Kurliatjow drückte Iwan in einem Brief an Fürst Kurbskij aus, dem er 1577 schrieb: »Und Kurliatjow – warum war er besser als ich? Für seine Töchter wurde lauter Schmuck gekauft – nun gut! Aber für meine Töchter – wertloses Zeug und Begräbnisse!« Iwan verlor zwei seiner Töchter von Anastasia im Säuglingsalter und machte auch für deren Tod andere verantwortlich.

Im November 1562 erhielt Iwan Informationen, die einen Winterfeldzug gegen Litauen erfolgreich erscheinen ließen. Am letzten Tag des Monats bat er die Jungfrau von Wladimir um den Sieg und marschierte schon bald an der Spitze seiner Armee gen Moschaisk. Die Invasion sollte von Weliki Luki ausgehen, wo sie Anfang Januar 1562 ankamen. Das Ziel war, Polozk einzunehmen, einst eine bedeutende Stadt. Der Marsch durch dichte Wälder war langsam und beschwerlich; einige Kolonnen gingen verloren; andere irrten in der Dunkelheit umher; Nachschubzüge verschwanden. Am 19. Januar 1563 machten sie bei der Grenzfestung Newel einen Tag lang Rast. Hier tötete Iwan zum ersten Mal jemanden mit eigener Hand: Erschöpft und verwirrt von den Schwierigkeiten dieses langen Marsches im tiefsten Winter, hatte er eine Auseinandersetzung mit Fürst Iwan Schachowskoj und erschlug ihn dabei mit einer Kriegskeule.

Polozk, das von fünfhundert polnischen Soldaten und einigen

fremden Söldnern verteidigt wurde, fiel ohne größere Kämpfe in die Hand der Russen. Der leichte Sieg freute Iwan; er hielt einen triumphalen Einzug in die Stadt und besuchte alle Kirchen, um vor den Ikonen zu beten. Nach der Überlieferung sagte er: »Du hast mir, Deinem unwürdigen Diener, Deine Gnade erwiesen und mir diese Stadt ohne Blutvergießen gegeben. Was soll ich Dir dafür geben, o Herr?« Die Gold- und Silbergefäße und alle Wertsachen aus Polozk wurden nach Moskau verschifft. Die polnischen Soldaten, die die Stadt so halbherzig verteidigt hatten, wurden beschenkt und freigelassen.

Iwan war in bester Stimmung, als man langsam nach Moskau zurückkehrte. Polozk hatte, zumindest vorübergehend, seine Eroberungsgelüste gestillt. Die Nachricht, daß die Zariza Maria einem Sohn das Leben geschenkt hatte, erfreute ihn noch mehr. Aber bei Weliki Luki stritt er sich heftig mit Fürst Andrej Kurbskij, der einen Verweis erhielt und nach Livland verbannt wurde. Iwan warf ihm vor, »ein einziges kleines Wort der Verärgerung« als grobe Beleidigung aufgefaßt zu haben; doch der Zar war bekannt für seine scharfe Zunge und seine »kleinen Worte« waren eher Schmähreden.

Am 5. März 1563 war Iwan einen Tagesmarsch von Weliki Luki entfernt, als ein Bote von Michail Morosow, dem Gouverneur von Smolensk, eintraf und berichtete, daß die russischen Kommandanten von Starodub drauf und dran seien, die Stadt den Litauern zu übergeben. Diese Nachricht war bestimmt unwahr, aber Iwan regte sich sehr darüber auf. Einer der Kommandanten von Starodub war Iwan Schischkin, ein naher Verwandter Alexej Adaschows. Offensichtlich war Schischkin ein Verräter – wie überhaupt die ganze Adaschow-Familie aus Verrätern bestand. Schischkin wurde zusammen mit seiner Frau und seinen Kindern hingerichtet. Doch das war Iwan noch nicht genug. Er ließ nach und nach sämtliche Verwandten Alexej Adaschows umbringen. Daniel Adaschow, Alexejs Bruder, der Held der Invasion von 1559 auf der Krim, war ebenso unter den Getöteten wie sein junger Sohn. Insgesamt kamen sechzehn Mitglieder der Familie ums Leben. Eine vergleichbare Demonstration heimtückischer Macht hatte es in Rußland bis dahin noch nicht gegeben.

Noch eine andere Familie sollte den Unmut des Zaren zu spüren bekommen: die Scheremetjows. Nikita und Iwan Scheremetjow waren Mitglieder des Bojarenrats, reich, mächtig und angesehen.

Beide bekleideten hohe militärische Ränge, und Nikita trug die Narben vieler Verwundungen. Sie gehörten zu denen, die darauf bestanden, daß der Zar gegen die Tataren ziehen sollte, nicht gegen Litauer und Livländer. Offensichtlich deswegen wollte der Zar sie bestrafen. Die Bestrafung Iwan Scheremetjows wird in Fürst Kurbskijs »Geschichte des Großfürsten von Moskau« recht drastisch beschrieben:

»Seine Folterkammer war eine schrecklich enge Zelle mit einem Fußboden aus festgestampfter Erde; schwere Ketten wurden um seinen Hals, seine Arme und Beine gelegt; ein dicker Eisenring, an dem zehn Eisengewichte hingen, umschloß seine Hüften. Der Zar kam, um mit ihm zu sprechen, während der Gefangene flach auf dem Boden lag in seinen schweren Ketten, halbtot und kaum atmend. Unter anderem fragte der Zar ihn auch:
›Wo sind deine vielen Schätze? Sag's mir, denn ich weiß, daß du sehr reich bist. Trotzdem habe ich in deinem Hause nicht gefunden, was ich erhoffte.‹
›Sie sind verborgen, wo niemand sie finden kann.‹
›Du mußt es mir sagen. Andernfalls werde ich Marter auf Marter häufen.‹
›Tu, was du willst. Ich bin dem Ende meiner Reise nahe.‹
›Ich muß drauf bestehen, daß du mir sagst, wo dein Schatz liegt.‹
›Ich habe dir schon gesagt, daß er ohne Nutzen für dich wäre, auch wenn du es wüßtest. Die Hände der Armen und Bedürftigen haben ihn in die himmlische Schatzkammer getragen, zu meinem Heiland.‹«

Wie Kurbskij berichtet, war der Zar von den tapferen Worten so beeindruckt, daß er befahl, die schweren Ketten abzunehmen. Iwan Scheremetjow wurde freigelassen und trat ins Kloster ein. Sein Bruder wurde erdrosselt.

Die Scheremetjows waren Iwan schon lange unbequem: Wie Adaschow und Sylvester repräsentierten sie die russische humanistische Tradition, Vernunft, Nüchternheit, gesundes Mißtrauen gegenüber den Tataren. Freudig berichtete Iwan dem Khan von der Krim: »Adaschow, Sylvester und Scheremetjow, all jene, die zwischen dem Zaren und dem Khan Zwietracht säten, sind in Ungnade gefallen.« Iwan opferte Russen, um sich mit dem Krim-Khan gut zu stellen.

Es war ein Jahr der Morde und Hinrichtungen. Aber wirklich nahegegangen sind Iwan drei andere Todesfälle. Der Zarewitsch Wassilij, sein Sohn von Maria, starb am 4. Mai 1563, gerade zwei Monate alt. Am 24. November starb der Bruder des Zaren, Jurij, im Alter von einunddreißig Jahren. Jurij war still und einfachen Gemüts, aber zwischen den Brüdern bestand eine tiefe Zuneigung. Stets hatte Iwan darauf geachtet, daß seinem Bruder bei allen Feierlichkeiten im Kreml die ihm gebührenden Ehren erwiesen wurden. Es ist möglich, daß sein Tod den Zaren ähnlich tief getroffen hat wie der Tod Anastasias.

Schließlich, am letzten Tag des Jahres, starb der Metropolit Makarij. Einundzwanzig Jahre lang hatte er die russische Kirche mit freundlicher Strenge geführt, und wenn er sich zu oft Iwans Willen gebeugt hatte, so versuchte er doch auch immer wieder, um Gnade für unschuldig Angeklagte zu bitten. Unter seiner Herrschaft wurden wichtige Reformen bestätigt und niedergelegt im *Stoglaw*. Er veröffentlichte und schrieb einen Teil des *Minei Chetii*, einer Sammlung von Lebensgeschichten russischer Heiliger, ein umfangreiches Werk mit Lesestücken für jeden Tag des Jahres. Mit seinem Tod endete ein Kapitel russischer Kirchengeschichte. In seinem langen Testament, das während des Requiems in der Verkündigungs-Kathedrale laut verlesen wurde, vergab er jedem und bat jeden um Vergebung. Er sprach davon, wie er unter der Bürde seiner Sorgen gehofft hatte, daß ihm erlaubt würde, sein Amt niederzulegen und sich in den Frieden eines Klosters zurückzuziehen. Aber der Zar und die Kirchenhierarchie hätten ihn immer wieder bewegt zu bleiben.

Doch es gab in diesem traurigen Jahr auch Erfreuliches zu verzeichnen. Nach Polozk fanden keine Kämpfe mehr statt. Es kam nur noch zu einigen Scharmützeln an den Grenzen, viele Gesandte reisten nach Moskau, die Beziehungen zum Khan von der Krim verbesserten sich beträchtlich, und die Litauer verhielten sich ungewöhnlich ruhig. Iwan unternahm viele Pilgerfahrten und betete vor vielen Schreinen. Gott hatte ihn mit einem milden Winter bedacht; im frühen Dezember setzte eine warme Periode ein, und das Eis schmolz auf den Flüssen.

Aber etwas bereitete ihm mehr Genugtuung als alles andere. Sawliuk Iwanow, einer der Sekretäre Fürst Wladimirs von Stariza, war ins Gefängnis geworfen worden. Aus seiner Zelle schmuggelte er einen Brief heraus, in dem er den Fürsten Wladimir unerhörter Verbrechen beschuldigte. Iwan maß diesem Brief größte Bedeutung bei. Er sandte seine Agenten zu Stariza, unterzog Zeugen einem Kreuzverhör, setzte eine eindrucksvolle Liste

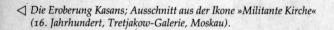
◁ *Die Eroberung Kasans; Ausschnitt aus der Ikone »Militante Kirche«*
   (16. Jahrhundert, Tretjakow-Galerie, Moskau).

von Anklagepunkten auf und konfrontierte schließlich den Fürsten im Beisein des Metropoliten Makarij und anderer hoher kirchlicher Würdenträger mit den Beschuldigungen. Da Iwan im Fürsten einen möglichen Bewerber auf den Thron sah, war dies eine Möglichkeit, Wladimir von Stariza in die Hand zu bekommen. Wladimir gestand oder sah zumindest ein, wie vergeblich jede Verteidigung sein würde. Iwan verzieh ihm unter der Bedingung, daß der ganze Hof des Fürsten nach Moskau geholt und ihm neue Höflinge zugeteilt würden. Fürstin Efrosinia, Wladimirs Mutter, wurde in ein Nonnenkloster bei Beloosero verbannt.

Albert Schlichting, der Russisch lernte und Iwans belgischem Arzt Arnold Lenzey als Übersetzer diente, war der Ansicht, daß der leichte Sieg bei Polozk Iwan zu Kopf gestiegen sei. »Nach Polozk«, schrieb Schlichting, »legte der Tyrann die ganze Arroganz der Macht an den Tag und begann, seine Ratgeber, vor allem jene, die aus einem altehrwürdigen und angesehenen Geschlecht stammten, zu vernichten.« Schlichting glaubte, daß Iwan »seine Vernunft aufgrund seines Stolzes verlor«, des Stolzes eines großen Feldherrn, der allein durch seine Anwesenheit schon Städte erobert. Doch es ist wahrscheinlicher, daß die Wende bereits mit dem Tod Anastasias einsetzte. Der Mord an Fürst Iwan Schachowskoj und der Sieg bei Polozk verstärkten die verhängnisvolle Entwicklung nur noch. Jetzt tötete er seine wahren oder eingebildeten Feinde, wann immer es ihm beliebte, in dem sicheren Bewußtsein, von niemandem zur Rechenschaft gezogen zu werden. Er wußte sehr wohl, was er tat. Er herrschte durch Terror, und Terror zeigt immer seine Wirkung.

In seinen rauschartigen Wutanfällen wurde Iwan immer mörderischer. Oft floß Blut bei seinen meist nächtelangen Zechgelagen. Einmal wurde einem Höfling befohlen, aus einer riesigen Schale mit Met zu trinken. Er hatte schon mehr als genug getrunken und sagte mit lauter Stimme: »Verfluchter, Ihr zwingt uns, Met zu trinken, der mit dem Blut unserer Brüder, der wahren Christen, vermischt ist!« Iwan war so erzürnt, daß er den Mann mit der eisernen Spitze seines Stabes durchbohrte und dann befahl, ihn zu entfernen und zu töten.

Ein anderes Mal feierte Iwan mit seinen Kumpanen; auch *skomorochi*, maskierte Clowns und Sänger, waren anwesend. Der Zar setzte eine Maske auf und begann, mit den Spaßmachern zu tanzen. Alle schlossen sich ihm an, außer Fürst Michail Repnin, der so empört und bestürzt war über das Benehmen des Zaren, daß er in Tränen ausbrach und sagte: »Christlicher Zar, es ist nicht gut, daß ihr solche Dinge tut.« Der Zar, der den Fürsten mochte und ihn zum Freund haben wollte, drängte ihn mitzutun. »Seid guter Laune und spielt mit!« befahl er und stülpte eine Maske über des Fürsten Gesicht. Dieser schleuderte die Larve jedoch zu Boden, trampelte auf ihr herum und sagte: »Mag ich niemals solche unschicklichen und unsinnigen Handlungen tun.« Daraufhin war der Zar verärgert und verwies ihn des Raumes.

Es war Winter, wenige Tage nach dem Tod des Metropoliten, als schlechte Nachrichten von der litauischen Front eintrafen, wo die Kämpfe wieder ausgebrochen waren. Eine Armee unter Fürst Peter Schuiskij war vom Heer Christopher Radziwills vernichtend geschlagen worden. In seiner Wut suchte der Zar ein Opfer, und er fand es in Fürst Repnin. Der Metropolit war tot, ein neuer noch nicht benannt, und der Zar mußte seine Verbrechen vor niemandem verantworten. Er befahl, Fürst Repnin während einer Nachtwache in der Kirche zu töten. »Während das Evangelium verlesen wurde«, schrieb Fürst Kurbskij, »wurde er getötet, als er in der Nähe des Altars stand wie ein unschuldiges Lamm Gottes.«

Am gleichen Tag ordnete der Zar auch den Tod des Fürsten Jurij Kaschin an, der niedergeschlagen wurde, als er die Kirche betrat. Die Art seines Verbrechens ist unbekannt.

Als Fürst Kurbskij den ersten seiner fünf langen Briefe an Iwan schrieb, in denen er gegen die endlosen Morde und Verfolgungen protestierte, dachte er an diese beiden Fälle: »Warum habt Ihr heiliges Blut vergossen in Gottes Haus und die Schwellen befleckt mit dem Blut von Märtyrern?«

Fürst Kurbskijs Briefe und zwei ausführliche Erwiderungen des Zaren gehören zu den erstaunlichsten Dokumenten dieses Zeitalters. Kurbskij klagt Iwan an, ungeheuerliche Verbrechen gegen Gott und Menschen begangen zu haben, und Iwan antwortet, daß er der absolute Herrscher sei, der nach dem göttlichen Recht gottgegebener Macht regiert, um alles Übel auszurotten, wo immer er es erblickt. Kurbskij fragt weiter, welch teuflischer Trieb ihn zu so vielen Morden verführt habe, und kommt zu dem Schluß, daß Iwan der Antichrist selbst sein müsse. Iwan entgegnet, er sei vielmehr der einzige wahre Gläubige, der Mensch, der zwischen Rußland und dem Satan stehe, gottesfürchtiger als irgendeiner seiner Untertanen. Kurbskij, seinem einstigen Freund, öffnet Iwan sein

Herz, um ihm all seinen Kummer und seine Sorgen anzuvertrauen, seine unglückliche Kindheit, den Verrat seiner Ratgeber, die Bedrohungen seines Lebens, den Mord an seinem Onkel Fürst Jurij Glinskij, die Gerüchte um seine Großmutter, Fürstin Anna Glinskaja. Wenn er diese Ereignisse in leidenschaftlichen Einzelheiten erzählt, lobt er sich selbst für seine Standhaftigkeit, seine Nüchternheit, seinen ehrfürchtigen Glauben an Gottes Gerechtigkeit. Er ist unschuldig, und seine Unschuld anzuzweifeln, heißt, ein Verräter sein. Wieder und wieder fragte Kurbskij: »Warum tötet Ihr?« – aber darauf erhielt er keine Antwort.

Als Kurbskij diese Briefe schrieb, befand er sich nicht mehr auf russischem Boden. Aus Furcht, verhaftet zu werden, floh er in der Nacht des 30. April 1564 aus Dorpat im russischen Livland nach Wolmar, das unter Kontrolle Litauens stand. Den Entschluß zu fliehen faßte er ziemlich plötzlich, obwohl er schon seit einiger Zeit daran gedacht hatte und sogar einen Geleitbrief von König Sigismund II. August besaß. Kurbskij ließ alles, was er besaß – seine Bücher, seine Manuskripte und sogar seine Rüstung – zurück, ebenso seine Frau und seinen neun Jahre alten Sohn mit deren Einverständnis. Ein Diener wartete auf ihn außerhalb der Stadtmauer mit zwei Pferden. Im letzten Moment schlossen sich ihm zwölf Adlige aus seinem Hofstaat an. Sie ritten durch die Nacht, so schnell ihre Rosse sie trugen, und wurden in Wolmar mit offenen Armen empfangen.

Am gleichen Tag nahm Iwan an einer seltsamen Zeremonie teil. Die tugendhafte Juliana, die Witwe seines Bruders Jurij, hatte sich entschlossen, das Schicksal anzunehmen, das beinahe allen verwitweten Fürstinnen vorbehalten war: Sie wurde Nonne. Sie erfüllte den Schwur, den sie beim Tod ihres Gatten getan hatte, und wanderte vom Kreml zum Nowodewitschij-Kloster zu Fuß, gefolgt vom Zaren, der Zariza Maria, Fürst Wladimir von Stariza sowie vielen Leuten, die sie verehrten. Iwan forderte, daß ihr im Kloster jede Bequemlichkeit geschaffen würde. Sie jedoch wollte nur in einer kahlen Zelle leben. Er stellte ihr Möbel hinein und bestand darauf, daß immer jemand da sein sollte, sie zu bedienen, und gewährte ihr großzügige Zuwendungen für die Unterhaltskosten. Fürstin Juliana, nun Schwester Alexandra, unterwarf sich demütig dem Willen des Zaren.

Fürst Andrej Kurbskij dagegen neigte nicht im geringsten zur Demut. Er war wütend, weil Iwan seine Verhaftung angeordnet

Ein Kupferstich Iwans des Schrecklichen (Deutschland, 16. Jahrhundert).

hatte, und prangerte die Anarchie an, die in Rußland herrschte. Seinen ersten Anklagebrief schrieb er in glühendem Zorn. Er richtete ihn an den »Zaren, über alle erhoben von Gott, der einst als der Angesehenste galt, vor allem in der Beachtung des orthodoxen Glaubens, nun aber, infolge unserer Sünden, als das genaue Gegenteil erscheint«. Kurbskij vertraute den Brief seinem ergebenen Diener Wassilij Schibanow an. Ein Chronist des 17. Jahrhunderts berichtet, daß der Zar, als er merkte, daß der Brief ein gezielter Affront war, Schibanow mit der scharfen Spitze seines Stabes in den Fuß stieß.

Kurbskij konnte es wohl wagen, mit dem Zaren in einen Wortstreit zu treten. Er war intelligent, belesen und mutig. Er hatte sich bei der Schlacht um Kasan und in vielen anderen Schlachten ausgezeichnet. Seine Herkunft war untadelig, denn er stammte von den Fürsten von Jaroslawl ab und war durch seine Großmutter mit der Familie Anastasias verwandt. Groß, dunkelhäutig, mit grauen Augen, schüchtern nur in Anwesenheit von Gelehrten und Priestern – einer seiner engsten Freunde war der große Theologe Maxim der Grieche –, gehörte er zu der Gruppe russischer Fürsten, die sich als Humanisten verstanden. Er übersetzte die Werke von Johannes Chrysostomos, Basilius dem Großen, Gregorij von Nasiansen, Nil Cabasilas, Nicephorus Callistus und vielen anderen griechischen Theologen ins Kirchenslawisch, und er fühlte sich von den *Paradoxi* Ciceros so gefesselt, daß er Latein lernte, um sie übersetzen zu können. Er war ein Mensch der Renaissance, dem es leicht fiel, vom Studium der Waffen und Festungen zum Studium der Philosophie und Theologie überzugehen.

Der Briefwechsel zwischen dem Zaren und Kurbskij ist Teil der russischen Geschichte geworden. Zum ersten Mal ist man Zeuge eines Zusammenstoßes von Autokratie und Freiheit. Iwan antwortet manchmal höflich, manchmal verschlagen, immer drohend – seine Krone sei ihm von Gott gegeben, er könne seine Diener belohnen oder bestrafen, wie es ihm beliebe, seiner irdischen Macht seien keine Grenzen gesetzt. Was Kurbskij unsinnige Morde nennt, sei nur gerechte Vergeltung; keiner sei getötet worden, der es nicht tausendfach verdient habe. König David tötete – und war Gott wohlgefällig. Konstantin der Große tötete seinen eigenen Sohn, aber welcher Kaiser wäre größer gewesen? »Es steht Zaren immer an, scharfsichtig zu sein – einmal sehr freundlich, ein andermal hart –, Gnade und gütige Behandlung den

Guten, Grausamkeit und Marter den Bösen.« Der Zar beschreibt sich als jemand, der ständig im Richteramt ist. Er verkündet den Urteilsspruch über Kurbskij: »Wenn Ihr Euch gerecht und treu dem Zaren dünkt, warum nahmt Ihr nicht das Leiden und die Krone des Todes auf Euch von Uns, der wir Euer gottloser Meister sind?«

Kurbskij beschuldigt Iwan, »ein aussätziges Gewissen« zu haben und einen Hang zur Sünde, daß er lüsterne, verdorbene Schmeichler um sich schare und ruchlose Morde begehe. Iwan streitet das ab. »Was das ›Blut in Kirchen‹ betrifft – Wir haben keines vergossen«, behauptet er. Kurbskij bezichtigt ihn der Sünde des geistigen Hochmuts, jener Sünde, die den Fall der Engel zur Folge hatte, und Iwan antwortet:

»Ich brüste mich nicht in meinem Stolz, und ich habe in der Tat kein Bedürfnis nach Stolz, denn ich tue nur meine königliche Pflicht und stelle niemanden höher als mich selbst. Es seid eher Ihr, die sich mit Stolz aufplustern, denn obwohl Ihr Diener seid, maßt Ihr Euch königliche und kirchliche Würden an: zu lehren, zu verbieten, zu befehlen.«

Fürst Kurbskij lebte für den Rest seines Lebens in Livland. Er hatte gehofft, daß der Zar seine Familie verschonen würde, aber seine Frau, seine Mutter und sein Sohn wurden ins Gefängnis geworfen. König Sigismund überhäufte ihn mit Besitz, Gütern, und ihm wurde ein neuer Titel verliehen: Fürst von Kowel. Manchmal kämpfte er mit den Litauern gegen die Russen, aber seine Glanzzeit war vorüber. Er fuhr fort, zu schreiben und zu übersetzen, beendete seine »Geschichte des Großfürsten von Moskau« – die wichtigste Quelle für die Regierungszeit Iwans –, studierte Sprachen, korrespondierte mit Freunden. Nach dem Tod seiner ersten Gattin heiratete er die Fürstin Golschanskij, eine vermögende und gesellschaftlich einflußreiche Frau. Fünf Jahre lebten sie glücklich zusammen. Als sie zu sterben glaubte, schrieb sie ein Testament, in dem sie all ihren Besitz ihrem Mann vermachte. Aber sie wurde wieder gesund, und ihre Kinder aus einer früheren Ehe fochten das Testament an. Da wurde Kurbskij krank, und die Fürstin ließ sich mit ihrem Verwalter ein. Kurbskij fand drei Zeugen, die ihre Untreue bestätigten, und erreichte die Scheidung. 1579 heiratete er wieder, diesmal eine sehr viel jüngere Frau, die ihm noch einen Sohn und eine Tochter schenkte. Er starb im Mai 1583, nach kurzer Krankheit, im Alter von fünfund-fünfzig Jahren.

1564, als Kurbskij nach Litauen floh, war der Zar vierunddrei-ßig und auf dem Höhepunkt seiner Macht – eine beeindruckende Erscheinung mit hellen Augen, gekräuseltem Bart, breiten Schul-tern und breiter Brust; aber schon wurde sein Haar lichter, tiefe Falten furchten seine Stirn, und seine einst gewinnenden Gesichtszüge waren hart geworden. Die Trinkgelage und die Aus-schweifungen zerstörten ihn. Doch noch wußte er sich Respekt und Ehrfurcht zu verschaffen.

Eines Tages im Sommer 1564 lud er Fürst Dimitrij Owtschina-Obolenskij zu einem Bankett ein und befahl ihm, eine riesige Schale Met bis auf den letzten Tropfen auszutrinken. Er sollte damit zeigen, wie sehr er die Gesundheit und das Wohlergehen seines Herrn wünschte. Als der Fürst die Schale schon halb geleert hatte und man merkte, daß er nicht mehr trinken konnte, sagte der Zar in seinem süßesten Tonfall, daß es eine wirksame Medi-zin für Leute gäbe, die ihm nicht wohlgesonnen seien. »Geht in den Weinkeller und trinkt von allem so viel ihr wollt«, sagte er. Im Keller warteten die Hundehalter des Zaren mit einem Seil und erdrosselten den Fürsten. Sein Vergehen: Er hatte es gewagt, Fjo-dor Basmanow, einen Günstling des Zaren, mit folgenden Wor-ten zu beleidigen: »Wir dienen dem Zaren durch nützliche Arbeit; Ihr dient ihm mit widernatürlicher Unzucht.«

Der neue Metropolit wurde im Frühling des Jahres 1564 beru-fen. Es war Andrej Protopopow, Iwans Beichtvater, der nun den Namen Afanasij annahm. Der neue Metropolit und die Bojaren wußten nicht, was sie von diesen sinnlosen Akten der Grausam-keit halten sollten. Mutig erinnerte der Metropolit den Zaren daran, daß es einem christlichen Herrscher nicht anstünde, seine Untertanen hinzuschlachten. Für das Vergießen unschuldigen Blu-tes strafe Gott sogar bis in die dritte Generation. Beschämt von den Worten des Metropoliten, und da es keine Rechtfertigung für seine Verbrechen gab, versprach der Zar, sich zu bessern. Sechs Monate lang beging er keinen weiteren Mord.

Dies ist das eine Gesicht Iwans – die Welt draußen bekam ein anderes zu sehen. Das zeigen die Memoiren Rafaello Barberinis, eines italienischen Kaufmanns aus Antwerpen, der im November 1564 in Moskau eintraf, um die Interessen der italienischen Kauf-leute Flanderns zu vertreten. Er brachte glänzende Empfehlungen mit, Briefe von König Philipp II. von Spanien und Königin Elisabeth von England. Iwan gab ihm einen Ehrenplatz, genau unterhalb seines Throns. »Der Zar«, schrieb Barberini, »trug eine goldene Krone, mit Juwelen übersät, ein kostbarer schwarzer Zobelumhang hing von seinen Schultern, und unter diesem trug er ein langes Kleid aus goldenem Stoff mit Perlen geschmückt, das bis zu seinen Füßen reichte und von goldenen Knöpfen, die groß wie kleine Eier waren, zusammengehalten wurde. Seine gelbbraunen Lederstiefel liefen spitz zu und waren über und über mit winzigen Silbernägeln bedeckt. In der einen Hand hielt er einen vergoldeten Silberstab, vergleichbar dem eines Bischofs.«

Barberini war Zeuge der feierlichen Handlung des Kleiderwechsels. Der Zar verließ den Raum, wobei er immer von jungen Axtträgern begleitet wurde, die womöglich eine Verbindung zum Glanz des kaiserlichen Roms herstellen sollten. Er sah, daß die Äxte aus Gold und Silber bestanden. Die Träger waren alle jüngere Mitglieder adliger Familien, groß und kräftig, in silberne Gewänder mit Hermelinbesatz gekleidet, dazu trugen sie weiße, mit Perlen und Silber geschmückte Samthüte.

Weniger beeindruckt war er von den häufigen Trinksprüchen auf die Gesundheit Iwans, weil man dazu jedesmal aufstehen und sich vor dem Zaren verbeugen mußte. Im November gab es nur fünf Stunden Tageslicht, und man aß beim Schein von Talgkerzen, die in Messingleuchtern steckten. Einige Tische waren höher als die anderen, was den allgemeinen Eindruck von Unordnung noch verstärkte. Bedienstete rannten hin und her, der Zar bekreuzigte sich dauernd. Abgesandte wurden zu ihm geführt, um aus seinen Händen Pokale voll Wein zu empfangen. Plötzlich, recht unerwartet, war alles vorüber, denn der Zar hatte das Zeichen zur Beendigung des Festes gegeben. »Dann wurden die Gesandten, und ich mit ihnen, rüde aus dem Raum gejagt«, berichtet Barberini. »Wir wurden hinausgeworfen wie die Händler und Pharisäer aus dem Tempel. Durch unbeleuchtete Zimmer, inmitten trunkener Massen, erreichten wir schließlich die Palasttreppen. Gut zwanzig Meter weit weg warteten die Stallknechte mit den Pferden, um ihre Herren heimzubringen, aber zwischen den Stufen und den Pferden befand sich ein wahrer Schlammsee, durch den man knietief waten mußte. Dabei herrschte ringsum pechschwarze Nacht, nirgends war ein Licht zu sehen, und der Weg war weit.«

Ein Staat im Staate

Immer wieder hatte Iwan versucht, seinen Willen durchzusetzen gegen den Widerstand jener, die ihm nur den Status eines konstitutionellen Monarchen zubilligen wollten. Er selbst sah sich als Alleinherrscher, legitimiert durch kaiserliches Dekret, dessen Wunsch Befehl, dessen Flüstern schon Gesetz war. Aus dem Alten Testament wußte er, daß es Herrscher gab, die sich einzig von Gott Rat holten. Warum sollte er dann auf die Bojaren hören? Er haßte Ratschläge genauso, wie er das Machtgleichgewicht zwischen Bojaren und Zar ablehnte. Er wollte regieren, wie es ihm paßte, ohne Einmischung von irgendeiner Seite.

Dieser Wunsch war keineswegs ungewöhnlich. Iwan lebte in einer Zeit, da die göttliche Machtvollkommenheit der Herrscher noch als allgemein akzeptiertes Dogma galt. Königin Elisabeth glaubte nicht weniger an ihr göttliches Recht, zu herrschen. Sie wählte ihre Minister gut aus, setzte ihre Fähigkeiten geschickt ein, vertraute ihnen, belohnte sie großzügig, ließ sie selten hinrichten – und geriet von einer Krise in die andere. Iwan dagegen mißtraute seinen Ministern, ja, in seiner Vorstellungswelt gab es gar keine Minister, nur Diener, die seine Befehle auszuführen hatten. Er schrieb in einem Brief an Fürst Kurbskij, daß der Zar seine Macht von Gott erhält, und die Bojaren ihm deshalb unbedingten Gehorsam schuldeten.

Die Bojaren und Kurbskij dachten da anders. Sie erinnerten sich der Jahre, als Iwan rechtschaffen, schuldlos und bußfertig regierte und sich den Einschränkungen seines Königtums unterwarf. Der Zar jedoch gedachte nur der Zeiten, da er schlecht behandelt worden war.

Um jeglicher Abhängigkeit und Machtlosigkeit ein für alle Male ein Ende zu bereiten, faßte Iwan – ein Meister der Taktik und der Täuschung – einen listigen und verzweifelten Plan, um sein »privates« Königreich zu gründen.

Im Winter 1564 ging in Moskau das Gerücht um, der Zar wolle zugunsten seines zehnjährigen Sohnes abdanken und sich in die Beschaulichkeit und Einsamkeit eines Klosters zurückziehen. »Meine Seele ist mit Macht gesättigt«, soll er gesagt haben, »ich möchte nur Macht über mich selbst ausüben, weit weg von den Sorgen und Versuchungen dieser Welt, und fliehen will ich vor Zuständen, die die Sündhaftigkeit ausbrüten.« Aber zu einer förmlichen Abdankung kam es nicht. Statt dessen rief der Zar die Geistlichkeit und den Adel zusammen, beschuldigte sie der Untreue und des Verrats, und sprach sogar davon, Rußland einer fremden Macht zu übergeben. Daraufhin legte er in der Großen Halle des Kremls seine Krone und die königlichen Kleider ab. Die theatralische Geste sollte nur Furcht hervorrufen, die Krone und die Gewänder blieben in seinem Besitz.

Dies geschah Mitte November. Während der folgenden Tage wurden seine Handlungen noch beunruhigender. Er zog in Moskau umher und beraubte die Kirchen ihrer Ikonen und heiligen Banner, die er küßte, bevor er sie auf seine Schlitten legte. Alle Heiligtümer Moskaus brachte er in seinen Besitz. Dann, am Sonntag, dem 3. Dezember 1564, rief er die kirchlichen Würdenträger und den Adel wieder zusammen, diesmal in der Uspenskij-Kathedrale, wo der Metropolit Afanasij den Morgengottesdienst hielt. Nach der Messe bot der Zar dem Metropoliten, den Erzbischöfen, den Bischöfen, Priestern und Mönchen, den Fürsten, Bojaren, Wojwoden, Edelleuten und Kaufleuten, die sich vor der Kathedrale versammelt hatten, den Segen. Sie küßten alle seine Hände, und er schlug das Kreuzzeichen über ihnen. Danach reiste er mit der Zariza und seinen beiden Söhnen ab.

Es war ein seltsamer Abschied; jeder mußte glauben, daß Iwan in eine Art Exil ging, aber er gab nicht eine Erklärung für sein Verhalten ab. Bei Pilgerfahrten war er schon immer mit großem Gefolge gereist, aber niemals zuvor hatte er so viele heilige Bilder und Gold aus seiner Schatzkammer mitgenommen. Keiner wußte, was von all dem zu halten war.

Mit ihm reiste eine kleine Schar berittener Männer in voller Rüstung, und die Frauen und Kinder seiner Günstlinge begleiteten ihn. Mit Ausnahme einiger weniger Regierungsbeamter, die aus einem bestimmten Grund mitgenommen worden waren, gehörten die Begleiter des Zaren zu seinem privaten und engeren Hofstaat.

Man erreichte Kolomenskoje noch am selben Tag, aber da schlug das Wetter plötzlich um. Die Sonne kam hervor, das Eis auf den Flüssen schmolz, der Schnee wurde zu Matsch und das Reisen unmöglich. Iwan und sein Gefolge mußten für zwei Wochen in Kolomenskoje bleiben.

Als man endlich wieder aufbrechen konnte, ging es weiter zum Troiza-Sergejewskij-Kloster, wo Iwan am 21. Dezember den Gedächtnistag zu Ehren von Peter dem Metropoliten feierte, der 1328 gestorben war. Währenddessen arbeitete der Zar die letzten Einzelheiten seines außergewöhnlichen Plans für einen unabhängigen Staat im Zarenreich aus. Er sollte »Opritschnina« heißen, von *opritsch*, was soviel wie »einzeln«, »gesondert« bedeutet. Seine neue Hauptstadt sollte das ehemalige Jagdquartier Alexandrowa Sloboda werden. Seine neuen Minister und Diener würden »Opritschniki« heißen, »die Einzelnen«, gnadenlos, brutal und seinen Befehlen sofort und unbedingt gehorsam. Sie trugen schwarze Kleider, ritten schwarze Pferde und hatten Besen bei sich, um zu zeigen, daß sie jeglichen Verrat hinwegzufegen gedachten. Außerdem banden sie Hundeköpfe an ihre Sättel oder unter die Hälse ihrer Pferde, um an ihrer Entschlossenheit und Grausamkeit keinen Zweifel zu lassen.

Auf dem Weg nach Alexandrowa Sloboda bestrafte der Zar einige der Bojaren und Höflinge seines Gefolges. Lew Saltijkow, Iwan Tschobotow und andere wurden kurzerhand entlassen, ihrer Amtstracht entkleidet und nach Moskau zurückgeschickt. Lew Saltijkow war der »Meister der Waffenkammer«, einer der fünf wichtigsten Beamten am Hof, der mit Waffen eigentlich wenig zu tun hatte. Seine plötzliche Entlassung war als Schreckschuß gedacht: Bojaren in hohen Verwaltungspositionen waren entbehrlich.

Zur gleichen Zeit schickte Iwan durch Konstantin Poliwanow zwei Briefe nach Moskau. In diesen Briefen kündigte der Zar an, daß er beabsichtige, in Zukunft dauernd in Alexandrowa Sloboda zu residieren. Der eine Brief war an den Metropoliten Afanasij gerichtet, der andere an die Bewohner von Moskau. Der vollständige Text dieser Briefe ist nicht überliefert, aber man weiß aus zeitgenössischen Quellen, daß der Brief an den Metropoliten von den Kirchenoberen, den Bojaren und den Mitgliedern des Hofes gelesen werden sollte und scharfe Angriffe gegen sie alle enthielt. Er beschuldigte die Kirchenoberen, andauernd für das Leben von

Übeltätern einzutreten, die verdienten, bestraft zu werden. Er erinnerte die Bojaren daran, daß sie während seiner Kindheit und Jugend vielfachen Verrat begangen und den Staatsschatz veruntreut hatten, und warf ihnen vor, ihrer Pflicht nicht zu genügen, die Orthodoxe Christenheit zu verteidigen gegen ihre fremden Widersacher: Tataren, Litauer und Deutsche. Es waren die gleichen Anschuldigungen, die er im Sommer davor Fürst Kurbskij geschrieben hatte, und die er in einer Rede, fünfzehn Jahre vorher, auf dem Roten Platz ausgesprochen hatte. Er hatte sich nicht geändert und würde sich nie ändern, aber nun besaß er eine neue, starke Waffe: die Drohung, ein unabhängiges Fürstentum zu schaffen. Er würde all seine Macht behalten, nicht abdanken, er würde Moskau verlassen und gehen, wohin immer Gott ihn führen mochte. Er schrieb: »Wenn Gott und das Wetter es erlauben, werde ich nach Alexandrowa Sloboda gehen und das Zarentum in die Hände von Verrätern legen. Doch der Tag wird kommen, an dem ich das Zarentum zurückfordern werde.«

Der Zweck des Briefes war klar: Er sollte Verwirrung stiften unter den Geistlichen und Bojaren. Er war der Zar und doch nicht der Zar; er hatte abgedankt und auch wieder nicht; er war bereit zuzulassen, daß Rußland von Verrätern regiert wurde. Zu einem Zeitpunkt seiner Wahl würde er es jedoch wieder an sich reißen. Er brauchte diese allgemeine Verwirrung, um selbst um so freier handeln zu können.

In seinem Brief an die Bevölkerung erklärte Iwan, daß er mit ihnen keinen Streit hätte und sie nicht in Ungnade gefallen seien. Er stritte sich mit ihren Herren, den kirchlichen Würdenträgern und Bojaren – offensichtlich wollte er einen Keil zwischen das Volk und die Oberen treiben. Er deutete auch an, daß es von Vorteil für die Leute sein würde, sich gegen die herrschenden Bojarenfamilien zu erheben. Die Rebellion blieb aus, doch rief der Brief, wie er gehofft hatte, große Bestürzung unter den Moskauern hervor. Man weiß aus Chroniken, daß die Leute in Scharen zum Metropoliten Afanasij kamen und klagten: »Weh über uns, die wir vor Gott gesündigt und den Zaren erzürnt haben durch die vielen Missetaten, die wir an ihm verübten. An wen sollen wir uns nun wenden, und wer wird uns vor den Überfällen der Feinde schützen? Was soll aus dem Schaf werden ohne Hirt? Wie können wir ohne den Zaren bestehen?«

Die Briefe kamen am 3. Januar 1565 in Moskau an, nachdem

man über einen Monat lang nichts mehr vom Zaren gehört hatte. Die Bestürzung war groß, der Metropolit und die Bojaren entschlossen sich, sofort zu handeln. Sie verfaßten eine Petition, in der sie Iwan baten, nicht zurückzutreten. Eine Delegation von Würdenträgern wurde aufgestellt, um das Schriftstück zu überbringen. Man erfuhr, daß der Zar mittlerweile Alexandrowa Sloboda erreicht und in ein befestigtes Lager verwandelt hatte. Da seine wahren Absichten unbekannt waren, bat man den Zaren in der Petition, öffentlich zu erklären, wer die Verräter seien:

»Wir haben sehr ungern und schweren Herzens von unserem Großen Herrn erfahren, der jegliches Lob verdient, daß er mit uns unzufrieden ist, und vor allem, daß er sein Zarentum und uns aufgeben will. Wir sind arme und untröstliche Schafe ohne einen Hirten, und die Wölfe, unsere Feinde, umzingeln uns. Wir bitten ihn daher, seinen Sinn zu ändern.
In der Vergangenheit sind Nationen erobert und ohne Herrscher zurückgelassen worden, aber daß ein mächtiger Herrscher seine treuen Untertanen und sein Zarentum grundlos aufgibt – das wurde noch nie gehört und in keinem Buch gelesen.
Wenn der Zar von der Existenz von Verrätern weiß, sollte er ihre Namen nennen, und sie müssen für ihre Verbrechen einstehen, denn unser Herr hat das Recht, sie zu bestrafen und exemplarische Urteile über sie zu fällen.
Sollte der Zar geneigt sein, unsere Bitte zu erhören, werden wir uns freudig seinem Willen unterwerfen.«

Die Delegation, die Iwan die Petition überbrachte, wurde angeführt von Pimen, dem Erzbischof von Nowgorod, und Lewkij, dem Abt des Tschudow-Klosters, einem Mann, der zu Iwans Günstlingen zählte. Der Metropolit blieb in Moskau, aber viele der bedeutenden Bojaren, so auch Fürst Iwan Belskij und Fürst Iwan Mstislawskij, begleiteten die Delegation. Hunderte Adelige, Beamte, Kaufleute und gewöhnliche Leute aus Moskau gingen ebenfalls mit. Alles geschah so schnell, daß viele nicht einmal Zeit hatten, nach Hause zu eilen und ihre Kleider zu wechseln. Im Schnee, in der beißenden Kälte, das Banner hochhaltend und Hymnen singend, als wären sie auf einer Pilgerfahrt, zogen sie nach Alexandrowa Sloboda.

Alle Zufahrtswege nach dort waren bewacht, und beim Dorf Slotino mußte der Zug anhalten. Die Wächter schickten Boten, um zu erfahren, ob der Zar bereit wäre, die Bittsteller zu empfangen. Die Auskunft kam, daß er nur bereit sei, die Anführer zu sehen. Also wurde nur sieben oder acht Würdenträgern erlaubt, den Rest der Reise anzutreten*. Sie verbrachten die Nacht bei Slotino und ritten am nächsten Tag die letzten zwanzig Meilen. Die ganze Zeit über wurden sie streng bewacht.

Der Empfang, der den Bittstellern bereitet wurde, war kalt, förmlich, höflich. Sie wurden behandelt, als wären sie Gesandte eines fremden Staates. Iwan hörte Erzbischof Pimens langer Rede zu, in der es vor allem um die Pflicht des Zaren ging, die Orthodoxe Christenheit zu schützen, und wie konnte er dies tun, wenn er sich von seinem Volk absonderte. Falls er abdanke, würde der wahre Glaube unweigerlich von Ketzerei zerfressen, denn nur er habe die Macht, den Herzen der Ketzer Furcht einzuflößen. Ernst wiederholte der Erzbischof, was in der Bittschrift stand: Wenn es Verbrechen oder Mißstände gäbe, sollte der Zar ermächtigt werden, Ordnung zu schaffen, entweder durch Gnadenakte oder durch Verhängung härtester Strafen. Nachdem er den Brief gelesen und die Bitten des Erzbischofs gehört hatte, entließ der Zar die Delegation und sagte, er werde am folgenden Tag seinen Entschluß mitteilen.

Bei dem Empfang am 5. Januar 1565 war Iwan schlechtester Laune. Er sprach davon, daß die Chroniken voll seien von Berichten über Aufstände gegen die Oberherrschaft des Zaren. Seit der Zeit Wladimir Monomachs bis zum heutigen Tag sei Rußland voll von Verrätern gewesen, die versuchten, den regierenden Herrscher zu stürzen und einen anderen an seiner Stelle zu ernennen. Offiziere an seinem Hof unterhandelten ständig mit fremden Mächten: Der König von Polen, der türkische Sultan und die Tatarenkhane hätten allesamt Geheimagenten am Hof. Die Verräter wollten ihn auf die gleiche Weise wie die Zariza Anastasia töten. All dies wäre ihnen wohlbekannt. Warum erwarteten sie dann, daß er nach Moskau zurückkehre, außer unter ganz

---

* Eine der brillantesten Passagen in Sergej Eisensteins Film über Iwan den Schrecklichen zeigt, wie sich der endlose Zug der Bittsteller Hymnen singend durch den Schnee windet, während Iwan von einem hohen Turm in Alexandrowa Sloboda auf sie herabsieht wie ein Adler auf seine Beute. Tatsächlich mußte der größte Teil der Leute zwanzig Meilen entfernt anhalten, und nur einer Handvoll Personen wurde erlaubt, ihm unter die Augen zu treten.

bestimmten Bedingungen? Nur wenn sie diese Bedingungen akzeptierten, wolle er sich dazu herablassen, seinen Zorn gegen die Moskowiter zu vergessen.

Es gab zwei Bedingungen: Er forderte erstens das Recht, jeden auszuschalten, den er für einen Verräter hielt, zweitens wollte er ein unabhängiges Fürstentum bilden dürfen, mit eigener Armee, eigenen Bojaren, Edelleuten, Ministern und Beamten. Zum ersten Mal hörten die Bittsteller das gefürchtete Wort »Opritschnina«. Aus Rußland sollte man ein neues Königreich »herausschneiden«, Iwans eigenem Gebrauch vorbehalten, wo seiner Gefolgschaft, den Opritschniki, je nach ihrem Rang Ländereien zu gewähren seien. Diese Gebiete mußten natürlich ihren bisherigen Besitzern abgenommen werden. Ganze Städte und Provinzen würde die Opritschnina einschließen, um den Hof des Zaren und den seiner Söhne unterhalten zu können. Der Rest Rußlands, genannt Semschtschina, was soviel wie »das Dominion« bedeutet, würde, entsprechend seinen Befehlen, von den Bojaren regiert werden, während er über die Opritschnina direkt und absolut herrschen wollte, ohne irgendwelche Einschränkungen.

Die Würdenträger waren erleichtert, als sie diese Bedingungen hörten, denn sie hatten schlimmere befürchtet. Sie dankten dem Zaren und versprachen, alles seinen Anweisungen gemäß auszuführen.

»Auf diese Weise«, kommentierte ein livländischer Ritter, der unter dem Zaren diente, »bereiteten sie die Geißel und die Birkenrute mit ihren eigenen Händen vor und alle diese in leuchtenden Farben bemalten Teufelsmasken, vor denen die Geistlichen und Weltlichen sich verneigten.«

Die Würdenträger kehrten nach Moskau zurück und erwarteten, daß Iwan bald folgen werde, um seinen Wohnsitz in dem nun für die Opritschnina bestimmten Stadtteil zu nehmen. Dieser umfaßte ein großes Gebiet nordwestlich des Kremls – ohne den Kreml selbst. Der einzige Teil des Kremls, den er für sich beanspruchte, war das Gebiet, »wo der Palast der Zariza einst stand, hinter der Kirche Mariä Geburt und Sankt Lazarus, eingeschlossen alle Keller, Küchen und Gefrierhäuser bis ans Kuriatnij-Tor.« Warum er gerade diese Gegend wählte, ist nicht bekannt, aber sicher ist, daß er einen Stützpunkt innerhalb der Kremlmauer behalten wollte.

Als Iwan vier oder sechs Wochen später nach Moskau zurückkehrte – das genaue Datum ist nicht bekannt –, war er kaum wiederzuerkennen. Er hatte einen gut Teil seines Haupt- und Barthaares verloren. Der livländische Ritter schrieb, es sei »von seinem Wüten und seiner tyrannischen Seele verschlungen und vernichtet worden«, aber es ist zumindest möglich, daß die Haare infolge einer Krankheit ausgefallen waren.

Den versammelten Edelleuten und kirchlichen Würdenträgern erklärte er sein bisheriges Handeln und seine Ansichten über den neuen russischen Staat, der fortan in Opritschnina und Semschtschina aufgeteilt sein sollte. Zum ersten Mal verkündete er seine Absicht, Opritschnina seinem jüngeren Sohn und Semschtschina dem Zarewitsch zu vermachen, und er bat die Bojaren, jeglichem Streit, der zwischen seinen Söhnen aufkommen könnte, vorzubeugen, denn, wie er sagte, »Eure Aufgabe ist es, Ungerechtigkeit und Verbrechen auszurotten und zur gleichen Zeit Ordnung, Frieden und Eintracht aufrechtzuerhalten«.

Eintracht jedoch war genau das, was er selbst sich weigerte zu garantieren. Die schwerfällige Bürokratie eines geteilten Staates war nicht gerade dazu angetan, Frieden und Ordnung herzustellen. Wie es scheint, merkte er sehr rasch, daß die Teilung der Macht mit Schwierigkeiten verbunden ist. In allem, was die Semschtschina betraf, war den Bojaren erlaubt, die letzte Entscheidung zu treffen, aber er selbst behielt sich das Recht vor, bei militärischen Dingen und großen Staatsaffären einzugreifen. Er legte die Machtbefugnisse der Bojaren nicht fest, dafür seine eigenen um so genauer, denn er blieb der Zar und zugleich Besitzer eines riesigen privaten Fürstentums. Um letzteres zu unterhalten, verlangte er von der Semschtschina 100 000 Rubel, eine ungeheure Summe zu jener Zeit, heute ungefähr dreißig Millionen Mark. Die versammelten Würdenträger stimmten zwar den neuen Regelungen zu, waren aber privat der Meinung, daß die Teilung der Macht gefährlich, kompliziert und vielleicht unausführbar war. Keiner wagte jedoch zu protestieren. Zu groß war ihre Ehrfurcht vor dem Zaren, sie hätten allem zugestimmt, wenn er nur auf dem Thron blieb.

Ihre Befürchtungen erwiesen sich nur zu bald als gerechtfertigt, denn am Tag nach der Rede des Zaren wurde Fürst Alexander Gorbatij-Schuiskij zusammen mit seinem siebzehnjährigen Sohn aufgrund einer erfundenen Anklage wegen Verrats gefangengenommen und wenige Tage später hingerichtet. Wie Prinz Kurbskij berichtet, bat der Vater, als der Sohn seinen Kopf schon auf den Richtblock legte, um die Erlaubnis, der erste sein zu dürfen. Dies wurde ihm gewährt, und als sein Kopf abgeschlagen war, hob der Junge ihn auf, küßte ihn und sagte: »Ich danke Dir, Jesus Christus, unserem Herrn, daß Du uns für würdig erfunden hast, unschuldig hingerichtet zu werden. Das zeigt, daß wir vor Dir wie das schuldlose Lamm sind, das auch ermordet wurde.«

Ein Schauer des Schreckens lief durch Moskau, weil sich keiner vorstellen konnte, welche geheimen Gründe Iwan bewegt haben mochten, die beiden hinzurichten. Fürst Gorbatij-Schuiskij war einer der Helden von Kasan. Seine Tochter Irina war mit dem Fürsten Iwan Mstislawskij verheiratet, der sich ebenfalls in dieser Schlacht hervorgetan hatte. Eine andere Tochter war mit Nikita Sacharin verheiratet, dem jüngeren Bruder Anastasias. Wenige Tage nach der Hinrichtung schickte Iwan dem Troiza-Sergejewskij-Kloster zweihundert Rubel, um Gebete für die Seele von Fürst Gorbatij-Schuiskij zu bezahlen. Auf diese Weise schob er die Last seiner Verantwortung teilweise auf die begüterten Mönche des Klosters, die er vor allen anderen begünstigte.

Iwans Zorn gegen jene, die er als Verräter betrachtete, war durch den Mord an Fürst Gorbatij-Schuiskij noch nicht besänftigt. Praktisch alle schwebten in Lebensgefahr. Fürst Peter Gorenskij war ein wohlerzogener Höfling, jung, reich und mit guten Verbindungen. Er war eines der führenden Mitglieder des engeren Kreises um den Zaren, und in einem Testament aus dem Jahre 1561 bestimmte Iwan ihn als einen der Regenten im Fall seines Todes. Im März 1564 befand sich Gorenskij noch in seiner Gunst, doch schon im Herbst desselben Jahres mußte er fliehen. Anscheinend glaubte Iwan, daß der Fürst eine Verschwörung gegen ihn plante. Der Befehl, ihn zu verhaften, wurde gegeben, aber er entkam mit fünfzig Getreuen nach Litauen – nur um von Iwans Geheimpolizei eingeholt und auf der Stelle hingerichtet zu werden. Er wurde gepfählt, sein Gefolge erhängt. Eine Woche später schickte Iwan dem Troiza-Sergejewskij-Kloster fünfzig Rubel . . .

Alle, die in der Vergangenheit des Zaren Mißfallen erregt hatten, wurden nun Opfer seines guten Gedächtnisses. Fürst Simeon Rostowskij war ihm schon immer lästig gewesen. Er hatte Iwans Heirat mit Anastasia mißbilligt und in den folgenden Jahren beklagt, daß er nicht die Posten erhielt, die seiner hohen Geburt angemessen wären. 1553, als man annahm, daß der Zar sterben würde, hatte er die Thronfolge Wladimir von Starizas befürwortet. Im selben Jahr wurde auch bekannt, daß er zum litauischen Botschafter in Moskau abschätzig über den Zaren gesprochen hatte und sogar so weit gegangen war, einige Geheimnisse des Bojarenrats auszuplaudern. Es wurde auch behauptet, daß er dem litauischen Botschafter von einem Friedensschluß mit Moskau abgeraten habe. Ein Jahr später hatte er versucht, nach Litauen zu fliehen, wurde aber gefangen und des Hochverrats für schuldig befunden. Er verlor seinen Bojarenrang und mußte in die Verbannung gehen. Später wurde ihm vergeben, doch obwohl er in der Folgezeit wichtige Positionen innehatte, gewann er niemals den Rang eines Bojaren zurück. Im Frühjahr 1565 wurde er zum Statthalter von Nischni-Nowgorod ernannt. Der Zar mißtraute ihm jedoch über alle Maßen und schickte dreißig Opritschniki aus mit dem Befehl, ihm Rostowskijs Kopf zu bringen.

Es war die Zeit vor der Tauwetterperiode, die Straßen waren dick mit Eis bedeckt, aber die Opritschniki schafften die Strecke in wenigen Tagen. Als sie in Nischni-Nowgorod ankamen, erfuhren sie, daß der Fürst in Begleitung einiger Diener und Gefolgsleute in der Kirche bete. Sie eilten dorthin und verhafteten ihn sowie alle, die mit ihm waren. Rostowskij merkte sofort, daß jeder Widerstand zwecklos war und ließ seinen Amtsstab fallen. Er hatte ihn von Iwan erhalten und trug ihn immer bei sich. Man riß ihm die Kleider vom Leibe, denn es ziemte sich für einen verurteilten Mann nicht, weiter so kostbare Kleider zu tragen. Man warf ihm schmutzige Kleider über, band ihm Hände und Füße und legte ihn auf einen Schlitten. Die Hinrichtung sollte auf der zugefrorenen Wetluga, etwa vier Meilen vor der Stadt, vollzogen werden. Der Führer der Opritschniki sprang vom Pferd und schlug dem Fürsten das Haupt ab. Der Körper wurde in den Fluß geworfen, mit dem Kopf ritten sie nach Moskau zurück.

Iwan freute sich über ihren Erfolg, gratulierte ihnen und belohnte sie. Als der Kopf ihm vorgezeigt wurde, drohte er diesem mit dem Finger und sagte: »Kopf, Kopf, du mit deiner krummen Nase - du dürstetest nach Blut, als du noch lebtest, nun wo du tot bist, wirst du deinen Durst an Wasser stillen können!« Er trat nach dem Kopf und befahl, ihn in den Fluß zu werfen.

Die Herrschaft des Schreckens hatte begonnen. Der Tod dieser Fürsten war nur das Vorspiel zu einem blutigen Drama, das sieben Jahre währen sollte.

Das Gift der absoluten Macht

Der frühere Jagdsitz Alexandrowa Sloboda wurde nun die Hauptstadt eines selbständigen Königreichs. Umgeben von einem Wassergraben und einer hölzernen Palisade, die später mit Stein verstärkt wurde, stand es inmitten eines düsteren Waldes, ungefähr fünfundsiebzig Meilen nördlich von Moskau. Wie alle königlichen Jagdsitze bestand es aus vielen Gebäuden: dem Zarenpalast, dessen Kapelle, Amtsstuben für die Minister, Gästehäuser, Unterkünfte für das große Gefolge des Zaren und für seine Leibwächter, Wachstuben; außerdem gab es noch Gefängnisse, Warenlager, Speicher, Schlafstätten für die Diener, Metzger, Bäcker, Köche, Verwalter, Stallknechte, Falkner, Bärenführer, Geschichtenerzähler, Schneider, Priester, Geistlichen und deren Familien, für all jene eben, die zum Unterhalt einer königlichen Residenz gebraucht wurden. Während der Jahre der Opritschnina erlebte Alexandrowa Sloboda eine wahre Blütezeit. Ein Haus nach dem anderen, eine Kirche nach der anderen schossen aus dem Boden. Wohlstand zog ein, und Besucher aus Moskau konnten auf den ersten Blick sehen, daß sich dieses »große Dorf« – das heißt »Sloboda« nämlich – in eine königliche Stadt verwandelt hatte, in der die Baumeister unablässig am Werk waren.

In seiner Abgeschiedenheit paßte Alexandrowa Sloboda zu Iwans Stimmung. Hier konnte er in Einsamkeit leben, fern der Hektik und dem Lärm Moskaus. Keiner konnte unbemerkt in den Ort gelangen, denn Befestigungen und Wachen waren an allen Zugängen stationiert, und zwei hohe Türme oder Glockenstühle dienten als Wachttürme, von denen aus man die ländliche Umgebung der Stadt beobachten konnte. Ein Fluß befand sich jenseits der Palisade, und es gab Seen und Teiche in der Nähe.

Sowohl Iwans Palast wie auch der Terem der Zariza Maria standen auf einer Anhöhe. Aber die Region war sumpfig und unge-

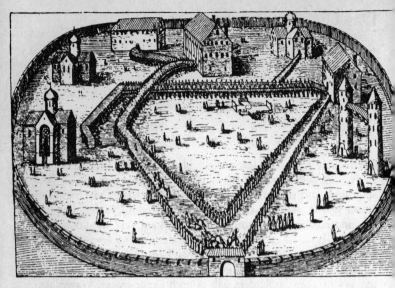

Alexandrowa Sloboda, der von Mauern umgebene Festungspalast; er umfaßte allerdings noch wesentlich mehr Gebäude, als diese Skizze vermuten läßt (aus Jakob Ulfeld, Legatio Moscovitica, 1608).

sund, und manchmal stand ein Großteil des Gebietes innerhalb der Palisaden unter Wasser. Erhöhte Fußwege aus Holz führten zu dem geschmückten Tor, damit die Besucher sich nicht schmutzig machten. Für Iwan ging das Leben so weiter wie in Moskau. Die Ratsmitglieder trafen sich, Abgesandte wurden empfangen und hohe Beamte bei Gastmählern unterhalten.

In Alexandrowa Sloboda lebte der Zar an einem Hof, der viel kleiner, manipulierbarer und empfänglicher für seine Launen war als der in Moskau. Die führenden Köpfe dieses Hofes waren der Bojar Alexej Basmanow und Fürst Afanasij Wiasemskij. Basmanow, den Fürst Kurbskij für viele der Greueltaten der Opritschniki verantwortlich machte, stammte aus einer alten Familie. Basmanows Sohn Fjodor, ein außergewöhnlich hübscher Junge, besaß ebenfalls das Vertrauen des Zaren. Basmanow war intelligent und völlig gewissenlos, und der Sohn war wie der Vater – ein ausschweifend lebender junger Mann, der manchmal Iwans Lager teilte.

Alexandrowa Sloboda; der Speisesaal. Der Zar sitzt, den Zarewitsch zu seiner Rechten, an dem Tisch in der Mitte. Oben rechts sitzen – mit dem Rücken zur Wand – fünf dänische Diplomaten (aus Jakob Ulfeld, Legatio Moscovitica, 1608).

Fürst Afanasij Wiasemskij kam aus einer unbedeutenderen Fürstenfamilie und war, anders als die Basmanows, die Iwan schon seit sechs Jahren näher kannte, erst vor kurzem in des Zaren Dienste getreten. Er hatte in den westlichen Provinzen gelebt und deshalb keine Beziehung zum etablierten Hofadel. Er verdankte seine Position seinem Charme und seinem Talent zu schmeicheln. Er war einer der drei Männer, die 1542 Fürst Iwan Belskij auf Befehl ermordeten, und sein Mangel an Skrupeln hatte ihn dem Zaren empfohlen. Die Basmanows, Wiasemskij und Saizow bildeten den Rat der Vier, der den täglichen Einsatz der Opritschniki überwachte. Es gab auch einen Zusammenschluß von Ratsmitgliedern, der die »Opritschnina Duma« genannt wurde, und dessen Vorsitz Fürst Michail Temriukowitsch, der Bruder der Zariza, innehatte.

Leute für die Opritschnina zu gewinnen, war eine komplizierte und zeitraubende Angelegenheit. Fast sechstausend Adelige aus den Provinzen scheinen befragt worden zu sein, ihre Stammbäume und die ihrer Ehefrauen wurden sorgfältig untersucht, sie mußten Auskunft geben über ihre Beziehungen zu anderen Fürsten und Bojaren und über ihre Treue gegenüber dem Zaren. Wenn sie für würdig befunden wurden und vier vertrauenswürdige Adelige aus ihrem Distrikt für sie bürgten, durften sie sich zu den Opritschniki zählen. Niemals vorher hatte es eine so genaue Untersuchung des Landadels gegeben. Iwan verlangte absolute Loyalität von diesen Auserwählten und bekam sie auch. Wenn sie arm waren, wurden sie mit stattlichen Besitztümern bedacht, die man den vorherigen Besitzern einfach weggenommen hatte.

Den Enteigneten wurden neue Ländereien zugeteilt, gewöhnlich in entlegenen Gebieten. Die Reise dorthin mußten sie in den Kleidern machen, die sie gerade anhatten, und keiner durfte ihnen helfen. Die harten Befehle lauteten: »Wenn irgendeiner der Bürger in den Städten oder der Bauern auf den Dörfern den Kranken oder den adeligen Frauen, die gerade ein Kind gebären, auch nur eine Stunde Schutz gewähren sollte, wird er ohne Gnade hingerichtet und sein Körper nicht beerdigt, sondern den Vögeln, den Hunden und den wilden Tieren überlassen werden.« Die neuen Ländereien, die der Zar vergab, waren meistens sehr klein und befanden sich meilenweit von der nächsten Stadt entfernt. Einst wohlhabende Grundbesitzer und ihre Familien scheinen die langen Reisen zu Fuß gemacht und von der Mildtätigkeit der Bauern gelebt zu haben.

Junge bisher landlose Edelleute aus der Provinz besaßen plötzlich Gebiete mit vielen Dörfern – nur weil sie jede Tat, die der Zar von ihnen verlangte, ausführten. Einmal in die Gemeinschaft der Opritschniki aufgenommen, schworen diese Adeligen folgenden feierlichen Eid:

»Ich schwöre, meinem Herrn, dem Zaren, und seinem Königreich treu ergeben zu sein, ebenso dem jungen Zarewitsch und der Zariza, und ich schwöre, keine Übeltat zu verschweigen, von der ich gehört habe oder hören werde, die von dieser oder jener Person gegen den Zaren, den Großfürsten, sein Königreich, die jungen Zarewitsche und die Zariza ersonnen wird.
Ich schwöre auch, daß ich mit niemandem aus der Semschtschina essen

oder trinken oder überhaupt irgend etwas zu tun haben werde. Um dies zu bekräftigen, küsse ich das Kreuz.«

Das war möglicherweise die gemäßigtere Form des Eids, wie er zu Beginn der Opritschnina geleistet wurde. In seiner »Geschichte« spricht Fürst Kurbskij von einem noch weitreichenderen Schwur, der von dem Opritschniki verlangte, sich völlig von seinen Eltern und Verwandten, seinen Freunden und Brüdern zu lösen, um Iwan mit äußerster Hingabe zu dienen.

Einmal den Opritschniki beigetreten, fand der Adelige sich in einer geheimen Organisation wieder, die immense Reichweite und unbegrenzte Macht besaß. Sein Leben war bis ins Kleinste hinein verplant, aber die Belohnungen waren den Pflichten angemessen. Er stand außerhalb des Gesetzes und hatte Macht über Leben und Tod eines jeden, den er traf. Seine Gesetzlosigkeit waren Recht und Privileg, die er erhielt, wenn er dem magischen Kreis um den Zaren beitrat, seine Belohnung waren Wohlstand und Macht und die Freiheit, soviel Blut zu vergießen, wie ihm beliebte.

Die Opritschniki erinnerten in ihrer Doppelrolle als Mönche und Krieger an Ordensritter. Alle, eingeschlossen Iwan, trugen die einfachen schwarzen Gewänder der Mönche. Sie standen früh auf, lang vor der Dämmerung, um unter Vorsitz des Zaren am Morgengottesdienst teilzunehmen, und übel erging es denen, die nicht erschienen! Wenn sie nicht wegen Krankheit entschuldigt waren, wurden sie mit einer achttägigen Buße oder mit Prügel bestraft. Der Gottesdienst dauerte drei Stunden, von morgens vier bis sieben Uhr. Nach einer Pause von einer Stunde wurde der Gottesdienst Punkt acht wieder aufgenommen und dauerte bis zehn Uhr; danach folgte das gemeinsame Frühstück. Iwan, der die Rolle eines wachsamen Abtes übernahm, blieb stehen, während der Rest saß. Wenn sie ihn ansprachen, nannten sie ihn »Bruder«, und er bezeichnete sie genauso. Die Männer aßen und tranken ausgiebig, und wenn sie fertig waren, setzte Iwan sich nieder, um allein zu essen. So ging das Tag für Tag.

Iwan wartete auf die Gelegenheit, sich an seinen eingebildeten Feinden zu rächen. Hunderte waren bereits von den Opritschniki aufgestöbert und in die Gefängniszellen von Alexandrowa Sloboda geworfen worden. Nachdem er gespeist hatte, machte Iwan sich auf den Weg zu den Folterkammern, wo er seine Opfer verhörte und jene, die unbefriedigende Auskunft gaben, foltern ließ.

Es freute ihn, ihre Qual mitanzusehen. »Er war immer fröhlich und guter Laune und sprach erregt, wenn er bei den Verhören und Folterungen dabei war«, berichteten Johann Taube und Eilert Kruse, zwei Söldner, die sich den Opritschniki anschlossen. Albert Schlichting hatte ebenfalls Gelegenheit, das Verhalten des Zaren in den Kerkern zu beobachten:

»Der Tyrann sieht gewöhnlich mit eigenen Augen zu, wenn gefoltert und getötet wird. Deshalb geschieht es hin und wieder, daß Blut auf sein Gesicht spritzt. Das stört ihn aber nicht im geringsten, im Gegenteil, er ist eher erfreut und ruft triumphierend: »*Goida! Goida!*« (»Hurra«) und dann rufen alle um ihn: »*Goida! Goida!*« Wenn der Tyrann jemanden erblickt, der stumm bleibt, vermutet er sofort, daß dieser mit dem Gefangenen Mitleid hat, und fragt ihn, warum er so traurig ist, obwohl er sich doch freuen sollte. Dann befiehlt er, ihn in Stücke zu reißen. Jeden Tag werden Menschen auf seinen Befehl hin getötet.«

Taubes und Kruses Bericht ist zu entnehmen, daß kaum ein Tag in Alexandrowa Sloboda verging, an dem nicht zwanzig bis vierzig Menschen getötet wurden.

In der Kunst des Tötens wurde der Zar zum Meister. War er genügend erregt, tötete er auch eigenhändig, aber im allgemeinen zog er es vor, andere das Umbringen besorgen zu lassen. Manchmal verlas er die Namen derjenigen, die er getötet wissen wollte, während des Gottesdiensts. Es gab eine schriftliche Anweisung, wie der Betroffene hingerichtet werden sollte: Erwürgen, Ertränken, Verbrennen, In-Stücke-Hacken. Das Amt des Scharfrichters oblag nicht irgendeinem Auserwählten – allen Opritschniki konnte hier und jetzt befohlen werden, diesen Dienst zu versehen. Sie trugen lange schwarze Stäbe mit scharfen Eisenspitzen, mit denen sie einen Menschen zu Boden schlagen und anschließend durchbohren konnten; außerdem befanden sich unter ihrer Kleidung Messer »von der Länge eines Unterarms oder sogar länger«, mit denen sie einen Menschen in Stücke hacken konnten. »Keiner protestierte gegen diese Hinrichtungen«, schrieben Taube und Kruse. »Im Gegenteil, sie dünkten sich glücklich, dieses gute und heilige Werk vollbringen zu dürfen.«

Iwan lebte inmitten von Folterungen, Seen von Blut, Bergen von Leichen. Das war die Welt, in der er sich am wohlsten fühlte, und wo er seine größten Triumphe feierte. Es schien, als ob er nur glücklich wäre, wenn er wehrlose und unschuldige Menschen aufs Äußerste erniedrigen konnte. Iwan war geradezu besessen, und es gab kein Mittel gegen diesen Wahnsinn.

Manchmal erhalten wir den einen oder anderen Hinweis, welcher Art dieser Irrsinn war. So schreibt Albert Schlichting, daß er sich wegen des Gestanks der Leichen immer überwinden mußte, nach Alexandrowa Sloboda zu reiten. Wir wissen, daß die Toten auf Befehl Iwans oft tagelang nicht beerdigt wurden, weil er glaubte, daß Verräter eine härtere Strafe als den Tod verdienten, und weil das Verwesen der Körper allen anderen eine Warnung sei. Ein christliches Begräbnis zu verweigern, war die größte Erniedrigung, die er ihnen zufügen konnte.

Es wundert wohl niemanden, daß er nicht gut schlief, und es wird berichtet, daß er von Geschichtenerzählern in den Schlaf »geredet« werden mußte – drei blinden Männern, die Fabeln und Sagen aus alter Zeit erzählten, bis er schließlich in einen unruhigen Schlaf fiel.

Nach außen hin, wenn er auf Pilgerfahrt ging oder im Land umherreiste, zeigte sich Iwan als ein Mann von unerschütterlicher Würde. Nur wenige Leute außer den Opritschniki wußten, was in Alexandrowa Sloboda vor sich ging. Deshalb wurde Iwan, als er am 21. September 1565 von Moskau zur alljährlichen Pilgerfahrt in das Troiza-Sergejewskij-Kloster aufbrach, von allen mit der gewohnten Ehrerbietung gegrüßt. Wieder gab es Geschenke für die Mönche und aufrichtige Gebete für seine Gesundheit. Er zog weiter nach Rostow, Jaroslawl und Wologda, die er ebenfalls in eine starke Operationsbasis für die Opritschnina zu verwandeln vorschlug. Dann ritt er, der Route seiner früheren Pilgerfahrten folgend, zum Kloster des heiligen Kirill bei Beloosero hoch im Norden. Am 27. Dezember kehrte er nach Moskau zurück, wo er erfuhr, daß Dewlet Guirej, der Khan von der Krim, die russische Festung bei Bolchow bedroht habe, aber zurückgeschlagen werden konnte. Fürst Iwan Belskij und Fürst Iwan Mstislawskij, die das Kommando über den Hauptteil der Armee an der Oka führten, hatten Verstärkung nach der Festung gesandt, die jedoch gar nicht mehr benötigt wurde.

Im Frühling 1566 fand sich Rußland mit der eigenartigen Einrichtung »Opritschnina« ab. Obwohl es Schwierigkeiten gab, besaß das Land genügend Ressourcen, um selbst größere Verheerungen in Kauf nehmen zu können. Iwan war mit dem Experiment zufrieden, und er war tatsächlich bereit, einige der Strafen, die er dem Adel auferlegt hatte, zu mildern. Als der Metropolit Afanasij und der Bojarenrat ihn baten, dem Fürsten Michail Worotijnskij zu erlauben, aus seiner Verbannung in Beloosero zurückzukehren, stimmte er gnädig zu, und auch seine riesigen Besitzungen erhielt der Fürst zurück. Auch andere Adlige, die auf seine Anordnung hin nach Kasan verbannt worden waren, durften wiederkommen.

Während der Zar die südwestliche Grenze besichtigte, reichte der Metropolit Afanasij völlig überraschend seinen Rücktritt ein »aufgrund eines Gebrechens«, das von manchen als das zu genaue Wissen um Iwans Verbrechen interpretiert wurde. Afanasij zog sich in das Tschudow-Kloster innerhalb des Kremls zurück, und als Iwan zurückkam, ernannte er Hermann Poljow, den Erzbischof von Kasan, einen entfernten Nachkommen der Fürsten von Smolensk, zum neuen Metropoliten. Fürst Kurbskij beschrieb ihn als »einen Mann von großem Wuchs, untadeligem und heiligem Lebenswandel, der sich sehr gut in der Heiligen Schrift auskannte«, und fügte hinzu, daß er gut zu den Armen und zuverlässig in Zeiten der Unruhe war.

In einem solchen Mann mußte der Zar einen Gegner finden – und das früher als erwartet. Gleich nach seiner Berufung bat Hermann den Zaren um ein langes Gespräch über die Opritschniki. Er redete von Gottes Strafe für die Sünden der Menschen, dem Jüngsten Gericht und wie wichtig es für den Zaren sei, in den Augen aller gerecht zu handeln. Iwan zeigte sich beeindruckt und teilte den Inhalt des Gesprächs seinen Opritschniki mit, die beunruhigt und erschrocken waren. Wenn der Zar auf Hermanns Rat hörte, würde ihr Verband aufgelöst oder zumindest bedeutungslos werden. Noch standen sie in der Gunst des Zaren und konnten morden und rauben, wie es ihnen gefiel. Alexej Basmanow schmeichelte Iwan, erinnerte ihn an seine Herrschergewalt und überzeugte ihn schließlich, daß es das Beste sei, den neuen Metropoliten gleich wieder aus seinem Amt zu entlassen. Die Einsetzungszeremonien hatten noch nicht stattgefunden, und so war es relativ einfach, ihn abzusetzen. »Ihr habt Euer Amt noch nicht angetreten«, sagte der Zar zu ihm, »und schon versucht Ihr, mich zu Eurem Gefangenen zu machen!« Hermann Poljow war zwei Tage lang Metropolit von Rußland; er kehrte nach Kasan zurück, um die Tataren zum wahren Glauben zu bekehren.

Ein neuer Metropolit mußte berufen werden, und zur allgemeinen Überraschung wählte Iwan einen Mann, der noch frommer war als Hermann: Philipp Kolijtschow, den Abt des Solowetskij-Klosters. Doch bevor Iwan seine Wahl verkündete, ließ er ihn aus dem Norden Rußlands nach Moskau kommen, um aus seinem »geistlichen Ratschlag« Nutzen zu ziehen.

Als Kolijtschow im frühen Juli 1566 Moskau erreichte, wurde ihm eröffnet, daß er Metropolit von ganz Rußland werden solle. Er lehnte ab und sagte: »Der Zar sollte einem so kleinen Schiff nicht eine so große Last anvertrauen.« Dann bat er, in sein Kloster zurückkehren zu dürfen, aber Iwan bestand darauf, daß nur er und kein anderer diese Funktion übernehmen könne. Schließlich willigte Philipp Kolijtschow unter der Bedingung ein, daß die Opritschnina abgeschafft werde. »Ich füge mich Eurem Wunsch«, sagte er, »aber Ihr müßt zuerst mein Gewissen beruhigen. Es darf keine Opritschnina geben. Ich kann Euch meinen Segen nicht erteilen, solange ich das Land in solcher Qual sehe.« Nur mit großer Mühe konnte der Zar seine Wut unterdrücken. »Wißt Ihr nicht«, sagte er, »daß mein Volk nichts mehr wünscht, als mich zu verschlingen? Es gibt Leute in meiner Umgebung, die alles vorbereiten, mich zu vernichten!«

Diese Worte deuten an, daß Iwan an einem krankhaften Verfolgungswahn litt. Der Abt hatte bewußt das Thema Opritschnina gewählt, weil er meinte, daß deren Abschaffung dem Zaren zumindest helfen würde, in größerem Frieden zu leben. Doch der Zar befahl ihm zu schweigen. Iwan und der Priester hatten ihre Bedingungen gestellt – sie waren unvereinbar. Das wurde den Bojaren und Bischöfen bekannt, die Philipp Kolijtschow unbedingt zum Metropoliten haben wollten, unter welcher Bedingung auch immer, selbst unter der Voraussetzung, daß er über die Opritschnina Schweigen bewahren müsse. Sie hofften, daß seine Anwesenheit ein Schutzschild gegen die Unterdrückung darstellen würde. Ginge er nicht auf die Bitte der Bojaren und Bischöfe ein, so müßte er als stolz und halsstarrig verurteilt werden. Nahm er das Amt unter den Bedingungen des Zaren an, so sah er einem gefährlichen Leben entgegen. Schließlich unterzeichnete Philipp am 20. Juli ein Schriftstück, in dem er versprach, sich »nicht in die Opritschnina und die häuslichen Angelegenheiten des Zaren« einzumischen. Fünf Tage später wurde er in der Uspenskij-Kathedrale zum Metropoliten von ganz Rußland geweiht.

Danach hielt er eine Rede, in der er sagte, daß Herrscher als Väter ihrer Untertanen gerecht handeln und diejenigen belohnen sollten, die es verdienten. Er sprach von »abscheulichen Schmeichlern«, die sich um den Thron scharen und versuchen, den Herrscher zu blenden, ihn schwach zu machen, seine Begierden anzustacheln, und die jene preisen, die es nicht wert sind, und jene in Verruf bringen, die lobenswert sind. Er fuhr fort, von der Vergänglichkeit irdischen Glanzes und den Siegen »unbewaffneter Liebe« zu reden, die durch gute Taten errungen werden und herrlicher sind als Siege, die man auf dem Schlachtfeld erkämpft hat. »Schweigen kann die Seele sündigen lassen und den Tod eines ganzen Volkes verursachen.« Die Worte waren hart, aber der Zar hörte ruhig zu und bezeugte dem neuen Metropoliten alle ihm gebührende Höflichkeit.

Philipp versuchte auch in der Folgezeit, mit seinen geistlichen Waffen eine Auseinandersetzung mit dem Zaren zu führen, dessen Waffen Terror und Unterdrückung hießen. Es konnte nur einen Ausgang dieses Krieges geben: das Märtyrium des Metropoliten. Es war ein Schicksal, das er anscheinend freudig auf sich nahm, weil er glaubte, dadurch dem russischen Volk zu dienen.

Währenddessen fuhr Iwan fort, seine Vorstellungen von der Opritschnina zu vervollkommnen. Er war entschlossen, sich völlig von seinem Volk zu entfremden. Er betrachtete sich nicht länger als Zar über ganz Rußland, sondern nur über einen Teil davon. Er hatte den Kreml-Palast verlassen und beschlossen, einen neuen Opritschnina-Palast zu bauen, jenseits der Kremlmauern. Im Mai 1556 waren die Pläne der Architekten fertig, und er befahl, das Vorhaben so schnell wie möglich durchzuführen. Ganze Straßenzüge wurden geräumt und dann niedergerissen, und Ende des Jahres war der Palast beinahe fertig. Die Mauern ragten 5,50 Meter hoch und formten ein Quadrat, dessen Seiten 245 Meter lang waren. Es gab drei Tore, deren jedes von einem gemeißelten Emblem gekrönt wurde, das einen doppelköpfigen Adler zwischen zwei Löwen darstellte. Die Adler hatte man schwarz bemalt und die Augen der Löwen mit Spiegeln besetzt. Was Iwan mit diesem Emblem eigentlich ausdrücken wollte, ist unklar, aber Heinrich von Staden, ein deutscher Söldner, berichtet, daß die Löwen auch weitaufgerissene Mäuler hatten. Vielleicht symbolisierten sie den Geist der Opritschniki, die ihre Verachtung gegenüber der sie umgebenden Welt herausbrüllten.

Innerhalb des riesigen Quadrats befanden sich: ein Schuldgefängnis, Küchen, Keller, Badehäuser, Gefrierhäuser, Ställe und Verwaltungsgebäude. Staden fügt die kuriose Information hinzu, daß Iwan in einer Ecke des Quadrats eine kleine Hütte bauen ließ, wo er zu frühstücken und Mittag zu essen pflegte. Die Mauer war an dieser Stelle etwas tiefer als sonst, so daß mehr Sonnenlicht einfallen und der Zar etwas von der Morgenbrise spüren konnte. Der Boden des Areals war gegen die dort herrschende Feuchtigkeit mit weißem Sand bestreut.

Der Palast und alle anderen Gebäude wurden aus Holz gebaut; man beschäftigte nur ausgesuchte Facharbeiter und benutzte nur die besten Materialien, so daß der Palast sehr teuer kam. Staden berichtet, er habe so viel gekostet, daß einige der Leute in Semschtschina wünschten, er würde abbrennen.

Während der Palast gebaut wurde, im August oder frühen September, nahmen dreihundert Menschen, angeführt von Fürst Wassilij Pronskij, Iwan Karamijschow und Krestianin Bundow, all ihren Mut zusammen und übergaben dem Zaren eine Petition, in der sie ihn baten, die Opritschnina abzuschaffen. Fürst Pronskij gehörte einer berühmten und alteingesessenen Fürstenfamilie an, Karamijschow dem Adel und Bundow dem niederen Adel. Sie repräsentierten daher das ganze Spektrum der russischen Nobilität. Albert Schlichting hat den Inhalt der Petition sinngemäß – vielleicht ist es sogar ihr Wortlaut – überliefert:

»Großartiger Zar und Herr, warum gebt Ihr Befehle, unsere unschuldigen Brüder zu töten? Wir haben Euch alle treu gedient und unser Blut für Euch vergossen! Und das ist Eure Art, uns für unsere Dienste zu belohnen. Ihr schickt uns die Opritschniki auf den Hals, sie greifen unsere Brüder und Blutsverwandten aus unserer Mitte, verüben Greueltaten an uns, schlagen, erstechen und erdrosseln uns, und eines Tages werden sie uns alle umbringen.«

Zweifelsohne enthielt die Rede noch mehr Angriffe auf Iwan, der vor Wut raste und befahl, alle Abgesandten zu verhaften. Fünf Tage später übergab er sie an die Opritschniki, nachdem sein Zorn soweit abgekühlt war, daß er entscheiden konnte, wer auf welche Weise bestraft werden sollte. Pronskij, Karamijschow und Bundow wurden geköpft, anderen schnitt man die Zunge heraus, während wieder andere ihre Arme und Beine verloren – oder auch freigelassen wurden. Einige Tage später kam Iwan zu dem

Schluß, daß er zu viele freigelassen hatte, und befahl, sie wieder zu verhaften und in Stücke zu schneiden. Fürst Kurbskij berichtet, daß fast zweihundert Adlige und Offiziere der Armee für diese Petition ihr Leben lassen mußten.

Ein derartiges Massaker konnte nicht verborgen bleiben. Iwan machte sich Gedanken, welchen Eindruck diese Vorgänge wohl auf die Menschen in anderen Ländern machen würden. Als er daher im Februar 1567 Abgesandte nach Litauen schickte, schärfte er ihnen ein, dort zu erklären, daß Fürst Pronskij und Iwan Karamijschow völlig zu Recht hingerichtet worden seien, weil sie sich gegen den Zaren verschworen hätten. Sie sollten sagen: »Der Zar ist eigentlich gnädig, aber schuldige Männer müssen immer mit ihrer Hinrichtung rechnen.«

Iwan wurde immer mißtrauischer, furchtsamer und grausamer. Überall lauerte Gefahr; Sicherheit lag nur in der Flucht, darin, daß er ein Versteck fand, in dem er außer Reichweite seiner Feinde war. Er sprach davon, Rußland zu verlassen oder ein einfacher Mönch zu werden oder abzudanken und sich als normaler Bürger niederzulassen. Gerüchte von diesen Plänen erreichten die Semschtschina und ließen Gerede über die Thronfolge aufkommen. Als der Zar davon hörte, wurde er noch besorgter. Die Opritschniki wiederum fürchteten um ihre eigene Sicherheit, wenn der Zar den Thron verließe, und sie bestärkten ihn in seinem Mißtrauen. Sie erfanden Gerüchte und Verschwörungen, stellten falsche Zeugen und mordeten, wie es ihnen gefiel.

Am 12. Januar 1567 zog Iwan feierlich in den neuen Opritschnina-Palast ein. Drei Wochen später machte er sich auf eine lange Pilgerreise, die ihn zum Kirillow-Kloster führte. Dem Abt vertraute er seinen Wunsch an, zurückzutreten und Mönch zu werden, und gab ihm zweihundert Rubel, um eine Zelle vorzubereiten. Es war undenkbar, daß er in einer einfachen, schmucklosen Zelle den Frieden seiner Seele finden konnte. Daher schickte er später im Jahr goldene Platten, Ikonen und Kreuze in das Kloster, »zur Einrichtung seiner Zelle«.

Während seiner Reise verbrachte er einige Zeit in Wologda, wo gerade Steinmauern und Türme gebaut wurden, um die ganze Stadt in eine mächtige Festung zu verwandeln. Zur gleichen Zeit wurde auch eine neue Kathedrale zu Ehren der heiligen Sophia gebaut. Von den drei Festungen der Opritschnina – dem neuen Palast in Moskau, Alexandrowa Sloboda und Wologda – war letztere die bei weitem stärkste, und hier erwartete er, die entscheidende Schlacht gegen seine Feinde zu schlagen.

Als er nach Moskau zurückkehrte, Ende Juni 1567, stand er plötzlich wirklich einer Verschwörung gegenüber, angezettelt von König Sigismund II. August. Er erfuhr, daß vier der höchsten Würdenträger Rußlands – Fürst Iwan Belskij, Fürst Iwan Mstislawskij, Fürst Michail Worotijnskij und der Bojar Iwan Tscheliadnin – Botschaften vom König erhalten hatten, in denen dieser sie aufforderte, Rußland aufzugeben. Die Familien der Belskijs und Mstislawskijs gehörten einer alten Linie litauischer Fürsten an und waren mit Sigismund entfernt verwandt; es war deshalb nicht unbedingt überraschend, daß ein Versuch gemacht wurde, sie Rußland zu entfremden. Diese Briefe, die von Iwan Koslow nach Moskau gebracht worden waren, einem ehemaligen Moskowiter, der als geheimer Gesandter des Königs diente, wurden sogleich Iwan gezeigt, der passende Antworten in seinem eigenen charakteristischen Stil entwarf. Sigismund würde, wenn er die Briefe las, ohne größere Schwierigkeiten den wirklichen Verfasser erkennen. Gleichzeitig hatten die vier russischen Würdenträger Briefe von Gregorij Hotkewitsch, dem Kommandanten der litauischen Armee, erhalten, die Iwan ebenfalls beantwortete, die aber auf seinen Befehl hin von den Männern, an die sie gerichtet waren, unterzeichnet werden sollten. Insgesamt schrieb Iwan acht Briefe.

Empörung und Zorn prägten seinen Ton, als ob er Gott als Zeugen der Verschwörung eines fremden Königs anrufen wollte. Im Namen Fürst Belskijs schrieb er:

»Wir haben Euren Brief sorgfältig gelesen und verstehen sehr gut, was Ihr wollt. Ihr habt wie ein Kuppler, Schwindler und Schurke geschrieben. Sicher ist es unter der Würde eines großen Herrschers, einen Streit unter Landesherren auf diese Weise zu beginnen! Was Ihr nicht im ehrlichen Kampf erreichen könnt, versucht Ihr auf anderen Wegen zu bewirken, indem Ihr Euch wie eine Schlange auf Eure Beute stürzt! Ihr solltet wissen, daß der Wille, die Gnade und die Hand Gottes die Alleinherrschaft unseres Zaren schützen, und wohl uns, die wir seine würdigen Ratgeber sind. Wir können durch einen kleinen Windstoß oder auch einen starken Sturm nicht vernichtet werden, weil wir auf den festen Fundamenten der von Christus gegründeten Kirche stehen, und die Pforten der Hölle werden sie nicht überwinden. Deshalb fürchten unser unumschränkter Zar und wir, seine fürstlichen Ratgeber, keine Zerstörung. Wie Seine Majestät der Zar, der unser Herr ist, seine Gunst gewährt seinen treuen Ratgebern, so beweisen wir, die seinen Rat bilden, unsere Treue und untertänigste Unterwerfung der uneingeschränkten Macht des Herrschers.«

Mit jedem Wort verrät Iwan sich als Verfasser, ist doch der ganze Brief Ausdruck seiner Selbstherrlichkeit, seiner Machtgier, seiner Trunkenheit von Glanz und Ruhm und – seiner Wahnvorstellungen.

Eine seiner Hauptobsessionen betraf den freien Willen oder besser: das völlige Fehlen freien Willens in einer Welt, die gehorsam Gottes Plan folgen mußte. Als darum König Sigismund in seinem Brief an Fürst Belskij sagte, daß Gott dem Menschen Freiheit und Würde gegeben habe, antwortete Iwan verärgert, daß nur Adam Freiheit geschenkt wurde, allen späteren Generationen diese jedoch als Folge des Sündenfalls genommen wurde. Wenn Sigismund II. August dies nicht verstünde, sei er offensichtlich ungebildet. Iwan schrieb:

»Ihr sagt, daß Gott den Menschen erschuf und ihm Freiheit und Würde gab, aber was Ihr geschrieben habt, trifft nicht zu. Allerdings wurden Adam Macht und freier Wille gegeben, aber Gott befahl ihm, nicht vom Baum der Erkenntnis zu essen! Weil er diesen Befehl nicht befolgte, wurde er hart bestraft, seine Macht wurde ihm genommen, und er fiel in Ungnade: vom Licht in die Dunkelheit, vom Glanz der Nacktheit zu Gewändern aus Häuten, vom Müßiggang zur Sorge um sein täglich Brot, von der Unsterblichkeit in die Sterblichkeit, vom Leben in den Tod. Und später schickte Gott die Sintflut über die unreinen Menschen, und nach der Sintflut befahl er, daß niemand Blut zu sich nehmen sollte, und nachdem sie den Turm zu Babel bauten, verstreute er sie in alle Lande; dann befahl er Abraham, sich zum Zeichen seines Glaubens beschneiden zu lassen, und dann gab er Moses die Gesetzestafeln zur Rechtfertigung und Reinigung der Menschen, und im Fünften Buch Moses verkündete er die Verdammnis bis zum Tod für Missetäter, und dieselbe Wahrheit wurde von Jesus Christus bestätigt, der kam, die Übeltäter zu bestrafen.
Nun Bruder, Ihr seht, daß es niemals irgendwelche Freiheit gegeben hat, und was Ihr geschrieben habt, ist weit von der Wahrheit entfernt. Und was ist Gutes daran, Bruder, wenn Eure Adligen die Freiheit haben, Euch zum Schwindler zu machen und Eure Unterschrift unter solche Torheiten zu setzen?«

Iwan genoß es offensichtlich, solche langen Schmähepisteln zu schreiben. Der Zar stand über allen Menschen, wie Gott über dem Zaren stand. Er hoffte, daß Sigismund II. August diese Lehre beherzigen würde.

Wieder und wieder hatte Sigismund behauptet, daß Iwan so viel Unheil nach Rußland gebracht habe, daß rechtschaffenen und vernünftigen Männern nur eines übrig blieb: zu fliehen, auf seine Seite überzuwechseln. Unter dem Namen Worotijnskijs wetterte Iwan in einem der Briefe, daß nichts Böses geschähe, daß es keine Opritschnina gäbe, keiner behelligt würde, solange er dem Gesetz gehorchte, und nur Verräter hingerichtet würden. Was Sigismund beträfe, so sei er nicht weiser als »die gottlosen Könige« der Vergangenheit – als Nebukadnezar, Sanherib und Chosras, Männer satanischen Hochmuts und erschreckenden Ehrgeizes. An Gregorij Hotkewitsch schrieb Iwan, ebenfalls im Namen Worotijnskijs:

»Da Ihr vom Teufel besessen seid, schriebt Ihr, daß Euer König von sinnlosen Grausamkeiten unseres Zaren gehört habe, Märchen von ungerechten Verfolgungen und gnadenlosen Handlungen gegen seine christlichen Untertanen. Was für ein teuflischer Unsinn ist das? Ist es gestattet, darf Gott anderen Menschen erlauben, die Gesetze eines fremden Landes zu diktieren? Und was Euch betrifft, der nichts vom Gesetz versteht, der Ihr nicht nur Verbrecher, sondern auch Abtrünniger seid, wie kann das Euch gestattet sein? Wie wagt Ihr, Nachfahre des Teufels, so ungehörig über Unsere Majestät den Zaren zu sprechen? Unser Zar ist ein treuer orthodoxer Herrscher und regiert sein Land weise; er beschützt die Guten und bestraft die Bösen, und Verräter werden in allen Ländern hingerichtet.«

Wenn wir uns Iwans Briefe genauer ansehen, bemerken wir etwas höchst Interessantes: Die Wut ist echt, aber ihre Steigerung künstlich. Er versetzt sich selbst bewußt in Raserei. Die Beleidigungen, die Unterstellungen, die gehässigen Angriffe haben sich mit der Zeit abgenutzt, zu oft schon hat er sie verwendet, als daß sie noch ihre Wirkung erzielen könnten. Die Rhetorik ist mechanisch geworden – aber er selbst gefährlicher als je zuvor.

Im September 1567 brach der Zar auf, Litauen anzugreifen. Er machte im Troiza-Sergejewskij-Kloster Halt, um am Grab des heiligen Sergius zu beten, dann schloß er sich der Semschtschina-Armee bei Nowgorod an. Er kam mit großem Gefolge, dem der Zarewitsch Iwan, Fürst Afanasij Wiasemskij, Peter Saizow und der junge Fjodor Basmanow angehörten. Die Namen zweier anderer Opritschniki erscheinen ebenfalls auf der offiziellen Liste seines Gefolges: Maliuta Skuratow und Wassilij Griasnoj. Damals hatten sie nur relativ unbedeutende Posten inne, aber sie sollten schon bald Iwans Günstlinge ausstechen und die gefürchtetsten Männer Rußlands werden. Skuratow stammte aus dem niederen Adel und besaß ein Erbteil, siebzig Meilen von der litauischen Grenze entfernt. Griasnoj – sein Nachname bedeutet »schmutzig« – kam ebenfalls aus dem niederen Adel und besaß Gebiete in den Provinzen von Rostow.

Eine große Armee war bei Nowgorod aufgestellt worden, um gegen Litauen zu marschieren. Es herrschte eine hektische, wilde Atmosphäre angesichts der Aussicht, Krieg mit einem gut ausgerüsteten und disziplinierten Gegner zu führen, doch plötzlich verwandelte sich diese Erregung in Enttäuschung. Völlig überraschend ließ der Zar alle Invasionsvorbereitungen stoppen. Er hatte allerdings gute Gründe dafür: Das Wetter war schlecht, einige Artilleriekontingente waren nicht rechtzeitig eingetroffen, die Pest wütete in Livland, und in den Grenzstädten gab es keine Verpflegung. Außerdem wurde bekannt, daß Sigismund II. August seinerseits eine Invasion nach Rußland plante, und es schien ratsam, die russische Armee lieber aus der Defensive operieren zu lassen. Iwan kehrte in ungewöhnlich düsterer Stimmung nach Alexandrowa Sloboda zurück. Eine ganze Zeitlang folgte Enttäuschung auf Enttäuschung.

In solchen Perioden nahm Iwan zu seiner mächtigsten Waffe Zuflucht – zum Mord. Er war nicht zufrieden damit, jene umzubringen, die ihm ergeben gedient hatten, er mußte die Vernichtung ihrer gesamten Familie erreichen, alle ihre Diener töten, ihre Häuser plündern und niederbrennen und ihre Ländereien zerstören. Ein neues und noch schrecklicheres Massenmorden sollte Rußland in Angst und Schrecken versetzen.

Tage des Schreckens

Iwan, Zar von Rußland, siebenunddreißig Jahre alt, war ein Fremder geworden im eigenen Lande. Die Rituale der Macht bedeuteten ihm nichts mehr. Das Schlachtfeld, die einzige Fluchtmöglichkeit aus einem sinnlosen Dasein, die eines Kaisers würdig gewesen wäre, blieb ihm verschlossen, denn er war feige. Er mußte weiterleben, doch es gab wenig im Leben, das ihn befriedigte. Nur grausame Handlungen, die seine Nerven erregten, konnten ihm seltsamen Trost geben, der Anblick von Menschen, die qualvoll starben, erleichterte ihm die Last des eigenen Lebens. Terror wurde zu seiner Unterhaltung, und während der folgenden Jahre vernichtete er mit Hilfe der Opritschniki Menschen skrupelloser und in größerer Zahl als je zuvor.

Später würde er sich damit entschuldigen, daß die Opritschniki ihn verführt hätten und daß er genauso ihr Opfer war wie die unschuldigen Menschen, die sie zu Tode gequält hatten. Er behauptete, niemals diese unzähligen Hinrichtungen angeordnet zu haben. Schließlich würde er sich gegen die Opritschniki wenden und sie so heimlich und mechanisch vernichten, wie einst die armen Teufel in seinen Kerkern. Er kannte kein Mitleid, mit niemandem – ein weiteres Zeichen für seine Entfremdung von der Welt.

Im Laufe der Geschichte entstand der Mythos, daß Iwans ganze Politik darauf abzielte, die Klasse der Bojaren abzuschaffen – ein Mythos, der Stalin gut ins Konzept paßte, als er daranging, die Kulaken, die reicheren Bauern, zu liquidieren, die sich der Kollektivierung widersetzten. Der russische Historiker Robert Wipper lobt in seinem Buch über Iwan den Zaren für seine vorausschauende Sicht der gesellschaftlichen Kräfte, die am Werke waren, lobt ihn für seine Entschlossenheit, die Bojaren zu vernichten und ein neues, gerechteres Gesellschaftssystem aufzubauen. In Wirklichkeit jedoch verstand Iwan wenig von den gesellschaftlichen Kräften, die am Werk waren; er zerstörte blindwütig, unduldsam, rücksichtslos wie ein Besessener.

Angeblich war der Anlaß zu der neuen Welle von Gewalt die Aufdeckung einer weiteren Verschwörung, in die hohe Beamte am Hof verwickelt waren. Die Opritschniki berichteten Iwan, daß auch Fürst Belskij und Fürst Mstislawskij zu den Verrätern gehörten. Er glaubte allerdings nicht an die Schuld der beiden Fürsten und sagte: »Diese zwei und ich bilden die drei Pfeiler Moskaus, und auf uns ruht der ganze Staat.« Ansonsten witterte er jedoch überall Verrat.

Der gutmütige Kasarin Dubrowskij, der Vizeschatzmeister, wurde hingerichtet. Er saß gerade mit seinen zwei Söhnen in seinem Haus, als die Opritschniki die Tür einschlugen, alle drei umbrachten und ihre Körper in einen Brunnen warfen. Sie ermordeten auch seine Diener und Gefolgsleute, Dubrowskijs Bruder und deren ganze Familien.

Iwan Tscheliadnin, ehemaliger Statthalter von Moskau und bekannt für seine Freundlichkeit und Herzlichkeit, stand schon lange auf Iwans Abschußliste. Der Zar hatte ihn nach Polozk geschickt, um ihn aus dem Weg zu haben. Er gehörte zu dem Kreis derer, die von Sigismund II. August und Gregorij Hotkewitsch Briefe erhalten hatten. Heinrich von Staden sagte über ihn: »Er half bereitwillig den Armen, ihr Recht zu bekommen.« Tscheliadnin war mittlerweile sechzig Jahre alt und hatte eine eindrucksvolle Karriere hinter sich. Unvermutet ließ Iwan ihn nach Moskau kommen, nahm ihm allen wertvollen Besitz, sein Land, seine Kleider, ja sogar die Haushaltsgeräte ab und befahl ihm, gegen die Tataren zu kämpfen. Tscheliadnin, plötzlich völlig verarmt, erbettelte von einem Mönch ein Pferd und ritt zur Südfront, wo er blieb, bis er am 11. September 1568 nach Moskau zurückbeordert wurde.

Er muß gewußt haben, daß er verloren war, denn er sagte seiner Frau und seinen besten Freunden Lebewohl, bevor er in den Kreml-Palast ging. Welches Schicksal ihn dort erwartete, konnte er sich aber nicht vorstellen. Der Zar befahl ihm, die königlichen Gewänder anzulegen, auf den Thron zu steigen und das Zepter in die Hand zu nehmen. Daraufhin zog Iwan seinen Hut vor Tscheliadnin, kniete nieder und sagte: »Nun hast du alles, was du dir schon immer gewünscht hast – Großfürst von Moskau zu sein, an

Russische Kavallerie (aus Herberstein, Beschreibung Moskaus . . ., *1557).*

meiner Stelle. Nun freue dich und koste die Macht, nach der es dich gedürstet hat.« Nach einer kurzen Pause erhob sich der Zar und sagte: »Genauso wie es in meiner Macht steht, dich auf meinen Thron zu setzen, so kann ich dich auch wieder davon entfernen!« Dann zog er einen Dolch und stach Tscheliadnin einige Male in die Brust. Als er sah, daß er sein Opfer noch nicht getötet hatte, befahl Iwan seinen Wachen, dies zu tun.

Auf Befehl des Zaren wurde Tscheliadnins Leiche quer durch den Kreml geschleift und in der Mitte des Roten Platzes liegen gelassen, damit alle sie sehen konnten. Es folgten sechs Wochen voller Gewalttaten gegen alle Adeligen, die mit Tscheliadnin in Verbindung gestanden haben könnten. Aus irgendeinem Grund war Iwan Tscheliadnins Frau gegenüber nachsichtig und schickte sie in ein Kloster, ertränkte aber alle Diener sowie an die dreihundert Menschen, die auf dem Landgut Tscheliadnins lebten. Die Ländereien um Moskau herum, die Adeligen gehörten, die mit Tscheliadnin Umgang gepflegt hatten, wurden in plötzlichen Überfällen verwüstet. Auf Befehl des Zaren wurden die Ehefrauen fortgezerrt, in wartende Karren gestoßen und im Triumphzug nach Moskau gebracht. Fürst Afanasij Wiasemskij, Maliuta Skuratow und Wassilij Griasnoj waren für diese Aktionen verantwortlich, die gewöhnlich nachts, mit Unterstützung kleiner Gruppen von Musketieren, stattfanden. Die Häuser der Beamten, der Kaufleute und Schreiber wurden ebenfalls zerstört und ihre Frauen zu Iwan gebracht.

Der Zar beanspruchte die Hübscheren für sich selbst und überließ die anderen seinen Begleitern und den Musketieren. Albert Schlichting berichtet, daß von den fünfhundert Frauen, die er auf diesen Raubzügen gefangennahm, der Zar fünfzig für sich selbst aussuchte und fünfhundert Reitern befahl, sie zu bewachen. Die ihm gefielen, behielt er, die übrigen wurden in den Fluß gestoßen. Von Zeit zu Zeit wurde den Überlebenden, die dem Zaren und den Opritschniki zum Vergnügen dienten, gestattet, nach Hause zurückzukehren. Dies geschah immer in der Nacht und unter strenger Geheimhaltung. Einige Frauen begingen Selbstmord, andere starben vor Scham. In Iwans Augen verdienten die Ehefrauen von Verrätern nichts anderes, als vergewaltigt zu werden; er verhängte also nur eine gerechte Strafe.

Iwan begleitete die Opritschniki manchmal auf ihren Raubzügen, gab Befehle und überwachte die Hinrichtungen, damit sie auch so erfolgten, wie er es wünschte. So suchte er, als er auf eines von Tscheliadnins Gütern kam, die Soldaten heraus, befahl, sie zu entkleiden, schloß sie in ein Haus ein und sprengte das Gebäude in die Luft*. Schlichting berichtet, den Zar habe diese

---

* Iwan Tscheliadnin besaß riesige Ländereien – allein in der Provinz Beloosero 120 Dörfer. Auf jedem Besitz befanden sich Männer, die militärisch ausgebildet waren und im Falle eines Krieges bereitstanden.

neue Art der Hinrichtung ausgesprochen erheitert, vor allem der Anblick der durch die Luft fliegenden Körper. Für die Frauen erfand er noch eine andere Form der Exekution. Sie wurden ausgezogen und in die Wälder getrieben. Dann jagten die Opritschniki hinter ihnen her, fingen sie ein und marterten sie zu Tode. Oder er ließ Hühner auf dem Platz frei, wo die Hinrichtung stattfinden sollte, und die nackten Frauen und Mädchen mußten sie fangen. Während sie hinter den Hühnern herliefen, wurden sie wie Tiere mit Pfeilen erlegt.

Einmal wurde ein Edelmann, Nikita Kasarinow, verhaftet und nach Alexandrowa Sloboda gebracht. Da er die Gewänder eines Mönchs trug, sah Iwan ihn nachdenklich an und sagte dann voller Ironie: »Er ist ein Engel, und deshalb ist es nur gerecht, daß er fliegen soll.« Dann befahl er, den Mann auf ein Pulverfaß zu binden und es anzuzünden.

Den ganzen Sommer und Herbst dauerte die Schreckensherrschaft an. Die Opritschniki waren auf dem Vormarsch, mordeten, plünderten und vergewaltigten, wie es ihnen gefiel. Geheime Todeslisten wurden erstellt, jeden Tag zogen kleine Gruppen, zehn bis zwanzig Mann, aus, um ihre Aufträge zu erfüllen. Sie ritten auf schnellen Pferden, trugen Panzerhemden unter ihren langen schwarzen Umhängen und waren mit schweren Äxten und Schwertern bewaffnet. Nie fehlten die bekannten Abzeichen: der Besen, der in einem Köcher steckte, und der Hundekopf am Sattel.

»Keines der Opfer«, schrieben Taube und Kruse, »wußte, was es eigentlich verbrochen hatte oder wann es sterben würde oder daß es zum Tode verurteilt war. So ging jeder Mann ahnungslos zu seiner Arbeit, an den Hof und in die Amtsstuben, und plötzlich fielen die Opritschniki über den Unschuldigen her, erwürgten ihn oder hieben ihn auf der Straße, am Tor oder auf dem Marktplatz, in Stücke. Die Leichen wurden einfach liegengelassen, und niemand durfte sie beerdigen. Die Marktplätze und die Straßen waren voll von Toten. Die Menschen konnten sich nicht um ihre Arbeit kümmern, weil sie sich fürchteten, aber auch wegen des unerträglichen Gestanks.«

Massenmord wurde für den Zaren eine Gewohnheit, die er unbekümmert pflegte. Eine Frau wurde am Torpfosten ihres eigenen Hauses aufgehängt. Dann befahl er ihrem Mann, ohne ein Anzeichen von Gemütsbewegung unter ihr hindurchzugehen. Andernfalls würde er ebenfalls erhängt. Eine Frau wurde am

Dachbalken über ihrem Eßtisch aufgehängt, und ihre Familie mußte an eben diesem Tisch die Mahlzeiten einnehmen. Dergleichen geschah Tag für Tag in ganz Rußland.

Es gab nur einen Menschen, der es wagen konnte zu protestieren, und hoffen durfte, auch gehört zu werden: der Metropolit Philipp. Er bat den Zaren, dieses sinnlose Morden zu beenden. Iwan erwiderte: »Die mir am nächsten stehen, haben sich gegen mich erhoben und versuchen, mich zu verderben. Ist es da Eure Sache, mir Ratschläge zu erteilen?« Philipp antwortete, es sei eine Sünde, böse Menschen zu ermutigen, und das Zarentum sei infolge ihrer Taten in Gefahr. Er versuchte, eine Bischofssynode einzuberufen, um den Zaren vor aller Öffentlichkeit zu warnen, aber nur Hermann, der Erzbischof von Kasan, unterstützte ihn. Die anderen waren zu eingeschüchtert, und einer von ihnen, Pimen, der Erzbischof von Nowgorod, berichtete dem Zaren heimlich, daß Philipp verräterisch handelte. Die Bischöfe schwiegen weiterhin, der Zar war vorgewarnt – und Philipps Geschick beschlossene Sache.

Eine Gelegenheit, dem Zaren öffentlich entgegenzutreten, ergab sich für Philipp am Sonntag, den 22. März 1568, in der Uspenskij-Kathedrale. Der Zar und eine Leibwache von Opritschniki betraten die Kirche, in schwarzen Mänteln und spitzen, schwarzen Kappen. Der Zar schritt vor den Thron des Metropoliten, um seinen Segen zu empfangen. Aber der Metropolit blickte zu einer Ikone des Erlösers und schenkte dem Zaren keine Aufmerksamkeit, obwohl er sich dessen Anwesenheit wohl bewußt war. Schließlich traten einige Bojaren zu ihm und sagten: »Heiliger Vater, der Zar ist hier! Gebt ihm Euren Segen!« Da wandte sich der Metropolit langsam Iwan zu und sagte im Beisein der ganzen Geistlichkeit und aller Bojaren:

»Ich erkenne den orthodoxen Zaren in diesen seltsamen Gewändern nicht wieder, und ich erkenne ihn auch in seinen Regierungshandlungen nicht. An welche Grenzen seid Ihr gegangen, o Zar, daß Ihr Euch außer Reichweite eines Segens begeben habt? Fürchtet das Gericht Gottes, oh, Zar! Wir bringen nun das blutlose Opfer des Herrn dar, während das Blut unschuldiger Christen jenseits des Altares vergossen wird! Seit dem Tag, da die Sonne zum ersten Mal am Himmel schien, hat niemals jemand von einem gottesfürchtigen Zaren gehört, der seine eigenen Landsleute so grausam verfolgte!«

◁ Oben: Ein Kriegsbanner, das der Standartenträger Iwans IV. trug (Waffenmuseum des Kreml).

◁ Unten: Die Krone von Kasan. Die acht goldenen Blattspitzen der zobelbesetzten »Kronen-Haube« entsprechen – zusammen mit der juwelenbesetzten Mittelspitze – nahezu vollkommen dem Umriß der Basilius-Kathedrale (Schatzkammer des Kreml).

Die Worte des Metropoliten, die in den Chroniken von Priestern überliefert worden sind, werden uns auch, mit nur kleinen Abweichungen, von Taube und Kruse mitgeteilt. Des Metropoliten Stimme war rauh und düster, als er fortfuhr:

»Sogar in den Königreichen der Heiden herrschen Recht und Gerechtigkeit, und man hat Mitleid mit dem Volk – nicht so hier! Hier werden Leben und Besitz der Menschen nicht geschützt, überall wird geplündert, überall herrscht Mord, und all dies wird im Namen des Zaren begangen. Ihr sitzt hoch auf Eurem Thron, aber es gibt einen Gott, der uns alle richtet. Wie werdet Ihr vor seinem Richterstuhl stehen, befleckt mit dem Blut der Unschuldigen und taub von ihren Schreien unter der Folter! Sogar die Steine unter Euren Füßen werden nach Rache schreien! Ich spreche, o Zar, weil ich ein Hirte der Seelen bin, und ich fürchte nur den einen und einzigen Gott!«

Zitternd vor Wut stieß Iwan seinen Stab mit der Eisenspitze auf den Boden. »Wagt Ihr es, mich herauszufordern?« rief er. »Es wäre besser für Euch, in größerer Übereinstimmung mit Uns zu sein!«

»Wo würde dann mein Glaube bleiben?« antwortete der Metropolit. »Die Leiden unseres Heilands und seine Gebote wären vergeblich gewesen, wenn ich schwiege. Ich gräme mich nicht um die Unschuldigen, die gelitten haben – es sind Märtyrer Gottes! Ich gräme mich um Eure Seele!«

Der Zorn verschlug Iwan die Sprache, und er beschränkte sich deshalb auf drohende Gebärden. Noch einmal stieß er mit seinem Stab auf. Dann, als er sich genügend gefaßt hatte, um wieder zu reden, sagte er mit schrecklicher Stimme: »Bisher habe ich Euch Verräter ohne Grund geschont! Von nun an werde ich handeln, wie Ihr es mir nachsagt!«

Der Metropolit zeigte keinerlei Zeichen von Furcht.

»Ich bin ein Fremder und ein Pilger auf Erden, wie alle Priester«, sagte er, »und ich bin bereit, für die Wahrheit zu leiden. Wenn ich schwiege, wo wäre dann mein Glaube?«

Als der Zar das hörte, verließ er eilends die Kathedrale, gefolgt von den Opritschniki in ihren schwarzen Gewändern.

Am folgenden Tag ordnete Iwan die Verhaftung aller wichtigen Mitglieder vom Hof des Metropoliten an. Sie wurden gefoltert und verhört, aber kein belastender Beweis tauchte auf. Da beschloß man, die Hilfe von Pimen in Anspruch zu nehmen, der selbst gern Metropolit von ganz Rußland geworden wäre. Eines Tages trat Pimen in der Kathedrale vor den Metropoliten und sagte: »Ihr erhebt Anklagen gegen den Zaren, dabei tut Ihr die ganze Zeit über selbst Böses.« Der Metropolit erwiderte: »Ihr versucht, meinen Thron zu rauben – Ihr, die Ihr Euren eigenen bald verlieren werdet!« Es wurde Iwan immer klarer, daß alle Versuche, Philipp abzusetzen, fehlschlagen mußten, wenn nicht außergewöhnliche Maßnahmen ergriffen würden. Dabei war es notwendig, heimlich zu handeln, denn der Metropolit wurde vom Volk geachtet und verehrt.

Am 28. Juli 1568 geschah etwas Seltsames im Nowodewitschij-Kloster, wo der Metropolit die Feierlichkeiten zu Ehren des Festtages des Klosters leitete. Iwan und seine Leibwache aus Opritschniki nahmen an den Feiern und der traditionellen Prozession um die Klostermauern teil, die von Priestern angeführt wurde, die Kreuze, Ikonen und Banner trugen. Während des Umzugs wandte sich der Metropolit um und bemerkte, daß einer der Opritschniki eine runde Kappe, wie sie die Tataren trugen, aufhatte. Es war Sitte, daß die Laien barhäuptig in der Prozession mitgingen, und außerdem hatte die Kappe etwas mit dem Islam zu tun. Philipp schloß daraus, daß der Mann vorsätzlich den christlichen Glauben verhöhnen wollte, und in seinem Ärger wandte er sich an den Zaren und sagte: »Wenn wir unseren Gott verherrlichen und seine Worte verlesen als Zeichen unseres christlichen Glaubens, ist es angemessen, daß die Menschen unbedeckt bleiben. Woher kommt diese Tatarensitte? Bekennen sich nicht alle, die anwesend sind, zum gleichen Glauben?«

»Wer hat das gewagt zu tun?« fragte Iwan.

»Jemand aus Eurem Gefolge«, erwiderte der Metropolit.

Doch der Mann hatte seine Kappe bereits abgenommen, als Iwan sich umdrehte. Er sah, daß alle Opritschniki barhäuptig waren, und es schien ihm, als habe Philipp den Zwischenfall nur erfunden, um ihn zu rügen. Er begann, den Metropoliten zu beschimpfen, nannte ihn einen Lügner, einen Verräter, einen Missetäter, verfluchte ihn und drohte, ihn bloßzustellen. Doch im Augenblick konnte er nichts tun. Um Philipp loszuwerden, mußte er die Kirche auf seiner Seite haben, und die Kirche war dem frommen Metropoliten treu ergeben.

Aber der Zar war entschlossen, Philipp abzusetzen, wie lange er auch brauchte, sein Ziel zu erreichen, und es gab einige Kirchenmänner, die bereit waren, ihm zu helfen. Er beschloß, eine Delegation von Kirchenfunktionären ins Solowetskij-Kloster zu senden, wo Philipp dreißig Jahre lang gelebt hatte, um herauszubekommen, ob es irgendeinen dunklen Punkt im Leben des Metropoliten gab. Die Abordnung bestand aus Pafnutij, Bischof von Susdal, und Feodosij, Abt des Andronikow-Klosters, einigen Geistlichen und einer bewaffneten Schutzpatrouille unter der Leitung des Fürsten Wassilij Temkin-Rostowskij, der erst kürzlich aus der Gefangenschaft in Litauen zurückgekehrt war. Der Fürst bekleidete einen hohen Rang innerhalb der Opritschnina-Armee, und seine Anwesenheit sollte die Bedeutung der Mission unterstreichen.

Weder Pafnutij noch Feodosij konnten irgendwelche Beweise für ein Vergehen Philipps finden. Die Mönche betonten, daß er immer sehr fromm gewesen sei, und bestritten, daß je ein einziger gottloser oder unpatriotischer Gedanke seinen Geist auch nur gestreift habe. Unglücklicherweise war der Abt Paissij jedoch ein ehrgeiziger Mann und bereit, eine vorbereitete Liste mit Missetaten des Metropoliten zu unterzeichnen, die vom Fürsten Temkin-Rostowskij mit Hilfe des Abts Feodosij zusammengestellt worden war. Bischof Pafnutij hatte mit dieser Angelegenheit nichts zu tun.

Anfang November 1568 war alles für den Prozeß gegen Philipp vorbereitet. Er wurde gerufen, um seinen Anklägern in Anwesenheit des Bojarenrats gegenübergestellt zu werden. Er erschien in der weißen Kutte des Metropoliten, den Amtsstab in der Hand; eine strenge und eindrucksvolle Erscheinung. Abt Paissij verlas den Katalog der Missetaten und Vergehen. Philipp hörte schweigend zu, lehnte es aber ab, Einspruch zu erheben. Hermann, der Erzbischof von Kasan, versuchte, ihn zu verteidigen, jedoch ohne Erfolg. Philipp blickte den Abt Paissij an und sagte: »Das Böse, das Ihr sätet, wird nicht die Früchte tragen, die Ihr wünscht.« Dann sagte er zum Zaren:

»Zar und Großfürst, Ihr dürft nicht denken, daß ich Euch oder den Tod fürchte. Nein, ich bin ein alter Mann, der ein untadeliges Leben in einem Kloster geführt hat, frei von aufrührerischen Leidenschaften und weltlichen Intrigen, und in dieser Unschuld will ich meine Seele Gott übergeben, der Euer Gott ist so gut wie meiner. Es ist besser, ich lasse die Erinnerung an einen Mann zurück, der unschuldig starb, indem er für die Wahrheit seines Glaubens einstand, als die eines Metropoliten, der sich schweigend einer Herrschaft schrecklicher Gesetzlosigkeit beugte. Tut mit mir, was Ihr wollt. Hier ist mein Hirtenstab, hier meine weiße Kutte, hier der Mantel, mit dem Ihr mich einst erheben wolltet!«

Dann wandte er sich an die versammelten Kirchenmänner und sagte: »Ihr, Bischöfe und Äbte und alle, die am Altar dienen, kümmert Euch gewissenhaft um die Herde Christi, bereitet Euch vor, Rechenschaft abzulegen, und denkt daran, den Zaren im Himmel mehr zu fürchten, als den Zaren auf Erden!«

Mit diesen Worten wandte sich der Metropolit zum Gehen, nachdem er die Insignien und damit sein hohes Amt niedergelegt hatte. Voller Zorn rief Iwan ihn zurück: Er habe mit unzulässiger Eile gehandelt, Urteil und Strafe seien noch nicht verkündet, er müsse seine Gewänder wieder anlegen. Er befahl Philipp auch, die Gottesdienste am 8. November, am Festtag des Erzengels Michael, in der Uspenskij-Kathedrale zu halten. Erst dann würde ihm erlaubt werden, sein Amt niederzulegen. Offensichtlich wollte der Zar Zeit gewinnen, um sich eine angemessene Strafe für den Mann auszudenken, den er für seinen erklärten Feind hielt.

Für Iwan gab es eigentlich nur eine angemessene Strafe: Folter bis zum Tod. Der Metropolit wußte, daß er verloren war, aber weder er noch Iwan wußten, welche Marter ihm auferlegt werden würde. Während der vier Tage zwischen Verhandlung und Michaelsfest wurde diese Entscheidung gefällt: Er würde den Opritschniki überantwortet werden.

Der Metropolit las gerade die Messe, als die Opritschniki, angeführt von Alexej Basmanow und Maliuta Skuratow, in die Kathedrale stürmten. Die Frevel Philipps wurden verlesen, und man erklärte ihn seines Amtes für unwürdig. Dann warfen sich die Opritschniki auf ihn, rissen ihm die Krone vom Haupt, und die Gewänder vom Leib. Sie zogen ihm eine zerrissene Mönchskutte über und jagten ihn aus der Kathedrale, wobei sie ihre Besen drohend schwangen. Sie stießen ihn auf einen Schlitten und fuhren mit ihm quer durch den Kreml, über den Roten Platz und dann in das nahegelegene Bogojawlenskij-Kloster. Am Tor des Klosters hielt der Schlitten, und Philipp hatte gerade noch genug Zeit, ein paar Abschiedsworte zu sagen. »Meine Kinder, ich habe alles getan, was ich konnte, aber bei aller Liebe, die ich für euch hege, hätte ich nicht einen Tag länger auf dem Thron des Metropoliten bleiben können. Habt Vertrauen in Gottes Gnade. Übt eure Seelen in Geduld.« Dann brachten sie ihn fort in eine Zelle des Klosters.

Das war aber nicht die Strafe, die er Iwans Meinung nach verdiente. Natürlich mußte er hingerichtet werden – nachdem man ihn zuvor erniedrigt und gedemütigt hatte. Die letzten Spuren menschlicher Würde sollten ihm genommen werden, indem man ihn vor ein Gericht von Standesgenossen stellte, in seiner geflickten und schäbigen Kutte, der ehemalige Metropolit als Bettler in Lumpen. Das zeigte, wie wenig Iwan Philipps Gesinnung verstand, der in den Kreml zurückgebracht und seinen Anklägern abermals gegenübergestellt wurde. Pimen, der Erzbischof von Nowgorod, brachte neue Anklagen vor, der Abt Paissij fügte neue Verleumdungen hinzu. Philipp wurde zu lebenslanger Haft verurteilt. Als größtes Verbrechen wurde ihm Zauberei vorgeworfen.

Doch solange er noch atmete, war Philipp entschlossen zu protestieren. Zum letzten Mal hatte er Gelegenheit, all das zu sagen, was ihm viele Monate lang auf der Seele gelegen hatte.

»Quält Euer Volk nicht!« sagte er. »Denkt immer an die Stunde Eures Todes. Nehmt Abstand, o Zar, vom gottlosen Handeln und denkt an das Schicksal früherer Herrscher: Nur jene, die Gutes taten, wurden nach ihrem Tod gepriesen. Deshalb solltet Ihr Euch bemühen, den Pfad der Seligen zu wandeln, denn ein hoher Rang schützt einen Menschen nicht vor dem Tod, der unerbittlich seine Zähne in alle Dinge schlägt! Darum solltet Ihr, bevor Ihr sterbt, die Früchte der Tugend verteilen und Euch Schätze im Himmel sammeln. Bedenkt, daß alle Reichtümer, die Ihr auf Erden anhäuft, auf Erden bleiben, und wir alle müssen für unser Leben einstehen!«

Philipp sprach so, weil er darin die einzige Möglichkeit sah, Iwan die Ungeheuerlichkeit seiner Verbrechen vor Augen zu führen. Vielleicht würde der Gedanke an den Zorn Gottes eine Art Wandlung in dem gottesfürchtigen Zaren bewirken. Doch Iwan war erbost, weil die Bojaren und Kirchenmänner alle schweigend und ehrerbietig zuhörten, und weil Hermann, der Erzbischof von Kasan, sogar versuchte, Philipp noch einmal zu verteidigen: Der Metropolit sei, allen falschen Zeugnissen zum Trotz, unschuldig. Es war Hermanns letzte Amtshandlung, denn am nächsten Tag drangen Opritschniki auf Befehl des Zaren in sein Haus ein und schlugen ihm den Kopf ab. Offiziell hieß es, er sei plötzlich an der Pest gestorben, und Fürst Kurbskij schrieb in seiner »Geschichte«, daß man ihn entweder vergiftet oder erdrosselt habe. Wie er wirklich ums Leben kam, erfuhr man erst, als die sowjetische Regierung erlaubte, sein Grab zu öffnen.

In den Augen des Zaren war Hermann ein Verräter gewesen, aber Philipp hatte sich eines noch schwereren Vergehens schuldig gemacht – er hatte gewagt, den Zorn Gottes auf den Zaren herabzurufen. Seine Strafe mußte also einem solchen Verbrechen angemessen sein. Wie Fürst Kurbskij berichtet, wurden Philipps Arme, Beine und Hüften in schwere Ketten gelegt, dann warf man ihn in eine dunkle, enge Zelle, ohne jede Nahrung; man hoffte, daß er verhungern würde. Einige Tage später betraten Beamte aus dem Kreml die Zelle – ein Wunder war geschehen: Die Ketten waren abgefallen, und Philipp stand mit hocherhobenen Händen da und sang Psalmen. Die Beamten fielen auf die Knie und schluchzten. Als sie dem Zaren von ihrem Erlebnis berichteten, schrie dieser: »Zauber, Zaubersprüche hat er gesagt! Mein Feind, mein Verräter!«

Es geschahen angeblich noch mehr Wunder. So sprach man davon, und Fürst Kurbskij glaubte, ebenso wie viele Kirchenmänner, fest daran, daß der Zar befahl, einen wilden, halbverhungerten Bären in die Zelle Philipps zu schaffen. Am nächsten Morgen kam der Zar selbst, um die Knochen des Toten in Augenschein zu nehmen, aber statt dessen fand er Philipp stehend beten, und der Bär lag ruhig in einer Ecke der Zelle.

Iwan war genügend beeindruckt von diesen Vorkommnissen, um einer Petition Aufmerksamkeit zu schenken, die vom Kirchenkonzil unterzeichnet war. Man bat ihn darin, Philipps Leben zu schonen. Und aus irgendeinem Grund entschloß sich der Zar wirklich, ihn aus seinem Gefängnis zu holen und in eine Zelle des Klosters von Nikola Starij zu bringen. Von früh bis spät sammelten sich Menschenmassen vor dem Kloster, die von nichts anderem sprachen als dem Schicksal ihres geliebten Metropoliten und von den Wundern, die Gott geschehen ließ, um ihn zu retten. Der Zar befürchtete einen Aufruhr und ließ ihn in das Otrotsch-Kloster nahe Twer bringen.

Philipp war der letzte der heldenhaften Metropoliten. Die nach ihm kamen, waren eigennützig, ohne Zivilcourage und taten, was man von ihnen verlangte. Auf Philipp folgte Kirill, der im Bett starb, und diesem folgte Antonij. Sie waren nur Schatten in den letzten Jahren der Schreckensherrschaft Iwans, der jeden umbrachte, den er verdächtigte, ihn vom Thron stoßen zu wollen.

Gegen Ende des Jahres 1568 fiel sein Verdacht sogar auf seinen Vetter Fürst Wladimir von Stariza, der ganz und gar nicht ehrgeizig, aber ohne Zweifel bei den Moskowitern äußerst beliebt war. Die Opritschniki bestärkten Iwan in seinem Mißtrauen, und bald überlegte er mit seinen Günstlingen, wie man seinen Vetter am besten beseitigen könnte.

Der Plan war ziemlich kompliziert. Der erste Schritt fand Anfang 1569 statt, als der Zar erfuhr, daß die Tataren einen Feldzug gegen Astrachan und Kasan vorbereiteten. Er befahl Fürst Wladimir, nach Nischni-Nowgorod zu gehen und das Kommando über das dortige Heer zu übernehmen; der Bojar Peter Morosow war Vizekommandant. Spione wurden dem Fürsten nachgesandt, um über alle Vorkommnisse auf der Reise nach Nischni-Nowgorod zu berichten. In Kolomna wurde der Fürst herzlicher als gewöhnlich empfangen, was vielleicht mit der erst kürzlich erfolgten Strafexpedition der Opritschniki nach Kolomna zusammenhing. Während er nach Nischni-Nowgorod weiterzog, wurden alle, die bei seinem Empfang eine herausragende Rolle gespielt hatten, festgenommen, gefoltert und ermordet. In Iwans Augen waren sie Wladimirs Anhänger, also Verräter. Als der Fürst davon erfuhr, wußte er, daß er sich in großer Gefahr befand.

Iwan entwickelte seinen Plan sorgsam weiter. Es gab viel Fisch in Nischni-Nowgorod, und Iwan schickte seine Köche dorthin, um die Fische zu begutachten und die besten für seine Tafel mitzubringen. Nichts konnte unverfänglicher sein als ein Koch, der für den königlichen Mittagstisch Fische aussuchte. Aber als einer dieser Köche berichtete, daß er mit Fürst Wladimir zusammengetroffen sei und Gift sowie fünfzig Rubel von ihm erhalten habe, um den Zaren umzubringen, wurde Iwans Plan schon deutlicher. Der Koch wurde verhaftet und verhört, das Gift für tödlich erklärt. Obwohl Iwan den Plan mit Hilfe der Opritschniki selbst ausgeheckt hatte, glaubte er bald, daß der Fürst wirklich sein Todfeind sei und ihn zu vernichten suchte.

Als nächstes galt es, einen Grund zu finden, den Fürsten nach Alexandrowa Sloboda einzuladen. Man gab vor, die Angriffspläne der Tataren mit ihm besprechen zu müssen. Es war spät im September; Fürst Wladimir hatte an den wenigen Kämpfen während des Sommers nicht teilgenommen, und die für die Tataren günstige Zeit anzugreifen war schon lange vorüber. Trotzdem verließ Wladimir Nischni-Nowgorod mit seiner Frau, seinen vier Kindern und seiner Leibwache, »und ahnte überhaupt nichts von seinem Unglück und seinem nahen Tod«. Außerhalb Alexandrowa Slobodas, in der Nähe eines Dorfes, schlug man ein Lager auf und verbrachte dort die Nacht zum 8. Oktober 1569.

Am nächsten Morgen ritt ein kleiner Trupp Opritschniki, angeführt vom Zaren, auf das Lager zu und umzingelte es. Der Zar zog sich wie gewöhnlich in eines der Häuser im Dorf zurück und überließ es Maliuta Skuratow und Wassilij Griasnoj, den Fürsten mit den Beweisen seiner Verbrechen zu konfrontieren. Skuratow und Griasnoj erklärten, daß der Zar ihn nicht länger als Bruder betrachte, da er, Fürst Wladimir, auf das Leben des Zaren und seinen Thron einen Anschlag verübt habe. Der Koch, der die Anschuldigungen erhoben hatte, wurde vorgeführt. Der Fürst leugnete zwar alles ab, doch er wußte, daß er verloren war, und seine Frau und Kinder waren untröstlich.

Dann wurde er zu Iwan gebracht. Fürst Wladimir beschwor seine Unschuld und bot an, der Welt zu entsagen und den Rest seines Lebens in einem Kloster zu verbringen. Iwan blieb unbewegt. Er meinte, da der Fürst versucht habe, ihn zu vergiften, sei es nur gerecht, daß er den Tod erleide, den er ihm, dem Zaren, zugedacht hatte. Ein Pokal wurde Wladimir gereicht, aber er stieß ihn zurück mit den Worten: »Ich weigere mich, Selbstmord zu begehen.« Doch seine Frau sagte zu ihm: »Lieber Mann, wenn du das Gift trinkst, wirst du durch die Hände dessen hingerichtet, der dir das Gift reichte. Der Zar selbst ist dein Mörder. Gott ist gerecht, und beim Jüngsten Gericht wird der Zar um deines unschuldigen Blutes willen zur Rechenschaft gezogen werden!« Da nahm Fürst Wladimir Abschied von seiner Frau, segnete seine Kinder, betete zu Gott um die Aufnahme seiner Seele und trank das Gift. Er starb fünfzehn Minuten später unter großen Qualen.

Fürstin Ewdokia, die Frau des Fürsten, nahm ebenfalls das Gift, und ebenso eine ihrer Töchter; eine andere Tochter überlebte. Die zwei Kinder aus der ersten Ehe des Fürsten wurden verschont. Doch die Mutter Wladimirs von Stariza, Fürstin Efrosinia, die damals als Nonne bei Beloosero lebte, hatte der Zar nicht vergessen. Elf Tage später, am 20. Oktober 1569, wurde sie auf seinen Befehl hin ertränkt.

Iwans maßloser Zorn während dieser schrecklichen Tage mag mit dem traurigen Ereignis vom 6. September des Jahres zusammenhängen. An diesem Tag starb seine Frau, die ehemalige Tscherkessenfürstin Maria Temriukowna. Iwan hatte selbst das Gerücht verbreitet, daß sie infolge übler Machenschaften seiner Feinde gestorben sei. Er ordnete Hoftrauer an. Niemand trug Kleider aus Gold, nur dunkle Trauerkleider aus einfachem Samt oder Damast sah man. Begräbnisgottesdienste wurden in ganz Rußland abgehalten, Almosen an die Armen verteilt, Klöster und Kirchen erhielten großzügige Geschenke von Iwan. Maria Temriukowna wurde im Wosnessenskij-Kloster im Kreml begraben, an der Seite aller verstorbenen Großfürstinnen und Zarizas von Rußland.

Um sich herum schuf der Zar eine Einöde, ein Niemandsland, in dem keine Feinde existieren durften. Fürsten, Bojaren, Adelige und einfache Leute wurden aus keinem anderen Grund umgebracht, als daß er sich sicherer fühlte, wenn sie tot waren. In seinen Wahnvorstellungen sah er sich von Feinden umgeben. Er würde sie alle vernichten, bis zum letzten. Und nicht nur Menschen: Ganze Städte mußten dran glauben.

In diesem Winter plante er das größte und niederträchtigste aller seiner Massaker.

Strafexpedition nach Nowgorod

»Groß-Nowgorod« nannten stolz die Bürger ihre reiche und wunderschöne Stadt mit den vergoldeten Kuppeln, den weißgetünch-
ten Kirchen, den riesigen Warenlagern und schnellen Handelsflot-
ten. Nowgorod – das bedeutet »neue Stadt« – war eine der ältesten Städte Rußlands; sie bestand schon lange, ehe Moskau überhaupt nur als Ansiedlung existierte. Sechshundert Jahre lang war
sie ein unabhängiges Fürstentum gewesen, dessen Herrschaftsbereich weite Gebiete im nördlichen Rußland umfaßte. Reichtum
und lange Tradition hatten zur Folge, daß Nowgorod als die
Hauptstadt Rußlands betrachtet wurde, die ihre Botschafter in die
Hälfte aller europäischen Königreiche entsandt hatte und Handel
mit dem gesamten Westen trieb. Den kultivierten Einwohnern
von Nowgorod war Tyrannei ein Greuel; ihre inneren Angelegenheiten regelten sie mit Hilfe eines gewählten Rates. Nur in
Kriegszeiten duldeten sie einen Fürsten als Herrscher; aber auch
dann trafen sich die Ratsmitglieder regelmäßig und berieten über
alles, was die Interessen der Stadt betraf.

Die Stadt hatte die Form zweier Halbmonde, die an den Ufern
des schnellfließenden Wolchow, ein paar Meilen nördlich vom
Ilmensee, lag. Auf der einen Seite stand der aus rotem Stein
erbaute Kreml, über den die sechs Kuppeln der Sophien-Kathedrale und des Palastes des Erzbischofs emporragten; auf der
anderen Seite befanden sich der Marktplatz und ein Gewirr von
Straßen, wo der Großteil der Arbeiterschaft wohnte. Gräben,
hohe Mauern und Wachttürme beschützten die Stadt; eine breite
Holzbrücke verband die beiden Halbmonde.

Gegen Ende des 15. Jahrhunderts hatte Iwan III. eine große
Armee gegen Nowgorod geschickt und es erobert. Er beschlag-
nahmte viele seiner Reichtümer, teilte das Land, das dem Bistum
der Sophien-Kathedrale gehörte, unter seinen Adeligen auf und

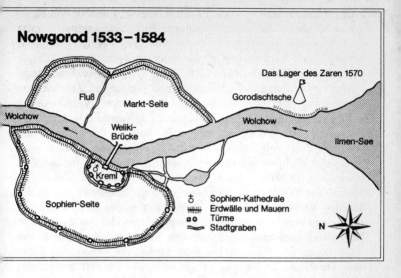

Nowgorod 1533–1584

Das Lager des Zaren 1570

Fluß
Markt-Seite
Gorodischtsche

Wolchow
Weliki-Brücke
Wolchow
Ilmen-See

Kreml

Sophien-Seite

- ♁ Sophien-Kathedrale
- ⌇⌇⌇ Erdwälle und Mauern
- ◻◻ Türme
- ≈ Stadtgraben

N

vertrieb die meisten der Adeligen und Kaufleute aus der Stadt. Beinahe drei Millionen Morgen Ackerland wurden dem Moskowiter Adel geschenkt, unter der Bedingung, daß sie dem Großfürsten von Moskau dienten. Trotzdem konnte Nowgorod seinen ursprünglichen Charakter bewahren: Die Mönche, die Arbeiter und Handwerker waren geblieben, und auf vielerlei Art gelang es ihnen, die Eroberer zu erobern. So behielt Nowgorod seine Eigenständigkeit und Individualität.

Eine solche Stadt mußte Iwan ein Dorn im Auge sein. Er war schon ein paarmal in Nowgorod gewesen. Die Bürger der Stadt sagten, was sie dachten, und sie beklagten sich bitter über die horrenden Forderungen der Moskowitischen Armee, die gewöhnlich in Nowgorod einquartiert wurde, bevor sie gegen Livland zog; außerdem kam der Handel mit fremden Staaten während eines Krieges meist zum Stillstand. Es sah so aus, als ob den Bewohnern von Nowgorod weitaus mehr an ihren Handelsbeziehungen lag als am Erweitern der Grenzen des Moskowitischen Imperiums. Das war natürlich Verrat, und Iwan beschloß, diesen Verrat zu bestrafen.

Um wenigstens den Schein zu wahren, mußte jedoch ein *casus belli* gefunden werden. Diesen lieferte, wie die Chronik von Nowgorod berichtet, ein Wolynier namens Peter (nach seiner Heimat auch Peter Wolijnez genannt), der vom Gerichtshof Nowgorods wegen eines Verbrechens streng bestraft worden war. Dieser Peter wollte mit Nowgorod abrechnen. Nach seiner Freilassung reiste er nach Alexandrowa Sloboda und konnte den Zaren davon überzeugen, daß der Erzbischof Pimen eine Verschwörung anführte, mit dem Ziel, alle Ländereien Nowgorods unter die Herrschaft von König Sigismund II. August zu bringen, der sowohl König von Polen als auch Großfürst von Litauen war. Wie Peter Wolijnez behauptete, existierte der Beweis für die Verschwörung in Form eines Briefes, den Erzbischof Pimen im Namen der Bevölkerung von Nowgorod unterzeichnet und in der Sophien-Kathedrale versteckt habe. Peter schlug vor, in Begleitung eines vertrauenswürdigen Beamten vom Hof des Zaren nach Nowgorod zurückzukehren und den Brief zu holen, der hinter jener Ikone der Heiligen Jungfrau stecke, die genau gegenüber dem Thron des Erzbischofs hängt. Iwan war äußerst beeindruckt von der Geschichte des geheimnisvollen Briefs, und Peter Wolijnez wurde nach Nowgorod geschickt, um den Brief so bald wie möglich herbeizuschaffen – der Brief würde der sichtbare Beweis für seinen lange gehegten Verdacht sein und ihn voll rechtfertigen.

Nicht alle Opritschniki scheinen für den Feldzug gegen Nowgorod gewesen zu sein. Drei von ihnen, Fürst Afanasij Wiasemskij und die beiden Basmanows, haben offensichtlich gezögert, die Stadt anzugreifen. Was würde durch ein derartiges Gemetzel gewonnen werden? Fürst Wiasemskij war ein besonders enger Vertrauter Iwans, und sie hatten keine Geheimnisse voreinander. Der Fürst war immer Vorkoster, wenn der Hofarzt, Dr. Arnolfo, dem Zaren eine Medizin verschrieb. Aber unter den Schützlingen des Fürsten befand sich auch ein gewisser Gregorij Lowtschikow, der Iwans Aufmerksamkeit erregt hatte und bald hoch in seiner Gunst stand. Lowtschikow war ehrgeizig und bereit, jeden auf seinem Weg nach oben zu opfern. Obwohl er seine Stellung bei Hofe Fürst Wiasemskij verdankte, wurde er zum Verräter an ihm. Eines Tages, im späten November oder frühen Dezember 1569, berichtete er Iwan, daß Fürst Wiasemskij den geheimen Angriffsplan an Nowgorod verraten habe. Davon war zwar kein Wort wahr, aber Iwan hatte seine eigenen Gründe, es zu glauben.

Fürst Wiasemskijs Mangel an Begeisterung war damit ja nun hinreichend erklärt.

Ein außerordentliches Verbrechen konnte natürlich nur durch eine außerordentliche Strafe gesühnt werden. Iwan gab seinen Leibwachen den Befehl, den Dienern des Fürsten aufzulauern und jeden Tag einige zu ermorden. Wenn der Fürst nun von seinen täglichen Beratungen mit Iwan heimkam, fand er stets mehrere seiner Diener tot. Voller Entsetzen verschwieg er Iwan gegenüber diese Taten. Ein Tag folgte dem anderen, und zuletzt lebte keiner seiner Diener mehr. Danach wurden die Brüder des Fürsten umgebracht, und noch immer kam der Fürst zu den täglichen Konferenzen mit Iwan. Doch dann packte ihn plötzlich das Grauen, er floh in das Haus Dr. Arnolfos. Iwan wußte, wo er sich aufhielt, ließ bewußt fünf Tage verstreichen und dann den Fürsten zu sich bringen. »Ihr könnt selbst sehen, daß Eure Feinde sich gegen Euch verschworen haben, um Euch zu verderben«, sagte Iwan, »wenn Ihr klug seid, flieht Ihr nach Moskau und wartet, bis ich komme!«

Mittlerweile war Fürst Wiasemskij bereits halb tot vor Angst. Er wußte, daß er in höchster Gefahr schwebte. Seine einzige Hoffnung lag darin, Iwans Befehlen blindlings zu gehorchen. Er ritt aus Alexandrowa Sloboda fort, so schnell sein Pferd es erlaubte. Weil er Iwan kannte und fürchtete, in einen Hinterhalt zu geraten, griff er jeden, den er auf dem Weg nach Moskau traf, an und tötete ihn.

Die Basmanows, Vater und Sohn, wurden auch verdächtigt, mit Nowgorod in Verbindung zu stehen. Man bestrafte sie nicht sofort, aber sie wurden unter Hausarrest gestellt, um die Stunde ihrer Hinrichtung abzuwarten. Erst vor kurzem hatte Fjodor Basmanow, der die Opritschnina-Armee befehligte, diese ausgesandt, die südliche Grenze gegen die Tataren zu schützen, aber seine Verdienste auf dem Felde nützten ihm nichts. Die Macht innerhalb der Opritschnina fiel mehr und mehr in die Hände von Maliuta Skuratow und Wassilij Griasnoj.

Bei einer Geheimsitzung im Thronsaal von Alexandrowa Sloboda verkündete der Zar, daß er die unumstößliche Entscheidung gefällt habe, Nowgorod zu bestrafen, und nicht nur Nowgorod, denn Pskow und alle anderen Städte im ehemaligen Großfürstentum Twer verdienten Strafe. Er habe Beweise, daß sie alle in geheimen Verhandlungen mit König Sigismund II. August stehen und drauf und dran seien, diesem Gefolgschaft zu schwören. Er hatte beschlossen, unter größter Geheimhaltung gegen diese Städte zu ziehen, um sie dem Moskowiterreich einzuverleiben.

In der dritten Dezemberwoche brach man auf. Das war die ungünstigste Zeit im Jahr für Kriegszüge und schien Iwan deshalb am geeignetsten, weil er die völlig ahnungslosen Feinde zu überrumpeln hoffte. Er wurde von Mitgliedern seines Hofs, vom Zarewitsch Iwan, der noch keine fünfzehn Jahre alt war, und von einer ungefähr 15 000 Mann starken Armee begleitet.

Normalerweise hätte das Heer durch Moskau ziehen müssen. Iwan befahl jedoch einen weiten Umweg; wahrscheinlich fürchtete er, daß die Moskowiter, wenn sie von seinem Vorhaben erführen, Nowgorod warnen würden. Die Armee marschierte durch Wälder, stumm und verstohlen; jeder, der ihren Weg kreuzte, wurde getötet, um den Vormarsch völlig geheimzuhalten. Auf diese Weise kamen sie nach Klin, einer kleinen unbefestigten Stadt an der Grenze des früheren Fürstentums Twer. Iwan selbst gab das Zeichen für das allgemeine Gemetzel an den Einwohnern, wobei weder Frauen noch Kinder verschont wurden. Die Straßen und Häuser waren voll von Toten und Sterbenden. Vor ein paar Wochen hatte er befohlen, daß sich etwa hundert Familien aus Perejaslawl in Moskau ansiedeln sollten, und unglücklicherweise zogen die Umsiedler gerade durch Klin, als die Opritschnina-Armee ankam. Auch sie wurden umgebracht.

Bevor er weiterzog, ließ Iwan alle Schätze aus den dortigen Kirchen und Klöstern einsammeln und Ikonen, Gewänder, goldene Kandelaber und Altarrückwände auf Wagen laden.

Geheimhaltung war die Losung: Keiner durfte Iwans Vorhaben erfahren. Sechshundert Opritschniki ritten voran, um den Weg freizumachen; sechshundert bildeten die Nachhut, und auch zu beiden Seiten ritten sechshundert Mann. Ihnen war befohlen worden, jeden zu töten, der sich blicken ließ. Falls ein glückloser Bauer in das Lager des Zaren geriet, wurde er ergriffen, nackt ausgezogen und im Schnee hin und her gerollt, bis er starb. Falls einer der Opritschniki das Lager verließ, und sei es nur, um Verpflegung zu holen, wurde er umgebracht. Dem für das Lager verantwortlichen Offizier wurde erst am Morgen gesagt, wo man am Abend sein wollte; dann ritt dieser mit dreihundert Soldaten voraus, um den Platz vorzubereiten. Wehe dem Rittmeister, der nicht alles zur Zufriedenheit des Zaren herrichtete.

So einfach es gewesen war, die Einwohner von Klin umzubringen, so schwer sollte es werden, die Bewohner von Twer zu töten, einer großen und schönen Stadt, die von Türmen und einer hölzernen Mauer gut geschützt wurde. Im 14. Jahrhundert wetteiferte das Fürstentum Twer mit Moskau um die Oberherrschaft über die russischen Staaten und konnte eine Armee von dreißigtausend Mann aufstellen. Nun besaß es zwar kein Heer mehr, war aber doch immer noch eine bedeutende Stadt, und der Zar näherte sich ihr mit äußerster Vorsicht und in aller Heimlichkeit. Niemand in Twer hatte von der Mordbrennerei gehört. Es war notwendig, die Einwohner in falscher Sicherheit zu wiegen. Iwan ließ sich mit seinem Hof im nahen Otrotsch-Kloster nieder und befahl den Opritschniki, vor den Mauern der Stadt Posten zu beziehen, aber unter gar keinen Umständen einzudringen. Unterdessen residierte er in dem wohlausgestatteten Kloster, wohnte den Gottesdiensten bei und benahm sich überhaupt so, als sei er nur auf einer Inspektionsreise.

Der interessanteste Mönch in diesem Kloster war der Ex-Metropolit Philipp. Er wohnte in einer kleinen, abgelegenen Zelle und durfte nicht mit den anderen Mönchen sprechen. Ein alter Mann, allein mit seinem Gott, fürchtete Philipp den Tod nicht – und Iwan schon gar nicht. Als Maliuta Skuratow die Zelle betrat und von Philipp verlangte, die Unternehmungen des Zaren zu segnen und dem Feldzug nach Nowgorod seinen besonderen Segen zu gewähren, weigerte sich Philipp, klagte erneut die Verbrechen der Opritschnina-Armee an und meinte dann: »Nur die, die gut sind und gute Taten vollbringen, sollen gesegnet sein.«

Der Gesichtsausdruck Skuratows zeigte Philipp, daß er sich mit diesen Worten sein eigenes Todesurteil gesprochen hatte, und ruhig sagte er: »Ich habe den Tod lange erwartet. Laß den Willen des Zaren geschehen.« Dann wandte er sich ab und begann, die Totenmesse zu lesen. Skuratow, der wußte, daß Philipp einen unbeugsamen Willen besaß und niemals seine Haltung gegenüber dem Zaren ändern würde, tat, was man von ihm verlangt hatte. Er erdrosselte Philipp oder erstickte ihn mit einem Kissen und berief dann eine Versammlung der Mönche ein, in der er erklärte, daß der ehemalige Metropolit bedauernswerterweise gestorben sei, »infolge der unerträglichen Hitze in seiner Zelle«. Er befahl, den Leichnam unverzüglich zu begraben, und ohne jede Feier hoben die verschreckten Mönche ein Grab hinter dem Altar aus.

Iwan blieb fünf Tage im Otrotsch-Kloster. Am ersten Tag, dem 22. Dezember, faßte er seine Pläne. Am zweiten Tag wurde Philipp ermordet, den man bis heute als einen Märtyrer und Heiligen in Erinnerung behielt. Am dritten Tag gab Iwan den Befehl, alle Schätze des Klosters zu sammeln und aufzuladen; alles von Wert, selbst das Eigentum der Mönche, sollte nach Alexandrowa Sloboda geschafft werden. Auch alle Reichtümer der benachbarten Klöster ließ er zusammentragen. Die Leute von Twer glaubten, daß Iwan sich über die Mönche geärgert habe und alle anderen Einwohner unbehelligt lassen würde. Die nächsten zwei Tage geschah nichts; am sechsten Tag gab er den Befehl zum Massaker.

Da Iwan die Absicht hatte, Twer für seine Verbrechen – Verrat und Majestätsbeleidigung – zu bestrafen, genügte es nicht, die Einwohner einfach zu ermorden. Erst mußten sie sich ihrer Sünden bewußt werden, dann wollte er sie demütigen – und schließlich töten. Da Twer eine reiche Stadt war, gehörte zum ersten Schritt Plünderung ihrer Schätze und Zerstörung all der Wertgegenstände, die nicht fortgeschafft werden konnten. Die Opritschniki traten die Türen der Häuser ein, zertrümmerten die Möbel und Haushaltsgeräte, trugen die Vorräte an Schweineschmalz, Wachs, Korn und Fellen in den Innenhof – und zündeten alles an. So wurden die Reichen der Armut und die Armen dem Verhungern preisgegeben. Iwan betonte, daß ein Offizier, der diese seine Befehle nicht genau ausführte, wie ein gewöhnlicher Verbrecher behandelt werden würde, was bedeutete, er würde das Schicksal der Einwohner von Twer teilen müssen.

Iwans Absicht war es, so viele Reichtümer wie möglich zu erbeuten, deshalb litten die Reichen am meisten. Wer sich weigerte zu sagen, wo Geld und Wertsachen versteckt waren, wurde gefoltert, bis er gestand, und danach erhängt. Einige Livländer und Umsiedler aus Polozk, die ebenfalls in Twer lebten, ließ Iwan an die Ufer der Wolga bringen, wo sie hingerichtet und – durch ein Loch im Eis – in den Fluß geworfen wurden. Ungefähr neuntausend Menschen starben während dieser zweitägigen Schreckensherrschaft. Ein ähnliches Blutbad hatte 1327 in Twer stattgefunden, als Khan Usbek 50 000 Tataren gegen die Stadt marschieren ließ. Aber die Grausamkeiten des Khans hatte man erwartet, während man von den Greueltaten des Zaren völlig überrumpelt wurde, was das Ganze noch schrecklicher machte.

Iwan reiste weiter nach Nowgorod und mordete und plünderte

auf dem Weg dorthin. Am 2. Januar 1570, als die Armee noch zwei Tagesmärsche von Nowgorod entfernt war, sandte er die Vorhut aus, die Stadt zu umzingeln, Wachen aufzustellen und Schlagbäume an den Zufahrtsstraßen zu errichten; außerdem sollten sie sicherstellen, daß niemand die Stadt verließ. Diesmal gab er nicht vor, nur auf einer Inspektionsreise zu sein oder gegen die Livländer zu ziehen.

Da Iwan glaubte, oder vorgab zu glauben, daß Erzbischof Pimen, seine Priester und Mönche für den schrecklichen Verrat verantwortlich seien, der ihn zwang, diese Strafexpedition zu unternehmen, hatte er sich für die Geistlichkeit etwas Besonderes ausgedacht. Die Opritschniki erhielten den Befehl, die Äbte und Mönche aus den umliegenden Klöstern zu holen – an deren Pforten das Siegel des Zaren angebracht wurde – und nach Nowgorod zu bringen. Dort wurden die etwa fünfhundert Männer einen ganzen Tag lang verprügelt. Den Geistlichen aus Nowgorod selbst erging es nicht besser. Um die Häuser der Adeligen und der prominenten Bürger der Stadt wurde ein Kordon gezogen, ihre Bewohner in Ketten gelegt und unter Bewachung gestellt. Für zwanzig Nowgoroder Rubel – eine sehr große Summe – konnte jeder Mönch oder Priester, der innerhalb der Stadtmauern lebte, sich freikaufen; wenn er das Geld nicht aufbrachte, wurde er erbarmungslos erschlagen oder in Eisen gelegt.

Der Zar verlangsamte seinen Marsch absichtlich, und erst am 6. Januar kam er in Sichtweite der Stadt. Es war Freitag, das Dreikönigsfest, aber keine Glocken läuteten. Nowgorod war starr vor Furcht.

Das Lager des Zaren wurde auf einer Anhöhe etwa eineinhalb Meilen vor der Stadt errichtet, auf dem rechten Ufer des Wolchow. Der Platz war sorgfältig ausgewählt, denn hier befanden sich die Ruinen von Gorodischtsche, der alten Burg und Siedlung, die von Rurik, dem Begründer des russischen Reiches und Vorfahren des Zaren, erbaut worden war. Nach der Legende hatten die Bewohner von Nowgorod den Warangerhäuptling Rurik in ihre Stadt gerufen und gesagt: »Unser Land ist reich und groß, aber es gibt keine Ordnung darin. Komm und herrsche über uns.« Hier, wo sein Vorfahre Ordnung zu schaffen versucht hatte, wollte Iwan ein Chaos herstellen.

Sein erster Befehl war, alle Äbte und Mönche aus den umliegenden Klöstern mit Knüppeln zu Tode zu prügeln. Die entstellten Körper durften zur Beerdigung in die Klöster zurückgebracht werden. Äbtissinnen und Nonnen erlitten das gleiche Schicksal. Iwans Absicht war, um Nowgorod herum eine Wüstenei zu schaffen, denn diese Klöster waren zugleich Handelszentren, Warenlager und mögliche Ausgangspunkte des Widerstands. Nowgorod sollte völlig aktionsunfähig werden, bevor er es vollständig vernichtete.

Der Befehl, die Mönche zu Tode zu prügeln, war am Samstag, dem 7. Januar, gegeben worden. Der folgende Tag war ein Sonntag, und Iwan beschloß, am Gottesdienst in der Sophien-Kathedrale, die sich innerhalb des Kremls von Nowgorod befand, teilzunehmen. Der Mord an den Hunderten von Mönchen und Nonnen lastete nicht sonderlich auf seinem Gewissen, und so schlug er vor, zur Kirche zu gehen, als sei nichts geschehen.

Am Sonntag machte er sich mit dem Zarewitsch und einer großen Abteilung seiner Armee auf den Weg zur Kathedrale. Er ritt am rechten Ufer des Wolchow entlang, betrat das Kaufmannsviertel und begann, die große hölzerne Brücke zu überqueren, die in den Kreml führte. In diesem Augenblick trat Pimen, der Erzbischof von Nowgorod, mit den Geistlichen aus der Kirche. In den Händen hielten sie goldene Kreuze, Ikonen und buntbemalte Banner. Der Erzbischof hob das Kreuz hoch, um dem Zaren seinen Segen zu geben, aber Iwan wich zurück, weil er nicht von jemandem gesegnet werden wollte, den er zu vernichten beabsichtigte. Die Dritte Chronik Nowgorods überliefert die Worte, die Iwan auf der Brücke rief:

»Weil Ihr das Böse anbetet, haltet Ihr kein heiliges Kreuz in Händen. Statt dessen tragt Ihr eine Waffe, und diese Waffe, zusammen mit Euren bösen Gedanken, Euren Mönchen und den Bürgern von Nowgorod, ist ein Werkzeug, von Euch ersonnen, um Nowgorod die Große, die unser Erbteil ist, dem Feinde, dem Fremden, dem König von Polen, Sigismund August auszuliefern!
Deshalb seid Ihr nicht länger der Hirte, noch der Lehrer, noch der Leiter der Erzdiözese der heiligen Sophia. Nein, Ihr seid ein Wolf, ein Raubtier, ein Zerstörer, ein Verräter, ein Feind unserer Krone!«

Nachdem er diese Worte voller Zorn herausgeschleudert hatte, befahl er Pimen, die Messe zu lesen. Während des Gottesdienstes konnte man Iwan inbrünstig beten sehen. Nachher ritt er, gefolgt vom Zarewitsch und von den Opritschniki, in den Palast des Erzbischofs zum Mittagsmahl, und zeitweise schien es so, als sei er bester Laune. Doch plötzlich hörte er auf zu essen und rief seinen Soldaten zu, sie sollten die Schätze des Erzbischofs holen und den Palast aller seiner Wertgegenstände berauben. Was den Erzbischof, seine Edelleute, seine Diener und Begleiter anginge, seien sie alle zu verhaften. Dann wurde die Kathedrale geplündert, bis nur noch das leere Gebäude übrigblieb. Ikonen, heilige Gefäße, bestickte Gewänder und sogar die großen Türen wurden auf die Frachtwagen geladen. Die berühmte Bronzeglocke, die 18 000 Pfund wog und die Leute zum Gottesdienst rief, sollte ebenfalls nach Alexandrowa Sloboda mitgenommen werden. Auch der Kreml von Nowgorod mußte all seine Reichtümer hergeben.

Der Erzbischof trug ein goldbesticktes Gewand und eine weiße Kutte, die von einem goldenen Kruzifix geschmückt wurde. Durch den Anblick des Erzbischofs in vollem bischöflichen Ornat in Wut versetzt, befahl Iwan den Opritschniki, ihn seiner Kleidung zu entledigen.

»Ihr habt kein Recht, Erzbischof zu sein!« rief Iwan. »Es würde Euch besser anstehen, wenn Ihr wie ein Clown gekleidet wärt, und ich werde auch eine Frau für Euch finden!«

Keiner konnte Erzbischof werden, wenn er nicht ein keusches und tugendhaftes Leben geführt hatte, darum waren diese letzten Worte besonders beleidigend. Die Äbte von siebenundzwanzig Klöstern hatten Iwan zu dem Essen begleitet. An diese wandte sich der Zar nun: »Kommt und seid meine Gäste! Ich lade Euch ein, zu den Ausgaben für die Hochzeit etwas beizusteuern!« Diese Ausgaben schienen außerordentlich hoch zu sein, und jeder Abt wurde entsprechend der Wohlhabenheit seines Klosters veranlagt.

Doch Iwan hatte den Erzbischof noch nicht genug gedemütigt. Er befahl den Dienern, eine weiße Stute zu holen – es war klar, der Erzbischof sollte mit der Stute verheiratet werden.

»Hier ist Eure Gemahlin!« sagte der Zar. »Sattelt sie, besteigt sie sofort und reitet nach Moskau! Wenn Ihr Moskau erreicht habt, setzt Euren Namen auf die Liste der Narren!«

Pimen stieg auf die Stute, und Iwan gab Anweisung, ihm die Füße zusammenzubinden. Dann wurde der Erzbischof aufgefordert, in Richtung Moskau fortzureiten; doch einen Augenblick später kam Iwan eine bessere Idee. Ein Musikinstrument hatte seine Aufmerksamkeit erregt. Es war eine Art Leier mit Saiten und Blasebälgen. Iwan drückte dem Erzbischof das Instrument in die Hände und sagte: »Da Ihr sonst nichts zu tun habt, und da Ihr Euch eine Frau genommen habt, hier ist etwas für Euch, womit Ihr spielen könnt!«

Es gab ein großes Gelächter. Um den Erzbischof in Unterwäsche drängten sich die Opritschniki. Iwan freute sich über die Herabsetzung dieses Kirchenmannes, der nicht gerade ein Heiliger gewesen war, aber doch ehrlich versucht hatte, seine Gemeinde gerecht zu führen. Als er auf der weißen Stute in Richtung Moskau davonritt, begleitet von einer starken Leibwache, zupfte Pimen die Saiten und bearbeitete die Blasebälge.

Wenige Tage später schrieb Iwan dem Metropoliten Kirill nach Moskau, daß »Erzbischof Pimen keine Gottesdienste in der Kirche abhalten darf, aber Amt und Würden sollen ihm nicht genommen werden, bis ein Kirchenkonzil über ihn zu Gericht gesessen und ihn verurteilt hat«.

Die Plünderung der Sophien-Kathedrale und des Palastes sowie die Demütigung des Erzbischofs waren ganz nach Iwans Geschmack. Er ließ den Einwohnern von Nowgorod befehlen, sich wie gewöhnlich um ihre Angelegenheiten zu kümmern, und drängte sie, ihre Waren an die Opritschniki zu einem gerechten Preis zu verkaufen.

Doch als er am Nachmittag nach Gorodischtsche zurückkehrte, war seine Stimmung düster und drohend. Die Zeit war gekommen, die Leute mit ihren Sünden zu konfrontieren. Männer, Frauen und Kinder wurden zum Verhör zu ihm gebracht. Er wollte den Beweis für den Verrat. Wie und warum war es so weit gekommen, daß die Einwohner Nowgorods Geheimbotschaften an den König Sigismund schickten und ihn baten, über sie zu herrschen? Da dies nicht der Wahrheit entsprach, kamen natürlich keine Beweise ans Licht. Unter der Folter gestanden einige der Gefangenen irgendwelche erfundenen Verbrechen, beschuldigten sich gegenseitig und wurden zum Tode verurteilt. Aneinandergekettet und hinter die Schlitten gebunden, einige mit Stricken um den Hals, andere mit gefesselten Beinen, wurden sie über den Schnee zur Holzbrücke über den Wolchow gezerrt, um ihre Strafe zu empfangen.

Iwan erfand immer wieder neue Strafformen. Er ließ eine hohe Plattform auf der Brücke erbauen, und einige der Verurteilten wurden von der Plattform geworfen, andere von der Brücke. Das Eis unter der Brücke hatte man aufgeschlagen, und an dieser

◁ *Der Brand von Moskau im Jahre 1560. Iwan begleitet die kranke Anastasia nach Kolomenskoje (aus der »Nikon-Chronik mit Miniaturen«, 16. Jahrhundert).*

Stelle gähnte nun ein großes, schwarzes Loch. Die Arme und Beine der Opfer wurden zusammengebunden, so daß sie unmöglich davonschwimmen konnten. Unterhalb der Brücke warteten Opritschniki in Booten, um die Unglücklichen mit Bootshaken, Piken und Äxten endgültig zu töten.

Die Chronisten berichten von einem seltsamen Detail. Sie schreiben, daß die Männer von der Brücke gestoßen wurden, die Frauen und Kinder dagegen von der hohen Plattform. Der Zar war gewohnt, der Ermordung von Männern beizuwohnen, aber zuzuschauen, wie Frauen und Kinder in den Tod geschleudert wurden, war ein außergewöhnlicher Zeitvertreib.

Beinahe vier Wochen dauerte das Morden an. Was die Chronisten den »nicht zu besänftigenden Zorn des Zaren« nannten, forderte den Tod von etwa 30 000 Menschen. An manchen Tagen wurden tausend Menschen in den Fluß geworfen, manchmal sogar fünfzehnhundert, an anderen wieder nur fünf- oder sechshundert. Iwan hatte eine wirkungsvolle Methode entwickelt, die Leichen zu beseitigen: Sie wurden unter dem Eis flußabwärts getrieben und hinterließen keine Spur.

Gegen Ende der ersten Februarwoche 1570 beschloß Iwan, daß es des Mordens und Raubens nun genug sei. Ein Drittel der Bevölkerung war umgebracht worden und der Großteil des Reichtums der Stadt in seinem Besitz. Jetzt waren die großen Klöster in der Umgebung an der Reihe. Die Mönche waren zwar tot, aber die Schätze – da versiegelt – unangetastet. Der Zar verbrachte einen Tag in jedem Kloster und überwachte den Abtransport kostbarer Stoffe, geweihter Gefäße, Ikonen und Glocken. Seine Zerstörungswut machte auch vor den Kornspeichern nicht Halt. Sie wurden angesteckt und alle Pferde und Kühe, die dem Kloster gehörten, geschlachtet. Dann kehrte er, beladen mit seiner Beute, nach Nowgorod zurück, um der Stadt den Rest zu geben. Die Läden und Warenlager wurden ausgeräumt und niedergebrannt, die Stände auf dem Marktplatz zertrümmert. In die privaten Häuser drang man ein, junge Frauen wurden vergewaltigt oder von den Opritschniki fortgeschleppt. Heinrich von Staden, der auf dem Feldzug gegen Nowgorod dabei war, schrieb über Iwans letzte Tage in Nowgorod: »Nach der Plünderung der Klöster kam die Stadt an die Reihe. Nichts durfte zurückbleiben, und was die Soldaten nicht wegtragen konnten, wurde entweder in den Fluß geworfen oder verbrannt. Alle hohen Gebäude wurden niedergerissen und all die schönen Torwege, Treppen und Fenster zerstört.«

Plötzlich, am frühen Morgen des 13. Februar 1570, beschloß Iwan, mit Nowgorod Frieden zu schließen. Der Zeitpunkt war günstig, denn es war der Montag der zweiten Woche der Fastenzeit. Bei Sonnenaufgang ließ er durch Herolde verkünden, daß auf Befehl des Zaren jede Straße in Nowgorod ihre führenden Bürger nach Gorodischtsche schicken sollte. Einem Befehl des Zaren nicht zu gehorchen, stand ganz außer Frage, und so kehrten die Boten mit sechzig angesehenen Männern zurück, die schon den Tod vor Augen sahen. Zu ihrer Überraschung fanden sie Iwan in sehr entgegenkommender Laune. Wie die Chronisten berichten, blickte sie der Zar gnädig und freundlich an und sagte:

»Männer von Groß-Nowgorod, Ihr alle, die Ihr nun in dieser Stadt zurückbleibt. Ich bitte Euch, fleht den gnädigen, immer großmütigen und liebevollen Gott, seine reine Mutter und alle Heiligen um unseres Zarentums, meiner Kinder Iwan und Fjodor und meiner christusliebenden Armee willen an, daß der Herr uns den Sieg gewähren möge über alle unsere Feinde, ob sichtbar oder unsichtbar. Gott soll Erzbischof Pimen richten, der ein Verräter meiner und auch Euer ist, und all seine üblen Mittäter; sie werden verantwortlich gemacht werden für dieses Blutvergießen. Aber Ihr müßt Euch nicht sorgen. Geht und seid dankbar!«

»Geht und seid dankbar« – das sagte er voller Ironie. Schon bevor er in Nowgorod ankam, gab es einen Engpaß in der Nahrungsmittelversorgung, und während er in der Stadt wütete, wurden alles verfügbare Korn und sämtliche Haustiere auf seinen Befehl hin vernichtet. Infolgedessen litt Nowgorod unter einer schrecklichen Hungersnot, der auch noch die Pest folgte. Die Chronisten berichten, daß im September dieses Jahres 10 000 Menschen in einem Massengrab beerdigt wurden und daß im Mai 1571 ein weiteres Massengrab ausgehoben werden mußte. So viele waren getötet worden oder starben infolge des Hungers und der Pest, daß Iwan anordnete, aus ganz Rußland Menschen nach Nowgorod zu schaffen.

Hoch beladene Wagen mit den in Nowgorod erbeuteten Reichtümern brachen nach Alexandrowa Sloboda auf. Gold und Silber, Perlen und Edelsteine, heilige Ikonen, Pelze und Seide, ja, sogar die große Glocke der Sophien-Kathedrale und die großen Bronzetüren aus dem Jahre 1336 wurden unter starkem Geleitschutz dorthin gebracht. Der Schatz wurde in die Gewölbe unter den beiden Kirchen transportiert, die anläßlich seines Sieges über Nowgorod gebaut wurden, und versiegelt. Die erbeuteten Bronzetüren sollten seiner eigenen Kathedrale in Alexandrowa Sloboda als Schmuck dienen, aber sie stellten sich als zu groß heraus und mußten beschnitten werden. Die weniger wertvolle Beute wurde auf Schlitten geladen, in ein Kloster außerhalb Nowgorods gefahren und unter die Opritschniki verteilt.

Wie viele damals in Nowgorod ihr Leben lassen mußten, konnte nie genau festgestellt werden. Jerome Horsey schrieb, daß 700 000 getötet wurden, aber das muß ein Irrtum sein, denn die Einwohnerzahl der Stadt betrug nicht mehr als 100 000. Wenn man alle verfügbaren Schätzungen vergleicht, ist es möglich, daß ungefähr 30 000 Menschen ermordet wurden und mindestens 20 000 durch die auf die Besatzung folgende Hungersnot und Pest starben. Der Fluß, in den die Toten geworfen worden waren, wurde der Hauptinfektionsherd, und die Seuche drohte sich in den folgenden Monaten über ganz Rußland auszubreiten.

Albert Schlichting erzählt, daß die Bettler von Nowgorod aus der Stadt vertrieben wurden und in der verschneiten Wildnis umherziehen durften. Ihnen wurde nichts getan, weil Iwan vielleicht eine Art Heiligkeit in der äußersten Armut erblickte. Einige der Bürger, die sahen, daß die Bettler unbehelligt blieben, kleideten sich in Lumpen und flohen. Da sie im Schnee jedoch keine Nahrung finden konnten, kamen die meisten um. Die Mutigeren unter ihnen kehrten nachts heimlich in die Stadt zurück, um von Leichen zu essen, die sie in Salzfässern aufbewahrten. Mit der Zeit erfuhr Iwan davon. Da ihn die Sache interessierte, befahl er seinen Offizieren, Nachforschungen darüber anzustellen und einige der Kannibalen zu ihm zu bringen. Wie Schlichting berichtet, war Iwan an der rein technischen Frage interessiert, warum sie die Körper gerade in Salzfässern aufbewahrten. Sie beantworteten seine Frage nicht und sagten nur, daß sie Hungers stürben, wenn sie die Leichen nicht äßen. Da befahl er, die Leute in den Fluß zu werfen.

Bevor er die Stadt verließ, nahm Iwan noch von Torgowaja Storona, dem Marktviertel, Besitz und gab den Auftrag, dort einen Palast zu bauen, in dem er jedesmal wohnte, wenn er später nach Nowgorod kam. Einen Monat, nachdem er in Richtung

Pskow aufgebrochen war, begannen die Baumeister die Kellergewölbe des neuen Palastes auszuheben.

Iwan war zufrieden mit sich. Die Opritschniki hatten ihm treu gedient; alle seine Befehle waren befolgt worden; er hatte den Feind bestraft und riesige Reichtümer erworben. Jetzt blieb ihm nur noch übrig, nach Westen zu ziehen, nach Pskow, der Stadt mit den weißen Mauern, genauso reich wie Nowgorod und beinahe ebenso mächtig . . .

Fünf Tage später lag die Stadt in Sichtweite vor ihm. Erschöpft von der langen Reise beschloß er, an diesem Tag noch nicht in die Stadt einzuziehen, und verbrachte die Nacht im Nikolaus-Kloster, das außerhalb der Mauern lag. Das Kloster war wie eine Festung gebaut und bot ihm allen erforderlichen Schutz. Es war ein Samstag; am Sonntag wollte er die Einwohner von Pskow daran erinnern, daß er ihr Zar war und sie ihm alles, sogar ihr Leben, schuldeten.

Ein Blutbad auf dem Roten Platz

Einst war Pskow die Hauptstadt einer unabhängigen Republik gewesen, in der das Volk seine Herrscher von einer Volksversammlung wählen ließ. Der gewählte Fürst, dem die Verteidigung der Stadt oblag, war gewöhnlich ein Nachkomme Ruriks oder einer der Fürsten aus der litauischen Königsfamilie. Sich in Angelegenheiten der Stadt einzumischen, war ihm nicht erlaubt. Diese Regierung mit ihrem Bojarenrat und der Volksversammlung, mit ihrem gewählten Bürgermeister und Kommandanten der Bürgermiliz wurde 1510 gestürzt, als Pskow dem Moskowiterreich einverleibt wurde. Danach mußte es einen von Moskau eingesetzten Gouverneur dulden, dessen Wort Gesetz war.

Berühmt war Pskow für seine außerordentliche Schönheit, denn ungleich anderen Städten Rußlands war es aus Kalkstein erbaut worden, der in den nahen Steinbrüchen gewonnen wurde. Dieser zartgelbe oder rötlich-weiße Stein besaß eine außergewöhnliche Leuchtkraft. Und während Moskau nur um den Kreml und die Kitaj Gorod Steinmauern hatte, bestand Pskow ganz und gar aus Stein. Die anderen, aus Holz erbauten Städte Rußlands wirkten grau und düster. Pskow dagegen strahlte Fröhlichkeit und Anmut aus. Die Einwohner waren sich der Schönheit ihrer Stadt wohl bewußt und taten alles, um diese zu erhalten.

Sie waren Kaufleute, die Flachs, Stein, Getreide, Talg, geräucherten Fisch, Felle, Teer, Pech, Honig und Bauholz für Schiffe handelten. Der Flachs, der hauptsächlich zur Fertigung von Segeln verwendet wurde, war berühmt für seine Qualität und ebenso begehrt wie jene Keramikkacheln mit apfelgrüner Glasur, die in ganz Rußland vertrieben wurden. Als Iwan sich entschlossen hatte, Kasan wieder aufzubauen, schickte er nach Steinmetzen aus Pskow. So hatte die Stadt viele Einkommensquellen, und es gab wenig Armut. Die Einwohner waren praktische Leute, tiefreligiös und äußerst gesetzestreu. Sie besaßen ein Rechtssystem, um das sie von anderen Städten beneidet wurden. Es waren Menschen, die ihre Freiheit liebten und sie auch bewahrten, als sie von fürstlichen Gouverneuren aus Moskau regiert wurden.

Ein deutscher Reisender, der im 17. Jahrhundert Pskow besuchte, berichtete vom Stolz der Leute auf ihre Stadt, von ihrer Gastfreundschaft und Weltoffenheit. Sie seien die zivilisiertesten Russen, die er je getroffen habe. Zum Teil wahrscheinlich deshalb, weil Pskow sich von allen russischen Städten am meisten am Westen orientierte, und auch, weil sich hier die alte russische Zivilisation ungehindert von den Tataren entwickeln konnte. Über den Tschudsee hatte Pskow direkten Zugang zum Golf von Finnland und so auch zum Baltikum. Man war es gewohnt, mit fremden Kaufleuten zu verkehren und verhielt sich ihnen gegenüber nicht mißtrauisch. Auch fühlten sich die Einwohner Fremden gegenüber keineswegs minderwertig. Sie besaßen ihre eigene künstlerische Tradition, ihren eigenen Lebensstil. Sie vergaßen auch nicht, daß Pskow die Heimatstadt der ersten christlichen Fürstin von Rußland, der heiligen Olga, war, die vom byzantinischen Kaiser von Konstantinopel getauft wurde.

Und nun wurden die Einwohner von Pskow plötzlich mit etwas konfrontiert, das völlig außerhalb ihrer Erfahrung lag. Seit vielen Tagen schon wußten sie, was in Nowgorod geschehen war. Überlebende, die nach Pskow geflohen waren, hatten in allen Einzelheiten von den Massenhinrichtungen am Fluß berichtet, dem Morden in den Straßen, den ständigen Plünderungen, der Schreckensherrschaft, die Iwan so kaltblütig und gelassen errichtet hatte. Der Zar erschien nicht mehr als ein Mensch, sondern als ein fleischgewordener Teufel. Sie wußten auch, daß Iwan sich, nachdem er Nowgorod geplündert hatte, sofort Pskow zuwenden würde. Sie besprachen sich lange, kamen aber zu keinem Entschluß. Sie wußten nur eins: Sie mußten auf die Gnade des Zaren bauen. Sie bewaffneten sich nicht und trafen auch keine besonderen Vorbereitungen für das Kommen Iwans und seiner Opritschniki. Sie verharrten in Furcht und Schrecken, wohl wissend, daß nur ein Wunder sie retten konnte.

Unterdessen organisierten die Opritschniki, denen der Zar zwar große Teile der Beute versprochen, aber noch nicht gegeben hatte, Plünderungszüge auf eigene Faust. Niemand weiß, wie viele von ihnen sich auf diese mörderischen Abenteuer einließen, aber es scheint, daß alle, die sich in des Zaren Gunst wähnten, mordeten und raubten, wie es ihnen beliebte. Einer von ihnen, Heinrich von Staden, berichtet von seinen eigenen, höchst erfolgreichen Raubzügen, nachdem er Nowgorod verlassen hatte.

Staden freute sich seiner leichten Triumphe und sammelte beachtliche Beutestücke, die auf seine eigenen Ländereien geschafft wurden. Doch es gab auch Städte, die zu oft beraubt und wo zu oft gemordet worden war, und die nun zurückschlugen. Es gab auch Orte zwischen Nowgorod und Pskow, die ein Offizier der Opritschnina besser meiden sollte. Hier erzählt Staden, was geschah, als er eine kleine Stadt überfiel, die sich weigerte, von den Freibeutern ausgenommen zu werden:

»Wir kamen in eine Stadt, in der sich eine Kirche befand, und meine Gefolgsleute gingen hinein und nahmen die Ikonen und andere kleinere Sachen, während ich draußen auf meinem Pferd blieb. Da sah ich sechs Reiter, die von dreihundert Leuten gejagt wurden. Ich wußte nicht, wer die sechs Reiter waren, ob sie aus der Semschtschina oder der Opritschnina waren, und so rief ich meine Gefolgsmänner und hieß sie, auf ihre Pferde zu steigen. Dann verstand ich, was da vor sich ging. Die sechs Reiter waren Opritschniki, und sie wurden verfolgt. Sie schrien um Hilfe, und so griff ich an. Als die Verfolger so viele meiner Leute aus der Kirche stürmen sahen, flohen sie auf den Landsitz des Fürsten. Ich erschoß einen von ihnen, brach durch die Menge und ritt schnell durch das Tor. Vom oberen Stockwerk des Hauses wurden Steine auf mich herabgeworfen. Mit einem meiner Getreuen namens Teschata rannte ich die Treppe hinauf, eine Axt in der Hand. Ich traf auf eine Fürstin, deren einziger Wunsch es war, sich vor meine Füße zu werfen, aber als sie die Wut in meinem Gesicht las, wandte sie sich ab, um in ihr Zimmer zurückzugehen. Ich schlug sie mit einer Axt in den Rücken, und sie fiel zu Boden. Ich sprang über sie weg und grüßte ihre Hofdamen.

Später, als ich aus dem Zimmer der Frauen wieder in den Hof eilte, warfen sich mir die sechs Opritschniki zu Füßen und sagten: ›Wir werden unserem Herrn alles erzählen, und er wird dem Großfürsten sagen, wie vortrefflich Ihr Euch gegenüber diesen Semschtschina-Leuten verhalten habt. Wir haben Euren Mut und Eure Umsicht mit unseren eigenen Augen gesehen.‹ Ich sagte zu meinen Gefolgsleuten: ›Nehmt, was ihr kriegt, und verschwindet schnell.‹ Wir ritten die ganze Nacht hindurch und kamen schließlich zu einer unbefestigten Siedlung, die wir verschonten. Dort ruhte ich mich zwei Tage aus und erfuhr, daß fünfhundert Musketiere der Opritschnina von den Semschtschina-Leuten in diesem Ort getötet worden waren.«

Staden besaß überhaupt kein Moralgefühl und erzählte das Ganze, als sei er der Held eines fesselnden Abenteuers gewesen.

Als Iwan das Nikolaus-Kloster am Rande Pskows erreichte, hatte er die feste Absicht, die Stadt in Blut zu tauchen. Die Einwohner Pskows waren in seinen Augen genauso des Verrats schuldig wie die Bewohner Nowgorods und verdienten deshalb dasselbe Schicksal. Außerdem würde die Zerstörung dieser wohlhabenden Stadt weitere reiche Beute für ihn bedeuten.

Am Sonntag nahmen der Zar und sein Gefolge am Morgengottesdienst in der Kathedrale zur Heiligen Dreifaltigkeit, innerhalb der Mauern des Krom oder Kreml der Stadt, teil. Eine Zeitlang betete Iwan am Grab des heiligen Wsewolod, des ersten Fürsten von Pskow, der 1138 gestorben war. In der Nähe des Grabes hing das große Schwert, das der Fürst in vielen Schlachten geführt hatte und auf dem die Worte standen: *Honorem meum nemino dabo* – »Ich werde meine Ehre keinem überlassen«. Der Zar soll das Schwert lange betrachtet haben.

Als der Gottesdienst vorüber war, verhafteten die Opritschniki dreißig oder vierzig Angehörige des niederen Adels, die Iwans Unmut erregt hatten, und richteten sie hin. Abt Kornelij vom Petscherskij-Kloster und der Mönch Wassian Muromzow – Freunde von Fürst Andrej Kurbskij – wurden ebenfalls umgebracht. Dann erging der Befehl an die Opritschniki, alle Kirchen und Klöster zu plündern, wobei Iwan besonderen Wert auf die großartigen Glokken legte.

Das Gemetzel sollte gerade beginnen, als es Iwan plötzlich einfiel, den *jurodiwij* Nikolaj Salos zu besuchen, der unter dem Namen Mikula als heiliger Mann in der ganzen Gegend berühmt war. Iwan näherte sich gerade dem Haus, in dem Mikula wohnte, als eine wahre Donnerstimme aus dem Fenster erscholl: »Iwaschka! Iwaschka! Wie lange willst du noch das Blut unschuldiger Christen vergießen? Nimm dich in acht! Verlasse diese Stadt sofort, oder großes Unglück wird über dich kommen!« Iwan trat jedoch in das Haus und dem heiligen Mann gegenüber, der ihm einen Streifen rohen Fleisches reichte. Der Zar weigerte sich, das Fleisch anzunehmen, und sagte: »Ich bin ein Christ. Ich esse kein Fleisch während der Fastenzeit.«

»Du tust viel Schlimmeres!« erwiderte der heilige Mann ernst. »Du lebst von Menschenfleisch und -blut und vergißt nicht nur die Fastenzeit, sondern Gott selbst!«

Während Mikula sprach, verdunkelte sich plötzlich der Himmel, es donnerte und blitzte. Mikula deutete auf den Blitz und rief: »Ein Donnerschlag wird dich tot zu Boden strecken, wenn du oder irgendeiner deiner Opritschniki auch nur dem kleinsten Kind von Pskow ein Haar krümmt! Wisse, daß wir von einem Engel Gottes beschützt werden für ein besseres Schicksal als ermordet zu werden! Verlasse Pskow sofort, oder du wirst Gottes Zorn zu spüren bekommen!«

Es wird berichtet, daß Iwan Mikula um Vergebung und sein Gebet bat, doch nur mit weiteren Flüchen bedacht wurde – und im selben Moment fiel Iwans Lieblingspferd tot zu Boden. Diese Geschichte wird sowohl von den Chronisten überliefert als auch von den drei Söldnern Staden, Taube und Kruse, die den Opritschniki angehörten und deshalb keinen Grund hatten, den Zaren in einem unvorteilhaften Licht zu zeichnen. Sir Jerome Horsey erzählt die Begebenheit ebenfalls und fügt hinzu, daß er selbst den heiligen Mann gesehen habe: »Ich sah diesen Betrüger oder Hexenmeister, eine närrische Kreatur, die winters wie sommers nackt herumlief. Er ertrug äußerste Kälte wie auch Hitze, tat viele seltsame Dinge mit Hilfe der Blendwerke des Teufels, wurde von vielen gefürchtet und verehrt, sowohl von Fürsten als auch von einfachen Leuten aus dem Volk.«

Etwas Außerordentliches war geschehen: Ein nackter heiliger Mann hatte »Nein« zu Iwan gesagt, und der Zar, sich seiner Schuld und der Macht des heiligen Mannes, den Zorn des Himmels auf ihn herabzurufen, zutiefst bewußt, gehorchte. Er zog ein paar Stunden später mit seinem ganzen Gefolge aus der Stadt, wobei er nur die Beutestücke, die schon aus den Kirchen geholt worden waren, mit sich nahm. *Ein* Mensch hatte zwischen Iwan und unzähligen Morden gestanden.

Der Feldzug gegen Nowgorod und Pskow war vorüber, die Armee ritt südwärts nach Stariza, wo, wie Staden sagt, »der Zar beschlossen hatte, seine Truppen zu mustern, um zu sehen, wie sie standgehalten hatten, und wie viele von ihnen übrig geblieben waren«. Iwan war zufrieden mit dem, was er sah, und bester Laune. Staden, der als Freibeuter auf eigene Faust viel Erfolg gehabt hatte, stand hoch in des Zaren Gunst. Von nun an war es dem Deutschen, der eine russische Fürstin mit der Axt getötet hatte, erlaubt, sich Heinrich *von* Staden zu nennen. Nachdem Iwan seinen getreuen Mannen noch andere Belohnungen hatte zukommen lassen, eilte er nach Alexandrowa Sloboda, um die Schätze aus Nowgorod zu begutachten und zwei Kirchen bauen zu lassen, die seine beiden Siege verherrlichen sollten.

Obwohl Iwan orthodoxer Christ war und mit geradezu wilder religiöser Inbrunst Gebet und Meditation pflegte, interessierte er sich doch für die Argumente von Theologen, die anderen Glaubensbekenntnissen angehörten. Er hielt sie zwar für Ketzer und Verdammte, aber das hinderte ihn nicht, ernsthaft nach ihren Einwänden zu fragen. Er hörte ihnen höflich zu, auch wenn sie nur Schrecken in seiner Brust erregten. Er bestrafte sie nicht, obwohl er sie manchmal »Hunde« nannte. Er wußte über den Islam und die katholische Kirche Bescheid, aber ziemlich wenig über den Protestantismus, jedenfalls bis zur Ankunft einer polnisch-litauischen Gesandtschaft, die im Mai 1570 nach Moskau kam und von Jan Krotowski angeführt wurde. Krotowski, ein Hussit, hoffte, daß die Glaubenssätze des auf dem Scheiterhaufen ums Leben gekommenen »Ketzers« Jan Hus, »des bleichen, dünnen Mannes in schäbiger Kleidung«, in Rußland mit Beifall aufgenommen würden. Er war ein vermögender Mann, der Iwan bewunderte und ihn nach dem Tod des kränkelnden Königs Sigismund II. August gern als König von Polen und Großfürst von Litauen gesehen hätte. Hus besaß eine große Anhängerschaft unter dem polnischen und litauischen Adel und den gebildeten Ständen, und Krotowski glaubte, daß Iwans Kandidatur eher ihre Zustimmung fände, wenn der Zar die Verbreitung des neuen Glaubens erlauben und ihm seinen Segen geben würde. Der Gesandte hoffte sogar, Iwan selbst bekehren zu können.

Die Delegation kümmerte sich natürlich auch um viele andere Dinge, die nicht mit dem Hussitenglauben zusammenhingen, aber in den Augen Krotowskis war es vor allem wichtig, Iwan über letzteren umfassend zu informieren. Er brachte deshalb einen berühmten Hussitenprediger namens Rakita mit an den Hof. Iwan war bereit, einer von Rakitas Predigten zuzuhören, gewährte dem Prediger völlige Straffreiheit hinsichtlich ketzerischer Äußerungen und versprach, Rakitas Predigt Punkt für Punkt zu widerlegen, wenn man ihm eine Abschrift davon gäbe. Das geschah. Rakitas Predigt ist verschwunden, aber wir besitzen eine Kopie von Iwans Entgegnung – 84 Pergamentseiten, die in

einer juwelenbesetzten Schachtel Rakita vor dessen Abreise überreicht worden waren.

Mit etwas Mühe können Rakitas Vorstellungen anhand Iwans
heftiger Erwiderung rekonstruiert werden. Zum Beispiel wissen
wir, daß Rakita die Zehn Gebote verteidigte, denn Iwan schrieb:
»Ihr glaubt an die Zehn Gebote, wie sie im Zweiten Buch Moses
niedergelegt sind. Wisset daher, daß die Apostel all diese Gebote
geändert haben, außer zweien: ›Du sollst deinen Gott lieben aus
ganzem Herzen und deinen Nächsten wie dich selbst.‹ Diese zwei
befolgt ihr nicht.« Rakita erklärte, daß alle Menschen wegen
Adams Sünde dem Tod anheimgefallen sind und deshalb das
Wort Gottes Fleisch wurde und unter uns lebte. Iwan meinte, das
sei ein Irrtum: »Bis zu Christi Geburt waren die Gerechten auch
dem Tod ausgeliefert und kamen in die Hölle. Aber als Christus
auferstand, da war die Macht des Todes gebrochen.« Auf Rakitas
Vorwurf, daß in der Orthodoxen Kirche die Apostel als göttliche
Wesen betrachtet würden, erwiderte Iwan, aus den Korintherbrie-
fen zitierend: »Wisset, was die Apostel betrifft: Wir halten sie
keineswegs für göttliche Wesen. Einer von ihnen sagte: ›Ich habe
gepflanzt, Apollos hat begossen; aber Gott hat das Gedeihen
gegeben.‹« Iwan konnte die Schriften des Paulus auswendig und
wußte sie geschickt einzusetzen, indem er die schwierigen Texte
immer seinen Zwecken entsprechend interpretierte.

Er nimmt Rakita gegenüber eine spöttische Haltung ein. Es ist
ihm unbegreiflich, daß es jemanden geben sollte, der die einfachen
Wahrheiten des Orthodoxen Glaubens nicht versteht! Zwischen-
durch greift er den Hussiten immer wieder an: »Da Ihr ein Hund
seid und ein Feind des Kreuzes Christi, will ich nichts mit Euch zu
tun haben!« Trotzdem fährt er fort, mit ihm zu streiten, seine
Argumente zu verdrehen und ihm die eigenen glorreichen Schluß-
folgerungen entgegenzusetzen. Die Predigten Rakitas und Iwans
waren ein Politikum allerersten Ranges, aber es ist unwahrscheinlich, daß Iwan merkte, wieviel politischen Kredit er sich mit seinen scharfen Angriffen auf Rakitas Überzeugungen verscherzte.
Wir kennen Iwans heftigen, rücksichtslosen Stil bereits aus seinen
Briefen an Fürst Kurbskij. Um so überraschender ist es, daß er in
dieser Epistel gelegentlich Geschichten aus den apokryphen Evan-
gelien und den Schriften der Kirchenväter mit einer Art poetischer
Anmut wiederzugeben versteht. Er glaubte fest an wunderwirkende Bilder und vor allem an die Ikone der Heiligen Jungfrau

von Wladimir, die der heilige Lukas gemalt haben soll. Und so erzählt er Rakita ganz ruhig, wie einem Freund, folgende Geschichte über heilige Statuen und Ikonen:

»Stellt Euch vor, die Frau litt unter Blutfluß. Christus heilte sie, und sie schuf eine lebensgroße Statue von ihm. Diese Statue heilte, bis in die Zeit Julians, des Königs der Griechen, des verfluchten Abtrünnigen und Teufelsanbeters, viele Menschen von ihren Krankheiten. Ebenso verhält es sich mit dem Tempel in Lydia, der von den Aposteln gegründet wurde. Oben auf einer Säule beim Nordtor befand sich ein Bildnis der Muttergottes und ihres unsterblichen Sohnes. Dies Bild war nicht das Werk menschlicher Hände, sondern von Gott gemacht. Es wurde enthüllt, um zu zeigen, wer ein Christ und wer ein Heide ist. Es war richtig, daß eine Kirche dort gebaut werden sollte, wo dieses Wunder geschah. Als die Apostel die Muttergottes zur Einweihung der Kirche einluden, sagte sie: ›Geht nur, meine Kinder, denn ich werde dort mit euch sein.‹ Als die Apostel an der Kirche ankamen und das Bildnis erblickten, weinten sie und wurden mit Freude erfüllt, und sie dankten Gott dem Schöpfer.

Nach einer Weile kam die Muttergottes selbst zu dem Ort. Als sie sah, daß das Bildnis wirklichkeitsgetreu war, sagte sie: ›Meine Hilfe und meine Gnade werden hier verweilen.‹ König Julian hatte später die Absicht, diesen Ort zu zerstören. Als die Steinmetze gerade versuchten, die Mauern einzureißen und das Bildnis zu zerstören, wurde es mit Gottes Hilfe nur noch fester in die Mauer eingegraben, und so ließen die Schänder ab von ihrem Werk. Obwohl sie es mit Hämmern bearbeiteten, blieb es ohne Fehl, und auf keine Weise konnten sie es vernichten. Nur eine Staubschicht lag auf dem Bild. Nach dieser schmählichen Tat kamen aufrechte Männer und reinigten es, und so blieb es unversehrt, und alle Farben haben sich erhalten.

Es gibt auch die Geschichte von dem berühmten Jenaeus, dem Petrus und Johannes seine Gesundheit wiederschenkten und der einen wunderschönen Tempel errichtete. In diesem befand sich auch ein Bild der Jungfrau Maria, das von ihm nach ihren eigenen Wünschen erstellt wurde, und das große Wunder wirkte. Der heilige Lukas malte es und brachte es der Muttergottes. Als sie es erblickte, sagte sie: ›Mögen meine Macht und Gunst mit diesem Bild sein.‹ Solange dieses Bild in Moskau in unserem Königreich aufbewahrt wird, solange wird der christliche Glaube ein Ganzes bleiben.«

Wir haben keine Veranlassung anzunehmen, daß Iwan irgendwelche dieser Legenden als Erfindungen betrachtete. Geschichten über Ikonen »nicht von Menschenhand gemacht« wurden zu seiner Zeit rückhaltlos geglaubt. Da einige der berühmtesten wunderwirkenden Bildnisse in seinem Besitz waren und ihre Macht über die Tataren und andere Feinde hinlänglich bewiesen hatten, gab es keinen Grund, ihre Wirksamkeit zu bezweifeln. Ikonen waren Quellen großer geistiger und irdischer Kräfte, wie die Gräber der Heiligen. Die Gebete der Gläubigen schufen Kräfte, und Iwan fand in sich selbst, als dem Nachkommen des heiligen Wladimir, dem Großfürsten von Kiew, der den christlichen Glauben nach Rußland gebracht hatte, eine weitere Quelle der Kraft. Rakita wurde nicht in Zweifel darüber gelassen, daß Iwan sich als einen geistlichen und irdischen Herrscher betrachtete, der, wenn schon nicht zur rechten Hand Gottes, dann doch so nahe der Gottheit saß, daß es kaum einen Unterschied machte. Ungeachtet all seiner Verbrechen betrachtete Iwan sich als Hüter des wahren Glaubens.

Die polnischen und litauischen Gesandten verließen Moskau am 3. Juli 1570. Iwan nahm seine Regierungsarbeit – geheime Gerichtsverhandlungen und öffentliche Hinrichtungen – wieder auf. Da die Todesurteile geheim gefällt wurden, kennen wir nicht immer die Begründungen dafür. Viele der Verurteilten, wenn nicht die meisten, waren die unschuldigen Opfer von Provokateuren oder privaten Intrigen.

Ende Juli befahl Iwan die Hinrichtung von 165 polnischen und litauischen Gefangenen. Sie waren in drei Türmen eingekerkert – 55 Gefangene in jedem Turm. Iwan selbst überwachte die Hinrichtungen und brachte die ersten beiden Gefangenen um, indem er einen langen Speer durch die Gitterstäbe stieß. Er versuchte, einen dritten zu töten, was ihm aber nicht gelang. Er überließ den Mann seinem Sohn, dem Zarewitsch Iwan, der offensichtlich keine Hemmungen hatte, einen wehrlosen Gefangenen umzubringen. Für diese grausamen Morde gab es keine Erklärung, da Iwan erst vor wenigen Tagen einen dreijährigen Waffenstillstand mit den polnischen und litauischen Gesandten unterzeichnet hatte.

Iwans Haltung gegenüber Gefangenen war die der Verachtung. Sie verdienten zu sterben, weil sie Gefangene waren. Es wird berichtet, daß sich unter den 165 Gefangenen viele hervorragende Persönlichkeiten befanden, die gegen russische Gefangene hätten ausgetauscht werden können, aber an solchen sinnvollen Transaktionen zeigte Iwan wenig Interesse. Nachdem alle umgebracht waren, kehrte er in seinen Palast zurück und lauschte musikali-

schen Darbietungen. Bei Sonnenuntergang erinnerte er sich der
Toten und befahl, sie auf Karren zu laden und zum Ausländer-
friedhof zu bringen.

Am frühen Morgen des 25. Juli 1570 tauchte auf dem Roten
Platz ein Trupp Opritschniki auf und begann, zwanzig schwere
Pfähle in den Boden zu rammen. Dann wurden Baumstämme an
die Pfähle gebunden, und zwar so, daß sie eine durchgehende
waagerechte Linie bildeten, also jeder Baumstamm den nächsten
berührte. Schließlich zündeten die Männer Feuer an, und über
jedes Feuer wurde ein Kessel voll Wasser gehängt, das bald zu
kochen begann. Die Leute, die sich auf dem Roten Platz befanden,
zeigten sich beunruhigt – diese seltsamen Anstalten konnten nur
einem Zweck dienen: weiteren Hinrichtungen. Die Nachricht aus
Nowgorod und Pskow hatten die Einwohner von Moskau ver-
schreckt, sie hielten Iwan durchaus für fähig, ihnen das gleiche
anzutun. Plötzlich waren alle Menschen vom Roten Platz verschwunden.

Iwan wurde gemeldet, daß die Leute sich verzogen hatten. Daraufhin erschien er auf dem Roten Platz in voller Rüstung, mit
Helm, Schwert, Bogen und einem Köcher voll Pfeilen; eine Leibwache von Opritschniki war ebenso bewaffnet. Zur gleichen Zeit
kamen fünfzehnhundert Musketiere zu Pferd auf den Platz und
bezogen um den Hinrichtungsort Stellung. Da er sah, daß der
Platz völlig verlassen dalag, ritt Iwan in den Seitenstraßen umher
und ermunterte die Moskauer, auf den Platz zu kommen, ihnen
würde nichts geschehen. Vorher hatte er angeordnet, daß für die
Leute in einigen der Häuser am Roten Platz Essen bereitgehalten
werde.

Der Versuch, die Einwohner auf den Platz zu locken, hatte
zunächst keinen Erfolg; sie versteckten sich alle vor Iwan mit
Furcht und Zittern. Schließlich beschloß man, einige alte Männer
vorzuschicken. Diese sorgten sich nicht so sehr darum, was ihnen
zustieß, weil sie dem Tod ohnehin nahe waren. Sie sollten
herausfinden, was Iwan im Schilde führte. Der Zar empfing sie
freundlich, und als sie zurückkehrten, erzählten sie, daß nichts zu
befürchten sei.

Unterdessen wurden dreihundert Opfer, viele von Folter und
Hunger geschwächt und einige mit gebrochenen Armen und Beinen, herbeigeführt und mit Stricken an die Pfähle gefesselt, um
ihr Schicksal zu erwarten. Die einfachen Leute, die aus den Gassen

hervorkamen, sahen sie und hasteten zurück, um zu verkünden, daß eine Massenhinrichtung stattfinden werde. Man konnte beobachten, daß nur wenige Leute auf dem Platz erschienen, die sich, sobald sie die Gefangenen erblickten, sofort wieder umdrehten und verschwanden. Iwan wollte jedoch, daß alle zuschauten, und während er auf dem Platz hin und her ritt, rief er, daß es ihre Pflicht sei, den Hinrichtungen beizuwohnen. Und obwohl er vorgehabt habe, die Einwohner von Moskau zu vernichten wie die von Nowgorod, hege er jetzt keinen Zorn mehr gegen sie, und sie hätten nichts zu befürchten.

Unter solchen Drohungen und Schmeicheleien brachten es Iwan und seine Begleiter fertig, eine große Menschenmenge auf dem Roten Platz zu versammeln, und die, die später kamen, sahen von den Dächern zu. Das Tribunal begann mit einer Ansprache Iwans an die Leute.

»Ist es recht von mir, Verräter zu bestrafen?« rief er, und als Antwort erscholl der Ruf: »Lang lebe der gütige Zar! Ihr tut recht, Verräter nach ihren Verbrechen zu bestrafen!«

Iwan begab sich dann zu einem für ihn reservierten Platz nahe einem kochenden Kessel und tat etwas völlig Unerwartetes. Er befahl die Freilassung von 184 Gefangenen, die als am wenigsten schuldig verurteilt worden waren. Er wandte sich an die Bojaren und sagte: »Ich übergebe sie Euch, nehmt Euch ihrer an und bringt sie fort.« Das hieß, daß die Bojaren von nun an für sie verantwortlich waren. Diese Gefangenen gingen durch die Reihen der berittenen Musketiere, die den Platz der Hinrichtung bewachten.

Nun verlas Wassilij Schtschelkalow, der Sekretär des Zaren, die Namen derer, die zum Tode verurteilt worden waren. Als er geendet hatte, wurde Iwan Wiskowatij vorgeführt, ein Mann niederer Herkunft, der mehr als zwanzig Jahre lang der Sekretär für Äußere Angelegenheiten gewesen war, wenn er nicht gerade diplomatischen Geschäften in anderen Ländern nachging. Er war Rußlands bedeutendster Diplomat, der Architekt der russischen Außenpolitik, bekannt für seinen Einfallsreichtum und Mut. 1561 wurde er zum Bewahrer des Geheimsiegels ernannt und im folgenden Jahr auf eine diplomatische Mission nach Dänemark geschickt. Wie auch immer sein Titel lautete, er blieb Iwans Hauptberater für Äußere Angelegenheiten.

Als Iwan von seinen Feldzügen gegen Nowgorod und Pskow

zurückkehrte, wagte Wiskowatij sein Leben und legte dem Zaren eine Bittschrift vor, dem Blutvergießen ein Ende zu setzen. Er drang in Iwan, über seine Verantwortung Gott und den Menschen gegenüber nachzudenken. Außerdem ginge das Gerücht um, daß Iwan plane, alle Bojaren zu ermorden: Auch das dürfte nicht geschehen. Er bat den Zaren, vor allem zwei Dinge zu bedenken: Wer wird übrigbleiben, das Land zu verteidigen? Mit wem soll er leben, nachdem er so viele tapfere Menschen hat hinrichten lassen?

Iwan war von der Petition wie vor den Kopf geschlagen, und was ihn besonders verwirrte, war, daß Wiskowatij von seinem Vorhaben, die Bojaren zu ermorden, wußte.

»Ich habe gerade erst begonnen, mir solche Leute wie dich vom Halse zu schaffen!« schrie er. »Ich werde es mir zur Pflicht machen, euch alle restlos auszurotten, so daß nicht einmal die Erinnerung an euch übrigbleibt! Ich hoffe, es zu schaffen, aber wenn es zum Schlimmsten kommt und Gott mich bestraft, und ich mich dem fremden Feind ergeben muß, dann ergebe ich mich lieber einer großen Sache, als daß ich mich zum Gespött von euresgleichen mache, die ihr meine Diener seid!«

Des Zaren unbegründeter Haß auf die Bojaren, seine Furcht vor Intrigen, sein Mißtrauen gegenüber dem wachsenden Einfluß des siebzehnjährigen Zarewitschs, all das hatte ihn dazu getrieben, auf seiner Rückreise nach Moskau eine Verzweiflungstat nach der anderen zu begehen. Er hatte gezeigt, daß er durchaus imstande war, Blutbäder von einem bisher nie dagewesenen Ausmaß anzuordnen, und die Ausrottung der Bojaren war nur Teil eines Planes, der seine eigene mögliche Abdankung zugunsten eines fremden Regenten – und zwar Magnus, Prinz von Dänemark und König von Livland – mit einschloß. Aber zuerst wollte er dem russischen Volk eine so grausame Strafe auferlegen, daß es ihn für immer im Gedächtnis behielt.

Iwan Wiskowatij, der Mann, der gewagt hatte, sich dem Zaren zu widersetzen, sollte viele Tode sterben.

Wassilij Schtschelkalow las die Verbrechen, die der Gefangene begangen haben sollte, von einer langen Schriftrolle ab:

»Dieser Mann, ein Offizier des Zaren und Großfürsten, ist untreu gewesen und hat ohne Ergebenheit gehandelt. Er stand mit dem König von Polen in Verbindung und hat diesem versprochen, ihm die Festungen Nowgorod und Pskow zu übergeben. Das war sein erster Verrat.«

An dieser Stelle schlug Schtschelkalow Wiskowatij mit einer Peitsche, womit er andeutete, daß er über die Verbrechen des Gefangenen empört war. Dann fuhr er fort:

»Dein zweiter Verrat fand statt, als du dem Sultan der Türkei schriebst und ihn drängtest, Truppen gegen Kasan und Astrachan zu senden. Dein dritter Verrat war, daß du dem Khan von der Krim schriebst und von ihm verlangtest, das Land des Zaren und Großfürsten mit Feuer und Schwert zu vernichten. Und so geschah es, daß der Khan das Moskowiterland überfiel und Land und Leuten großen Schaden zufügte. Du bist der Grund für dies Unheil, denn du hast Verrat geübt an deinem Monarchen.«

Blutend von mehreren Peitschenhieben wandte sich Wiskowatij an Iwan und erwiderte in bewundernswertem, ungebrochenen Mut: »Großer Zar, Gott sei mein Zeuge, daß ich unschuldig bin. Ich bestreite, auch nur eines der Verbrechen begangen zu haben, die mir vorgeworfen werden. Wie es einem treuen Untertanen ansteht, habe ich Euch immer ergeben gedient. Ich vertraue Gott meine Sache an, vor dem ich ein Sünder bin, und überlasse ihm den Richtspruch. Wenn die Zeit kommt, wird er der Richter Eurer und meiner Taten sein. Da es Euch nach meinem Blut verlangt, so nehmt und vergießt es, unschuldig wie es ist. Trinkt und eßt mein Blut, bis Ihr von ihm gesättigt seid!«

Wiskowatij war mit Iwan noch nicht fertig. Er warf ihm die Morde an all den vielen unschuldigen Menschen vor und die Anschläge auf die Bojaren, von denen der Zar seine Stellung bedroht wähnte. Wie vielen Frauen und Mädchen war auf seinen Befehl hin Gewalt angetan worden, bevor sie getötet wurden! Und als einige Opritschniki auf ihn zutraten und ihn aufforderten zu gestehen und den Zaren um Gnade zu bitten, antwortete er: »Fluch über euren Tyrannen! Was seid ihr alle denn, als Vernichter der Menschen und Säufer menschlichen Bluts? Ihr habt eure Aufgabe – sie besteht darin, Lügen zu verbreiten und Unschuldige zu schlachten! Aber Gott wird euch richten, und in der jenseitigen Welt werdet ihr für eure Sünden bestraft werden!«

Fluch über euren Tyrannen! *Budte prokliatij s waschem tirannom!* Nie zuvor waren solche Worte in Gegenwart des Zaren gefallen, der denn auch sofort rief: »Fangt an!« Die Opritschniki rissen Wiskowatij die Kleider vom Leibe und hingen ihn an den Achseln über einen der waagerechten Baumstämme. Maliuta Skuratow rannte zum Zaren und fragte: »Wer wird der Scharfrichter sein?«

»Jene, die mir am ergebensten sind!« antwortete Iwan. Um seine Ergebenheit zu beweisen, schnitt Skuratow Wiskowatij die Nase ab, ein anderer ein Ohr, und bald schnitten alle Opritschniki Stücke aus ihm heraus, als ob er ein Stück Vieh beim Metzger wäre. In seinem Bericht über das russische Imperium schreibt Giles Fletcher, daß Iwan befahl, Wiskowatij wie eine Gans zu zerlegen, womit die Opritschniki bei den unteren Teilen seiner Beine und Arme anfingen und ihm schließlich den Kopf abhackten. Die ganze Zeit über verhöhnte Iwan ihn und sagte: »Das ist Gänsefleisch – ist es gutes Fleisch?«

Nachdem Wiskowatij tot war, wurde über den Schatzmeister, Nikita Funikow, das Urteil gefällt. Er hatte dem Zaren ein Vierteljahrhundert lang treu gedient. Schtschelkalow verlas die Liste seiner Verbrechen, und er antwortete, daß er völlig unschuldig sei, aber das Recht des Zaren anerkenne, ihn hinzurichten, auch wenn er unschuldig sei.

»Du wirst sterben!« sagte der Zar. »Aber du wirst nicht durch meine Hände sterben oder auf mein Betreiben, noch durch irgendein Verschulden meinerseits! Du wirst sterben, weil du auf deinen Genossen Wiskowatij gehört hast und völlig von ihm abhängig warst! Auch wenn du keine Verbrechen begingst, mußt du umkommen, weil du ihm dientest!«

Dann gab der Zar den Opritschniki das Zeichen, mit ihrer Arbeit zu beginnen. Funikow wurde nackt ausgezogen und zunächst in eiskaltes, dann in kochendheißes Wasser getaucht. Das wurde solange fortgesetzt, bis er unter furchtbaren Qualen starb.

Der dritte, der hingerichtet wurde, war der Koch, der auf Befehl des Zaren dem Fürsten Wladimir von Stariza Gift gegeben hatte. Dann folgten 113 Exekutionen, bei denen sich der Zar und der Zarewitsch unter die Scharfrichter mischten, ihre Opfer mit Speeren durchstießen oder sie mit Schwertern zerhackten. Das Morden dauerte vier Stunden, dann wurden die Toten von den Pfählen abgeschnitten und auf einen Haufen geworfen. Am Abend befahl Iwan, sie fortzukarren und in ein Massengrab zu werfen.

Unter denen, die umkamen, befanden sich die meisten der Verwaltungsbeamten der Regierung. Auch einige führende Opritschniki waren verhaftet worden. Die Basmanows, Vater und Sohn, standen bereits während des Feldzugs nach Nowgorod in Moskau unter Arrest, weil sie nicht genügend Begeisterung für die Strafexpedition gezeigt hatten; auch sie wurden umgebracht; wie und wo, ist unbekannt. Da sie hohe Offiziere der Opritschnina waren und die Art ihres Ablebens normalerweise in den Chroniken vermerkt worden wäre, ist anzunehmen, daß sie im Geheimen getötet wurden. Im folgenden Monat schickte der Zar Geld an das Troiza-Sergejewskij-Kloster, um für ihre Seelenruhe beten zu lassen.

Einige Wochen später wurde Afanasij Wiasemskij, der auch vor dem Feldzug gegen Nowgorod das Mißfallen des Zaren erregt hatte, verhaftet. Jeden Tag wurde er verprügelt, jeden Tag wurde ihm eine neue Geldbuße auferlegt. An einem Tag verlangte der Zar 300 Rubel, an einem anderen waren es 500 oder gar 1000. So ging es monatelang. Danach wurde Wiasemskij in Gorodez inhaftiert.

Was lange vorausgesagt worden war, begann nun schließlich wahr zu werden. Die Opritschniki wurden langsam vernichtet. In der Vergangenheit schien es Iwan niemals in den Sinn gekommen zu sein, daß sie einem riesigen Schwarm von Maden glichen, die gierig an seinem Thron fraßen. Als er sich schließlich gegen sie wandte, war es, weil sie sich als völlig nutzlos erwiesen hatten. Sie konnten sehr gut Russen ermorden, aber sie zeigten wenig Geschick beim Töten von Tataren. Sie waren eine Bande von Mördern, und wie alle solche Typen Feiglinge, die beim ersten Anzeichen von Gefahr davonliefen. Als die Tataren in das Moskowiterreich einfielen, Moskau in Brand steckten und unermeßliche Schätze mit sich davontrugen, kämpften die Semschtschina-Fürsten und die einfachen Leute gegen die Eindringlinge – die Opritschniki rannten um ihr Leben.

Moskau in Flammen

Zunächst sah man nur eine kleine Wolke am Horizont, ein wachsendes Gefühl der Angst machte sich breit, als ob jeder wüßte, daß sich ein Unglück anbahnte, aber keiner hätte sagen können, von welcher Art es sein würde. Moskau litt unter einer Hungersnot, die Julimassaker auf dem Roten Platz waren noch in lebhafter Erinnerung, und Iwan regierte nach wie vor aus der bewachten Abgeschiedenheit seines Palastes in Alexandrowa Sloboda. Seine Absicht, Prinz Magnus auf den Thron zu setzen, schien er vergessen zu haben, und es sah so aus, als stehe der Zarewitsch in der Gunst des Zaren.

Im frühen September 1570 ging das Gerücht um, daß eine große Tatarenarmee gegen Rußland marschiere. Die Russen besaßen Gesandte und Agenten an verschiedenen Tatarenhöfen und waren im allgemeinen gut informiert. So wurden diese Gerüchte ernstgenommen, und Fürst Iwan Belskij führte eine Armee an die Oka. Ungefähr zehn Tage später, am 16. September, brach Iwan selbst aus Alexandrowa Sloboda an der Spitze eines Heeres von Opritschniki auf und marschierte zu der Festung Serpuchow, die an einem Nebenfluß der Oka lag.

Serpuchow war aus weißem Stein erbaut und gehörte zu der Kette von Befestigungen, die sich der Oka und ihren Nebenflüssen entlangzog. Kaschira, Kaluga, Tarusa, Alexin und Serpuchow waren jedoch alle Befestigungen von geringerer Bedeutung, verglichen mit Kolomna, wo der Großteil der Armee konzentriert war. Der russische Herrschaftsbereich erstreckte sich weit nach Süden, und jenseits der russischen Grenzen lag das *dikoje polje*, das weite flache Land, wo verschiedene Nomadenstämme lebten. Als sich die Tataren nach Norden aufmachten, trafen sie auf keinen ernsthaften Widerstand, bis sie die Oka erreichten. Wie in den vorhergehenden Jahren war ihr Ziel nicht die Eroberung des

◁ Ikone nach der Muttergottes von Wladimir, der Iwans ganz besondere Verehrung galt (1408, Andrej Rublew zugeschrieben; Russisches Museum, Leningrad).

Landes, sondern die Erbeutung von Wertgegenständen und die Gefangennahme junger Russen, die auf den Sklavenmärkten von Kaffa und Konstantinopel verkauft wurden. Geriet jemand aus russischem Adel unter die Gefangenen, konnte er freigekauft werden; es gab einen feststehenden, dem Rang entsprechenden Lösegeldsatz.

Als der Zar in Serpuchow ankam, stellte sich heraus, daß es sich nicht wie erwartet um eine große Tatarenarmee handelte, sondern nur um einen Spähtrupp von 6000 Mann. Diese Schar überfiel die Grenzstadt Nowosil, die dem Fürsten Michail Worotijnskij gehörte. Nachdem die Tataren die Stadt geplündert hatten, zogen sie sich wieder zurück. Man schloß daraus, daß in diesem Jahr wohl keine weiteren Überfälle stattfinden würden, aber zur Sicherheit wurde die Semschtschina-Armee noch zwei Wochen in ihren Stellungen entlang der Oka belassen und die Abwehr im Süden zusätzlich verstärkt. Fürst Worotijnskij erhielt den Oberbefehl über alle Befestigungsarbeiten, die Festungen, Wachtposten und Spähtrupps. Er war ein erfahrener General und der Besitzer weiter Landstriche an der südwestlichen Grenze. Man konnte deshalb annehmen, daß ihm an der Verteidigung dieser Grenze besonders gelegen sein würde. Das Dekret, das seine neue Position bestätigte, wurde erst zu Beginn des nächsten Jahres unterzeichnet, aber es ist klar, daß Iwan ihm volle Handlungsfreiheit gegeben hatte. Die Ernennungsurkunde erwähnt Verteidigungsanlagen, Wachtposten, Schutzwälle aus Lehm und Hindernisse aus Holzstämmen sowie Aussichtsposten tief im Niemandsland. Wenn die Tataren sich anschickten, in Rußland einzufallen, war seine Verteidigung in guten Händen.

Iwan blieb nur wenige Tage in Serpuchow. Am 22. September kehrte er nach Alexandrowa Sloboda zurück.

Was die Russen nicht wußten, war, daß man die Streitkraft von 6000 Mann, die bis Nowosil kam, nur vorgeschickt hatte, um die russische Abwehrkraft zu testen. Es war die Vorhut eines massiven Angriffs, der von Dewlet Guirej, dem Khan der Krim, vorbereitet wurde. 1565 hatte er Rußland zum letzten Mal überfallen. Er war jetzt ein alter, schon ziemlich gebrechlicher Mann. Zwei Jahre zuvor hatte ein russischer Gesandter berichtet, daß »die Eingeweide ihm herausfallen; manchmal kann er nicht auf seinem Pferd sitzen; während einer Begrüßungsaudienz hat er sich zurückgelehnt«, womit der Gesandte meinte, daß er sich in die Kissen zurücklehnte und erschöpft schien. Aber der Khan war nicht so krank, daß er nicht eine riesige Armee aufstellen, sie führen und den Russen empfindliche Niederlagen bereiten konnte. Ihm und allen Feinden Rußlands schien die Zeit für einen Angriff günstig. Sultan Selim II., der 1569 Astrachan einnehmen wollte, ermutigte ihn. Auch beklagten sich die Polen und die Litauer, daß die Tataren die ganzen letzten drei Jahre den Russen keinen Schaden zugefügt hätten und deshalb auch nicht die üblichen Geschenke erwarten könnten.

Das Heer des Khans bestand aus ungefähr 120 000 Mann, meist von der Krim, aber auch aus Rekruten des Großen-Nogaj-Stammes, der in den riesigen Steppen östlich der Wolga umherzog, und des kleineren Nogaj-Stammes, der sich an den Ufern des Asowschen Meers, zwischen Don und Kuban, angesiedelt hatte. Außerdem gab es noch kleinere Tatarenabteilungen und etliche türkische Soldaten. Am 5. April 1571 führte der Khan, begleitet von seinen zwei Söhnen, das Heer über die Landenge von Perekop, die die Krim mit dem Festland verbindet, und marschierte nordwärts. Seine Absicht war, Moskau zu plündern und in Brand zu setzen.

Auf ihrem Zug durch die Steppen trafen die Tataren einige russische Adelige, die aus Rußland geflohen waren, um ihrer Hinrichtung zu entgehen. Von ihnen erfuhren sie, daß der Zar in Alexandrowa Sloboda weilte, Moskau unter einer Hungersnot litt und der Großteil der russischen Streitkräfte in Livland stationiert war. Sie rieten dem Khan, weiter auf Moskau vorzurücken. Ein gewisser Kudijar Tischenkow, Angehöriger des russischen Landadels, berichtete, er habe gehört, daß der Zar in Kürze in Serpuchow eintreffen würde. Aber seine Armee sei so klein, daß sie keinen ernstzunehmenden Widerstand leisten könnte. Er bot sich den Tataren als Führer an, und als er sah, daß einer der Tatarenhauptleute ihm mißtraute, sagte er: »Wenn ihr Moskau nicht erreicht, könnt ihr mich pfählen! Es gibt nichts, was euch aufhalten könnte!« Dann wurden zwei, erst vor kurzem getaufte Tataren vor den Khan gebracht, und auch sie sagten, daß es nichts gäbe, was ihn am Erreichen Moskaus hindern könnte. Es wurde beschlossen, gen Moskau zu marschieren, mit Kudijar Tischenkow als Führer.

Obwohl der russische Gesandte am Hof des Khans eine Botschaft nach Moskau senden konnte, mit der Warnung, daß das

Heer des Khans Perekop verlassen habe und nach Norden vordringe, erreichte die Nachricht Iwan erst, als es schon zu spät war. Plötzlich standen die Tataren vor Tula, steckten die Stadt in Brand und eilten weiter nach Serpuchow. Die Streitkräfte der Semschtschina an der Oka zählten 50 000 Mann und waren daher schon zahlenmäßig dem Feind unterlegen. Das Hauptheer war unter Fürst Iwan Belskij in Kolomna stationiert, der rechte Flügel wurde von Fürst Iwan Mstislawskij in Kaschira kommandiert, und die Vorhut befand sich in Serpuchow, wo Fürst Michail Worotijnskij sein Hauptquartier hatte. Am 16. Mai brach Iwan mit seinen Opritschniki von Alexandrowa Sloboda nach Serpuchow auf. Er selbst ritt mit 6000 Mann voraus, während der Rest seiner Armee, die in aller Eile zusammengestellt worden war, ihm langsamer nachfolgte. Iwan wußte, daß Tula angegriffen worden war, kannte aber nicht die Stärke des Tatarenheers. Der Zar beschloß, sein Lager einige Meilen vor Serpuchow aufzuschlagen, und er war noch im Lager, als er erfuhr, daß die Tatarenarmee die Oka überquert hatte und sich bereits zwanzig Meilen westlich befand.

Iwan konnte ohne große Schwierigkeiten wehrlose Zivilisten hinschlachten lassen, aber Armeen zu kommandieren, zu kämpfen oder im Unglück Tapferkeit zu beweisen, war ihm nicht gegeben. Wenn er sich in Gefahr befand, verlor er leicht die Nerven. Als er nun hörte, daß die Tataren beinahe in Sichtweite waren, kehrte er um und machte nur kurz in Alexandrowa Sloboda Halt, um Kisten voll Juwelen, Gold und Silber mitzunehmen. Der Schatz stellte Wohlhabenheit und Macht dar, eine Versicherung gegen alle Notfälle; mit ihm konnte er die Ausgaben für seinen Hof bestreiten, militärische Ausrüstungen aus anderen Ländern erwerben und vielleicht – wir kennen seine geheimsten Pläne nicht – sicher nach England gelangen.

Es fiel ihm nicht schwer, seine Flucht später zu rechtfertigen. So beklagte er sich gegenüber einem polnischen Gesandten, daß er in eine Falle gelockt worden sei. »Keiner hat mich vor dem Tatarenheer gewarnt«, sagte er. »Meine eigenen Untertanen führten mich direkt darauf zu. Es waren 40 000 Tataren, während ich nur 6000 Leute hatte.«

Die Tataren überquerten mit Hilfe Kudijar Tischenkows die Oka, zerschlugen einen Verband Opritschniki und drangen unter größter Geheimhaltung weiter vor. Iwan war nun völlig von den

Streitkräften an der Oka abgeschnitten. Alles, was er wußte, war, daß sich ein fürchterliches Unglück ereignet haben mußte. Von Alexandrowa Sloboda floh Iwan nach Rostow, von dort nach Jaroslawl und dann in die Opritschnina-Feste Wologda, die von Steinmauern umgeben war und stets von fünfhundert Musketieren bewacht wurde. Obwohl er sich nun weit im Norden befand, versuchte er, noch mehr Sicherheit zu erlangen, und befahl den Bau von Flußschiffen, die ihn und sein Gefolge auf der Dwina ans Weiße Meer bringen sollten. Hätte er einmal die Küste erreicht, würde es vergleichsweise einfach sein, sich auf einem der englischen Schiffe nach England mitnehmen zu lassen. Unterdessen ordnete er an, die Befestigungsanlagen von Wologda zu verstärken, weil er offensichtlich fürchtete, die Tataren könnten ihn auch hier im hohen Norden aufspüren. Giles Fletcher vermutet, daß Iwan befürchtete, die russischen Adligen und die Offiziere würden ihn den Tataren ausliefern.

Lange bevor Iwan in Wologda ankam, standen die Tataren vor Moskau. Serpuchow, wo sie die Oka überquert hatten, war nur einen Tagesritt, etwa sechzig Meilen also, von Moskau entfernt. Als der Feind übergesetzt hatte, machte die russische Armee kehrt und eilte nach der Stadt, die sie ein paar Stunden vor den Tataren erreichte. Fürst Iwan Mstislawskij ließ seine Truppen in der westlichen Vorstadt Stellung beziehen; Fürst Iwan Belskijs Armee besetzte das nördliche Ufer zwischen Kreml und Jausa. Etwas weiter östlich, jenseits der Jaus befand sich die Armee von Fürst Michail Worotijnskij, deren Aufgabe es war, die östlichen Zugänge zu bewachen, während das Opritschnina-Viertel Moskaus unter dem Kommando von Fürst Wassilij Temkin-Rostowskij stand – einer von denen, die eine aktive Rolle bei dem Gemetzel im Juli gespielt hatten.

Die Fürsten waren in einer verzweifelten Lage; ihre Armeen waren den Tataren zahlenmäßig weit unterlegen. Sie hatten ihre Streitkräfte bewußt an den Stadtgrenzen postiert, weil sie annahmen, daß dort die Schlacht stattfinden würde. Die Furten nahe Moskaus wurden gut bewacht. Der Kreml selbst, mit seiner schweren Artillerie auf den Mauern, war beinahe uneinnehmbar. Hier und dort, vor allem im Opritschnina-Viertel, waren hölzerne Barrikaden auf Erdwällen errichtet worden, während die Mauern des Kreml und der Kitaj Gorod mit ihren Türmen und Verteidigungsanlagen als mächtiges Bollwerk gegen den Feind dienten.

Die Tataren, die von Süden her vorrückten, hatten allerdings nicht im geringsten die Absicht, eine offene Schlacht zu führen. Sie wollten die Stadt zerstören, soviel Beute wie möglich machen und dann in ihre Heimat zurückkehren. Aber um die Stadt zu zerstören, mußte man sehr nahe an sie herankommen. Belskijs Armee bezog südlich des Flusses, am Rand des sogenannten »Großen Feldes«, Stellung. Es gab einen wilden Kampf, Belskij wurde ernsthaft verwundet, und die Russen wurden zurückgedrängt. Unterdessen kamen andere Tataren von Westen, wo eine ganze Armee die Furt beim Nowodewitschij-Kloster durchschritt, das Opritschnina-Viertel stürmte und in Brand setzte. Es hatte einige Wochen lang kaum geregnet, ein starker Westwind blies, und die Flammen griffen auf den Kreml über. Schon bald brannten fast alle Paläste und Kirchen innerhalb der Kremlmauern. Die kleinen, hölzernen Kirchen zerbarsten; die Eisenträger, die die Mauern des Granowitaja-Palastes stützten, zerflossen; die Glockentürme fingen Feuer, und die Glocken schmolzen. Später erinnerten sich die Russen, daß alle Kirchenglocken Moskaus geläutet hatten, bis sie eine nach der anderen verstummten.

Am Morgen des 24. Mai 1571 war der Kern Moskaus zerstört, nur ein paar verkohlte Gebäude überstanden wunderbarerweise das Feuer. Die Flammen im Opritschnina-Viertel breiteten sich nach Osten aus und drohten, die ganze Stadt zu umzingeln. Einige Stunden lang schien es, als ob die Innenstadt verschont bliebe, aber eine Kanonengießerei fing Feuer, das brennende Dach stürzte über die Mauer der Kitaj Gorod, die bald in Flammen stand. Ganze Straßenzüge fingen Feuer. Menschen, die in den Kellern Zuflucht suchten, erstickten. Andere, die an den Fluß eilten, um sich in Sicherheit zu bringen, wurden von den Tataren getötet oder ertränkt. Einige überlebten – im Fluß bis zum Hals im Wasser stehend. Ungefähr 60 000 Menschen, die halbe Bevölkerung Moskaus, kam bei dem Brand ums Leben.

Fürst Iwan Belskij war unter denen, die in einem Keller Zuflucht gesucht hatten; er erstickte. Heinrich von Staden fand einen schon besetzten Keller, zwang die dort bereits sitzenden Leute hinauszugehen, brachte statt dessen sein eigenes Gefolge dort unter und verschloß die eiserne Tür, bis das Feuer sich gelegt hatte. Er überlebte unversehrt.

»Die ganze Stadt brannte in drei Stunden nieder«, berichtet die Piskarewskij-Chronik. Der Chronist teilt mit, daß die ersten

Flammen drei Stunden nach Sonnenaufgang gesehen worden waren und das Feuer bis zum frühen Nachmittag wütete.

Dewlet Guirej beobachtete das Geschehen von sicherer Warte auf dem Spatzenhügel. Als es so aussah, als könnte das Feuer sein Feldlager erreichen, zog er sich vorsichtshalber zurück. Er hatte erreicht, was er erreichen wollte: den Zaren zu demütigen und der russischen Armee zu zeigen, daß sie seinen Tataren nicht gewachsen war. Die Truppen Belskijs, Mstislawskijs und Temkin-Rostowskijs hatten sich als zu schwach erwiesen; nur Worotijnskijs Leute, die noch nicht angegriffen hatten, stellten noch eine gewisse Bedrohung dar. Aber Worotijnskij würde höchstens Scharmützel gegen seine Nachhut führen können. Der Khan zog weiter zum Zarenpalast in Kolomenskoje, der geplündert und niedergebrannt wurde. Zwei Tage später, am 26. Mai 1571, befahl der Khan einen generellen Rückzug. Auf seinem Rückweg plünderte er und nahm Gefangene, setzte die hölzerne Festung Kaschira an der Oka in Brand, verwüstete Kolomna und die ganze Provinz Rjasan und gelangte wieder sicher auf der Krim an. Worotijnskij verfolgte ihn eine kurze Strecke, gab den Kampf aber bald auf. Die Tataren machten über 100 000 Gefangene.

Nach seiner Flucht nach Wologda war Iwan zu einer folgenschweren Entscheidung gelangt. Die Opritschniki, die sich als völlig unfähig erwiesen hatten, mußten schwer bestraft werden. Er behauptete später, erst zehn Tage nach der Zerstörung Moskaus von allem gehört zu haben, aber da Reiter die Strecke Moskau – Wologda bei scharfem Ritt in vier Tagen schaffen konnten, sagte er wohl kaum die Wahrheit. Moskau war vernichtet, aber noch nicht verloren. Iwan war immer noch der Zar und Großfürst von Rußland. Er beschloß, nach Alexandrowa Sloboda zurückzukehren, und erfuhr dort zum ersten Mal das ganze Ausmaß der Katastrophe. Sofort rief er den Metropoliten, die Bischöfe und Vertreter des »alten Adels« zu einer Beratung zusammen. Es war wohl nicht ohne Bedeutung, daß er die alteingesessenen Adelsfamilien in den Rat berief, obwohl er ihnen vorher den Krieg erklärt und die Opritschnina gegründet hatte, in der Hoffnung, gerade diese Familien zu vernichten.

Die dringendste Aufgabe war der Wiederaufbau Moskaus, aber erst mußten die Leichen begraben werden – es war Hochsommer, und bisher hatte sich noch keiner darum gekümmert. Die meisten der Überlebenden flohen aus Angst vor der Pest. Die Flüsse waren voller Kadaver und noch mehr sollten dazukommen, denn Iwan gab den Befehl, einfach alle Toten ins Wasser zu werfen. Die Moskwa hörte auf, ein Fluß zu sein. Die Quellen waren versiegt, es gab kein frisches Wasser; die Situation war verzweifelt.

Die Moskowiter, die geflohen waren, wurden zurückbeordert; Bewohner abgelegener Städte und Dörfer mußten sich nach Moskau begeben, um Gräber zu schaufeln und die Stadt wiederaufzubauen. Maurer, Schreiner und Handwerker jeglicher Art wurden zur Mitarbeit gezwungen, allerdings wurde ihnen für die Zeit ihrer Arbeit volle Steuer- und Zollfreiheit versprochen. Der Wiederaufbau dauerte vier Jahre. Dann waren der Kreml und die Kitaj Gorod von einer neuen weißen Steinmauer umgeben. Wo einst Tausende ausgebrannte Häuser standen, befand sich eine neue Stadt.

Iwan wies jegliche Verantwortung für die Katastrophe von sich. Die Schuld lag seiner Meinung nach in erster Linie bei den Opritschniki. Sie hatten sich im Kampf als unfähig und seiner unwürdig erwiesen und ihn trotz ihres absoluten Treueschwurs schmählich im Stich gelassen.

Ein neues Blutbad begann. Aber diesmal waren die Opritschniki die Opfer. Iwan ging vorsichtig und umsichtig zu Werke, es gab kaum öffentliche Hinrichtungen. Peter Saizow, einer der ersten Opritschniki, wurde an seinem eigenen Hoftor erhängt. Fürst Wassilij Temkin-Rostowskij, der versagt hatte, als die Tataren den Opritschnina-Palast in Moskau angriffen, wurde ebenso umgebracht. Ein anderer Kommandant war Fürst Michail Tscherkasskij, der Bruder von Iwans zweiter Frau, Maria Temriukowna, die zwei Jahre zuvor gestorben war. Seine enge Verwandtschaft mit dem Zaren schützte ihn jedoch nicht vor der Hinrichtung. Einige hohe Offiziere der Opritschniki wurden zu Tode geprügelt und über hundert starben an Gift, das ihnen Iwans Leibarzt Eliseus Bomelius verabreichte.

Aber auch Bomelius ereilte sein Schicksal. Ursprünglich kam er aus der Stadt Bomel in den Niederlanden. Dieser Doktor der Medizin war lutherischer Prediger in Westfalen gewesen, hatte in Cambridge promoviert, in London als Astrologe gearbeitet und als abgeurteilter Schwerverbrecher im King's-Bench-Gefängnis gesessen. Er war, nach allem was man so hörte, ein Quacksalber, ein Unheilstifter, ein Mann, der auf vielen Gebieten Bescheid wußte und niemals irgendwelche Skrupel verspürte. Er kam im

Gefolge des russischen Botschafters von London nach Rußland und begann sogleich, Iwans Schwächen auszunutzen. Bomelius behauptete, die Zukunft voraussagen zu können, alle Krankheiten zu heilen und magische Kräfte zu besitzen. Der Zar war beeindruckt und bedachte ihn reichlich mit Geschenken. Bomelius konnte seinen Reichtum nach Wesel in Westfalen schaffen, wo er beabsichtigte, sich zur Ruhe zu setzen.

Er war ein hervorragender Giftmischer. Taube und Kruse berichteten, daß Iwan, als er nach Alexandrowa Sloboda zurückkehrte, viele hochgestellte Opritschniki tötete. »Der Zar«, schrieben sie, »gab dem Arzt genaue schriftliche Anweisungen über die Zeit, in der das Gift wirken sollte. Manchmal sollte es schon nach einer halben Stunde wirken, ein andermal erst nach zwei, drei oder vier Stunden.« Der Arzt erfüllte seine Pflichten zu des Zaren vollster Zufriedenheit. Vier Jahre später beschloß er, Rußland heimlich zu verlassen, füllte sich die Taschen mit Gold und kam bis Pskow, wo man ihn erkannte und verhaftete. Nachdem er nach Moskau zurückgebracht worden war, wurde er beschuldigt, mit den Königen von Polen und Schweden zu konspirieren, auf der Streckfolter gemartert, bis seine Gliedmaßen verrenkt waren, mit Eisendrähten geschlagen und mit Feuer gequält.

Bomelius überlebte diese Tortur. Jerome Horsey, der zu dieser Zeit den Kreml besuchte, sah, wie er auf einem Schlitten fortgefahren wurde. »Ich drängelte mich mit vielen, um ihn zu sehen; er schlug seine Augen auf und rief Christus an; dann wurde er in einen Kerker geworfen, wo er starb.« So endete ein Mann, den der Chronist aus Pskow viele Jahre später als einen grausamen Zauberer beschreibt, der »den Zaren vollkommen vom Glauben abbrachte, ihn das russische Volk hassen lehrte und Fremde zu lieben veranlaßte«.

Daß Bomelius einen beachtlichen Einfluß auf Iwan ausübte, steht außer Frage, aber daß er den Zaren seinem Glauben entfremdet hat, darf bezweifelt werden. Als Arzt und Giftmischer war Bomelius erfolgreich; als Prophet lag er praktisch immer daneben. Wie Horsey berichtet, weissagte er, daß Königin Elisabeth Iwan heiraten würde, und bestärkte den Zaren so, in seiner Werbung fortzufahren. Horsey, der ihn gut kannte, meinte: »Er lebte in großer Gunst und allem Prunk, ein begabter Mathematiker, ein schlechter Mensch und Verursacher vielen Unheils.«

Doch es gab noch andere Unheilstifter. Zu ihnen gehörte auch

Dewlet Guirej, der Khan der Krim, der seinen Gesandten am 15. Juni 1571 zu Iwan schickte. Iwan wollte den Gesandten nicht empfangen, aber er hatte keine Wahl. Er war entschlossen, ein erneutes Zusammentreffen mit den Streitkräften des Khans so lange wie möglich hinauszuzögern. Der Khan verlangte die Städte Astrachan und Kasan als Preis für einen Friedensschluß. Um die Übergabe dieser zwei Edelsteine seiner Krone zu vereiteln, war Iwan entschlossen, einen hohen Preis zu zahlen. Eine neue Armee wurde an die Oka geschickt, sorgfältige Pläne wurden ausgearbeitet. Um einen Zweifrontenkrieg zu vermeiden, bereitete sich Iwan darauf vor, mit den Schweden, die einen Teil Livlands besetzt hielten, einen Freundschaftsvertrag zu schließen.

Den Gesandten des Khans, einen Fürsten des Krim-Khanats, behandelte Iwan zunächst mit Verachtung. Ihm und seinem Gefolge wurde stinkendes Pferdefleisch und Wasser vorgesetzt und keine anständigen Schlafquartiere gegeben. Offensichtlich versuchte der Zar, sie zu provozieren, aber sie ertrugen diese niederträchtige Behandlung, denn sie waren ihrer sehr sicher und wußten, daß ihnen Iwan schließlich eine Audienz gewähren mußte. Sie hatten nichts zu verlieren, der Zar dagegen viel zu gewinnen.

Die Tataren trugen lange schwarze Schaffellkaftane und bewegten sich mit ernster Würde. Der Gesandte war ein Mann von ausnehmender Häßlichkeit mit einer rauhen, durchdringenden Stimme. Er wurde allein in den Thronsaal geführt, bewacht von vier russischen Soldaten. Die Tatarenedelleute, die ihn begleiteten, durften durch ein eisernes Gitterfenster zusehen. Iwan saß auf einem Thron und trug ein Kleid aus Gold, drei seiner Kronen lagen neben ihm. Möglicherweise waren es die Kronen von Moskowien, Astrachan und Kasan. Der Gesandte hatte vieles zu sagen, was Iwan lieber nicht gehört hätte.

Er erklärte, er sei vom Khan der Krim geschickt worden, »der über alle Könige und Königreiche herrscht, auf die die Sonne scheint«. Es beliebe dem Khan, sich zu erkundigen, wie Iwan sich jetzt fühle, nachdem er »den Ärger des Khans durch Schwert, Feuer und Hunger« gespürt habe. Es war eine Schmährede, die den Zaren in Zorn versetzen sollte. Der fürstliche Gesandte zog ein rostiges Messer mit vergoldetem Griff hervor, das dem Khan gehört hatte, und meinte, es gäbe ein unfehlbares Mittel, das alle Krankheiten, die Rußland befallen habe, heilen könnte. Er gab

Iwan das Messer und deutete an, er solle seinen eigenen Hals damit durchschneiden.

»Mein Herr wollte Euch ein Pferd schicken«, fuhr der Gesandte fort, als Iwan das Messer nicht annahm, »aber alle unsere Pferde sind erschöpft, nachdem sie soviel in Rußland herumgelaufen sind.«

Doch Iwan verstand es, sich zu beherrschen. Er befahl dem Gesandten, den Brief des Khans von der Krim vorzulesen.

»Ich kam nach Rußland, verwüstete das Land und setzte es in Brand, um Astrachan und Kasan zu rächen. Ich begehre kein Geld noch Schätze, denn sie sind ohne Nutzen für mich. Was den Zaren angeht, so suchte ich ihn überall. Ich suchte ihn in Serpuchow und in Moskau, weil ich seinen Kopf und seine Krone wollte. Aber Ihr kamt nicht, uns zu treffen, Ihr floht aus Serpuchow, Ihr floht aus Moskau, und immer noch wagt Ihr, Euch Zar von Moskowien zu nennen. Ihr besitzt kein Schamgefühl und seid ohne jeden Mut. Wenn Ihr unsere Freundschaft wünscht, dann gebt uns Kasan und Astrachan zurück und schwört einen Eid auf Euch selbst, Eure Kinder und Eure Kindeskinder, daß Ihr tun werdet, was ich befehle. Und falls Ihr dies nicht tut, nehmt Euch in acht! Ich habe die Pfade und Straßen in Eurem Königreich gesehen, und ich kenne den Weg!«

Der Zar schwieg weiter. Die Wachen drängten den Gesandten aus dem Thronsaal. Es wird berichtet, daß Iwan eine Art Nervenschock erlitt. »Er bekam heftige Schmerzen, schickte nach seinem geistlichen Beistand, raufte sich das Haar und seinen Bart.«

Danach wurden die Tataren freundlicher behandelt. Man gab ihnen gutes Essen und die beste Unterkunft, die aufzutreiben war, während der Zar überlegte, was und wie er dem Khan antworten sollte. Schließlich ließ Iwan den Gesandten zu sich kommen und verkündete ihm die Botschaft, die Jerome Horsey uns überliefert hat:

»Sagt dem Schurken und Ungläubigen, Eurem Herrn, er hat keine Macht über mich. Alles geschah wegen meiner Sünden und der Sünden meines Volkes gegen meinen Gott und Christus. Er ist es, der ihm, einem Werkzeug des Teufels, die Macht und die Gelegenheit gegeben hat, das Werkzeug meiner Bestrafung zu werden, und mit Gottes Hilfe und Gnade zweifle ich nicht, daß ich mich rächen und ihn zu meinem Vasallen werde machen können.«

Der Gesandte lehnte es mit donnernder Stimme ab, eine derartige Botschaft dem Khan zu überbringen. Er verließ den Thronsaal und zog wieder nach Süden.

Iwan arbeitete nun mit all seinem diplomatischen Geschick gegen den Khan. Afanasij Nagoj, einer seiner besten Unterhändler, wurde auf die Krim geschickt, um dort in höflicher Weise die Verhandlungen so lange wie möglich hinauszuzögern. Dem Khan sollte Astrachan angeboten werden, aber nur vorläufig. Falls er seinen Sohn als Khan nach Astrachan schicken würde, müsse auch ein russischer Statthalter da sein, und den Russen in Astrachan müßten alle Freiheiten des Handels und der Ausübung ihrer Religion garantiert werden. Iwan stellte Bedingungen, von denen er wußte, daß sie unannehmbar waren. Außerdem sollte der Khan gefragt werden, ob er es zuließe, daß Iwan die Krone von Astrachan auf das Haupt des Sohnes setzte – und ihn so zu seinem Lehensmann machen würde. Indem Iwan sich auf Astrachan konzentrierte, hoffte er, den Khan von Kasan abzulenken.

Im Oktober 1571 wurde der Krim-Khan immer ungeduldiger. Er schrieb: »Ihr bietet Astrachan an, doch Astrachan ist nur ein Teil dessen, was Wir wollen. Wir wollen Kasan genausogut. Sonst hättet Ihr den oberen Teil des Flußes und Wir nur den unteren Teil; das ist unzumutbar.«

Es war offensichtlich, daß der Khan nicht nachgeben würde. Iwan versuchte, weiter Zeit zu gewinnen. Briefe des Khans blieben unbeantwortet; Gesandte wurden nicht vorgelassen, da der Zar, wie man sagte, dringenden Geschäften nachginge. Am 24. Dezember 1571 erreichte er Nowgorod mit einem Heer, das er gegen die Schweden aufgestellt hatte. Glücklicherweise kam es jedoch nicht zum Kampf, da er mit Schweden einen Waffenstillstand aushandeln konnte. Ende Januar 1572 kehrte er nach Alexandrowa Sloboda zurück. Als ein Tatarengesandter am 5. Februar eintraf, erzählte Iwan ihm, daß er gerade die schwedische Armee in einer Schlacht geschlagen habe. Was Kasan betreffe, so sei dies kein Gegenstand, über den so einfach verhandelt werden könne. Hohe Generalbevollmächtigte müßten sich treffen, ein Friedensvertrag müßte ausgehandelt, ein Beistandspakt gegen Polen und Litauen unterzeichnet werden. »Ein Schwert bleibt nur kurze Zeit scharf«, erinnerte Iwan den Gesandten. »Zu häufiger Gebrauch macht es stumpf, und die Klinge kann möglicherweise brechen.« Der Khan verlangte unermeßliche Geschenke, und der Zar erwiderte: »Unser Land ist arm, und Wir können nichts geben.« In der Zwischenzeit war weitere Verstärkung an die Oka geschafft worden.

Am 28. Oktober 1571 heiratete der Zar zum dritten Mal. Die Braut, die unter zweitausend Frauen aus dem ganzen Land ausgewählt worden war, hieß Marfa Sobakina und entstammte einer alten Adelsfamilie aus Twer. Eine Woche später heiratete auch der Zarewitsch. Seine Frau war Ewdokia Saburowa, die aus einer bekannten Bojarenfamilie Moskaus kam.

Als Iwan Marfa Sobakina heiratete, war diese leidend. Er wußte davon, doch er glaubte, mit Gottes Hilfe ihre Krankheit heilen zu können. Statt dessen verschlimmerte sich ihr Zustand, und sie starb am 13. November 1571, sechzehn Tage nach der Hochzeit, was Iwan als ein weiteres Zeichen für Gottes Zorn betrachtete. Er behauptete, Anastasia mußte sterben, weil übelwollende Menschen sie verhext und vergiftet hätten. Seine zweite Frau sei ebenfalls vergiftet worden, seine dritte infolge Zauberei gestorben. Er dachte daran, Mönch zu werden und der Welt zu entsagen, änderte dann aber wieder seine Entscheidung mit der Begründung: »Die Christen sind versklavt, das Christentum ist dabei, zerstört zu werden, und meine Kinder sind noch nicht erwachsen.« Im März 1572 berief er ein Kirchenkonzil ein, das ihm sagen sollte, ob es zulässig sei, ein viertes Mal zu heiraten. Er hatte Anna Koltowskaja, die dem niederen Hofadel angehörte, als zukünftige Braut gewählt. Die Bischöfe kamen überein, die Heirat zu erlauben, unter der Bedingung, daß Iwan ein Jahr lang Buße tue.

Die Ehe mit Anna Koltowskaja blieb kinderlos. Vier Jahre später verstieß er sie jäh und befahl ihr, den Rest des Lebens in einem Nonnenkloster in Tichwin, hoch im Norden, zu verbringen.

Die Tatareneinfälle fanden gewöhnlich im Frühling oder Frühsommer statt. Die Verhandlungen mit dem Khan der Krim waren abgebrochen worden, und es war klar, daß er nun einen erneuten Überfall versuchen würde, der diesmal noch schwererwiegende Folgen haben würde: Der Khan wollte Rußland zu einer Tatarenprovinz degradieren. Er beabsichtigte, Iwan lebend zu fangen und ihn im Triumph auf die Krim zu bringen. Den Tatarenfürsten wurden bereits weite Gebiete zugesagt, und dem Sultan der Türkei war ein »gewaltiges, kostbares Geschenk« versprochen worden – aus Iwans Schatzkammer natürlich –, weil er schwere

Geschütze zur Verfügung stellte. Dieses Mal wollte der Khan »wie ein blutrünstiger Löwe voranschreiten, dessen grausame Lefzen weit offen stehen, die Christen zu verschlingen«.

Die Semschtschina-Streitkräfte an der Oka hatten viele Monate gebraucht, um die Verteidigungsanlagen zu verstärken. Zweihundertfünfzig Meilen am Fluß entlang waren Schanzen errichtet worden, man hatte Geschütze aufgestellt, wo immer man einen Angriff der Tataren erwartete, und die Festungen südlich des Flusses waren verstärkt worden. Außerdem hatten die Soldaten Bäume gefällt, um das Voranstürmen der tatarischen Kavallerie zu behindern. Die Russen hatten alles vorbereitet, um das Herannahen der Tataren so früh wie möglich zu signalisieren – lange bevor diese die Oka erreicht hätten –, und sie planten, die Steppe in Brand zu setzen. Dank eines verbesserten Vorwarnsystems meinten die russischen Kommandanten am Flußufer, genau voraussehen zu können, wo der Khan versuchen würde, den Fluß zu überqueren.

Obwohl die Tatareninvasion im Frühsommer erwartet wurde, lehnte Iwan es ab, das Oberkommando über die Truppen im Süden zu übernehmen. Er zog sich statt dessen mit allen Schätzen, deren er habhaft werden konnte, nach Nowgorod zurück. Es wurde geschätzt, daß etwa 180 Tonnen an Gold und Wertgegenständen nach Nowgorod geschafft wurden. Der Zar traf am 1. Juni 1572 in Nowgorod ein und wurde von Erzbischof Leonid mit dem üblichen Zeremoniell begrüßt. Iwan lebte ruhig in seinem Palast. Er wohnte den Gottesdiensten in der Sophien-Kathedrale, die er zwei Jahre zuvor geplündert hatte, bei und betete um die Errettung vor den Tataren. Am 2. Juli erhob sich ein starker Sturm, der die Kreuze von vielen Kirchen herabwehte. Das war ein schlechtes Omen.

Iwan war krank vor Angst. Er wußte, daß die Tataren ihn lebend fangen und seiner Schätze berauben wollten. Er freute sich, daß er außerhalb ihrer Reichweite und sein Schatz in Sicherheit war. Aber seine Zukunft als Zar hing von einem russischen Sieg ab. Wer wußte, ob er auf dem Thron bleiben konnte, wenn es zu einer zweiten Niederlage im Kampf gegen die Tataren kommen würde? Die Generäle an der Oka schickten ihm regelmäßig Berichte, aber er traute ihnen nicht ganz und hätte es vorgezogen, seine eigene Informationsquelle zu haben. So schrieb er am 17. Juli an Ewstafij Puschkin, den Statthalter von Stariza:

»Berichtet mir, wann der Khan den Fluß erreichen, wo er ihn überqueren und in welche Richtung er weiterziehen wird. Ihr müßt mich das unbedingt wissen lassen. Es steht Euch nicht an, Uns ohne Informationen warten zu lassen. Die Meldungen sollten Uns durch einen Kurier geschickt werden, dem man zwei Pferde mitgibt. Ihr solltet auch darauf sehen, daß ein oder zwei Leute in Twer bereit stehen, Uns Nachricht vom Kommen des Khans zu bringen. Haltet Uns auf alle Fälle auf dem Laufenden.«

Von Nowgorod schickte Iwan seinen engsten Vertrauten, Fürst Ossip Schtscherbatow, an die Oka, um die Truppen zu ermutigen. Den Generälen versprach er reiche Belohnung, wenn es ihnen gelänge, die Tataren zu vernichten. Versprechungen ausstreuend und in Trübsal versunken, wartete er auf die Ankunft der Tataren.

Wie erbärmlich es um Iwan stand, erfahren wir aus seinem Testament, das er in Nowgorod aufsetzte. Er war zweiundvierzig Jahre alt, schrieb aber, als sei er ein Greis. Ein Großteil des Testaments besteht aus Verhaltensmaßregeln für seine Söhne Fjodor und Iwan. Sie sollten einander lieben, und der jüngere Bruder sollte dem älteren, dem künftigen Zaren, ergeben dienen. Er drängte sie, all jene zu lieben, die ihre Liebe erwiderten, und alle Verräter unerbittlich zu bestrafen. Er ermahnte sie, nicht im Zorn zu richten, wie er es getan habe, sondern ohne Groll und nach sorgfältiger Sichtung der Beweise. Sie sollten die Staatskunst erlernen, die Menschen kennenlernen, sich über äußere Angelegenheiten beraten und sich gut über Dinge, die Kirche und Staat betreffen, informieren lassen, denn andere würden ihnen die Macht entreißen, wenn sie nicht klug seien. Vor allem aber sollten sie sich um militärische Angelegenheiten kümmern. »Ihr sollt alle die Dinge lernen, die gelernt werden müssen, gleich ob sie die Klöster, die Armee, Justiz und Regierung von Moskau oder das alltägliche Leben des Volkes betreffen. Dann werden die anderen euch nicht sagen, was ihr tun sollt, sondern ihr werdet ihnen statt dessen sagen, was getan werden muß, und so werdet ihr die Herrschaft über euer Reich und euer Volk gewinnen.« Iwan scheint dabei an die Tage gedacht zu haben, als seine Handlungen noch von dem Gewählten Rat und besonders von Sylvester und Adaschow bestimmt wurden, bevor er die ganze Macht an sich riß.

Das Testament Iwans ist bemerkenswert, voller Düsterkeit und

Gewissensqualen. Er fürchtete sich offensichtlich vor der Zukunft und dem, was seinen Körper und seine Seele erwarten würde. Er war sich seiner ungeheuerlichen Verbrechen sehr wohl bewußt. Selbstmitleid, Selbsterniedrigung und Furcht vor dem Zorn Gottes waren in seiner Beichte zu spüren. Er schrieb:

»Mein Körper ist schwach geworden, meine Seele ist krank, und die Leiden meines Körpers und meiner Seele haben sich verschlimmert, aber kein Arzt kann mich heilen. Ich suchte jemanden, der sich mit mir grämte, fand jedoch niemanden. Ich erhielt Böses für Gutes, und meine Liebe wurde mit Haß vergolten. Wegen meiner vielen Sünden kam Gottes Zorn über mich, und die Bojaren beraubten mich vorsätzlich meines Erbes, und nun streife ich von Ort zu Ort, wie es Gott gefällt.«

Er fuhr fort, sich wegen lüsterner Reden, Raserei, Trunkenheit, Ausschweifung, Diebstahl und Mord anzuklagen, ja, sogar des Brudermordes, denn hatte er nicht »die Sünde Kains« begangen, als er Wladimir von Stariza tötete? Er hatte so viele Verbrechen verübt, und »obwohl ich ein lebendiger Mensch bin, haben mich doch meine bösen Taten in den Augen Gottes verderbter und abscheulicher gemacht als einen Leichnam, und darum werde ich von jedermann gehaßt«.

Dann kam die Zusage der Thronfolge an seinen älteren Sohn Iwan, während der jüngere, Fjodor, ein großes Fürstentum erhalten sollte, das ganze Provinzen und die Städte Jaroslawl, Wolokolamsk, Susdal und Kostroma einschloß.

Iwan schrieb dieses Testament im Zustand äußerster Furcht. Furcht vor den Tataren, vor Verrat in den eigenen Reihen, vor den Streitkräften, die ihn dem Feind ausliefern könnten, und immer wieder Furcht vor Gott. Schließlich setzte er das Dokument in einer Stadt auf, in der er zahllose Russen umgebracht hatte. Stündlich erwartete er die Nachricht von der Niederlage. Statt dessen kam die Nachricht von einem überwältigenden Sieg. Am 6. August ritten zwei Edelleute, geschickt von Fürst Worotijnskij, in Nowgorod ein, und berichteten, daß die Tatarenarmee bei einem kleinen Dorf, auf halbem Wege zwischen Serpuchow und Moskau, geschlagen worden sei. Als Siegeszeichen führten sie zwei Tatarenschwerter und zwei Bogen mit Köcher, die sie vom Feind erbeutet hatten, mit sich. Der Zar befahl, alle Kirchenglocken läuten zu lassen und einen feierlichen Gottesdienst in der Sophien-Kathedrale abzuhalten, den der strenge und fromme Erzbischof Leonid zelebrierte.

Der Zar belohnte die beiden Edelleute und schickte einen seiner engsten Berater, Afanasij Nagoj, mit Geschenken und Orden aus Gold zu den Soldaten.

Er erfuhr, daß gegen Abend des 26. Juli ein riesiges Tatarenheer am südlichen Ufer der Oka aufgetaucht war. Den ganzen nächsten Tag konnte es durch Geschützfeuer zurückgehalten werden, aber in der Dunkelheit der Nacht setzte der Großteil des feindlichen Heeres bei Kaschira über. Von hier führte der Khan seine Truppen nach Moskau, die Russen verfolgten sie. Der Marsch des Khans wurde durch die schweren Kanonen behindert, so daß die Vorhut der Russen die Nachhut der Tataren nahe dem Dorf Molodi einholte. Bald schloß auch der Hauptteil der russischen Armee auf und und errichtete eilig Schanzen und Palisaden. Diwej Mirsa, der Oberbefehlshaber der Tataren, hatte nun zwischen dem weiteren Vordringen auf Moskau, von dem seine Vorhut nur noch fünfzehn Meilen entfernt war, und der Verteidigung der Nachhut zu entscheiden.

Schließlich beschloß Mirsa, sich in Molodi zur Schlacht zu stellen. Es gab Scharmützel, 3000 russische Musketiere in vorgezogener Stellung wurden von der Nogaj-Kavallerie vernichtet, aber Mirsa konnte gefangengenommen werden, als sein weißes Pferd strauchelte und ihn abwarf. Wie die Anonyme Chronik berichtet, wurde er nicht sofort erkannt, aber als der gefangene Tatarenfürst Schirinbak verhört und über die Pläne seines Oberbefehlshabers ausgefragt wurde, antwortete er: »Ihr habt doch alle Pläne, denn ihr habt Diwej Mirsa gefangen, der über alles Bescheid weiß.« Nach langer Suche wurde Mirsa endlich unter den Gefangenen herausgefunden und in Worotijnskijs Zelt gebracht. Als Fürst Schirinbak sich Mirsa zu Füßen warf, wußten die Russen, daß die Schlacht schon zur Hälfte vorüber war.

In der nächsten Woche kam es zu weiteren Kämpfen. Am Samstag, dem 2. August, versuchte der Khan mit allen Kräften die russischen Schanzen zu stürmen, um Diwej Mirsa zu befreien. Den Tataren, die am besten zu Pferde kämpften, befahl er, vor den Palisaden abzusteigen. Als sie versuchten, die hölzernen Mauern zu erklimmen, wurden ihnen die Hände abgehackt.

Währenddessen war es Fürst Worotijnskij gelungen, den Großteil des Haupttheeres durch ein verstecktes Tal in den Rücken der Tatarenstreitkräfte zu führen. Jetzt griff er sie von hinten an, und zur gleichen Zeit eröffneten die schweren Geschütze innerhalb der

Festung das Feuer auf die Tataren, deren Ansturm zusammenbrach. Sie flohen, und viele, die zwischen die zwei Feuerlinien gerieten, wurden niedergemetzelt. Der Khan floh mit seiner Leibwache. Die Nowgoroder Chronik teilt mit, daß 100 000 Tataren tot auf dem Schlachtfeld zurückblieben.

Selten hatten die Russen sich in der Vergangenheit über einen vergleichbaren Sieg freuen können. Die Krim-Tataren waren so vernichtend geschlagen, daß sie während Iwans Regierungszeit keinen weiteren Großangriff mehr unternahmen. Durch die Schlacht von Molodi gewann die russische Armee ihre volle Stärke und ihr Ansehen wieder. Die Nachricht vom Sieg verbreitete sich in ganz Europa, und die Chronisten priesen ihren Zaren. Iwan merkte, daß die Armee wichtiger und wertvoller war als die Opritschnina, die nun dem Untergang geweiht war.

Ein räudiger Hund

Die drei Jahre nach der Schlacht von Molodi verliefen relativ
ruhig. Von gelegentlichen Hinrichtungen und plötzlichen Wutaus-
brüchen abgesehen, versuchte Iwan, wie ein zivilisiertes mensch-
liches Wesen zu leben. Er war ein kranker Mann, der an einer
ganzen Reihe von Gebrechen litt und sehr wohl wußte, daß seine
körperlichen und geistigen Kräfte langsam schwanden. »Die
Wunden des Fleisches und des Geistes mehren sich, und es gibt
keinen Arzt, der mich heilen kann.«

Im Nationalmuseum von Kopenhagen hängt in einem Raum
mit Möbeln aus dem 16. Jahrhundert ein kleines Bild, auf Holz
gemalt. Es stellt Iwan dar, sorgenvoll, vielleicht gar angsterfüllt,
die Stirn tief gefurcht, das Gesicht sehr rot, das Haar schütter, die
Nase lang und herabhängend, dicke sinnliche Lippen, ein dichter
roter Bart mit silbernen Strähnen. Er trägt ein prächtiges höfisches
Gewand und einen breiten, mit Smaragden, Rubinen und Perlen
übersäten Kragen. In diesem schweren Gesicht ist nicht die Spur
kaiserlicher Würde. Trotzdem vergißt man es nicht so leicht.

Die Haltung der Menschen ihm gegenüber war die der Furcht,
die sich bis zum Schrecken steigern konnte vor diesem von Gott
eingesetzten Herrscher. Er war fleischgewordene Geschichte; er
befand sich in dem einfachen Menschen unerreichbaren Höhen.
Und wenn er die Menschen bestrafte, so geschah es, weil sie auf
irgendeine geheimnisvolle Weise diese Strafe verdienten. Es
scheint, daß dem Volk niemals die Idee gekommen ist, ihn aus
dem Weg zu räumen. Wir hören von keinem verbürgten
Anschlag auf sein Leben. Trotzdem glaubte Iwan sich ständig von
Verrätern umgeben und sein Leben bedroht.

Nach der Schlacht von Molodi war er weniger gewalttätig, und
seine Furcht vor Verrat sank. Nur die Schweden bereiteten ihm
Sorgen; der Waffenstillstand war abgelaufen, und sie verbreiteten

das Gerücht, daß er bald um Frieden nachsuchen werde. Während er noch in Nowgorod war, schrieb er am 11. August einen eigenartigen Brief an König Johann III. von Schweden, der gezögert hatte, seinen Botschafter zu Iwan zu schicken, möglicherweise weil der Ausgang des Tatareneinfalls noch unsicher war:

»Ich hatte geglaubt, daß Ihr und Euer Volk vernünftig handeln würdet, nachdem Ihr die Macht meines Zorns gespürt habt. Ich erwartete Eure Gesandten, aber sie trafen nicht ein, und die ganze Zeit verbreitet Ihr das Gerücht, ich werde euch um Frieden bitten. Das zeigt, daß Ihr kein Mitleid mit dem schwedischen Volk habt und Euch auf Euren großen Reichtum verlaßt.
Seht Euch an, was dem Khan der Krim durch die Hände meiner obersten Militärs widerfahren ist!
Wir brechen nun nach Moskau auf, aber wir werden im Dezember nach Nowgorod zurückkehren. Dann sollt Ihr erleben, wie der russische Zar und sein Heer Euch um Frieden bitten werden!«

Dieser Brief wurde geschrieben, als die Siegesfeiern noch in vollem Gange waren. Ganz Rußland jubelte; feierliche Dankgottesdienste wurden in allen Kirchen abgehalten. In Nowgorod wurde in der Sophien-Kathedrale ein besonderer Siegesgottesdienst gelesen, dem sich Feste und Feierlichkeiten anschlossen. Am 19. August, einen Tag bevor er nach Moskau aufbrach, wurde der Zar im Palast des Erzbischofs Leonid bewirtet, der nur zu bald erfahren sollte, daß es gefährlich war, einem Mann nahe zu sein, der glaubte, daß alle Siege und Niederlagen von Gott bestimmt sind.

Ende des Monats gelangte Iwan in Moskau an; seine Macht war durch den Sieg gefestigt, und er überhäufte die Armee mit Belohnungen. Die führenden Befehlshaber, vor allem Fürst Michail Worotijnskij, erhielten Gold und andere Wertsachen aus den Schatzkammern. Nicht ganz so wertvolle Geschenke wurden den jüngeren Offizieren, entsprechend ihrem Rang und ihren Verdiensten auf dem Schlachtfeld, überreicht. Worotijnskij war ein Volksheld geworden, Balladen wurden über ihn gesungen, kurz – er wurde dem Zaren zu berühmt und beliebt. Das erst kürzlich entdeckte Dokument, die sogenannte Anonyme Chronik, berichtet: »Der Zar begann, ihn zu hassen, weil er so viel Lob aus dem Volke erhielt, und beschuldigte ihn des Verrats.« Allerdings wurde die Anklage erst viele Monate später erhoben. Es lag nicht in der Natur des Zaren, sich dem gegenüber dankbar zu erweisen, der ihn beschützt hatte.

Am 4. September, kurz nach seiner Ankunft in Moskau, empfing Iwan einen Gesandten des Khans von der Krim; er richtete es jedoch mit Absicht so ein, daß der Empfang im Hause eines Bauern in einem kleinen Dorf namens Lutschinskoje, außerhalb Moskaus, stattfand. Auf diese Weise brauchten dem Gesandten keine Ehrenbezeigungen erwiesen zu werden. Der Bote überreichte den, natürlich beleidigenden, Brief des Khans, der behauptete, nie die Absicht gehabt zu haben, gegen Rußland Krieg zu führen. Vielmehr sei er nur nach Rußland gezogen, um mit dem Zaren einen dauerhaften Frieden zu schließen. Was die unglückseligen Scharmützel beträfe, so zeigten sie lediglich die Überlegenheit der Tatarentruppen. Er sei nur nach der Krim zurückgekehrt, weil die Nogaj behauptet hätten, ihre Pferde seien erschöpft. Er forderte Iwan auf, ihm Kasan und Astrachan, zumindest jedoch Astrachan, zu überlassen. Der Khan fügte hinzu, daß er keine Geschenke, Geld oder Juwelen, vom Zaren annehmen würde, weil er, der Khan, jederzeit die Litauer oder die Tscherkessen überfallen könne, um »Hungersnöte zu vermeiden«. Diese gezielte Unverschämtheit sollte Iwan wütend machen, aber der antwortete nur gelassen, daß er nicht die geringste Absicht habe, Kasan oder Astrachan aufzugeben. »Die Krim ist wie ein Schwert, das gegen uns gerichtet ist«, erwiderte er milde. »Wenn wir Kasan aufgeben, werden wir zwei Schwerter gegen uns haben, und wenn wir Euch Astrachan überlassen, drei.« Der Gesandte wurde mit leeren Händen aus dem Bauernhaus fortgeschickt.

Andere Gesandte reisten an, diesmal aus Polen und Litauen. König Sigismund II. August war am 18. Juli 1572 gestorben, und die brennende Frage der Thronfolge stand wieder im Raum. Die Gesandten erwogen die Möglichkeit, die polnische Krone dem zweiten Sohn Iwans, Fjodor, anzutragen. Der Vorschlag beunruhigte den Zaren, der sich fragte, warum Fjodor ihm selbst vorgezogen werden sollte. Er machte seinen eigenen Anspruch auf den Thron nachdrücklich geltend, wobei er auf seine offensichtlichen Tugenden hinwies, seinen Sinn für unbedingte Gerechtigkeit, seine Erfahrung und seine Liebe zum polnischen und litauischen Volk:

»Wenn die polnischen und litauischen Edelleute, die nun keinen König haben, sich entschließen wollten, mich zu ihrem König zu erwählen, dann würden sie entdecken, welch ein guter Herrscher ich bin, und wie gut ich sie beschützen werde. Der Einfluß der Moslems würde nicht stärker, sondern schwächer werden, und nicht nur der Einfluß der Moslems – kein christliches Königreich würde uns bezwingen können, wenn durch Gottes Willen unsere Staaten sich vereinigten.«

Iwan wußte wohl, daß er für seine drakonischen Strafen bekannt war, und verteidigte sich mit dem Argument, das alle Diktatoren benutzen: »Ihr sagt, daß ich grausam und rachsüchtig bin. Das stimmt, aber fragt Euch auch, gegen wen ich streng bin. Ich bin nur gegen diejenigen grausam, die gegen mich grausam sind!« Er ergriff die goldene Kette, Zeichen seines königlichen Amtes, die ihm um die Schultern hing, und sagte: »Denen, die gut zu mir sind – wohlan, ich würde mir diese Kette abreißen und sie eigenhändig meinem treuen Diener geben!«

Dann erinnerte er sie daran, daß er Fürst Kurbskij, der aus Rußland geflohen war, um ein litauischer Fürst zu werden, niemals etwas anderes als Gnade bezeugt habe. Fürst Kurbskij hätte unzählige Verbrechen verübt und trüge sogar mit Schuld am Tode Anastasias – bei diesen Worten deutete der Zar auf seinen Sohn und sagte: »Dieses Knaben Mutter« –, und dennoch sei ihm niemals in den Sinn gekommen, diesen Mann zu bestrafen. Iwan stellte sich als den mildesten aller Herrscher dar, aber auch als besorgten Vater, der schwerlich seinen Sohn Fjodor König von Polen und Litauen werden lassen konnte: »Ich habe nur zwei Söhne, und ich hüte sie wie meine Augäpfel; wenn ich einen von ihnen weggäbe, ist es, als würde mir das Herz aus dem Leibe gerissen.«

Auch hinsichtlich der Religion zeigte Iwan sich gemäßigt. »Es gibt Polen und Litauer, die dem lutherischen Glauben anhängen und Ikonen zerstören. Sie wollen mich nicht zu ihrem Herrscher, aber ich werde über sie kein Wort verlieren, wenn sie uns die Heiligen Schriften überlassen, so daß wir uns nicht zu Gewalt und Zorn hinreißen, sondern Güte und Sanftmut walten lassen.«

Er zeichnete sich als einen Mann des Friedens, den liebenswürdigen Richter, den Diener Gottes. Iwan war begeistert von der Idee, seinen vielen Kronen noch zwei hinzuzufügen, und sagte: »Behaltet alles, was ich Euch gesagt habe, und berichtet es Euren Edelleuten! Laßt sie so bald wie möglich Bevollmächtigte herschikken, damit diese gute Sache nicht in Vergessenheit gerät!«

Die Gesandten reisten ab, aber sie hatten Iwan lange und nahe genug gesehen, um an seiner Eignung zu zweifeln. Daß sie Fjodor den Vorschlag, ihr König zu werden, unterbreiten wollten, hieß, daß sie einen milden und mitleidvollen Herrscher wollten, denn Fjodor war als zurückhaltend und freundlich bekannt. Iwans Aufforderung, schnellstens Generalbevollmächtigte zu schicken, wurde begreiflicherweise nicht Folge geleistet. Sechs Monate verflossen, ehe die Litauer einen Beauftragten schickten. Zur gleichen Zeit entschuldigten sich die Polen, daß es ihnen nicht möglich sei, jemanden außer Landes zu lassen, da die Pest in ihrem Lande wüte. Michail Garaburda, ein schlauer und erfahrener Diplomat, behauptete, der litauische Adel könne sich nicht entschließen; sie würden sowohl Iwan als auch Fjodor akzeptieren; der Zar müsse selbst darüber entscheiden. Aber der Zar war nicht in der Stimmung, Entscheidungen zu fällen. Er war mit der Liquidierung der Opritschnina zu sehr beschäftigt, als daß er weitere Verantwortung auf sich nehmen konnte.

Iwan entwickelte mit der Zeit eine Vorliebe für Nowgorod, wo er sich den ganzen Winter und bis in den späten Frühling hinein aufhielt. Am 12. April 1573 wohnte er in der Sophien-Kathedrale der Hochzeit des Prinzen Magnus mit der dreizehn Jahre alten Prinzessin Maria, der Tochter Fürst Wladimirs von Stariza, bei. Der dänische Prinz, nun nominell König von Livland, war mit der älteren Halbschwester Marias verlobt gewesen, aber diese starb. Da Iwan beschlossen hatte, Magnus in seine eigene Familie einheiraten zu lassen, und Maria die einzige verfügbare Prinzessin war, kam diese »politische« Heirat zustande. Magnus zeigte sich nicht gerade glücklich über das Arrangement. Er war ein König ohne Macht, der mit ein paar Soldaten und kleinem Gefolge auf einem Landsitz auf der Insel Oesel im Baltikum residierte. Iwan hatte ihm fünf Truhen Gold versprochen, aber er vergaß, sie ihm zu schicken. Statt dessen erhielt Magnus als Hochzeitsgeschenk mehrere Truhen voller Kleider für sich und seine Braut sowie Übertragungsurkunden für die Stadt Karkus samt umliegender Ortschaften in dem von Rußland besetzten Teil Livlands. Iwan hoffte, den Rest Livlands zu erobern, und Magnus fragte sich, warum er so wenig Hilfe erhielt.

Iwan amüsierte sich sehr auf der Hochzeit. Die Chronisten berichten, daß er mit den Gästen tanzte und mit seinem Stab der Musik den Takt vorgab, indem er auf den Köpfen junger Mönche herumtrommelte, die ausgelassen tanzten. Wie gewöhnlich war er von dem Gedanken an einen möglichen Verrat besessen, und auch in seiner Hochzeitsrede nahm dieses Thema breiten Raum ein. Die beiden livländischen Söldner Taube und Kruse hatten erst vor kurzem in Dorpat einen Aufstand inszeniert mit dem Ziel, die Stadt König Sigismund II. August zu übergeben. Iwan erklärte, er sei über den Vorfall tief erschüttert gewesen, obwohl er fehlgeschlagen und Dorpat in russischer Hand geblieben war. So kündigte Iwan dem jungen König nun mit feierlicher Stimme an, daß dieser keine weiteren Geschenke erwarten dürfe, bis er sich nicht als vertrauenswürdig erwiesen habe:

»König Magnus, es ist nun an der Zeit, daß Ihr mit Eurer Braut in Euer Königreich heimkehrt. Ich wollte Euch eigentlich noch mehr Städte in Livland und auch eine größere Mitgift an Geld geben, doch plötzlich dachte ich an den Verrat Taubes und Kruses, die ich mit Gunstbezeugungen überhäuft hatte.
Ich weiß, Ihr seid der Sohn eines Königs, und deshalb habe ich mehr Vertrauen zu Euch, aber auch Ihr seid nur ein Mensch! Falls es Euch gefallen würde, mich zu betrügen, so würdet Ihr Euch Soldaten anwerben und Euch mit meinen Feinden verbünden, und noch einmal wären wir gezwungen, Livland mit unserem Blute zu gewinnen!
Ihr werdet meine fortwährende Gunst erwerben, wenn Ihr Eure Ergebenheit bewiesen habt!«

Magnus war enttäuscht, aber er konnte nichts tun. Er kehrte niedergeschlagen auf seinen Landsitz zurück, lebte bescheiden und ruhig, ließ sich nur Mahlzeiten mit drei Gängen servieren und kaufte seiner Braut Spielzeug; hin und wieder wurde sein müßiges Leben von Grenzzwischenfällen und Scharmützeln unterbrochen. Es schien immer unwahrscheinlicher, daß Iwan ihn zum Zaren von Rußland machen würde.

Unterdessen hatte Iwan alle Hände voll zu tun, die Opritschnina aufzulösen, was sich schwieriger als erwartet gestaltete. Allein das Studium der Geschäftsbücher nahm viel Zeit in Anspruch, denn Tausende von Ländereien wurden nun ihren ursprünglichen Eigentümern zurückgegeben. Viele Dokumente waren beim Brand von Moskau verlorengegangen. Es wurde notwendig, entfernte Archive durchzusehen, Erbschaftsangelegenheiten zu untersuchen, Schuldige zu bestrafen. In einigen Fällen waren die Familien, denen die Ländereien ursprünglich gehörten, ausgerottet worden. Manchmal hatten die Opritschniki die Güter völlig ruiniert, wodurch Wiedergutmachungsansprüche auftraten.

Es gab kein Sterbedatum und keine Beisetzung. Die Opritschnina starb langsam, Stück für Stück. Auf Befehl des Zaren war es niemandem erlaubt, auch nur zu erwähnen, daß sie jemals existiert hatte. Heinrich von Staden schrieb, daß jeder, der das einstige Bestehen der Opritschnina auch nur andeutete, bis zur Taille entkleidet und über den Marktplatz gepeitscht wurde.

Von denen, die den inneren Kreis der Opritschnina gebildet hatten, überlebten nur Maliuta Skuratow und Wassilij Griasnoj für kurze Zeit. Skuratow, Iwans Liebling, wurde am 1. Januar 1573 während der Belagerung der livländischen Festung Paida getötet, Griasnoj ein paar Monate später von den Tataren in den Steppen am oberen Don gefangengenommen. Iwan bot 2000 Rubel, um ihn freizukaufen, aber die Tataren meinten, er sei mehr wert, und weigerten sich, ihn freizulassen. Sie machten den Vorschlag, ihn gegen Diwej Mirsa, den einstigen Oberbefehlshaber der Tatarenarmee, der sich immer noch in den Händen der Russen befand, auszutauschen, aber das war für Iwan kein gutes Geschäft. Griasnoj hatte den Tataren erzählt, er sei ein Mann von großer Bedeutung an Iwans Hof; das war sein entscheidender Fehler. Iwan schrieb ihm:

»Warum sagtet Ihr, Ihr seid ein Mann von großer Bedeutung? Es ist allerdings wahr, daß wir, als wir mit dem Verrat der Bojaren konfrontiert wurden, genötigt waren, uns mit Leuten von niedriger Geburt, wie Euch, zu umgeben. Aber vergeßt nicht, wer Euer Vater und Großvater war! Wie könnt Ihr Euch dann auf die gleiche Stufe mit Diwej Mirsa stellen? Durch die Freiheit erlangt Ihr nur ein weiches Bett. Wenn er frei ist, wird er sein Schwert gegen die Christen erheben.

Ihr hättet besser auf den Weg achten sollen, als Ihr den Tataren nachgeritten seid, Wassiuschka. Ihr hättet nicht einschlafen sollen, als Ihr die Gegend auskundschaftetet. Ihr rittet aus, als ginget Ihr jagen, und deshalb seid Ihr den Tataren in die Hände gefallen. Oder habt Ihr geglaubt, auf der Krim wäre alles so einfach, wie an meiner Tafel Witze zu reißen?«

Griasnoj starb im Gefängnis, ein Schicksal, das er allerdings mehr als verdient hatte. Fürst Michail Worotijnskij kam grausamer ums Leben, als Opfer der Intrigen eines diebischen Dieners und Iwans unversöhnlichen Hasses auf den größten militärischen Befehlshaber seiner Zeit.

Worotijnskij wurde an der Südfront verhaftet, in Ketten nach Moskau gebracht und in Iwans Anwesenheit einem Diener gegenübergestellt, den er einmal entlassen hatte. Der Diener hatte viel zu sagen, und der Zar gab vor, jedes Wort davon zu glauben.

»Euer Diener«, sagte Iwan, »hat gegen Euch bezeugt, daß Ihr mich mit einem Zauberfluch belegen wolltet und zu diesem Zweck Hexendienste in Anspruch genommen habt.«

Worotijnskij, der als besonders fromm bekannt war, hatte sich während seines ganzen, nun etwa sechzigjährigen Lebens noch nie mit Hexerei abgegeben. Er war Soldat, Held vieler Schlachten, intelligent und aufrichtig.

»Ich habe nie irgendwelche Zauberei gelernt, o Zar«, erwiderte er, »noch habe ich irgendwelches Wissen darüber von meinen Vorfahren überliefert bekommen, und ich verstehe nichts von Hexerei. Ich habe gelernt, einen Gott anzubeten, der in der Dreifaltigkeit verherrlicht wird, und Euch treu zu dienen, meinem Zar und Herrscher. Der Mann, der mich beschuldigt, ist ein Diener, der aus meinem Hause floh, nachdem er mich bestohlen hatte. Ihr solltet seinen Aussagen nicht Glauben schenken oder irgendwelches Vertrauen in ihn setzen, denn er tut Böses, indem er mich hintergeht und falsches Zeugnis wider mich ablegt.«

Worotijnskij wurde zum Tod auf dem Scheiterhaufen verurteilt. Iwan nahm wie gewöhnlich an der Hinrichtung teil und schürte selbst mit sichtlicher Freude das Feuer. Im letzten Moment, als der Körper des großen Generals schon in den Flammen versengt war und er kaum noch atmete, sprach der Zar eine Begnadigung aus. Worotijnskij sollte in ein Gefängnis in Beloosero gebracht werden, aber er starb, drei Meilen von Moskau entfernt.

Im Andenken an Worotijnskij verfaßte Fürst Kurbskij, der ihn gut kannte, eine Lobrede, in der er ihn für seine Standhaftigkeit, seine herausragende Intelligenz, seinen Heldenmut und seine Unschuld rühmte. »Von den Händen des Blutsaugers«, schrieb er, »wurde Euch großes Leid zugefügt, doch Ihr werdet aus den Händen Christi, unseres Gottes, die Märtyrerkrone empfangen.«

Ein paar Wochen später nahm ein schon lange schwelender Streit über die Behandlung bekannter Adeliger, die als Verbannte im Kirillow-Kloster in Beloosero lebten, Iwans Aufmerksamkeit in Anspruch. Es ging bei der Auseinandersetzung vor allem um Privilegien. Sollten die Edelleute besser behandelt werden als die

Mönche? Sollte es ihnen erlaubt sein, ihren aristokratischen Lebensstil zu wahren, während die Mönche schlicht lebten? Iwan Scheremetow, ein Bojar, der bei Kasan mitgekämpft hatte und der Vizekommandierende der Leibwache des Zaren gewesen war, ein Mann mit ausgezeichnetem Ruf im Bojarenrat und beschlagen in militärischen Angelegenheiten, war zu Gefangenschaft in Beloosero verurteilt worden, nachdem man ihn gefoltert hatte, um von ihm den Ort zu erfahren, wo er seine Wertsachen versteckt hielt. Im Kirillow-Kloster hatte er den Namen Jona angenommen. Zwei weitere Bojaren lebten ebenfalls dort: Iwan Chabarow unter dem Namen Joasaf und Wassilij Sobakin, der Vater von Iwans dritter Ehefrau Marfa Sobakina, unter dem Namen Warlaam. Es scheint, als sei Sobakin über Scheremetjows hohen Lebensstandard erzürnt gewesen. Es gab einen offenen Streit, und einer der Ältesten des Klosters berichtete Iwan im September 1572 von der Angelegenheit. Der Zar schrieb zurück, daß alle ehemaligen Bojaren, die nun im Kloster wohnten, genügsam leben müßten.

Doch damit war die Sache noch nicht ausgestanden, denn im Sommer 1573 schrieb der Abt des Klosters an Iwan, daß Scheremetjow sich in schlechter gesundheitlicher Verfassung befinde, weshalb man ihm erlaubt habe, reichlicher zu essen. Iwan antwortete in einem langen Brief voller Wut und Selbstekel, abwechselnd ironisch, sarkastisch, drohend, verspielt und gehässig:

»An das reinste Kloster vom Heiligen Schlaf der reinsten Muttergottes und vom gesegneten, gottesfürchtigen und heiligen Vater Kirill und an deren Brüder in Christo sendet der Zar und Großfürst von ganz Rußland Iwan Wassilijewitsch seine Grüße.
Wehe mir, Sünder! Wehe mir, dem Verfluchten! Wehe mir, dem Unreinen! Wer bin ich, mich so hoch hinaus zu wagen? Um Gottes Willen bitte ich Euch, Väter und Lehrer, Eure Entscheidung noch einmal zu bedenken.
Ich bin nicht wert, mich Euren Bruder zu nennen, so laßt mich sein wie einer Eurer gemeinen Arbeiter. Ich knie vor Euch und flehe Euch an, Eure Entscheidung noch einmal zu überdenken, um Gottes willen! Denn es steht geschrieben, Engel sind das Licht der Mönche, Mönche sind das Licht der Laienschar. Es steht Euch, unseren Lehrern, an, uns, die wir uns in der Finsternis des Stolzes und in die sterblichen Freuden des Stolzes, der Völlerei und der Zügellosigkeit verirrt haben, zu erleuchten. Aber ich – räudiger Hund, der ich bin –, wen kann ich belehren? Was kann ich lehren? Wie kann ich lehren?
Wenn Ihr Belehrung erstrebt, so habt Ihr einen Lehrer unter Euch, das

große Licht Kirill. Betet neben seinem Grab, und er wird Euch führen. Ihr habt seine frommen Schüler und seine Klosterregeln. In ihnen werdet Ihr Führung und Belehrung finden. Lernt von ihnen. Vergebt uns, die wir arm sind im Geiste, und erleuchtet uns, und vergebt uns unsere Dreistigkeit, um Gottes willen.«

Der Zar bat um Verzeihung für die Kühnheit, an den Abt zu schreiben. Er erklärte, daß seine Unverfrorenheit vielleicht dadurch gerechtfertigt werden könnte, daß er einst in einer tiefen Depression, hervorgerufen durch die Aufregungen und Treulosigkeiten in Moskau, ernsthaft daran gedacht habe, sich von der Welt zurückzuziehen und ein Mönch im Kirillow-Kloster zu werden. Er war sogar so weit gegangen, während eines Besuches im Kloster vor dem Abt niederzuknien und ihn um seinen Segen für ein Noviziat anzuflehen. »Und deshalb scheint es mir, daß ich ein halber Mönch bin, und ich wagte, Euch anzusprechen.«

All dies war nur der Anfang: Taschenspielerei, einen »räudigen Hund« in einen Novizen zu verwandeln, der flehend vor dem Abt kniet. Er war um seine Beurteilung der Angelegenheit gebeten worden und verspürte das Bedürfnis zu antworten. Die Vorschriften des heiligen Kirill bestimmen, daß jeder im Kloster gleich behandelt werden soll, und deshalb konnte es keine Unterschiede geben zwischen Bojaren und Mönchen. Iwan schrieb:

»Wenn man das klösterliche Gelübde ablegt, entsagt man der Welt und allem ihrem Treiben. Aber wie kann man Scheremetow einen Mönch nennen? Der zehnte Diener, der in seinem Gebäudetrakt wohnt, ißt besser als der Mönch im Speisesaal. Die russischen Heiligen haben Vorschriften für das Klosterleben erlassen, die zum Heile führen, während die Bojaren, die zu Euch kamen, ihre weltlichen Sitten mitbrachten. Nicht sie sind von Euch geschoren worden, sondern sie haben Euch eine Tonsur geschnitten.
Fürwahr, die Vorschriften Scheremetows sind gut! Behaltet sie bei! Die Vorschriften des heiligen Kirill taugen nichts, verwerft sie! Heute wird dieser Bojar eine seiner weltlichen Sitten einführen, und morgen kommt ein anderer. Eine nach der anderen werden die Klosterregeln verschwinden, und es wird nur noch weltliche Regeln geben. Denkt daran, daß in allen Klöstern der Begründer zu Anfang strikte Vorschriften erlassen hat, und dann kamen die Weltlichen und stürzten sie um . . .
Wegen Scheremetjow laßt Ihr uns keinen Frieden! Ich habe Euch gesagt, daß Scheremetjow mit den anderen Mönchen im Speisesaal essen muß.

Wenn Scheremetjow wirklich krank ist und nicht simuliert, so soll er allein in seiner Zelle essen. Warum all diese Umstände? Warum diese festliche Bewirtung, warum wird er in seiner Zelle verwöhnt? Früher gab es im Kirillow-Kloster nicht einmal eine zweite Nähnadel. Was soll über dieses Lagerhaus außerhalb der Klostermauern gesagt werden? All dies ist Gesetzlosigkeit und völlig unnötig. Zum Essen soll er Brot bekommen, ein Stück Fisch und *kwas**. Darüber hinaus, wenn Ihr so entscheidet, gebt ihm alles, was Ihr wollt, solange er allein ißt und keine Feiern stattfinden. Wenn jemand zu ihm will, um mit ihm über geistliche Angelegenheiten zu sprechen, laßt ihn nicht zur Essenszeit kommen, denn während geistlicher Gespräche sollte nicht gegessen oder getrunken werden.

Oder vielleicht tut es Euch leid um Scheremetjow, weil seine Brüder immer noch, bis auf den heutigen Tag, Botschaften auf die Krim schicken, in denen sie die Moslems drängen, gegen Christen Krieg zu führen.« Iwan schließt seinen Brief mit der Floskel: »Mag der Frieden Gottes und die Gnade der reinen Muttergottes und die Gebete des wunderwirkenden Kirill mit Euch und Uns sein, Amen! Und Wir, o ehrwürdige Väter, verneigen uns vor Euch bis zum Boden!«

Iwan schrieb diesen Brief mit wilder fiebriger Freude – und zugleich voller Müdigkeit und Ekel. Wenn er sich als »räudigen Hund« bezeichnet, so meint er das nicht nur ironisch. Viele seiner bisherigen Motivationen existierten nicht mehr. Der Sieg bei Molodi hatte das Schicksal der Tataren auf lange Sicht besiegelt. Die Auflösung der Opritschnina wurde ihm von den Ereignissen aufgezwungen, und die verzweifelten Kriegslisten, durch die er sich einerseits die Macht über ein eigenständiges Königreich erhielt, während er andererseits über ganz Rußland herrschte, waren überflüssig geworden. Viele Jahre lang hatte er von einer Krise zur nächsten gelebt. Nun schien er dieses Lebens überdrüssig zu werden, ruhiger und weniger unternehmungsfreudig zu sein.

Was ihn am meisten beunruhigte, während die Russen nach einem siebenjährigen Alptraum ihre Wunden pflegten, war das Überhandnehmen der Hexen. In ganz Rußland, so schien es ihm, wurden mächtige Zaubersprüche gegen ihn ausgesprochen; die Zauberer waren am Werk; Geister trieben ihr Unwesen. Durch die Gnade Gottes hatte er überlebt, aber wie lange noch? Zwei Vettern der ehemaligen Zariza Marfa wurden deswegen hinge-

* Ein russisches Getränk aus gegorenem Getreide und Malz.

richtet. Die Angst vor Hexen ließ Iwan bis zum Ende seines Lebens nicht mehr los.

Im Januar 1575 kehrte eine große Anzahl russischer Gefangener von der Krim zurück, und Iwan fragte sie, ob in den Rängen des russischen Heeres irgendein Verrat stattgefunden habe, und ohne Zweifel entdeckte er genug Verräter. Später im Frühling verstieß er seine vierte Ehefrau Anna Koltowskaja, schickte sie in ein Kloster und ließ ihre Verwandten hinrichten.

Im Sommer befahl Iwan die Verhaftung Leonids, des Erzbischofs von Nowgorod und Pskow. Bezeichnenderweise war unter Leonids Verbrechen auch der Punkt: »Anstiftung zur Hexerei!« Überdies wurde er der Sodomie, der Falschmünzerei und geheimer Verbindung zum König von Polen beschuldigt. Fürst Kurbskij beschreibt ihn als »einen freundlichen und bemerkenswerten Mann«, und aus der Nowgorod-Chronik erfahren wir, daß er einmal seinen Diakonen eine Geldbuße auferlegte, weil sie zu spät zu einem Gottesdienst kamen. Über sein Schicksal wissen wir nichts Sicheres, nur, daß er elendiglich starb. Wie die Pskow-Chronik berichtet, riß der Zar ihm in einem Wutanfall die Kleider vom Leib, ließ ihn in ein Bärenfell einnähen und die Hunde auf ihn hetzen. Jerome Horsey, der sich zu dieser Zeit in Rußland aufhielt, berichtete, daß der Erzbischof in eine Zelle geworfen wurde »mit schweren Eisen um Hals und Beine«. Nachdem er zu lebenslänglicher Haft verurteilt worden war, so wird erzählt, verbrachte er den Rest seiner Tage bei Brot und Wasser, indem er Ikonen, Kämme und Sättel bemalte.

Die Anzahl der Exekutionen verringerte sich. Statt zu töten, ließ Iwan manchmal alles beschlagnahmen, was ein Mann besaß, inbegriffen seine Kleider. Es war eine Art symbolischer Hinrichtung, und auch den Bojaren Nikita Sacharin, den Bruder seiner angebeteten Anastasia, verurteilte er dazu. Jerome Horsey, der neben Nikita Sacharin in der Warwarka-Straße in der Kitaj Gorod wohnte, schildert höchst plastisch den plötzlichen Ausbruch von Vandalismus in dieser stillen Straße:

»Seine Majestät kam nach Moskau; gab seinem Verdruß über einige der dortigen Edelleute und Kommandanten Audruck; bestimmte einen seiner Günstlinge und schickte mit ihm zweihundert Artilleristen, daß sie Nikita Romanowitsch, unseren nächsten Nachbarn, Bruder der guten Kaiserin Anastasia, des Zaren erster Frau, berauben sollten. Sie nahmen ihm all seine Habe – Rüstung, Pferd, Tafelgeschirr und Güter im Werte von 40 000 Pfund; nahmen sein Land und ließen ihn und die Seinen so arm und bedürftig zurück, daß er folgenden Tags nach dem Englischen Haus schickte, um etwas groben Stoff als Kleidung für sich und seine Kinder zu erbitten.«

Eine ähnliche, aber blutigere Strafe traf zur gleichen Zeit Andrej Schtschelkalow, den Ersten Sekretär. Er wurde geschlagen, bis er 5000 Rubel zahlte, und dann halbtot liegengelassen. Offensichtlich zur Warnung wurde sein treuer Diener Iwan Lottijtsch getötet, ihn selbst ließ man am Leben. Jerome Horsey teilt mit, daß Schtschelkalow auch gezwungen wurde, seine Frau zu verstoßen und ihren nackten Rücken mit einem Krummsäbel zu zerfleischen als Zeichen der Entsagung.

Es gab noch einige vereinzelte Exekutionen im Spätsommer 1575. Die Chronisten berichten, daß Iwan befahl, die Köpfe der Hingerichteten zur Abschreckung in die Vorhöfe der Besitzungen von Fürst Mstislawskij, Andrej Schtschelkalow, des Metropoliten und anderer hoher Beamter zu werfen. Der Zar konnte offensichtlich nicht mehr ohne Hinrichtungen leben, obwohl er der Morde mehr und mehr überdrüssig wurde.

Er wurde auch des Lebens überdrüssig. Der »räudige Hund« biß und bellte, aber seine Kraft ließ nach. Er besaß keine Lebensphilosophie, keine Pläne, außer zu überleben und seine Dynastie zu sichern. Er hatte keine militärischen Absichten, es sei denn mit Hilfe des sich immer mehr als unfähig erweisenden Königs Magnus die Grenzen Livlands auszudehnen. Iwan war erschöpft, er ließ sich treiben.

Macht aus zweiter Hand

Im Herbst 1575 geschah etwas so Sonderbares, Unerwartetes, mit Iwans bisherigem Verhalten nicht in Einklang zu Bringendes, daß die Historiker bis heute keine überzeugende Erklärung dafür anbieten können: Ohne Vorankündigung trat Iwan zurück, übergab einem Tatarenkhan alle Rechte und Privilegien eines Großfürsten und nahm seinen Wohnsitz außerhalb des Kremls. Er verkündete, daß der ehemalige Zar Iwan von nun an Fürst Iwan Moskowskij heiße.

Der Mann, dem er die Regierung übergab, war Sajin Bulat, der Khan von Kasimow, der winzigen Tatarenenklave an der Oka. Als junger Mann begleitete der Khan 1561 die Fürstin Kotschenej, die Tochter des Tscherkessenfürsten Temriuk, nach Moskau, wo sie die zweite Ehefrau des Zaren werden sollte. Da seine eigene Mutter und die Tscherkessenfürstin Schwestern waren, und es Sitte war, alle Verwandten zu einer Hochzeit einzuladen, nahm er als offizieller Gast daran teil. Er war damals sechzehn Jahre alt, und es scheint, daß Iwan von seinem guten Aussehen und seinem höflichen Benehmen angezogen wurde.

Sajin Bulat war einer von vielen Tatarenfürsten, die an den Hof Iwans kamen, aber seine enge Verwandtschaft mit der neuen Zariza verlieh ihm eine besondere Stellung. Da er dem Zaren völlig ergeben und gehorsam war, ernannte ihn dieser zum Khan von Kasimow, als Khan Schigalej 1566 starb. Diese Ehrung zeigte, daß Bulat Favorit unter allen Tatarenkhanen am Hof war. Der russische Gesandte beim Sultan der Türkei sollte die Macht und die Freiheit, derer sich die Khane erfreuen, deren Fürstentümer sich innerhalb der russischen Grenzen befanden, betonen, und keiner war mächtiger und freier als der Zarewitsch* Sajin

* Die Russen bezeichneten gewöhnlich einen Khan als Zaren. Die Söhne und Enkel des Khans wurden deshalb mit dem Titel Zarewitsch belegt.

Bulat. Der Gesandte erklärte: »Unser Gebieter hat den Zarewitsch Sajin Bulat auf den Thron von Kasimow gesetzt und den Bau von Moscheen und moslemischen Schulen befohlen, wie es das Gesetz der Moslems vorschreibt, und in keiner Weise hat unser Gebieter seiner Freiheit Beschränkungen auferlegt.« Ohne Zweifel war das eine Übertreibung. Die Khane von Kasimow waren immer die Vasallen des Zaren gewesen. Aber es ist möglich, daß Iwan dem jungen Khan aus Zuneigung mehr Freiheiten gewährt hatte, als irgendeinem der anderen Tatarenfürsten.

Natürlich wurde der Khan auch aufgefordert, dem Zaren Kriegsdienst zu leisten. Als sehr junger Mann diente er als stellvertretender Kommandeur in einer Armee unter seinem Onkel, dem Khan Tochtomijtsch, bei den Feldzügen an der livländischen und schwedischen Front, und er befehligte die Vorhut während des Polozk-Feldzuges 1563. Er war offensichtlich ein tapferer und begabter Heerführer, dem immer größere Aufgaben anvertraut wurden. 1574 kommandierte er die russische Armee, als sie Pernau in Livland angriff. Zu dieser Zeit hatte er bereits einen neuen Namen und eine neue Religion angenommen. Aus Sajin wurde, bei der Taufe im Juli 1573, Simeon mit dem Beinamen Bekbulatowitsch, weil er der Sohn Bekbulats, Enkel Achmads, des letzten Khans der Goldenen Horde, war.

Taufe und Namenswechsel eines Tatarenkhans waren nichts Ungewöhnliches. Die Tatarenfürsten, die nach Moskau strömten, nahmen den christlichen Glauben an, sobald es für sie von Nutzen war. Die Tatarenkhane standen im Rang über allen Fürsten und Bojaren bei Hof.

Im Sommer 1575 war der Zarewitsch Simeon Bekbulatowitsch schließlich ein Mann von beträchtlichem Einfluß, wohlbekannt in Adelskreisen, ein General von Format. Er war ledig, Anfang dreißig und hatte eine vielversprechende Karriere vor sich. Iwan betrachtete ihn als einen Mann von erwiesener Loyalität und vertraute ihm vorbehaltlos. Er war nicht in die Schreckenstaten der Opritschniki verwickelt und genoß bei den Fürsten und Bojaren hohes Ansehen. Als die Krise eintrat, wandte sich Iwan an den noch jungen Zarewitsch, stattete ihn mit den Vollmachten eines Großfürsten aus und zog sich in eine ausreichend bekannt gemachte Vergessenheit zurück. Simeon scheint seine hohe Aufgabe ohne großes Aufsehen übernommen zu haben, wie es einem Mann wohl anstand, in dessen Adern das Blut Dschingis Khans floß.

Der Grund der Krise und die Art, wie sie zustande kam, blieben unbekannt. Sicher ist, daß Iwan den unwiderstehlichen Wunsch verspürte, der Last seines Königtums ledig zu werden. Vielleicht wollte er nur nicht mehr Tag für Tag Entscheidungen fällen und den Sitzungen des Bojarenrats beiwohnen müssen. Vielleicht war er auch des Blutvergießens müde geworden. Viele Theorien sind aufgestellt worden, aber keine ist befriedigend. Vielleicht gab es nicht nur einen Grund, sondern eine ganze Reihe davon. Eine unbekannte Krankheit, ein zufälliges Zusammentreffen mit einem *jurodiwij*, ein vager Plan, das Land zu verlassen und am Hofe Königin Elisabeths Zuflucht zu suchen, oder einfach das Wissen darum, daß gerade eine der seltenen Zeitspannen angebrochen war, wo das Land von keinen äußeren Feinden bedroht wurde. In dieser Situation spielte es kaum eine Rolle, ob sich ein Zar auf dem Thron befand oder nicht. All dies mag das tiefe Unbehagen hervorgerufen haben, das ihn veranlaßte, sich ins Privatleben zurückzuziehen.

Das Volk sah die Sache einfacher. Einige glaubten, daß er den Thron aufgab, weil er die Warnung eines Wahrsagers erhalten habe: »Wenn Ihr während dieses Jahres Zar bleibt, so werdet Ihr sicher sterben!« Andere glaubten, er vermute eine Verschwörung zugunsten seines Sohnes. Die Anonyme Chronik notiert, daß »zu dieser Zeit« der Zar und Großfürst von ganz Rußland, Iwan Wassilijewitsch, zu argwöhnen begann, daß sein Sohn, Zarewitsch Iwan, den Thron für sich beanspruchte. Das beschloß Iwan zu vereiteln. Wieder andere waren der Meinung, daß er einen Plan, durch den die Bojaren hofften, an die Macht zu gelangen, durchkreuzen wollte. Alles Vermutungen. Fest stand: Ein Tatarenkhan herrschte über das Land und gab die Befehle, Simeon Bekbulatowitsch, Großfürst von Rußland.

Die Amtseinsetzung von Simeon Bekbulatowitsch als Großfürst fand in der Uspenskij-Kathedrale statt, im Beisein Iwans und aller Edelleute am Hof. Er wurde nicht auf die althergebrachte Art und Weise gekrönt, sondern die juwelenbesetzte *barmij*, der Schulterumhang, den die Großfürsten stets bei ihrer Krönung trugen, wurde ihm feierlich vom Metropoliten Antonij umgelegt, und die entsprechenden Choräle wurden gesungen. Danach besaß er – theoretisch – die unumschränkte Macht eines Großfürsten, während Iwan, Fürst Iwan Moskowskij, ein führender Bojar war. Iwan verließ seinen Palast im Kreml und bezog ein Haus in der

Petrowka-Straße, in einem Wohnbezirk nördlich des Kremls. Oft sah man ihn in seiner Privatkutsche zwischen seinem Haus und dem Kreml hin und her fahren, und wenn er an den Beratungen im Kreml teilnahm, setzte er sich absichtlich so weit wie möglich von dem neuen Großfürsten weg, um dadurch seine untergeordnete Stellung zu betonen.

Aber all das war nichts als politische Taktik; die Realität sah ganz anders aus. Iwan übergab seine Macht auf eine Weise, die es ihm ermöglichte, sie wieder an sich zu reißen, wann immer es ihm beliebte. Dem Großfürsten Simeon war es nicht gestattet, den Titel »Zar« zu führen; Iwan betrachtete sich weiterhin als Zar von Rußland – wenn er an die Statthalter in Kasan schrieb, nannte er sich selbst Zar von Kasan. Fürst Iwan Moskowskij war so mächtig wie zuvor. Er war immer noch der Zar; er besaß immer noch großen Grundbesitz; er befahl immer noch Hinrichtungen; er empfing immer noch Botschafter – und hatte zusätzliche Vorteile: Er stand nicht mehr im Rampenlicht und konnte jetzt im geheimen Pläne schmieden, ohne daß jemand wußte, was er als nächstes tun würde. Er besaß die Macht, aber keine Verantwortung mehr. Trotzdem wurde der Schein gewahrt. Wenn Iwan einen Antrag an den Großfürsten stellte, mußte er es in Form einer Bittschrift tun, gekleidet in das übliche Gewand der Unterwürfigkeit. Charakteristischerweise ließ Fürst Iwan Moskowskij, wenn er an den Großfürsten Simeon Bekbulatowitsch schrieb, seinen eigenen Titel weg und nannte sich Iwanez Wassilijew; Iwanez war eine »Demutsform« von Iwan, und Wassilijew hätte sich ein Bürgerlicher genannt, dessen Vater Wassilij heißt.

Obwohl Iwan behauptete, sich ins Privatleben zurückgezogen zu haben, besaß er nach wie vor seine eigenen Höflinge und Günstlinge. Es mußte eine Vereinbarung mit dem Großfürsten getroffen werden, welche Edelleute im Kreml bleiben und welche am Hof in der Petrowka-Straße dienen sollten. Ein Aufteilungsmodus mußte gefunden werden, und so wandte Iwan sich in dieser Angelegenheit an den Großfürsten:

»*An den Herrscher, den Großfürsten Simeon Bekbulatowitsch*

Iwanez Wassilijew, zusammen mit seinen Söhnen Iwanez und Fedorez, bitten unterwürfigst um Erlaubnis, die Angehörigen des Hofes, die Bojaren, den Hofadel, den Provinzadel und die Dienerschaft neu zu verteilen. Wir bitten weiterhin, einige behalten, andere entlassen zu dürfen, und bemerken ergebenst, daß dies alles mit Hilfe vom Beamten unseres Herrschers geschehen soll. Auch hoffen wir auf die Erlaubnis, unter allen Angehörigen des Hofes wählen zu können. Wir bitten inständig, jene, die uns nicht genehm sind, zu entlassen. Und wenn wir die Leute ausgesucht haben, dann, o Herr, werden wir Euch deren Namen mitteilen, und wir werden keinen ohne Euer Hoheit ausdrückliche Zustimmung nehmen. Wir ersuchen, o Herr, um Eure Gunst, daß Ihr nicht die Ländereien derer beschlagnahmt, die zu uns kommen, wie es kürzlich im Falle der Apanage-Fürsten geschehen ist. Wir bitten Euch, sie ihr Geld, ihre Getreideernte und ihre bewegliche Habe von ihren Gütern, die ihnen von der Regierung zugeteilt worden waren, mitnehmen zu lassen. Wir hoffen, daß ihnen erlaubt wird, ihre Besitztümer zu verlassen, ohne beraubt zu werden.

Wir ersuchen Euch um Gnade denen gegenüber, die wünschen, sich uns anzuschließen, und daß sie gehen dürfen, ohne Euer Mißfallen zu erregen, und daß sie uns nicht wieder fortgenommen werden. Und was jene betrifft, die uns verlassen wollen, um sich Euch anzuschließen, bitten wir, o Herr, daß Ihr uns Eure Gunst erweist und Euch uns gnädig zeigt, indem Ihr jene nicht an Euren Hof nehmt und ihre Gesuche nicht berücksichtigt . . .

Solcherart bitten wir Euch! Erweist uns Eure Gnade und Eure Gunst, o Herr!«

Iwans Bittschrift, voller Schmeicheleien und Forderungen, ist wohl eines der eigenartigsten Schriftstücke, die je an einen regierenden Großfürsten geschrieben wurden. Iwan machte jedoch klar, daß er eine ausgewählte Gruppe von Bojaren und Edelleuten in seine Dienste zu nehmen wünschte und die anderen Simeon Bekbulatowitsch überlassen wollte.

Iwan suchte auch eine Frau für den Großfürsten aus: Anastasia, die Tochter Fürst Iwan Mstislawskijs, der von Iwan III. und Khan Ibrahim von Kasan abstammte. Fürst Mstislawskij war der erste unter den russischen Fürsten, was zeigt, daß die Wahl nicht leichthin getroffen wurde. Die Hochzeit fand in der Uspenskij-Kathedrale statt, mit all der Pracht, die fürstlichen Vermählungen eigen ist. Iwan selbst fungierte als Brautführer und sein Sohn Iwan als Zeremonienmeister. Simeon Bekbulatowitsch konnte diese arrangierte Ehe als ein weiteres Zeichen der Gunst verstehen. Die Hochzeit fand wenige Tage nach seiner Inthronisierung statt.

Am 29. November 1575 gewährte Iwan in seinem Haus in der Petrowka-Straße einem Engländer, Daniel Sylvester, eine

Audienz. Er war von Königin Elisabeth gesandt worden, um Iwans Zorn zu beschwichtigen. Der Zar war nämlich alles andere als zufrieden mit den Ergebnissen seiner Gesandtschaften nach England. Elisabeth schenkte seinem Vorschlag, im Falle internen Aufruhrs sich gegenseitig Schutz zu gewähren, überhaupt keine Beachtung: Sie bot ihm Asyl an, doch um Asyl für sich selbst bat sie nicht. Iwan war über diesen Mangel an Gegenseitigkeit erbost, über ihre Annahme, daß sie seine Hilfe nicht nötig habe. Er hatte deshalb den englischen Kaufleuten in Rußland in letzter Zeit das Leben recht schwer gemacht. Die Audienz mit Sylvester verlief freundlich; der Engländer war ein intelligenter Mann und kannte die Russen gut. Es sieht so aus, als ob er ziemlich genau berichtete, was Iwan damals sagte. Als wahren Grund für seine Verhandlungen mit Königin Elisabeth gab Iwan an, daß er »den unbeständigen und gefährlichen Stand von Fürsten vorhersah« und deshalb seiner »eigenen Herrlichkeit« mißtraute:

»Wir haben unsere Regierung, die bisher so königlich gewahrt wurde, in die Hände eines Fremden gelegt, der durch nichts mit Uns, Unserem Land oder der Krone verbunden ist. Der Anlaß dafür ist das verderbte und schlechte Verhalten Unserer Untertanen, die unzufrieden sind mit Uns und den Gehorsam Uns gegenüber vergessen. Das zu verhüten, haben Wir sie einem anderen Fürsten überlassen, doch haben Wir alle Schätze des Landes sowie genügend Gefolge und Raum zu ihrem und unserem Trost unter unserer Obhut behalten.«

Er hielt die Zügel der Macht noch immer fest in der Hand, und er allein besaß die Schlüssel zur Schatzkammer.

Zur selben Zeit, als diese Audienz stattfand, erreichten die Gesandten Maximilians II., des deutschen Kaisers, die russisch-litauische Grenze. Maximilian und Iwan standen auf gutem Fuße miteinander, und die kaiserlichen Gesandten, Hans Kobenzl und Daniel Printz, waren nach Rußland gekommen, um so wichtige Themen wie die Wahl eines polnischen Königs und einen gemeinsamen Angriff auf das türkische Kaiserreich zu erörtern. Dies war keine gewöhnliche Gesandtschaft, denn die Unterhändler waren ermächtigt, die weitreichendsten Abmachungen zu treffen. Maximilian wußte nicht, daß sich ein neuer Großfürst auf dem Thron befand, und kurze Zeit schien Iwan in einer schwierigen Lage zu sein. Sollte er die Gesandten empfangen oder nicht? Hatte er als Fürst Iwan Moskowskij überhaupt ein Recht, sie zu empfangen?

Wie gewöhnlich unter solchen Umständen zögerte er und ließ die Botschafter an der Grenze sechs Wochen warten. Ein solches Verhalten war für den Kaiser höchst beleidigend, und im Dezember bat Iwan sie – aus »dem Zarenpalast in Moskau« – um Geduld:

»Ihr dürft nicht beunruhigt sein, weil wir Euch noch nicht empfangen haben. Gewisse wichtige und schwierige Umstände haben sich in unserem Hoheitsgebiet ergeben, die wir zuvor lösen müssen. So schnell wie möglich werden wir in Moschaisk eintreffen, und wir werden Anweisungen geben, Euch dorthin zu geleiten, wo Ihr von uns empfangen werdet.«

Die »wichtigen und schwierigen Umstände«, die Iwan so in Anspruch nahmen, standen möglicherweise in Verbindung mit der Einrichtung seines Hauses in Moschaisk, das zum Empfang der Gesandten entsprechend ausgestattet werden mußte. Auch war es notwendig, reichhaltiges Essen, kostbare Gefäße und die prächtigsten Kleider für seine Höflinge herbeizuschaffen. Auf jeden Fall mußte er in seiner höchsten Herrlichkeit erscheinen, um zu zeigen, wer der wirkliche Herrscher Rußlands war.

All das nahm Zeit in Anspruch, und erst Mitte Januar fand der Empfang statt. Die Gesandten waren überwältigt von dem Überfluß und dem kultivierten Geschmack bei Hofe, um so mehr, als sie auf ihrer Reise durch Polen gewarnt worden waren, daß sie in ein Land kommen würden, wo unerträgliche Grobheit die Regel sei. In seinem Bericht nach Wien schrieb Kobenzl, daß er an den Höfen der Könige von Spanien, Frankreich, Ungarn, Böhmen und des Großherzogs der Toskana gewesen sei, aber niemals hätten seine Augen so viel Reichtum erblickt wie in Moschaisk. Iwan, der seine goldene Krone und seine goldenen Gewänder trug, begrüßte die Besucher freundlich. Die Gesandten wurden von einer riesigen Halle in die nächste geführt, und jeder Raum barst schier vor Reichtum.

Nur vier kurze Beschreibungen von Iwans persönlicher Erscheinung sind uns überliefert. Eine der anschaulichsten gibt uns Daniel Printz in seinem Bericht an den Kaiser:

»Er ist sehr groß und ziemlich kräftig gebaut, obwohl er etwas zur Dickleibigkeit neigt. Er hat große Augen, die andauernd umherschweifen und alles genaustens beobachten. Er besitzt einen roten, dunkel melierten Bart, den er ziemlich lang und dicht trägt, während sein Haupthaar, wie bei den meisten Russen, kurz geschoren ist.«

Obwohl Iwan sich während der Verhandlungen von seiner besten Seite zeigte, erfuhr Printz schnell von seinem gewalttätigen Charakter. »Man sagt, daß ihm, wenn ihn die Wut packt, der Schaum vor dem Mund steht wie einem Hengst, und er scheint am Rande des Wahnsinns zu sein. Wenn er sich in dieser Verfassung befindet, wütet er gegen jeden, der ihm begegnet.« Printz beobachtete auch, daß der gesamte Hofstaat, allen voran Iwan selbst, sich andauernd bekreuzigten und Ikonen anschauten. Jedesmal, wenn Iwan seinen Pokal hob oder eine der Speisen entgegennahm, die ihm gereicht wurden, machte er ein weitausholendes Kreuzzeichen und sah dabei die Ikone der Heiligen Jungfrau von Sankt Nikolaus an, die in Moschaisk besonders verehrt wurde.

Die Botschafter beobachteten auch genau Iwans Eßgewohnheiten. Er saß an seinem erhöhten Tisch, ihm zur Seite der Zarewitsch, die hohen Edelleute am gleichen Tisch in einer gewissen Entfernung. Die Fleisch- und Geflügelgerichte wollte er sehen, bevor sie zerteilt wurden, und so defilierten Schlangen von jungen Edelleuten mit Tabletts an seinem Sitz vorbei, auf daß er seine Zustimmung gebe. Bei einem dieser Essen bestand der Hauptgang aus Schwänen. Iwan nickte, und die Tranchierer konnten an ihr Werk gehen. Währenddessen bot Iwan seinen Gästen Brot an, wobei er sich zuerst an seinen Sohn wandte, dann an die Adeligen und schließlich an die Abgesandten, denen erklärt wurde, »der Zar und Großfürst bietet Euch diesen Laib an«. Daraufhin erhoben sie sich und dankten Iwan und auch den Edelleuten für die Gabe, die man ihnen überreichte. Dann wurden die Schwäne, mit Zwiebeln garniert, serviert. Während des langen Diners, das bis spät in die Nacht andauerte, verneigten sich die Gesandten immer wieder dankend vor Iwan, der mit fest aufgestützten Ellenbogen und nachsichtigem Lächeln die vorbeiziehenden Tabletts betrachtete.

Zu einem russischen Bankett gehörten außerdem zahlreiche Trinksprüche. Der Zar trank auf seinen Sohn, seine Edelleute, die Gäste, und danach wurden seine Toasts erwidert. Die Gesandten nahmen sich vorsorglich die Freiheit heraus, nicht alles zu trinken, was ihnen angeboten wurde. Sie sahen, daß hinter Iwan dessen Vorkoster stand; erst nachdem der Vorkoster den Wein probiert hatte, trank Iwan.

Jeder aß übrigens mit seinen Fingern, riß sich ein Stück Fleisch ab und legte den Rest wieder zurück auf die Platte. Den Gesandten, die an Messer gewöhnt waren, glückte es, sich von einem russischen Adeligen ein solches zu borgen, mit dem sie dann abwechselnd aßen. Aber sonst hatten sie – abgesehen von dem für ihren Geschmack etwas zu reichlich verwendeten Knoblauch – nichts als Lob für die Köche übrig.

Zwischen den einzelnen Gängen verhandelten die Gesandten mit Iwan. Diese Gespräche waren seltsam unwirklich: Man feilschte um Besitztümer, die man nicht besaß, und schmiedete Angriffspläne gegen Feinde, die man gar nicht überfallen wollte. Sigismund II. August, König von Polen und Großfürst von Litauen, der letzte der Jagellonen-Dynastie, war am 18. Juli 1572 ohne leibliche Nachkommen gestorben, und die Frage der Thronfolge wurde ausführlich erörtert. Die Franzosen schickten als ihren Bewerber Henri de Valois, den Sohn Katharinas von Medici.

Kaiser Maximilian hielt seinen Sohn, den Erzherzog Ernst, für den geeigneten Anwärter. Iwan schlug nicht seinen Sohn als Nachfolger vor, sondern dachte ernstlich daran, selbst Litauen zu regieren. Man hatte Henri de Valois in Krakau zum König von Polen gekrönt, aber er stellte sich als völlig unfähig heraus und kehrte bald nach Paris zurück. Es blieben die Ansprüche Maximilians und Iwans. Nach Iwans Ansicht mußte Litauen für immer mit Moskowien vereinigt werden; auch Livland und Kiew gehörten ihm. Nachdem diese Punkte Zustimmung gefunden hätten, würde er Erzherzog Ernst erlauben, König von Polen zu werden. Iwan besaß kein größeres Interesse am weit entfernten und noch dazu katholischen Polen.

Diese Verhandlungen über Polen wurden ohne Rat und Zustimmung des Königreichs geführt, das seine eigenen Pläne hatte. Polens Wahl fiel auf Stephan Bathory, Fürst von Transylvanien, ein Vasall des Sultans, ein Mann von bemerkenswertem Mut und Einfallsreichtum. Sie stellten eine Bedingung: Sie würden ihn als König begrüßen, wenn er Fürstin Anna, die Schwester von Sigismund August, heiratete, um so eine Verbindung mit der geliebten Jagellonen-Dynastie herzustellen. Bathory stimmte zu. Er wurde am 1. Mai 1576 gekrönt und heiratete bald darauf die Fürstin.

Gerüchte über Stephan Bathorys Nominierung für den polnischen Thron hatten Moschaisk erreicht. Trotzdem maßen weder Iwan noch die Botschafter ihnen besondere Bedeutung bei. Man glaubte nicht, daß die Polen ihren König ohne die Zustimmung von Kaiser und Zar wählen würden. Und so setzte man die Besprechungen – sie dauerten vom 14. bis 27. Januar 1576 – unbekümmert fort. Es gab höfliche Unterhaltungen, viele Trinksprüche und endlose Diners. Iwan wollte sicherstellen, daß der Kaiser sich nicht in seine livländischen Angelegenheiten mischen würde.

Fürst Sacharij Sugorskij (zweiter von links) und sein Gefolge auf dem Weg zur Übergabe des versiegelten Beglaubigungsschreibens – das der junge Mann rechts trägt – an Kaiser Maximilian (zeitgenössischer deutscher Stich).

Die Gesandten reisten ab, nachdem sie einen Freundschaftsvertrag unterzeichnet hatten.

Wenige Wochen später schickte Iwan einen Gesandten nach Wien, zu Kaiser Maximilian. Er wählte Fürst Sacharij Sugorskij, den ehemaligen Statthalter von Astrachan und Botschafter am

◁ Oben: Der Abenteurer Jermak siegt am Irtysch und erobert Sibirien für den Zaren (Gemälde von Surikow, 19. Jahrhundert).

◁ Unten: Iwan und seine Opritschniki in Moskau (Stich aus dem 19. Jahrhundert).

Hof des Khans von der Krim, der vom Kaiser freundlich empfangen wurde.

Es ist uns ein zeitgenössischer Holzschnitt überliefert, der den russischen Gesandten und sein Gefolge am Hof Maximilians zeigt. Die Russen tragen ihren Hofstaat; Fürst Sugorskij wird ohne Bart dargestellt – ein »Progressiver« also.

Am 29. Januar 1576 gab Iwan dem englischen Gesandten Daniel erneut eine Audienz in seinem Haus in der Petrowka-Straße in Moskau.

Um keinen Zweifel aufkommen zu lassen, wer der wahre Herrscher Rußlands war, erklärte Iwan, daß Simeon Bekbulatowitsch, obwohl »in kaiserliche Würden« eingesetzt, nicht gekrönt worden sei. Er herrschte auf Wunsch des Zaren und war deshalb nur der zeitweilige Inhaber des Throns. Iwan hatte die kaiserlichen Regalien, das Zepter und die sieben Kronen behalten, und so lange sie in seinem Besitz waren, gehörte die Macht ihm. »Wenn es Uns gefällt, können Wir die Würden wieder an Uns nehmen«, sagte Iwan, »und doch werden Wir dann handeln, wie Gott es wünscht, denn der jetzige Herrscher wurde von ihm nicht durch die Krönung bestätigt, noch durch Zustimmung gewählt, sondern wie Wir beliebten.« Das waren die Worte des Zaren, wie sie Daniel Sylvester nach der Audienz niederschrieb. Sie sind der einzige gesicherte Beleg für die Gründe und Absichten des Zaren, Simeon Bekbulatowitsch die Regierung zu übergeben. Es war »nach unserem Belieben« geschehen, und konnte aus dem gleichen Grunde wieder rückgängig gemacht werden. Der Zar hatte alle nötigen Vorkehrungen getroffen, daß Bekbulatowitsch trotz gewisser begrenzter Machtbefugnisse doch nur wenig mehr als ein Repräsentant blieb. Daniel Sylvester sollte Königin Elisabeth mitteilen, daß Iwan immer noch der oberste Herrscher Rußlands war.

Unterdessen fuhr Iwan fort, bei Hof zu erscheinen, wobei er absichtlich eine bescheidene Haltung einnahm und Bekbulatowitsch erlaubte, in den Ratssitzungen und in der Kathedrale den Vorsitz zu führen. Als der Sommer kam, befahl der Zar dem Großfürsten, ein Dekret zu unterzeichnen, das bestimmte, daß Iwan bei den Truppen an der Oka dienen sollte. Der Erlaß wurde in Anwesenheit des Bojarenrats verlesen. Am folgenden Tag reichte Iwan eine Petition ein. Er bat um einen Zuschuß zur Ausrüstung einer Armee, wobei er Geldmangel vorgab. Der Bittsteller nannte sich nicht mehr Iwanez Wassilijew ...

»*An den Herrscher, den Großfürsten von ganz Rußland, Simeon Bek-bulatowitsch*

Wir, Fürst Iwan Wassilijewitsch Moskowskij, und mein Sohn, Fürst Iwan Iwanowitsch, reichen hiermit diese Bittschrift ein. Nachdem wir Euren Befehl erhalten haben, am Flußufer zu kämpfen, bitten wir Euch, uns die Mittel zur Verfügung zu stellen, Euch zu dienen, wie Gott Euch beauftragen wird.«

Iwan wurden 40 000 Rubel gewährt. Wenige Tage später brachen Zar und Zarewitsch an die Südfront auf.

Beide verbrachten den Sommer in der Festungsstadt Kaluga am Ufer der Oka in Gesellschaft der hohen Adeligen des Hofes. Die Hauptarmee wurde von Fürst Iwan Mstislawskij befehligt, dem Vater der Großfürstin. Eine sehr starke Streitmacht, hauptsächlich finanziert durch die 40 000 Rubel – eine ungeheure Summe zu jener Zeit –, bewachte das Flußufer, doch die erwarteten Schlachten fanden nicht statt. Iwan kehrte spät im August in die Hauptstadt zurück. Die langen Tage im Lager hatten ihm Zeit zum Nachdenken gegeben, und als er schließlich in Moskau eintraf, hatte er beschlossen, die Herrschaft Simeon Bekbulatowitschs zu beenden.

Er setzte Bestimmungen fest, die ihn wieder zum Großfürsten von ganz Rußland erklärten, und verlieh Bekbulatowitsch als Dank für geleistete Dienste den Rang eines Großfürsten von Twer. Er rief hiermit ein Fürstentum wieder ins Leben, das gegen Ende des 15. Jahrhunderts abgeschafft worden war. Bekbulatowitsch verschwand danach ein für alle Male von der politischen Bühne, und man hörte kaum mehr etwas von ihm.

Iwan, mittlerweile sechsundvierzig Jahre alt, war nun wieder Zar und Großfürst von ganz Rußland.

Gute Nachrichten aus England

Eine seiner ersten Amtshandlungen, nachdem er den Thron wieder bestiegen hatte, war die Vorbereitung eines Großangriffs auf Livland. Nordlivland wurde zu dieser Zeit vom König von Schweden beansprucht, der südliche Teil des Landes vom König von Polen. Die Vorbereitungen für die Invasion nahmen fast den ganzen Frühling und Frühsommer 1577 in Anspruch. Im Mai brach Iwan mit seinen beiden Söhnen nach Nowgorod auf, und Mitte Juni zog er von dort weiter nach Pskow, wo König Magnus ihn erwartete. Dort wurde der endgültige Plan für die Eroberung ausgearbeitet. Magnus sollte die stark befestigte Stadt Wenden angreifen, während Iwan nach Süden gegen das litauische Livland marschierte. Eine Überrumpelung war um so wahrscheinlicher, als Rußland und Litauen einen Nichtangriffspakt geschlossen hatten, der erst später im Jahr auslaufen sollte.

Der Schrecken, der allein die Nennung von Iwans Namen verbreitete, die Überraschungsangriffe und die Arglosigkeit der Livländer führten zu leichten Siegen. Als das Heer vor Marienhausen anlangte, ergab sich die Stadt ohne Widerstand auf das Versprechen hin, daß die Soldaten ungehindert abziehen dürften. Das gleiche geschah mit der stark befestigten Stadt Dünaburg (Dwinsk). Oft flohen die Besatzungen der Städte, bevor die Armee überhaupt angriff. Aber als Tschestwin sich nicht ergeben wollte, kam die Strafe schnell und schrecklich. Schwere Geschütze wurden aufgefahren, die Festung geschleift, alle Soldaten hingerichtet und die Frauen und Kinder den Tataren als Sklaven verkauft.

König Magnus siegte ebenfalls. Er nahm Wenden und anschließend so viele andere Städte ein, daß er sich bald als rechtmäßiger König von Livland betrachtete, der keinem Gefolgschaft schuldete. Er befahl Iwan brieflich, von jeglichen weiteren Eroberungen in

Livland Abstand zu nehmen. Erbost rückte Iwan zur nächsten deutschen Stadt vor, die Magnus für sich beanspruchte, ließ die gesamte Besatzung hinrichten und schickte eine verärgerte Botschaft:

»An Magnus, den König, unseren Vasallen. Ich schickte Euch von Pskow aus, Wenden einzunehmen, aber infolge der Ratschläge übelwollender Personen oder eigener Torheit wollt Ihr alles. Wisset, daß Wir Euch nahe sind. Ich besitze ein starkes Heer und kann wirksam handeln. Gehorcht entweder oder kehrt zurück über das Meer. Ich kann Euch nach Kasan schicken und Livland ohne Eure Hilfe einnehmen.«

Magnus verstand. Er hoffte, sein unkluger Brief würde vergessen werden, aber Iwan vergaß nie. An der Spitze der russischen Armee marschierte er auf Wenden und schickte Boten voraus, die Magnus auffordern sollten, sich dem Zaren zu unterwerfen. Unklugerweise schickte Magnus zwei Gesandte mit Entschuldigungen. Zornig ließ Iwan die beiden mit Birkenruten schlagen und sandte sie zurück, auf daß Magnus sofort selbst kommen möge. Dieser zögerte; er fürchtete um sein Leben. Erst als die Einwohner ihn überzeugt hatten, daß das Schicksal der ganzen Stadt von seinem Gehorsam abhinge, besaß er genug Mut, um mit einer Eskorte hoher Beamter hinauszureiten, den Zaren zu treffen. Er hatte allen Grund, sich zu fürchten. Iwan hatte nämlich erfahren, daß er schon mit König Stephan Bathory in Verhandlungen stand und drauf und dran war, dem König von Polen Gefolgschaft zu schwören. Magnus fiel vor Iwan auf die Knie und bat um Vergebung. Iwan zog ihn zu sich empor und sagte:

»Tor! So wagt Ihr von Eurem livländischen Königreich zu träumen! Ihr – ein armer Vagabund, der in meine Familie aufgenommen wurde, der mit meiner geliebten Nichte verheiratet und dem von mir Kleider, Geld und Städte gegeben wurden – nur um mich zu betrügen, Euren Herrn, Euren Wohltäter, Euren Vater! Antwortet mir! Wie oft schon habe ich von Euren gottlosen Plänen gehört, und doch habe ich es nicht geglaubt! Nun ist mir alles offenbart worden! Ihr hattet die Absicht, mich zu betrügen, mir Livland zu rauben und ein Vasall des Königs von Polen zu werden! Aber Gott ist gnädig, denn er beschützte mich und legte Euer Schicksal in meine Hand!

Nun gebt mir wieder, was mein ist, und sinkt zurück in die Bedeutungslosigkeit. Wenn Ihr nicht ein Königssohn wäret, würde ich Euch lehren, was es heißt, sich mir zu widersetzen und mir meine Städte wegzunehmen!«

Nachdem er Magnus diese Vorhaltungen gemacht hatte, befahl Iwan, ihn samt seiner Begleitung in ein leeres Herrenhaus zu sperren, wo sie die nächsten Tage und Nächte verbringen mußten. Später wurde Magnus herausgelassen, damit er den offiziellen Einzug der russischen Truppen nach Wenden vorbereiten konnte. Für Iwan wurde das Quartier hergerichtet; an die russischen Soldaten erging der Befehl, keinen der Einwohner zu belästigen. Unter allen Umständen sollte der Einzug friedlich erfolgen. Aber weder Iwan noch Magnus hatten sich um die deutsche Garnison gekümmert, die immer noch das Kommando über die Festung hatte. Die Festungskanonen eröffneten das Feuer, einige russische Soldaten wurden getötet, und wie vorauszusehen war, ließ Iwan daraufhin alle schweren Geschütze auffahren und die Stadt zerstören. Drei Tage dauerte das Bombardement. Als die Deutschen bemerkten, daß die Festung nicht länger zu halten war und daß die Überlebenden unweigerlich zu Tode gemartert werden würden, beschlossen sie, sich in die Luft zu sprengen. Die dreihundert Verteidiger füllten deshalb die Keller mit Schießpulver, erhielten von ihren Priestern die letzten Sakramente, umarmten ihre Familien und beobachteten schweigend, wie Heinrich Boysmann, ein ehemaliger Angehöriger des Hofes von Magnus, eine brennende Fackel an das Pulver hielt. An diesem Tag, dem 20. September 1577, kam die ganze Besatzung von Wenden ums Leben.

Innerhalb weniger Wochen ergaben sich Iwan alle anderen Ortschaften und Burgen, die von König Magnus beansprucht worden waren, und alle Städte in Livland, außer den wichtigen Häfen Riga und Reval. Eine Kapitulation freute ihn besonders: Wolmar, wo Fürst Andrej Kurbskij nach seiner Flucht aus Dorpat Zuflucht gefunden hatte. Kurbskij war jedoch außer Reichweite, und so schrieb Iwan an ihn einen seiner bekannten zornig-triumphierenden Briefe.

Er warf Kurbskij vor, am Tod Anastasias schuld zu sein, und klagte ihn an, er habe die Krone Fürst Wladimir von Stariza geben wollen.

Nachdem er sein Siegel auf den Brief gedrückt hatte, händigte er ihn dem litauischen Fürsten Alexander Polubenskij aus, dem Mann, der den Verrat von König Magnus aufgedeckt hatte, und ordnete an, daß der Brief unverzüglich abgesandt werde. Gegenüber Magnus verhielt sich Iwan überraschend nachsichtig. Dem König wurde vergeben, er mußte seinen Treueid erneuern und erhielt einige Städte im Innern Livlands. Dann kehrte Iwan nach Alexandrowa Sloboda zurück, doch verfaßte er einige Zeilen, die er ins Deutsche übersetzen und an gut sichtbarer Stelle in allen livländischen Kirchen aushängen ließ:

»Ich bin Iwan, Herr vieler Länder,
wovon meine Titel zeugen. Ich bin treu
dem Glauben meiner Väter,
welcher der wahre christliche Glaube ist,
wie ihn der heilige Paulus gelehrt hat,
und es ist der gleiche Glaube,
dem alle guten Menschen Moskaus anhängen.
Ich bin ihr Zar durch Erbfolge.
Ich habe um diesen Titel nicht gebettelt,
noch habe ich ihn gekauft.
Mein Zar ist Jesus Christus.«

Mit diesen Worten besiegelte Iwan seine livländischen Eroberungen. Siebenundzwanzig Städte und Ortschaften hatten sich ihm ergeben oder waren ihm unterlegen. Zu seinem Bedauern blieb Riga in den Händen Stephan Bathorys, und über Reval herrschte immer noch Johann III., König von Schweden.

Eine rotglühende Harke war quer durch Livland gezogen worden; tausende Soldaten und Bauern hatten ihr Leben lassen müssen; die Wirtschaft des Landes lag völlig darnieder. Die Schweden und Litauer waren nun entschlossener denn je, sich an Iwan zu rächen. Dünaburg fiel den Litauern durch eine List in die Hände. Sie schickten der russischen Besatzung Weinfässer, warteten, bis sie betrunken war, erklommen dann die Mauern und töteten alle. Ein deutscher Trupp, der sich der Armee des polnischen Königs angeschlossen hatte, rückte auf Wenden vor, konnte die Schlüssel zum Haupttor in seinen Besitz bringen und schlich sich heimlich in die Stadt ein. Andere Orte fielen an die Schweden. Iwan hatte sich des leichten Sieges zu früh gefreut.

Wie vorauszusehen, lief auch König Magnus zum Feind über. Er unterzeichnete einen Geheimvertrag mit König Stephan Bathory und brachte sich nach Kurland in Sicherheit.

Den Verlust Wendens konnte Iwan nicht so einfach hinnehmen. Im Herbst 1578 belagerte Fürst Iwan Golizijn mit einer 18 000 Mann starken Armee die Stadt. Die Belagerung wurde abgebrochen, als vereinigte Verbände von Deutschen, Litauern und Schweden die Russen angriffen. Fürst Golizijn floh bei Nacht und Nebel, nahm seine Kavallerie mit sich, ließ aber Artillerie und Fußsoldaten zurück. Es kam zu einem riesigen Gemetzel, russische Kanoniere erhängten sich an den eigenen Kanonen, um einem schlimmeren Schicksal in Gefangenschaft zu entgehen. Ein Drittel des russischen Heeres kam ums Leben.

Der Sieg bei Wenden war für Fürst Kurbskij eine willkommene Gelegenheit, den Zaren wegen seines Hochmuts zu tadeln: »Was Eure Prahlerei und Großsprecherei betrifft, daß Ihr die Livländer durch die Kraft des lebensspendenden Kreuzes besiegt hättet, weiß ich nicht, noch verstehe ich, was das mit der Wahrheit zu tun hat – eher war die Diebesflagge Euer Panier.« Danach berichtete Kurbskij über die bei Wenden gefangengenommenen russischen Generäle, die, in Ketten gelegt, in Polen »von allen verspottet und verhöhnt wurden, zu Eurer ewigen Schande und zur Schande des Heiligen Rußlands und zur Schmach des Volkes, der Söhne Rußlands«.

Auf die Anklage Iwans, am Tode Anastasias schuld zu sein, erwiderte er: »In meiner Familie war es nicht üblich, die Verwandten umzubringen, anders als in der Familie der Herrscher von Moskowien.«

Aber die Quintessenz des Briefes besteht aus einem einzigen Satz: »Ihr habt das Zarentum Rußlands in eine Festung der Hölle verwandelt, indem Ihr die Grenzen schlosset und die Freiheit unterdrücktet.«

Iwans Feldzug gegen Livland, der so leichthin unternommen worden war, brachte noch weitere Rückschläge. Polozk, einst eine bedeutende Stadt, unterlag den Litauern im Frühjahr 1579. Moskau zitterte, als es vom Verlust Polozks und der Nachbarstadt Sokol hörte. Dieses eine Mal hatte Iwan nämlich beschlossen, daß es das Beste sei, die Niederlage einzugestehen, und dem Staatssekretär Andrej Schtschelkalow befohlen, auf dem Roten Platz zu den Leuten zu sprechen. Ganz in Schwarz gekleidet verlas Schtschelkalow die Worte, die ihm Iwan diktiert hatte:

»Gute Leute! Wißt, daß der König Polozk eingenommen und Sokol in Brand gesteckt hat! Ich bringe euch traurige Nachricht! Die Vernunft gebietet uns, standhaft zu bleiben, nichts auf der Welt ist von Dauer, das Glück verrät selbst den größten der Herrscher.
Obwohl Polozk in den Händen Stephans ist, bleibt doch ganz Livland

unser. Wir haben einige Soldaten verloren, doch die Litauer haben größere Verluste erlitten. In diesem kleinen Mißgeschick laßt uns Trost suchen in dem Gedanken an die vielen Siege und Eroberungen des orthodoxen Zaren.«

Im Grunde berührten alle diese Schlachten Iwan jedoch kaum. Er hielt weiterhin großen Hof, empfing Ratgeber und Botschafter zu Audienzen und führte ein sorgloses Leben. Jacob Ulfeld, ein Gesandter aus Dänemark, besuchte ihn im August 1578 in Alexandrowa Sloboda und schrieb später einen detaillierten Bericht über das Zusammentreffen.

Die Dänen reisten mit einem fürstlichen Gefolge von 106 Personen an. Sie wurden außerhalb von Alexandrowa Sloboda untergebracht und waren ein wenig erstaunt, daß die Straße von ihrer Residenz zum Palast von 2000 Musketieren bewacht wurde – ein deutliches Zeichen dafür, daß sich die Verhandlungen über die dänischen Ansprüche in Livland schwierig gestalten würden.

Jacob Ulfeld war ein hervorragender Beobachter. Sein Bericht enthält auch einige Zeichnungen – die einzigen zeitgenössischen Bilder von Alexandrowa Sloboda, die uns überliefert sind. Obwohl diese Darstellungen auf rasch hingeworfenen Skizzen basieren und an Genauigkeit einiges zu wünschen übrig lassen, geben sie doch einen gewissen Eindruck von Alexandrowa Sloboda. Wir sehen weite Gebäude und einige seltsam vereinzelt stehende Bauwerke, Wachtürme, erhöhte Fußwege, drei Kirchen, drei Steinhäuser. Aber höchstwahrscheinlich gab es noch wesentlich mehr Gebäude damals. Die Darstellung der Innenräume ist ergiebiger. Hier zeigt sich uns Alexandrowa Sloboda, wie Ulfeld es einige Jahre später in der Erinnerung hatte – der Zar an seinem erhöhten Tisch, die feierlichen Prozessionen, die in weiße Seide gekleideten Jünglinge, die den Thron bewachen, und die hohen Staatsbeamten in ihren langen goldenen Gewändern.

Bevor die Dänen den Empfangssaal betraten, wurde ihnen eindringlich nahegelegt, auf jeden Fall alle Titel des Zaren mit dem angemessenen Respekt zu nennen. Der Zar und der Zarewitsch Iwan saßen auf ihren Thronen. Iwan trug ein Gewand aus gelbem Samt, juwelengesäumt und mit einem juwelenbesetzten Kragen. Seine goldene Krone wurde von einer mit Edelsteinen geschmückten Samtkappe überragt, und er trug Ringe mit kostbaren Steinen an allen Fingern. Den Zarewitsch umhüllte ein rotes

Samtgewand, ebenfalls mit Juwelen besetzt. Als Ulfeld sich dem Thron näherte, streckte Iwan seine glitzernde Hand zum Willkommen aus. Ulfeld war sich nicht sicher, was man von ihm erwartete, und der Herold sagte: »Jacob! Iwan Wassilijewitsch ist Euch wohlgesonnen, da er Euch seine Hand darreicht. So tretet zu ihm, und reicht ihm Eure Hand!«

Ulfeld tat, wie ihm geheißen, und die anderen Mitglieder der Gesandtschaft folgten seinem Beispiel. Dann erkundigte sich der Zar nach der Gesundheit des Königs von Dänemark, erhielt eine zufriedenstellende Antwort und gestattete Ulfeld daraufhin, seine Eröffnungsrede zu halten. Der Gesandte zitierte gewissenhaft die lange Liste von Iwans Titeln und bemerkte, wie sich das Gesicht des Zaren zusehends entspannte. Aber als der Botschafter auf die ernsten Angelegenheiten zu sprechen kam, die ihn nach Rußland geführt hatten, unterbrach Iwan ihn und sagte, daß er diese Dinge mit seinen Ratgebern besprechen müsse. »So war es uns nicht möglich«, schrieb Ulfeld, »ihm mitzuteilen, was der König von Dänemark uns aufgetragen hatte.«

Iwan hieß sie Platz nehmen, dann trat ein Herold an sie heran und sagte: »Der Zar lädt Euch ein, heute mit ihm zu speisen. So erhebt Euch und dankt Seiner Majestät.« Sie kamen der Aufforderung nach und fühlten sich mehr und mehr wie Marionetten. Dann wurden sie in einen anderen Raum befohlen, wo die Verhandlungen mit den vier Staatsräten stattfinden sollten – mit Bogdan Belskij, Iwan Tscheremisinow, Andrej Schtschelkalow und Andrej Scherefedinow. Bogdan Belskij war der neue Günstling des Zaren; er war nicht mit den Belskij-Fürsten verwandt, hatte vielmehr seine Stellung durch seinen Cousin Maliuta Skuratow erlangt. Die Unterhandlungen begannen, »während die Tische gedeckt wurden«.

Als sie Iwan wiedersahen, trug er ein einfaches Gewand aus dunkler Seide, dazu eine kleine rote Stoffkappe, über und über mit Edelsteinen besät, und der Zarewitsch war weiß gekleidet. Während des Mahles folgte Iwan seiner Gewohnheit, bestimmten Mitgliedern seines Hofes ausgesuchte Gerichte anzubieten. Ulfeld beobachtete, daß die erste Speise an Fürst Iwan Mstislawskij ging, die zweite an Nikita Sacharin, den Bruder Anastasias. Danach war er an der Reihe und einige aus seinem Gefolge, dann wandte der Zar sich wieder den Adeligen zu. Ulfeld zählte, daß Iwan 65mal diese Schüsseln anbot. Malvasierwein wurde aus einem goldenen Krug in ein Glas gegossen; der Zar prüfte den Wein und ließ dann das Glas Ulfeld reichen, der aus diesem Verhalten schloß, daß Iwan ihm eine besondere Gunstbezeugung zuteil werden ließ. »Ich weiß, daß Ihr eine lange Reise zu Lande und zu Wasser hinter Euch habt«, ließ der Zar ihm durch einen Dolmetscher sagen, »und Ihr habt große Entbehrungen erlitten. Ich werde dafür sorgen, daß Ihr alles erhaltet, was Ihr braucht.«

Noch einmal bot Iwan Ulfeld Wein an – dieses Mal war es Met in einem Silberbecher. Aber diese Gunstbezeugungen hatten keine Auswirkungen auf die Verhandlungen, die sich auch weiterhin schwierig gestalteten.

Die Russen blieben hart; sie weigerten sich, in irgendeinem Punkt nachzugeben, und zeigten sich unfähig, einen Kompromiß zu schließen. Die Verhandlungen wurden unterbrochen und zwei Tage später wieder aufgenommen. Gegen Mitternacht des 27. August deutete Iwan an, daß er verschiedene Änderungen im Abkommen verlange. Die Dänen stimmten zögernd zu, und am anderen Morgen wurde das Dokument auf Iwans Wunsch hin verlesen. Der Vortrag dauerte eine Stunde, danach gab der Zar seine Zustimmung. Wie gewöhnlich trug er die Krone und zahlreiche Juwelen. Ulfeld, der nahe bei ihm stand, konnte sehen, daß sein Reichsapfel »die Größe eines Kinderkopfes hatte und über und über mit Edelsteinen bedeckt war«. Neben Iwan befand sich ein vergoldetes Kästchen, in das er den Reichsapfel manchmal legte, und ein anderes Kästchen war für die Krone da.

Während der Vertrag verlesen wurde, zeigte Iwan nicht die geringste Aufmerksamkeit. Er sprach mit einigen seiner Adeligen, und einmal rief er Bogdan Belskij zu sich und zeigte ihm seine wunderschönen Ringe, seine goldene Degenscheide und den goldenen Gürtel, den er unter seiner Oberkleidung trug. Aber diese Demonstration völligen Desinteresses endete, als die Lesung vorbei war. Mit großer Feierlichkeit legte Iwan die beiden Abschriften des Vertrags in ein Kästchen. Dann wurde ein Kruzifix auf die oberste Kopie gelegt. Der Zar küßte das Kästchen und schwor, an dem Vertrag festzuhalten. Dann rief er den dänischen Gesandten an seine Seite und ließ ihn die Hände auf ein Neues Testament legen, das beim Johannesevangelium aufgeschlagen war. Der Botschafter mußte das Buch küssen und im Namen des Königs von Dänemark schwören, dem Vertrag treu zu bleiben. Als dies geschehen war, bat er sie, den dänischen König zu grüßen, und entließ sie. Etwas später brachten 43 Bedienstete den Dänen Abschiedsgeschenke: Pelze für den Botschafter, sein Gefolge und den König.

Am folgenden Tag, um zwei Uhr mittags, erfuhren die Dänen, daß man ihre sofortige Abreise erwarte. Sie packten daher in aller Eile, denn solch entschiedenen Forderungen konnte man sich nicht entziehen. Sie brachen um neun Uhr abends nach Dänemark auf und reisten die ganze Nacht hindurch, ohne zu schlafen.

Der livländische Krieg erwies sich je länger, je deutlicher als ein verhängnisvoller und teurer Fehler. Er beraubte Rußland seiner Jugend, seines Wohlstands, seiner Kanonen. Der Landadel, der den Großteil des Heeres stellte, wurde dabei ruiniert; die Bauern verließen die Landgüter, um nicht mit Steuern belegt und als Arbeiter verpflichtet zu werden; das ganze gesellschaftliche System kam durcheinander. Im Winter 1579 war der Zar zu dem Entschluß gekommen, die Kirche, die riesige Reichtümer besaß, zur Kasse zu bitten. Also versammelte er die führenden Bischöfe, Äbte und Archimandriten zu einem Konzil im Kreml, um zu überlegen, wie der Besitz der Kirche dem Staat am besten dienen könnte.

In seiner Eröffnungsrede sprach Iwan von der verzweifelten Lage des Landes, seinen fruchtlosen Anstrengungen, den erschöpften Staatsschatz wieder aufzufüllen, und von den nicht enden wollenden Gefahren, denen das Land gegenüberstehe. Es war zweifellos eine seiner besten Reden. Sir Jerome Horsey, der offensichtlich eine Abschrift davon besaß, überliefert sie folgendermaßen:

»Er sagte ihnen, daß das, was er mitteilen wolle, ihnen allen bestens bekannt sei; er habe den Großteil seiner Zeit, seines Verstandes, seiner Kraft und Jugend darauf verwandt, für ihren Besitz und ihre Sicherheit, für ihren Schutz, die Verteidigung seiner Königreiche und seines Volkes zu kämpfen; welche Gefahren und Sorgen er durchlebt habe, sei ihnen nicht unbekannt. Sie hätten nur den Nutzen davon gehabt. Dadurch seien seine Schätze weniger, ihre aber größer geworden; ihre Sicherheit, ihr Frieden und ihre Ruhe seien geschützt, seine aber vermindert und täglich von fremden Feinden, im Lande und außerhalb, bedroht, was sie natürlich nur zu gut wüßten. Jetzt hinge daher alles von ihrem Beistand ab.
Ihre Bereitschaft zu helfen müsse der Prüfstein sein für ihre Ergebenheit, genauso wie für ihre innere Einkehr, die sich bisher als machtlos

erwiesen habe. Ihre vorgetäuschten Gebete hätten keine Kraft; ob wegen ihrer Frevel, seiner und der anderen Menschen Sünden oder wegen beidem, überlasse er dem göttlichen Ratschluß.
Ihre heiligen Gedanken und Taten müßten nun ihren Nutzen für Zar, Volk und Land erweisen – durch Unterstützung aus ihren unerschöpflichen Reichtümern . . .«

Die Geistlichen berieten sich; es war klar, daß sie so wenig wie möglich von ihrem Reichtum abgeben wollten. Iwan verlor rasch die Geduld; er rief vierzig der bedeutendsten Würdenträger zu sich und befahl ihnen unter Androhung schrecklicher Strafen »eine gewissenhafte und ehrliche Liste der Schätze und jährlichen Einnahmen, die jedes Eurer Häuser hat«, aufzustellen, wobei er sie daran erinnerte, daß sie ein Drittel aller Reichtümer Rußlands angesammelt hätten »durch Verwünschungen und Zauberei«. Und was hatten sie getan, daß sie so viel Reichtum verdienten? Nichts als Verbrechen:

»Ihr kauft und verkauft die Seelen unseres Volkes. Ihr ergebt euch dem Müßiggang in aller Freude und allem Luxus und begeht die schrecklichsten Verbrechen – Erpressung, Bestechung und Wucher – ohne Zahl. Ihr habt euch der blutigsten und himmelschreiendsten Sünden schuldig gemacht, der Unterdrückung, der Völlerei, des Nichtstuns und der widernatürlichen Unzucht.«

Wäre die Kirche klug gewesen, hätte sie Iwan gut die Hälfte ihres Besitzes angeboten. Sie war es aber nicht, und so griff Iwan zu den Waffen. Sieben der dicksten Mönche wurden verhaftet, und alle Mitglieder des Konzils mußten zusehen, wie sie einer nach dem anderen in der Bärengrube zerfleischt wurden. Zwar hatte man jedem Mönch einen fünf Fuß langen Speer zur Verteidigung gegeben, aber keiner von ihnen hatte jemals mit einem Bären gekämpft. Iwan kündigte weitere Hinrichtungen an. Er plante, sieben Mönche auf dem Scheiterhaufen zu verbrennen, wenn ihm nicht eine lückenlose Bestandsaufnahme der Besitztümer geliefert würde. Das geschah nun im Eiltempo, und am 15. Januar 1580 stimmte das Kirchenkonzil zu, 300 000 Mark in des Zaren Schatzkammer zu zahlen, alles in ihrem Besitz befindliche verpfändete Land, zusammen mit allen vererbten Ländereien der Fürsten abzugeben, die von der Kirche gekauft oder der Kirche vermacht worden waren, und kein weiteres Land zu erwerben.

Iwan hatte die Auseinandersetzung mit der Kirche gewonnen, aber das Problem der verschuldeten Adeligen war damit nicht gelöst. Durch Tradition und Gewohnheit stand es den Bauern frei, die Güter jedes Jahr nach der Erntezeit wieder zu verlassen. Sie konnten wählen, wem sie dienen wollten. Am 26. November, dem Sankt-Georgs-Tag, verließen viele Bauern, die keine Schwierigkeiten hatten, neue Herren zu finden, die Güter. Ein guter Bauer würde, auch wenn er bei seinem früheren Grundbesitzer verschuldet war, sich einen neuen suchen, der bereit war, seine Schulden zu zahlen. Um die Adeligen zu schützen, gab Iwan den Befehl aus, daß auf absehbare Zeit keinem Bauern erlaubt sei, die Dienste seines Herrn zu verlassen. Auf diese Weise – eine Folge der livländischen Kriege – machte Rußland den ersten gefährlichen Schritt in Richtung Leibeigenschaft.

Wie immer in schwierigen Zeiten sah Iwan sich von Verrätern umgeben. Hunger und Pest wüteten im Land; seine Truppen waren von König Stephan Bathory vernichtend geschlagen worden; sein Land stand vor dem wirtschaftlichen Ruin. All das konnte nur durch Verrat erklärt werden. Die Menschen fürchteten ein neues Blutbad. Statt dessen hielt Iwan am Himmelfahrtstag, dem Jahrestag der Zerstörung Moskaus durch die Tataren 1571, eine drei Stunden lange Rede, in der er zuerst die bevorstehende Heirat seines zweiten Sohnes Fjodor mit Irina Godunowa ankündigte. Danach sprach er schwere Beschuldigungen gegen seine untreuen und verräterischen Untertanen aus. Er drohte, sie zu verlassen, sie der Schande aller Völker preiszugeben. Rußland sei dem Untergang geweiht. »Gott und seine mächtigen Heerscharen kämpfen gegen uns!« rief er und bezeichnete die Hungersnöte als Strafe Gottes für dieses ungetreue, sündige Volk.

Im Sommer 1580, kurz nach Fjodors Hochzeit, heiratete Iwan Maria Nagaja, Angehörige einer Bojarenfamilie, die den ehemaligen Großfürsten von Twer gedient hatte, bevor sie zum Hofadel Moskaus gehörte. Jerome Horsey glaubte, daß man ihn zu dieser Heirat gezwungen habe, weil bekannt wurde, daß er ernsthaft daran dachte, nach England zu gehen. Iwan wollte durch die Verbindung zeigen, daß er auch weiterhin beabsichtige, in Rußland zu bleiben. »Um alle Gerüchte zum Schweigen zu bringen«, schrieb Horsey, »vermählte er sich zum fünften Mal, mit der

Tochter von Fjodor Nagoj, einer hübschen jungen Frau aus einem edlen Haus, mit welcher er einen dritten Sohn namens Dimitrij Iwanowitsch hatte.«*

Horsey selbst wurde für den Zaren immer unentbehrlicher. Er kannte die Geheimnisse bei Hof, inszenierte viele Intrigen, handelte als Doppelagent, indem er sowohl für Elisabeth als auch für Iwan spionierte, und bekam leicht mit jedem Kontakt. Er hatte eine gewandte Zunge, eine lebhafte Einbildungskraft und gelernt, Russisch, Polnisch und Holländisch mit beachtlicher Gewandtheit zu sprechen. Iwan, der unbedingt Munition brauchte, sandte ihn nach England, wo er Schießpulver, Salpeter, Blei und Schwefel besorgen sollte. Kurz bevor Horsey nach London abreiste, hatte er eine Audienz beim Zaren. Dieser fragte ihn, ob er die Schiffe gesehen habe, die in Wologda gebaut wurden. Viele Leute glaubten, daß diese Schiffe einmal den Zaren und seine Schätze nach England bringen sollten. Horsey erwiderte, er habe die Schiffe gesehen, und daraufhin entspann sich folgender Dialog:

Zar: Welcher Verräter hat sie Euch gezeigt?
Horsey: Es gab ein Gerücht darüber, und die Leute strömten an einem Festtag ans Ufer. Ich wagte mich mit tausend anderen dorthin, um ihre seltsame Schönheit, Größe und ihr sonderbares Aussehen zu erblicken.
Zar: Was meint Ihr mit »sonderbarem Aussehen«?
Horsey: Die Abbildungen von Löwen, Drachen, Adlern, Elefanten und Einhörnern, die so kostbar mit Gold, Silber und ungewöhnlichen Farben verziert sind.
Zar: Das ist wahr; Ihr besitzt eine genaue Beobachtungsgabe; wie viele habt Ihr gesehen?
Horsey: Etwa zwanzig, Euer Majestät.
Zar: Ihr werdet binnen kurzem vierzig sehen. Das vertraue ich Euch an. Ihr könnt darüber, soviel Ihr wollt, im Ausland erzählen, aber Ihr würdet noch mehr staunen, wenn Ihr wüß-

---

* Russische Historiker schreiben Iwan gewöhnlich sieben Ehen zu: 1. Anastasia Romanowna († 1560), 2. Maria Temriukowna († 1569), 3. Marfa Sobakina († 1571), 4. Anna Koltowskaja (wurde 1575 in ein Kloster geschickt), 5. Anna Wassiltschikowa († 1577), 6. Wassilissa Melentjowa (wurde 1577 in ein Kloster geschickt), 7. Maria Nagaja, die Iwan 1580 heiratete und ihn überlebte. Die Ehe mit Marfa Sobakina wurde niemals vollzogen, und mit der schönen Witwe Wassilissa Melentjowa scheint keine förmliche Hochzeitszeremonie stattgefunden zu haben.

	tet, mit welch unvorstellbaren Schätzen sie im Innern geschmückt werden sollen. Es wird gesagt, daß die Königin, meine Schwester, die beste Flotte der Welt besitzt.
Horsey:	Das ist richtig, Euer Majestät.
Zar:	Warum habt Ihr mir das verborgen . . .? Wie sind die Schiffe gebaut?
Horsey:	Mit scharfem Kiel, kein runder Boden, so dick und stark, daß schwerlich ein Kanonenschuß hindurchdringt.
Zar:	Was noch?
Horsey:	Jedes Schiff trägt Kanonen und vierzig funkelnde Geschütze, Kugeln, Musketen, Pulver, Doppelgeschosse, Piken und Kriegsgerät, gefährliches Feuerwerk, schwenkbare Kanonen, tausend Matrosen und Männer in Waffen, Soldaten, Kapitäne und Offiziere jeglicher Art; Disziplin und tägliche Gebete zu Gott, Bier, Brot, Fleisch, Fisch, Speck und Erbsen, Butter und Käse, Essig, Grütze, Branntwein, Holz, Wasser und alle anderen Vorräte . . . (Horsey beschreibt dann ausführlich die Segel, Flaggen und Musikinstrumente an Bord der englischen Schiffe.)
Zar:	Wie viele solcher Art besitzt die Königin?
Horsey:	Vierzig, Euer Majestät.
Zar:	Es ist eine gute königliche Flotte, wie Ihr sie beschreibt. Sie kann einem Freund 40 000 Soldaten schicken.

Iwans letzte Bemerkung ist bezeichnend, zeigt sie doch deutlich, daß er erwartete, von Königin Elisabeth militärische Hilfe zu erhalten, wenn er sie brauchte.

Es war Winter und das Weiße Meer um Skandinavien herum zugefroren. Daher beschloß Horsey, die gefährliche Reise durch Livland zu wagen und erst von Hamburg aus ein Schiff zu nehmen. Iwan hatte seine Freude an geheimen Kriegslisten und beriet sich mit Sawwa Frolow, seinem Staatssekretär, wie man seinen Briefe an die Königin am besten verbergen könnte. Sie befestigten ihn zwischen den doppelten Wänden einer hölzernen Branntweinflasche, und da die Flasche keinen Wert hatte und man sie unter der Mähne eines Pferdes befestigte, meinten sie, daß niemand ihr Aufmerksamkeit schenken würde. Horseys Reisegeld – 400 Golddukaten – wurde in seine Stiefel und seine alten Kleider eingenäht. Bei der Abschiedsaudienz bestand Iwan darauf, daß Horsey die Nachricht an Elisabeth nicht lesen sollte, bis er in Sicherheit sei. Er fürchtete, daß seine Feinde sonst etwas erfahren könnten.

In der Nacht fuhr Horsey, begleitet von zwanzig Bediensteten und einem hohen Beamten, mit dem Schlitten nach Twer. Er hielt dort, um sich mit Proviant zu versorgen und die Pferde zu wechseln. Dann eilten sie weiter nach Nowgorod, Pskow und Neuhausen. Er behauptet, in drei Tagen 600 Meilen zurückgelegt zu haben. Als er an die Grenze nach Livland kam, ließ er seine Begleiter zurück und fuhr allein weiter. Er wurde verschiedene Male verhaftet, konnte aber immer wieder freikommen. In Arensburg wurde er festgenommen und in ein Gebäude gesperrt, in dem Schlangen und kleine Krebse waren. Er wurde vor den Statthalter gebracht und beinahe als russischer Spion erschossen, aber es traf sich, daß die Enkelin des Statthalters, Madelyn van Uxell, in Moskau gefangen saß. Horsey hatte dort Freundschaft mit ihr geschlossen und ihre Briefe nach Hause waren voll des Lobes über ihn. So wurde aus dem Gefangenen rasch ein geehrter Gast; man bewirtete ihn großzügig und gab ihm einen Paß. Horsey fuhr weiter nach Pilten, wo er von König Magnus empfangen wurde.

Schließlich gelangte Horsey nach England, zerbrach die Flasche und entdeckte, daß die Dokumente heftig nach Branntwein rochen. Als er sie der Königin überreichte, machte sie eine Bemerkung über diesen Geruch, doch seine Erklärung stellte sie voll zufrieden. Er wurde zum Landedelmann ernannt, sie schenkte ihm ihr Bild und reichte ihm ihre Hand zum Kuß.

Die Königin von England erfüllte Iwans Bitte voll und ganz. Sie sandte ihm dreizehn englische Schiffe beladen mit Kupfer, Blei, Schießpulver, Salpeter, Schwefel und dergleichen mehr im Werte von 9000 Pfund. Alle Schiffe kamen im Frühsommer 1580 sicher in der Bucht von Sankt Nikolaus im Weißen Meer an, nur fünf oder sechs Monate, nachdem Horsey mit der hölzernen Flasche aufgebrochen war.

In Alexandrowa Sloboda begrüßte Iwan seinen geheimen Boten, der ihm einen Brief von Königin Elisabeth übergab. Horsey wurde wegen seiner Schnelligkeit, seiner Ergebenheit und seines diplomatischen Geschicks gelobt – und belohnt. Dreizehn Schiffsladungen militärischer Ausrüstung wurden in den Lagern des Zaren in Moskau verstaut.

Das geschah gerade zur rechten Zeit. Die russischen Truppen standen kurz vor einer Schlacht mit König Stephan Bathory, und Rußland befand sich in größerer Gefahr als je zuvor.

Die Ermordung des Zarewitsch

König Stephan Bathory handelte überlegt, ruhig, energisch und machte sich keine falschen Illusionen. Man sagt, er habe an der Universität von Padua studiert, aber eigentlich hatte er nichts von einem Gelehrten. Außerdem erzählte man sich, er leide an Epilepsie und habe eine seltsame, nie heilende Wunde an seinem Bein. Aber das waren wahrscheinlich Legenden, die andeuten sollten, daß er verletzlicher war, als es den Anschein hatte. Er war ein kleiner, untersetzter Mann mit hohen Wangenknochen, einer langen spitzen Nase und sehr niedriger Stirn. Er sah eher wie ein ungarischer Bauer aus als wie ein König. Der ehemalige Statthalter von Transsylvanien, der dem Sultan des ottomanischen Reichs Gefolgschaft leistete, wurde zum König von Polen und Großfürsten von Litauen gewählt, weil die Polen und Litauer ihn für einen fähigen Verwalter hielten. Daß ein ungarischer Bürger Herrscher über riesige Gebiete in Osteuropa wurde, war schon erstaunlich genug, noch erstaunlicher war jedoch, daß dieser keine Anstalten machte, die Landessprache zu erlernen. Trotzdem wurde er von seinen Untertanen geliebt; er war mehr als ihr König, er war ihr Gewissen.

Von Anfang an hatte Stephan den Zaren richtig eingeschätzt und wußte, wie er ihm zu begegnen hatte. Iwans Grausamkeit, Eitelkeit und Launenhaftigkeit gaben Zeugnis von seiner inneren Schwäche. Einzig und allein Gewalt konnte ihn zur Räson bringen. 1579 hatte der König Polozk eingenommen, und nun traf er Vorbereitungen, Rußland selbst anzugreifen. Im Sommer 1580 war er siebenundvierzig, drei Jahre jünger als Iwan, und auf der Höhe seiner Macht.

Während dieses Sommers befand sich Iwan in einer schlechten Verfassung. Er wußte, daß ein schwerer Angriff auf Rußland vorbereitet wurde, aber er wußte nicht, an welcher Stelle. Er versuchte, unter allen Umständen einen Waffenstillstandsvertrag zu erreichen, und machte dem König den Vorschlag, Gesandte nach Moskau zu schicken. Dieser lehnte jedoch ab und entgegnete, russische Unterhändler sollten nach Wilna kommen, und zwar innerhalb fünf Wochen vom 14. Juni an gerechnet. Iwan erwiderte, daß man allein fünf Wochen bis zur litauischen Grenze brauche und noch viele Tage mehr, um Wilna zu erreichen. König Stephan Bathory ließ diese Antwort kalt. Nach fünf Wochen zöge er ins Feld. Wenn es ihnen beliebte, könnten die Gesandten ihn dann in seinem Hauptquartier aufsuchen. Frieden könne es nur geben, wenn Rußland ganz Livland und die Städte Pskow, Nowgorod und Welikije Luki freigeben würde. Ein hartes Ultimatum.

In seiner Verzweiflung sandte Iwan eine Botschaft an alle Klöster, in der er die Mönche bat, zu Gott, der Muttergottes und allen Heiligen zu beten, damit sie Rußland vor den Eindringlingen beschützen. Da er nicht wußte, wo der Angriff des Königs zu erwarten war, verteilte er seine Truppen auf verschiedene Orte: Pskow, Nowgorod, Smolensk, das westliche Ufer der Dwina und die wenigen Bollwerke in Livland, vor allem im nördlichen Teil des Landes, wo er einen Überfall der Schweden befürchtete. Außerdem stationierte er vorsichtshalber eine große Armee an der Oka weit im Süden, um einem möglichen Einfall der Tataren vorzubeugen, die zur gleichen Zeit wie die Polen und Litauer eine Invasion planten. Der König ließ eine Kolonne von 9000 Mann auf Smolensk vorrücken – ein Täuschungsmanöver, denn der wirkliche Angriff wurde gegen Welikije Luki geführt, das auf langen, verschlungenen Wegen durch Wälder und Sümpfe eingekreist wurde. An die 50 000 Polen, Litauer, Deutsche und Ungarn standen vor den Toren einer Stadt, die von nur 6000 Russen verteidigt wurde.

Russische Gesandte trafen König Stephan Bathory in seinem Lager außerhalb von Welikije Luki. Der König saß auf seinem Thron und grüßte die Botschafter hochmütig, die ihn baten, die Belagerung aufzuheben. Sie versprachen, ihm 24 Städte in Livland zu übergeben, wenn er einem Waffenstillstand zustimmen würde, und erklärten sich auch mit einer Übergabe von Polozk einverstanden. Ein etwas eigenartiges Angebot, da Polozk ein Jahr zuvor bereits vom König erobert worden war. Bathory wiederholte seine Forderungen, und die Gesandten kehrten nach Moskau zurück.

Mit seiner hölzernen äußeren Befestigungsmauer und seinen Wachttürmen aus Holz war Welikije Luki vor allem durch brennende Kanonenkugeln in Gefahr. Die Russen hatten die Mauern zwar mit Erde bedeckt, aber der König ließ seine Männer den Lehm einfach entfernen und eröffnete dann das Feuer. Als die Mauern in Flammen standen, stellte der König ein Ultimatum. Wenn sie ihre Waffen niederlegten und friedlich aus der Stadt abzögen, könnten sie ihr Leben retten, andernfalls würden alle niedergemetzelt. Die Verteidiger akzeptierten das Ultimatum und waren dabei, aus der Stadt zu marschieren, als die ungarischen Truppen, die um ihre Beute bangten, in die Stadt stürmten und alle niedermachten. An diesem Tag, dem 7. September 1580, wurde Welikije Luki endgültig genommen. Einen Monat später beendete der König den Feldzug. Er fühlte sich krank und kehrte nach Wilna zurück. Der Verlust von Welikije Luki war, für den Moment, eine ausreichende Strafe für die Russen.

Schlachten und Scharmützel gab es während des ganzen Winters. Staraja Rusa, eine alte Stadt vierzig Meilen südlich von Nowgorod, fiel an die Litauer. Die Schweden schlossen die Festung Padis in Nordlivland dreizehn Wochen lang ein, hungerten die Russen aus und brachten danach alle um. Russische Gesandte, die auf der Suche nach dem König waren, wurden schlecht behandelt und gedemütigt, man gab ihnen kein Essen, ihren Pferden kein Futter, und viele ihrer Bediensteten wurden ausgeraubt und verprügelt. Eine solche Behandlung war früher ausländischen Gesandten durch Iwan zuteil geworden.

Der polnische König hatte beschlossen, nicht weniger als ganz Livland, Smolensk, Nowgorod und Pskow zu verlangen. Als er merkte, daß Iwan sich in Schwierigkeiten befand, forderte er zusätzlich eine Entschädigung von 400 000 ungarischen Golddukaten für seine militärischen Auslagen. Diese Forderungen ließen Iwan geradezu in Selbstmitleid versinken. In einem langen Brief an den König, abgesandt am 30. Juni 1581, beklagte Iwan sich bitter über die ihm und seinen Untertanen von seiten des Königs zuteil werdende schlechte Behandlung.

»Welche Art Frieden wollt Ihr? Ihr habt Unsere Schätze gestohlen, Euch bereichert, Uns verarmt, Soldaten mit Unserem Geld angeworben, livländisches Territorium erobert und es mit Euren Soldaten überschwemmt; dann seid Ihr mit einer noch größeren Armee als zuvor gegen Uns gezogen, um Euch zu holen, was noch übrigblieb. Es ist klar, daß Ihr dauernden Krieg wollt, keinen Frieden.«

So manches in diesem Brief hätte Iwan lieber ungesagt gelassen, denn es forderte einen Gegenschlag geradezu heraus. So beschuldigte er zum Beispiel den König, er habe seinen Soldaten erlaubt, die Toten zu schänden. Bathory erwiderte darauf:

»Ihr beschuldigt mich, die Toten zu schänden. Das habe ich nicht getan. Ihr aber foltert die Lebenden. Was ist schlimmer?
Ihr verurteilt mich, ich hätte angeblich den Waffenstillstand gebrochen! Ihr, der Vertragsfälscher, der Ihr heimlich Paragraphen verändert und neue hinzufügt, um Euren unsinnigen Machthunger zu stillen! . . .
Mit Euren Kreuzen erschreckt Ihr Eure Feinde nicht – nur die armen Russen.
Warum kamt Ihr nicht und habt Uns an der Spitze Unserer Armee getroffen? Warum habt Ihr Eure Untertanen nicht beschützt? Jede Henne deckt ihre Küken mit ihrem Gefieder, um sie vor dem Falken und dem Adler zu beschützen. Aber Ihr, der doppelköpfige Adler – das sind doch Eure Insignien – Ihr versteckt Euch!
Ihr sagt, Euch betrübe der Verlust christlichen Blutes. Wohlan, wählt die Zeit und den Platz und trefft mich zu Pferde, und wir werden miteinander kämpfen! Gott wird dem Besseren die Siegeskrone geben!«

Härter als die ausgesprochenen Beschuldigungen traf Iwan die Nachricht, die zwischen den Zeilen des Briefes stand: Es würde Krieg geben. Nur ein Wunder konnte Rußland jetzt noch retten. Das Wunder geschah nicht. Am 25. August sahen die Russen von ihren Wachttürmen in Pskow eine große Staubwolke am Horizont auftauchen, die ein starker Südwind vorantrieb – König Stephan Bathory näherte sich der Stadt.

Iwan hatte nicht geahnt, wo der Angriff stattfinden würde. Der Großteil der russischen Armee unter dem Befehl von Simeon Bekbulatowitsch war in Stariza stationiert. Etwa fünfzehn Meilen westlich stand die Vorhut unter Fürst Michailo Katijrjow-Rostowskij. Auf diese Weise schützten die beiden Heere die Zugänge nach Moskau, das von einer Streitmacht unter Fürst Iwan Mstislawskij verteidigt wurde. Eine weitere große Armee verteidigte die Oka gegen einen gleichzeitigen Angriff der Tataren. Die übrigen russischen Stellungen in Livland waren von Garnisonen besetzt. In Nowgorod lag ein starkes Kontingent unter

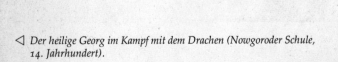

◁ *Der heilige Georg im Kampf mit dem Drachen (Nowgoroder Schule, 14. Jahrhundert).*

Fürst Iwan Golizijn, dem Statthalter der Provinz. Fürst Iwan Schuiskij war für die Verteidigung von Pskow verantwortlich.

König Stephan Bathory liebte es, schwierige Probleme zu lösen. Obwohl er von einem russischen Überläufer gehört hatte, daß Pskow wegen seiner Steinmauern und mächtigen Verteidigungsanlagen unbezwingbar sei und er besser beraten wäre, statt dessen Smolensk zu belagern, wollte er es riskieren. Ohne Zweifel würde die Einnahme von Pskow schwierig sein, aber wenn sie ihm gelänge, konnte er damit rechnen, daß er auch jede andere Stadt in die Knie zwingen würde. Der König war sicher, die Steinmauern mit seinen schweren Geschützen zerstören zu können. Dann würde seine Infanterie durch die Trümmer in die Stadt eindringen und sie nehmen.

Fürst Iwan Schuiskij war ein strenger, sehr fähiger und leidenschaftlicher General, dessen hervorstechendste Eigenschaft Ausdauer war – eine Eigenschaft, die er mit seinen Soldaten teilte. Die Befestigungen wurden verstärkt und die Häuser jenseits der Mauern zerstört, um zu verhindern, daß die Truppen des Königs sie als Angriffsbasis benutzten. Mit seinen breiten Gräben, achtundzwanzig Türmen, vierzig Fuß hohen Mauern und den unterirdischen Gängen, die bis weit jenseits der Mauern reichten, war Pskow, wenn auch nicht unbezwingbar, so doch viel besser geschützt als irgendeine andere Stadt in Rußland. Außerdem stand sie unter dem Schutz des heiligen Wsewolod, dessen Reliquien auf Befehl Fürst Schuiskijs in einer Prozession von der gesamten Einwohnerschaft um die Mauern herumgetragen wurden.

An dem Tag, als die Armee des Königs zum ersten Mal gesichtet wurde, befahl der Fürst einen Generalangriff. Die Tore schwangen auf, die russischen Soldaten strömten heraus, stürzten sich auf den Feind, machten viele Gefangene und wurden gefangengenommen. Bei Einbruch der Nacht kehrten sie in die Stadt zurück und merkten, daß der Ausfall kaum mehr gebracht hatte als ein paar ergebnislose Scharmützel. Nichts war gewonnen und wenig verloren worden.

Ungewöhnlicherweise handelte der König vorsichtig. Er besaß eine Armee von 100 000 Polen, Litauern, Deutschen und Ungarn, und die Verteidiger zählten wahrscheinlich nicht mehr als 40 000 Mann. Sein Heer war sehr gut ausgebildet und ausgerüstet. Um in die Mauern eine Bresche zu schlagen, befahl der König, Gräben auszuheben; entlang diesen Gräben konnten Schanzkörbe an die Stadt herangebracht werden. Die Verteidiger bauten vorsichtshalber eine zweite, innere Mauer.

Beinahe zwei Wochen lang, bis zum Sonnenaufgang des 7. September, traf der König seine Vorbereitungen. Dann eröffneten zwanzig schwere Geschütze das Feuer auf die Stadt. Am folgenden Tag, nach weiterem Beschuß, wurde der Befehl zum Angriff gegeben. An verschiedenen Stellen gaben die Mauern nach, und schon glaubte der König, bei Einbruch der Nacht Herr der Stadt zu sein. Zwei der großen Türme waren von den Deutschen und Ungarn eingenommen worden, und die Fahne des Königs flatterte auf ihnen. Polen und Litauer kämpften gegen die Russen entlang der Mauern und drängten sie zurück. Man erfuhr, daß Fürst Schuiskij verwundet worden war, und daß die Russen sich zurückzogen. Der König war sicher, daß Pskow nach nur zweitägigen Kämpfen in seine Hände fallen würde.

Da stürzte plötzlich einer der eingenommenen Türme in sich zusammen; die Russen hatten ihn unterirdisch gesprengt. Der Kampf ging weiter, nun aber außerhalb der Mauern.

Frauen und Kinder eilten mit Wasser herbei, um den Durst der Soldaten zu stillen; einige kamen mit Seilen, um die Kanone wegzuzerren, die an den Toren erobert worden war, und andere bewaffneten sich mit Piken und warfen sich in die Schlacht. Bei Sonnenuntergang verzog sich der Feind in seine Stellungen, und die Russen kehrten in die Stadt zurück. Sie hatten über achthundert Mann verloren und zweimal so viel waren verwundet, aber der König hatte sehr viel größere Verluste zu verzeichnen. In dieser Nacht sprach Fürst Schuiskij in der von Kerzen erleuchteten Kathedrale der Dreieinigkeit zu seinen Soldaten:

»So ist der erste Tag vorübergegangen, ein Tag voll Mühe, Tapferkeit, Tränen und Freude. Laßt uns vollenden, was wir begonnen haben! Unsere mächtigen Feinde sind gefallen, während wir, die Schwachen, in unserer Rüstung vor dem Altar Gottes stehen. Der stolze Riese ist seines Brotes beraubt worden, während wir in unserer christlichen Demut mit himmlischer Gnade bedacht wurden!«

Am folgenden Tag forderte König Stephan Bathory in einer Botschaft Fürst Schuiskij und seine Generäle auf, sich zu ergeben. Er versprach ihnen weitgehende Freiheiten und Privilegien, die Freiheit, Handel zu treiben, die Freiheit, ihre althergebrachten Sitten und Gebräuche beizubehalten, und garantierte ihnen ihren Besitz und Glauben. Fürst Schuiskij ließ eine Antwort zurückschießen: »Wir verraten weder Christus, noch den Zaren, noch unser Vaterland.« Der König drohte, die gesamte Bevölkerung von Pskow auszurotten, wenn sie sich nicht ergäbe, und Fürst Schuiskij erwiderte: »Wir fürchten keine Drohungen. Kommt und kämpft. Der Sieg liegt in Gottes Hand.«

Trotz seiner starken und gutausgebildeten Armee, der schweren Geschütze, der riesigen Munitionsreserven und eines ausgezeichneten Kommandostabs konnte der König Pskow nicht bezwingen. Während des Septembers und Oktobers führte er wiederholt Angriffe gegen die Stadt, ließ neun verschiedene Tunnel unter den Mauern graben und schoß unzählige Brandbomben in die Stadt. Am 2. November, nach fünftägigem Geschützfeuer, führte er seine gesamte Armee über die zugefrorene Welikaja, die Stadt zu erobern. Aber dieses Vorhaben schlug fehl. Die Belagerung dauerte einen weiteren Monat an; er hoffte, die Stadt auszuhungern.

Während Pskow heldenmütig Widerstand leistete, saß Iwan in seinem Hauptquartier in Stariza, beschützt von zwei riesigen Heeren. Nichts wurde unternommen, um Pskow zu entlasten oder der belagerten Stadt Nahrungsmittel und Munition zu senden.

Die Truppen des Königs drangen tief in Rußland ein. Ein besonders wagemutiger Trupp schaffte es bis nach Rschjow, nur fünfzehn Meilen von Stariza entfernt, wo Iwan sein Hauptquartier hatte, der daraufhin sofort ins sichere Alexandrowa Sloboda flüchtete.

Er war dort kaum angekommen, als eine Deputation von Adeligen bei ihm vorsprach und ihm eine Bittschrift überreichte. Während einer von ihnen den Text vorlas, knieten die anderen vor dem Zaren:

»Drei Jahre lang schon wüten die Feinde in unserem Vaterland, das zu verteidigen unsere Pflicht und Schuldigkeit ist. Wir sind bereit, unser Blut zu vergießen, unser Leben hinzugeben und unseren Besitz dem Wohle des Vaterlandes zu opfern. Deshalb, o Herr und Meister, schickt Euren ältesten Sohn in den Krieg!«

Iwan verstand die Bittsteller völlig falsch, wurde zornig, riß seine Krone vom Kopf und die juwelenbesetzte *barmij* von seinen Schultern und warf beides zu Boden, nannte sie alle Verräter und

sagte ihnen, sie sollten sich lieber einen anderen Zaren suchen. Da
der Zarewitsch anwesend war, dachte er offensichtlich, sie würden
seinen Sohn ihm vorziehen. Die Adeligen antworteten, sie seien
keine Verräter, sie wollten nicht, daß der Zar abdanke, sondern
lediglich, daß der Zarewitsch sie zum Sieg führe. Vermutlich wurden sie nicht bestraft, denn es wird nichts weiter über sie berichtet.

Einige Stunden später, sein Zorn hatte sich noch immer nicht
gelegt, rief Iwan den Zarewitsch zu sich und beschimpfte ihn:
»Du armer Tor! Du wagst es, Hochverrat zu begehen und Volks-
verhetzung? Du wagst es, dich mir zu widersetzen?« Der Zarewitsch blieb fest und leugnete, jemals einen einzigen verräterischen Gedanken gefaßt zu haben. Alles, was er wolle, sei eine
Armee, und sein einziges Begehren sei, Stephan Bathory zu schlagen. Seine Meinung über den katastrophalen, dreijährigen Feldzug war dem Zaren wohlbekannt. Er versuchte abzulenken, wie
so oft, wenn er in Schwierigkeiten war, und begann, über das
viele Gold und die Juwelen zu sprechen, die sich in seiner Schatzkammer befanden. Der Zarewitsch, heftig wie sein Vater, antwortete, daß ihn diese Juwelen nicht kümmerten, er erachte Mut und
Tapferkeit für unendlich wertvoller als alle diese Reichtümer. In
seinem Tadel lag eine deutliche Verurteilung der Feigheit seines
Vaters während des dreijährigen Kriegs. Iwan war so erzürnt,
daß er seinen Stab mit der Eisenspitze hob, als wolle er seinen
Sohn erschlagen. Boris Godunow, der ebenfalls anwesend war,
stürzte vor und packte Iwan beim Arm. Als Godunow rückwärts
taumelte, blutete er, und Iwan stieß mit seinem Stab nach ihm. So
außer sich, daß er kaum wußte, was er tat, schlug Iwan mit dem
schweren Ende des Stabes seinem Sohn auf den Kopf, wobei er
ihn an der Schläfe traf. Der Zarewitsch fiel zu Boden und Blut
quoll aus einer Wunde. Iwan dachte, er sei tot.

Es folgte ein kurzer Augenblick der Betäubung und des Schrek-
kens, dann warf sich Iwan neben seinem Sohn nieder, umarmte
und küßte ihn und versuchte, die Blutung zu stillen, wobei er
hemmungslos weinte und nach einem Arzt rief.

»Ich habe meinen Sohn getötet!« stöhnte er, totenbleich im
Gesicht.

Er hatte viele Verbrechen begangen, aber niemand hätte
gedacht, daß er alle diese Verbrechen mit dem Mord an seinem
eigenen Sohn schmählich krönen würde.

Iwan flehte um Vergebung und seine Bitte wurde erhört. Der Zarewitsch konnte noch sprechen, obwohl die Verletzung lebensgefährlich war. Er sagte: »Ich bin dir immer ergeben gewesen«, und als Zeichen der Vergebung küßte er seines Vaters Hand. Dann wurde er fortgetragen und auf ein Bett gelegt, während der Zar, starr vor Schreck und Trauer, zurückblieb. Drei Tage lang schlief und aß Iwan nicht.

Die Ärzte kamen, aber sie konnten nichts mehr tun. Der Zarewitsch lebte noch drei Tage lang. Er starb drei Stunden vor Sonnenaufgang am Sonntag, dem 19. November 1581, im Alter von siebenundzwanzig Jahren.

Iwan übergibt die Ikone der Heiligen Jungfrau dem Danilow-Kloster in Moskau (ca. 1564). Der Zarewitsch Iwan steht hinter ihm. Dies ist die einzige zeitgenössische Abbildung des jungen Mannes, die erhalten geblieben ist.

Obwohl er dreimal verheiratet gewesen war, hinterließ er keine Kinder. Seine Witwe, die Zarewna Elena, verbrachte den Rest ihres Lebens in einem Kloster. Sie nahm den Namen Leonida an, man gab ihr den Verwaltungsbezirk Luch und ein großes Gut, wovon sie alle nötigen Ausgaben für ihren Lebensunterhalt bestreiten konnte.

Drei Tage nach dem Tod des Zarewitsch brach der Leichenzug von Alexandrowa Sloboda nach Moskau auf. Der Zar und sein ganzes Gefolge waren schwarz gekleidet; Iwan ging während der ganzen Reise neben dem Sarg seines Sohnes her. Bei dem Trauergottesdienst in der Kathedrale des Erzengels Michael warf sich der Zar über den Sarg und weinte laut. Bevor man den Sarg versiegelte, wurde eine königliche Ablaßsumme an Juwelen hineingelegt, und jede Nacht wachten zwölf geachtete Bürger Moskaus an der Gruft.

Viele Monate grämte Iwan sich. Er war nur noch ein Schatten seiner selbst. Er trug nicht länger juwelenbesetzte Kleider und schwang nicht mehr sein kostbar verziertes Zepter. Still und in sich gekehrt schritt er in schwarze Gewänder gehüllt einher wie ein Mönch. Plötzlich, mitten in einer ganz alltäglichen Unterhaltung, brach er in einen Weinkrampf aus, ohne ersichtlichen Grund, oder weil jemand etwas gesagt hatte, das ihn an seinen toten Sohn erinnerte. Bis an sein Lebensende sollte ihn diese düstere Hysterie nicht mehr verlassen.

In dieser Gemütslage begann er, die seltsamen, als *sinodiki* bekannt gewordenen Listen zusammenzustellen, in denen er jene Menschen aufführte, die er hatte umbringen lassen, und für deren Seelenheil er jetzt unbedingt beten lassen wollte. Die Listen waren lang, sehr lang. Eine Unmenge von Schreibern wurde angestellt, die Namen der Opfer und die Umstände ihrer Hinrichtung zu notieren. Die Privatarchive des Zaren und die Ämter wurden durchkämmt, um die Namen der Toten ausfindig zu machen. In den ersten Monaten des Jahres 1583 begannen diese Verzeichnisse in allen Klöstern Rußlands einzutreffen, zusammen mit ansehnlichen Schenkungen zur Unterstützung der Mönche.

Sehr oft war das gesamte Eigentum der Menschen, die er ermorden ließ, in seinen Besitz übergegangen. Nun, da er wohl den Tod nahen fühlte, begann er, sich der Berge von Schätzen, die er die Jahre über gehortet hatte, zu entledigen. Denn die Schreiber sollten auch den Wert aller Besitztümer der Umgekommenen schätzen und notieren. Zu diesem Zweck mußten sie alte Urkunden der betreffenden Güter konsultieren. Hunderte von Sekretären und Taxatoren wurden beauftragt, in ganz Rußland nach entsprechenden Unterlagen zu forschen. Iwan war entschlossen, vor Gott nicht mit der Bürde dieses durch Mord erworbenen Reichtums zu erscheinen.

Er schlug vor, seine Schätze unter die zweihundert Klöster Rußlands zu verteilen; auch diese Aktion erforderte viele Wochen harter Arbeit. Aber da es schließlich um seine unsterbliche Seele ging, mußte alles genau und rasch erledigt werden. Tatsächlich war die Aufgabe so mühsam, daß sie erst nach seinem Tod abgeschlossen wurde.

Keine einzige vollständige *sinodik* ist uns überliefert, aber zehn lückenhafte Listen sind in Klöstern gefunden worden, wo die Mönche die Namen der Opfer herausgeschrieben hatten. Manchmal wurden die Umstände der Hinrichtungen nicht verwertet, obwohl diese Daten, soweit bekannt, in den ursprünglichen *sinodiki* standen. Trotzdem erfaßten die Mönche eine Reihe Einzelheiten von Bedeutung. Seltsamerweise hatte der Zar manchmal auch Namen von Personen festhalten lassen, die nicht getötet, sondern nur in Ungnade gefallen und in die Verbannung geschickt worden waren. Manchmal scheint Iwan auch an seiner hoffnungslosen Aufgabe verzweifelt zu sein, und er gab nur eine grobe Schätzung der von ihm umgebrachten Menschen, wobei er hinzufügte: »Du selbst, oh Herr, weißt ihre Namen.«

Die *sinodik* aus dem Kirillow-Kloster listet 3470 Opfer auf – die wirkliche Zahl liegt allerdings weit höher, doch sie kann man in allen diesen Teil-, Ergänzungs- und Speziallisten nicht finden. Iwan mag gewußt haben, wie viele Menschen er getötet hatte, aber das Geheimnis starb mit ihm. Eine *sinodik* begann:

»Im Jahre 1583 sandte der Zar und Großfürst von ganz Rußland, Iwan Wassilijewitsch, dieses Verzeichnis an das Kloster, auf daß für die angeführten Personen gebetet würde.
Denke, o Herr, an die Seelen deiner dahingegangenen Diener, der Fürsten, Fürstinnen, Bojaren und aller orthodoxen Christen, männlich und weiblich, die getötet worden sind, sowie all jener, deren Namen nicht geschrieben stehen.
Für diejenigen, die nicht namentlich in der *sinodik* aufgeführt sind, aber in Gruppen von 10, 20 oder 50 erscheinen, soll auch gebetet werden. Du selbst, o Herr, weißt ihre Namen.«

Oft sind nur die Vornamen angegeben. So lesen wir: »Nikita, Iwan Wiskowatij, Wassilij, seine Frau und zwei Söhne, Iwan, seine Frau und drei Töchter . . .« Indem man mehrere Verzeichnisse vergleicht, ist es möglich, viele der Leute zu identifizieren. So erfahren wir, daß mit »Nikita« der Schatzmeister Nikita Funikow gemeint ist. Wassilij steht für Wassilij Stepanow, einen Sekretär, und »Iwan« für Iwan Bulgakow, ebenfalls ein Sekretär. Alle drei wurden im Juli 1570 in Moskau getötet. Manchmal werden auch Titel mit erwähnt: »Die fromme Apanage-Fürstin und Nonne Efrosinia, die Mutter Wladimirs, wurde in der Scheksna ertränkt, zusammen mit zwölf anderen Leuten, unter denen auch Nonnen waren.« Andernorts bleiben die Listen der Ermordeten anonym:

»In Iwanowo Bolschoje wurden 17 Personen getötet, 14 davon erschlagen. In Iwanowo Menschoje wurden 13 Menschen getötet, 3 von ihnen wurden erschlagen. In Tschermnjow wurden 3 Menschen getötet, 2 in Soslawl. In Beschetskij Werch wurden 65 Menschen getötet, 12 von ihnen wurden erschlagen. Du selbst, o Herr, weißt ihre Namen.«

Hin und wieder erfahren wir auch die Namen der Mörder, die später zum Teil selbst unter den Ermordeten waren. Die Zusammenstellung so vieler Listen über Menschen und verwüstete Güter nahm die letzten Monate von Iwans Leben in Anspruch. Er wurde zum obersten Archivar und Buchhalter. Das volle Ausmaß seiner Verbrechen und die Ungeheuerlichkeit seiner Taten scheint ihm bewußt geworden zu sein. Früher hatte er sich oft an die Brust geschlagen und der niederträchtigsten Morde und Ausschweifungen bezichtigt, aber es war immer ein theatralisches Moment in diesen Bekenntnissen gewesen. Nun sprachen die Fakten und Daten . . .

Bildnis einer Dame

Es blieben Iwan noch knapp zweieinhalb Jahre eines Lebens, das mühsam geworden war. Er schlief weiterhin schlecht – ein Opfer seiner Alpträume –, und die Tage verliefen nicht besser als die Nächte. Er versuchte, nicht an seinen Sohn zu denken, und mied sorgsam alle Plätze, die ihn an dessen Tod erinnerten. Da sich der Mord in Alexandrowa Sloboda ereignet hatte, befahl er, diesen Ort mit seinen Kerkern, Folterkammern und riesigen Schatzkammern, der einst die Hauptstadt seines Reiches, der Sitz seiner Macht gewesen war, den umliegenden Wäldern zu überlassen.

Er war des Lebens müde, des Mordens und der Kriege. König Stephan Bathory sandte immer noch Truppen nach Rußland und hoffte, Pskow auszuhungern. Iwan ersuchte ihn um Frieden und lehnte alle Vorschläge ab, eine Armee zur Entlastung nach Pskow zu schicken. Am 13. Dezember 1581, knapp einen Monat nach dem Tod des Zarewitschs, begannen Gespräche in Jam Sapolskij, einem kleinen Ort ungefähr fünfundfünfzig Meilen südöstlich von Pskow, inmitten eines Gebiets, das in dem langen Krieg schwer verwüstet worden war. Ein Vermittler, der päpstliche Emissär Antonio Possevino, führte den Vorsitz bei den Verhandlungen. Iwans geheime Anweisungen an die russischen Gesandten sind nicht überliefert, aber wir können die eine oder andere aus den Umständen erschließen. Zum Beispiel befahl er allen Delegierten, sich großartig zu kleiden und prächtig geschmückte Pferde zu reiten. Sie sollten ihren Reichtum und die dazugehörige Selbstsicherheit zur Schau tragen. Dann wurden Kaufleute aus Moskau in diese öde Gegend geschickt, die dort ihre Zelte aufschlagen und kostbare Waren feilbieten sollten. Keiner durfte wissen, daß Rußland von dem dreijährigen Krieg verarmt und erschöpft war.

Die Litauer kannten die wirkliche Lage allerdings besser, als

Iwan glaubte. Sie ließen sich von dem farbenprächtigen Spektakel der Russen nicht sonderlich beeindrucken. Sie stellten harte Forderungen: Ganz Livland sollten die Russen aufgeben. Außerdem sollten Polozk, Welikije Luki und alle anderen wichtigen Städte dem polnischen König unterstellt werden, und schließlich verlangten sie noch eine Kriegsentschädigung von 40 000 ungarischen Kronen in Gold. Iwan hoffte, Dorpat und einige andere Städte behalten zu können, die ihm einen Zugang zum Meer gestatten würden. Beträchtliche Anstrengungen wurden unternommen, Antonio Possevino von der Berechtigung der russischen Ansprüche zu überzeugen. Eigens für ihn wurde Fleisch aus Nowgorod herbeigebracht, und man erklärte ihm, daß die Russen nicht in der Lage wären, mit dem Papst und dem Kaiser ein Bündnis gegen die Moslems einzugehen, wenn sie nicht einen Seehafen im Baltikum besäßen. Der päpstliche Unterhändler führte die Verhandlungen geschickt; er gab vor, neutral zu sein, und bezeugte jeder Seite sein Wohlwollen, obwohl er natürlich eine Vorliebe für das katholische Polen hatte und insgeheim hoffte, die protestantischen Litauer zum Katholizismus zu bekehren. Die Verhandlungen dauerten drei Wochen, doch ohne Ergebnis. Da leitete die belagerte Festung Pskow plötzlich eine Wende ein.

Fürst Iwan Schuiskij hatte schon fünfundvierzig Ausfälle machen lassen, in der Hoffnung, die Belagerung zu sprengen. Am 4. Januar 1582 befahl er den sechsundvierzigsten Angriff. Seine Kavallerie und Infanterie kämpften so gut, daß die Polen und Litauer zu dem Schluß kamen, die russische Armee würde die Stadt niemals aufgeben. Bereit zum Frieden, verkündeten sie, auf Befehl des Königs brächen sie die Verhandlungen ab. Am 15. Januar 1582 vereinbarten sie einen zehnjährigen Waffenstillstand, unter der Bedingung, daß Rußland ganz Livland abtrete. Der polnische König verzichtete auf die Entschädigung und gab Welikije Luki den Russen zurück, behielt aber Polozk. Iwan verlor Dorpat, blieb aber durch die heldenhafte Verteidigung von Pskow vor weiteren Demütigungen verschont, denn die russische Ehre war gerettet. Trotzdem hatte Iwan, feige und kleinmütig, wie er war, an diesen Triumphen keinen Anteil. Der Verlust Livlands war eine Katastrophe, und Iwan trug die Hauptschuld daran.

Bald nach der Unterzeichnung des Vertrags in Jam Sapolskij kam der päpstliche Vermittler nach Moskau. Er wollte mit Iwan, der in Trübsinn verfallen war, über religiöse Angelegenheiten sprechen. »Ich fand den Zaren in tiefer Verzweiflung«, schrieb Possevino. »Der Hof, einst so prächtig, glich nun einem Mönchskloster, die schwarzen Kleider waren der Beweis für des Zaren düsteren Sinn.« Iwan hielt nichts von religiösen Erörterungen; sie würden zu Streit führen, und der Streit zu Haß. Possevino begann denn auch mit unguten Gefühlen die Gespräche und nur, weil Papst Gregor XIII. darauf bestand, daß man ein letztes Mal versuchen sollte, die orthodoxe und die katholische Kirche unter seinem Obersten Pontifikat zu vereinen. Iwan, von Natur aus nie sonderlich langmütig, bewies Possevino gegenüber eine ungewöhnliche Nachsicht. Er sprach wie ein sehr alter und erfahrener Mann, der keine Lust hat, sich mit irgend jemandem zu streiten, und nur wünscht, in Ruhe gelassen zu werden:

»Antonio, Wir sind schon einundfünfzig Jahre alt. Wir wurden in unserem christlichen Glauben erzogen und haben die Reife erreicht, dank Gottes Gnade! In diesem Alter haben Wir nicht mehr den Wunsch, unseren Glauben zu wechseln, noch erstreben Wir ein größeres Königreich, über das Wir herrschen könnten. Das katholische Bekenntnis entspräche in vielen Glaubensartikeln nicht Unserem orthodoxen christlichen Glauben. Wir möchten darüber nicht weiter sprechen, weil Wir keinen Streit wollen. Außerdem können Wir Uns nicht auf die Erörterung einer so ernsten Angelegenheit einlassen, ohne den Segen Unseres Vaters, des Metropoliten, und des Kirchenkonzils.«

Possevino war Jesuit, charmant, unnachgiebig und seiner Sache unbedingt sicher; er setzte Iwan hart zu. Doch dieser hatte seine eigene Art, den Argumenten seines Gegners auszuweichen. Jemand hatte ihm erzählt, daß der Papst oft auf seinem Thron sitzend herumgetragen würde und daß auf seinen Schuhen Kreuze aufgenäht seien, die die Leute küssen konnten. »In unserer Kirche«, sagte Iwan, »pflegt man das Kreuz nicht unterhalb des Gürtels zu tragen.« Possevino war verwirrt und hielt eine lange Rede über die Notwendigkeit, Päpste und Kaiser zu verehren, bis Iwan ihn unterbrach: »Dieser Mann, der sich als Mitregent Christi bezeichnet, befiehlt den Menschen, ihn auf einem Thron herumzutragen, als säße er auf einer Wolke, als wäre er ein Engel, und er lebt nicht, wie Christus es gelehrt hat – dieser Papst ist kein Hirte, sondern ein Wolf!«

So brachen sich die angestauten Vorurteile der Orthodoxen

gegen die Katholiken schließlich doch Bahn. Possevino war zutiefst schockiert.

»Wenn der Papst ein Wolf ist«, erwiderte er finster, »dann habe ich nichts mehr zu sagen.«

Iwan bemühte sich, seinen Fehler wiedergutzumachen.

»Seht ihr«, erklärte er, »wenn wir über Religion sprechen, provozieren wir uns nur gegenseitig. Ich nenne Papst Gregor XIII. keinen Wolf, aber ich nenne den Papst einen Wolf, der sich nicht an die Lehren Christi hält!«

Indem Iwan versuchte einzulenken, wurde alles nur noch schlimmer. Er merkte das, legte seinen Arm auf Possevinos Schulter und erlaubte ihm, sich zurückzuziehen. Später am Tag schickte er ihm Fleisch von seiner eigenen Tafel.

Drei Tage darauf, am 24. Februar 1582, wurde Possevino wieder zu einer Audienz beim Zaren bestellt, der ihn bat, gegenüber dem Thron Platz zu nehmen. Dann sagte er mit lauter Stimme, so daß alle Anwesenden es hören konnten: »Antonio, bitte vergeßt, was ich über die Päpste gesagt habe, und was Euch so verärgerte. Wir stimmen in Glaubensangelegenheiten nicht überein, aber ich möchte mit allen christlichen Herrschern in Frieden leben, darum werde ich meine Offiziere veranlassen, Euch nach Rom zu begleiten, und für Eure Dienste entbiete ich meinen Dank.«

Auf diese Weise lenkte Iwan ein, und Possevino wurde erlaubt, seine Gespräche über Religion mit einer Gruppe Bojaren fortzusetzen. Doch da er recht wenig über den russischen Charakter wußte, stellte er weiterhin unerfüllbare Forderungen – sehr zum Verdruß seiner Gastgeber. So verlangte er die Ausweisung aller lutherischen Pastoren, und mußte hören, daß es in Rußland allen Menschen frei stünde, ihren Glauben zu praktizieren, unter der Bedingung, daß sie nicht versuchten, die orthodoxen Gläubigen zu bekehren. Dann wollte er die Erlaubnis, eine katholische Kirche zu errichten, und man sagte ihm, daß die Katholiken jederzeit ihren Glauben ausüben und ihre Priester nach Rußland holen könnten, aber das Errichten katholischer Gotteshäuser sei nicht gestattet. Possevino brachte dann einen möglichen gemeinsamen Kreuzzug der Katholiken und Orthodoxen gegen die Moslems zur Sprache. Iwan antwortete, er würde mit Freuden daran teilnehmen, wenn alle anderen gekrönten Häupter Europas ebenfalls mitmachten – was sehr unwahrscheinlich war, weshalb ihn das Problem auch nicht allzusehr beschäftigte.

Am ersten Sonntag der Fastenzeit rief Iwan Possevino wieder zu sich. Er lud den Stellvertreter des Papstes ein, einem orthodoxen Gottesdienst beizuwohnen:

»Antonio, ich weiß, Ihr wollt die Bräuche unserer Kirche kennenlernen, und deshalb habe ich es so eingerichtet, daß man Euch zur Uspenskij-Kathedrale geleitet, wenn auch ich mich dort befinde, und Ihr werdet die Schönheit und Erhabenheit eines wahren Gottesdienstes erleben. Dort, in der Kathedrale, beten wir die Himmlischen an, nicht die Irdischen, und wir verehren unseren Metropoliten, ohne ihn auf unseren Händen zu tragen. Der Apostel Petrus wurde von den Gläubigen nicht erhoben, vielmehr wandelte er sogar ohne Schuhe – und Euer Papst nennt sich Stellvertreter Gottes!«

Possevino war empört. Er erklärte, es könne keine Verbindung zwischen ihm und der Orthodoxen Kirche geben, bis nicht eine Verständigung zwischen dem Papst und dem Metropoliten zustande gekommen sei. Deshalb lehne er es ab, an dem Gottesdienst teilzunehmen. Aber die Uspenskij-Kathedrale befand sich gleich neben dem Palast, und auf ein Zeichen hin strömten alle Edelleute aus dem Empfangssaal, so daß Possevino von der Menge mitgetragen wurde, bis er sich plötzlich auf der Schwelle der Kathedrale wiederfand. Iwan rief ihm nach: »Antonio, paßt auf, daß Euch keine Lutheraner in die Kathedrale folgen!« Aber es gelang dem päpstlichen Emissär, in letzter Minute zu entkommen und dem Gottesdienst fernzubleiben.

Die List hatte versagt, aber Iwan behandelte Possevino weiterhin höflich, sandte dem Botschafter sogar sieben schwarze Zobelfelle als Geschenk für ihn und den Papst. Der Emissär verließ Moskau am 15. März 1582, begleitet von schwarzgekleideten russischen Gesandten.

So endete Possevinos eigentlich von vornherein hoffnungsloser Versuch, die Katholische und die Orthodoxe Kirche zu vereinen.

Die Kriege waren jedoch noch nicht zu Ende. Die Nogaj-Tataren und die Tscheremiss erhoben sich, und es gab beunruhigende Nachrichten über eine bevorstehende Invasion von der Krim. König Johann III. von Schweden hatte Narva erobert und fiel in russisches Territorium ein. Glücklicherweise war er kein Verbündeter König Stephan Bathorys, und die Gefahr einer gemeinsamen Aktion von Schweden, Polen und Litauern war gering. Nachdem er mit dem polnischen König Frieden geschlossen hatte, griff

Iwan nun die Schweden an, um Narwa zurückzugewinnen. Doch er brach den Feldzug unvermutet ab und bat den Feind, über einen Friedensvertrag zu verhandeln. Wahrscheinlich dünkte ihn die Gefahr einer möglichen Tatareninvasion schwererwiegend. Im Mai 1583 schloß er mit Schweden einen zweimonatigen Waffenstillstand, der später auf drei Jahre verlängert wurde. Schweden behielt Narwa und einen großen Teil der ehemaligen russischen Küste am Golf von Finnland.

Wenn die russische Armee eine entsprechende Führung gehabt hätte, wäre ihre Schlagkraft wahrscheinlich ungleich höher gewesen; aber Iwan war kein Heerführer. Alt, von Schuldgefühlen zerrissen und an verschiedenen, nicht genau diagnostizierten Krankheiten leidend, war er der mitleiderregende Schatten des Mannes, der einst Kasan erobert hatte. Geblieben waren ihm nur einige Träume, und besonders lebhaft und konkret träumte er immer noch von England. Er hielt das Land für einen überaus wertvollen Verbündeten; England könnte ihn mit Waffen und Munition versorgen, und das um so bereitwilliger, wenn er durch Heirat mit einer engen Verwandten der jungfräulichen Königin liiert wäre. Englische Kanonen, englisches Schießpulver, eine englische Ehefrau – wenn er mit all dem ausgerüstet wäre, gäbe es keinen Feind mehr, den er nicht bezwingen könnte.

Einer der vielen Leibärzte Iwans war Dr. Robert Jacoby. Er besaß Verbindungen zur Familie von Francis, dem Zweiten Earl of Huntington, zu dessen großer Familie auch eine Tochter namens Mary, bekannt als Lady Mary Hastings, gehörte. Dr. Robert Jacoby betrachtete diese Dame als eine passende Braut für Iwan – der übrigens noch immer mit seiner siebten Frau verheiratet war. Der Arzt war 1581 mit einem Empfehlungsschreiben von Königin Elisabeth nach Rußland gekommen. Iwan vertraute ihm vorbehaltlos, lauschte Dr. Jacobys Geschichten über den Hof, und verliebte sich in eine Frau, die er nie gesehen hatte. Den Berichten des Arztes zufolge war sie eine Nichte der Königin; das stimmte zwar nicht, doch gehörte Lady Mary Hastings zu einer der mächtigsten Familien Englands, und es gab eine Zeit, da hatte ihr Vater sich als zukünftiger König gesehen.

Am 11. August 1582 wurde Fjodor Pissemskij, Botschafter und außerordentlicher Gesandter, von Iwan beauftragt, über eine engere Verbindung zwischen Rußland und England und gleichzeitig über die Heirat mit Lady Hastings zu verhandeln. Seine

Instruktionen waren ebenso umfangreich wie genau. Pissemskij sollte die Wünsche und Vorschläge des Zaren der Königin in einer Privataudienz überbringen, dann ein Bild der Dame erwerben, sie treffen, ausführlich beschreiben, ihre genaue Beziehung zur Königin in Erfahrung bringen sowie die Anzahl ihrer Brüder und Schwestern und den Rang ihres Vaters. Als Pissemskij einen Monat später in London ankam, hatte er Schwierigkeiten, in die Nähe der Königin zu gelangen. Die Pest war ausgebrochen, und Elisabeth hatte sich in die Abgeschlossenheit von Windsor Castle zurückgezogen. Endlich, am 4. November, wurde er im Schloß vorgelassen, und man erwies ihm alle Ehrenbezeigungen, die ihm gebührten.

Die Königin erhob sich äußerst wohlwollend, als der Name des Zaren erwähnt wurde, und trat vor, um aus Pissemskijs Händen die Geschenke und Briefe zu empfangen. Lächelnd bedauerte sie, der russischen Sprache nicht mächtig zu sein; sie erkundigte sich nach der Gesundheit des Zaren und beteuerte, die Kunde vom Tod des Zarewitsch hätte sie sehr betrübt. Pissemskij antwortete, daß der Zar sie mehr als alle anderen Souveräne Europas schätze, und sie erwiderte: »Ich schätze ihn nicht weniger und hoffe aufrichtig, ihn eines Tages mit meinen eigenen Augen zu sehen.«

Am 18. Dezember 1582 fand das erste formelle Treffen Pissemskijs mit den Ministern der Königin statt. Der Botschafter teilte mit, daß er vom Zaren mit der Aufgabe betraut worden sei, Verhandlungen über ein Verteidigungs- und Angriffsbündnis zu führen; England sollte mit Rußland in Frieden und Krieg zusammenhalten, im Falle eines Krieges erwarte man von der Königin, daß sie den Zaren mit Truppen unterstütze. Wenn dies nicht möglich sei, sollte sie ihm Finanzhilfe gewähren und Rüstungsmaterial schicken. Es gab lange Diskussionen über den genauen Wortlaut des Vertrages und über den Anspruch der Engländer auf ein exklusives Handelsrecht im Weißen Meer. Ein endgültiges Übereinkommen wurde nicht erzielt, und genau einen Monat später, am 18. Januar 1583, hatte der Botschafter seine erste Privataudienz bei der Königin. Man besprach Iwans mögliche Heirat mit Lady Mary Hastings. Es wurde bekannt, daß nach Meinung der Königin die Dame nicht schön genug für Iwan sei, zumal sie erst kürzlich die Blattern gehabt habe. Später, wenn sie sich erholt hätte, könnte man dann eine Begegnung des Botschafters mit Lady Hastings arrangieren. Ein Bildnis sollte ebenfalls angefertigt werden. Vier Monate verstrichen, und am 18. Mai 1583 sah Pissemskij die Dame zum ersten Mal.

Das Zusammentreffen war sorgfältig vorbereitet worden und ähnelte einem Sklavenmarkt, wobei der Botschafter die Rolle des interessierten Käufers spielte. Lady Hastings wurde in einem Zelt zur Schau gestellt, das in den Gärten von York House stand, einem palastartigen Wohnhaus, das früher dem Erzbischof von York gehörte. Junge Edelleute und Ehrenjungfrauen warteten ihr auf, und Pissemskij scheint ein wenig beklommen auf sie zugetreten zu sein. »Sie setzte eine würdevolle Miene auf«, schrieb Sir Jerome Horsey, »er warf sich ihr zu Füßen, erhob sich wieder und trat einige Schritte zurück, wobei er sie immer noch ansah; die anderen bewunderten sie gleich ihm. Er ließ durch einen Dolmetscher sagen, daß es ihm genüge, den Engel zu erblicken, von dem er hoffte, daß er seines Herrn Gemahlin werden würde. Er pries ihre anmutige Haltung und Pracht und ihre bewundernswürdige Schönheit.« In seiner Beschreibung der Dame, die er dem Zaren schickte, vergaß Pissemskij dann allerdings zu erwähnen, daß sie schön sei. Er berichtete, daß sie »groß, wohlgeformt, schlank, weiß von Angesicht, ihr Haar dunkelblond ist; sie hat eine große Nase, ihre Finger sind lang und schmal«. Es war das Porträt einer würdevollen und ziemlich schlicht aussehenden englischen Aristokratin. Als sie wenige Tage nach der Gegenüberstellung mit dem Botschafter sprach, sagte Königin Elisabeth offen ihre Meinung.

»Ich glaube nicht, daß Euer Herrscher meine Nichte mögen wird, und ich glaube auch nicht, daß Ihr sie mögt.«

»Mir scheint, daß Eure Nichte sehr schön ist«, antwortete der Botschafter diplomatisch. »Nun liegt alles in Gottes Hand.«

Er hatte viele Monate gewartet, einen Blick auf die zukünftige Zariza zu werfen; nun war er zufrieden. Auch die Königin glaubte, nichts zu verlieren, indem sie eine unbedeutende Verwandte mit dem Zaren verheiratete. Und Lady Mary gefiel der Gedanke, Kaiserin zu werden. Später allerdings, als sie Genaueres über Iwans Charakter erfuhr, bat sie die Königin, der Bewerbung ein Ende zu setzen. Für den Rest ihres Lebens machten sich Freunde einen Spaß daraus, sie »Kaiserin von Moskowien« zu nennen.

Bevor der russische Botschafter England verließ, war er Ehrengast bei einem Bankett, das die Königin in ihrem Palast in Greenwich gab; als er sich verabschiedete, überreichte sie ihm zwei

Briefe an den Zaren. In dem einen dankte sie ihm für seinen Vorschlag, ein Bündnis einzugehen, im anderen äußerte sie sich erfreut über seine Absicht, England zu besuchen, nicht weil er aus irgendeinem Grunde in seinem Land in Gefahr sei, sondern einfach, weil er mit ihr zusammentreffen wollte. Dann würde sie ihm beweisen, daß England ihm ein zweites Rußland sein könnte. Dieses diplomatische Verhalten sollte die Anstrengungen ihres eigenen Botschafters unterstützen, grundlegende Handelsprivilegien zu erwirken. Der Gesandte hatte auch die Anweisung, dem Zaren so schonend wie möglich beizubringen, daß die Königin kein Interesse an einem Militärpakt mit Rußland habe und daß Lady Mary Hastings bei schlechter Gesundheit sei, weshalb sie kaum in der Lage sein würde, die lange und beschwerliche Reise nach Moskau zu machen. Auch wollte ihre Familie sich nicht von ihr trennen.

Der englische Gesandte war gut ausgewählt. Sir Jerome Bowes war ein stolzer, temperamentvoller Mann, der sich von keinem etwas vormachen ließ – auch vom Zaren nicht. Er überschätzte seine eigene Bedeutung zwar, aber wenn man mit Iwan verhandelte, konnte es nur von Nutzen sein, ein etwas übersteigertes Selbstbewußtsein zu besitzen.

Die beiden Botschafter, die gemeinsam nach Rußland aufgebrochen waren, kamen am 23. Juli 1583 in der Sankt-Nikolaus-Bucht an. Hier, weit im Norden, trennte sich Pissemskij von Bowes und eilte zu Lande nach Moskau, während der Engländer per Schiff die nördliche Dwina bis nach Wologda hinaufsegelte, wo ihm vom Zaren Pferde und Proviant bereitgestellt worden waren. In Jaroslawl erhielt er noch einmal zwei edle Rösser. Es war offensichtlich, daß er mit außergewöhnlicher Hochachtung behandelt wurde.

Als er Moskau erreichte, kam ihm eine Eskorte von dreihundert gutausgerüsteten Edelleuten zu Pferde entgegen, angeführt von Fürst Iwan Sizkij, einem Mann, der Iwan in vielen hohen Ämtern gedient hatte – vor allem auch als Botschafter am Hof König Stephan Bathorys. Die Männer geleiteten Bowes zu seiner Unterkunft, wo er Speisen von des Zaren Tafel erhielt. Man erzählte ihm, daß Iwan begierig sei, ihn zu sehen, aber da er ohne Zweifel von der langen Reise ermüdet sei, könnte er zwei Tage bis zur ersten Audienz ausruhen.

Am 24. Oktober 1583 um neun Uhr morgens ritt Bowes in

Begleitung von Fürst Sizkij und der Eskorte zum Kreml-Palast. Mit ihm waren dreißig seiner eigenen Bediensteten, die die kostbaren Geschenke von Königin Elisabeth trugen. Im Palast wurde Bowes eine Bank nahe beim Zarenthron zugewiesen. Iwan saß mit seinen drei Kronen vor ihm, und um den Zaren herum standen die unvermeidlichen vier Wachen in silbernen Kleidern. Es folgten die gewöhnlichen Erkundigungen nach der Gesundheit der Königin, und sie wurden wie stets beantwortet. Nach kurzer Zeit wurde Bowes wieder entlassen, und Iwan, der vom Verhalten des Botschafters angenehm berührt war, befahl, Schüsseln mit Speisen in dessen Unterkunft zu bringen. Die Sache ließ sich gut an; jetzt mußte man nur noch die Einzelheiten des Vertrages mit Hilfe einer Kommission, bestehend aus Nikita Sacharin, Bogdan Belskij und Andrej Schtschelkalow, ausarbeiten.

Natürlich war alles nicht ganz so einfach. Iwan hatte da seine eigenen Vorstellungen: Die Königin sollte tun, was er wollte. Er beabsichtigte, folgende Forderung in den Vertrag einzufügen: »Königin Elisabeth soll entweder Bathory bestimmen, mit Rußland wahrhaft Frieden zu schließen, und ihn zwingen, Livland und die Provinz Polozk an Rußland zurückzugeben, oder sie muß gemeinsam mit Rußland Litauen angreifen.« Bowes hatte nicht die geringste Absicht, eine derartig einseitige Klausel zu akzeptieren, und erinnerte die russischen Unterhändler nachdrücklich daran, daß er keine Vollmacht habe, einer solchen Forderung zuzustimmen. »Damit kann ich nicht zurückkehren«, sagte er kurz. »Die Königin würde mich für einen Narren halten, wenn ich es täte!«

Dann diskutierte man den Anspruch auf besondere Privilegien, die den Engländern das alleinige Recht einräumen sollten, in den Häfen am Weißen Meer Handel zu treiben. Die Mitglieder der Kommission fragten Bowes, ob er erwarte, daß die Russen mit allen anderen souveränen Staaten den Handel abbrechen würden. Dieser antwortete, daß sie nicht vergessen sollten, daß die Engländer die ersten waren, die die Route über das Weiße Meer entdeckt hätten, und deshalb besondere Vorrechte beanspruchen könnten. Als Iwan schließlich einwilligte, den Engländern den größeren Anteil am Handel im Weißen Meer zuzugestehen, aber auch den Franzosen und Niederländern Handelsmöglichkeiten einräumen wollte, bestand Bowes hartnäckig auf Exklusivrechten.

IOVAN
BASILLI
GRÃ DVCA
DI MOSCOVIA
stampato novamente

Iwan in den letzten Jahren seines Lebens (Porträt aus dem 17. Jahrhundert).

Die Verhandlungen kamen nur langsam voran. Bowes versuchte eine Entscheidung zu beschleunigen, indem er immer wieder mit Hilfe Dr. Jacobys um Privataudienzen beim Zaren ersuchte. Diese Audienzen verliefen manchmal recht turbulent. Einmal, als Iwan verärgert war, weil die Königin sich nicht auf einen Vertrag nach seinen Bedingungen einlassen wollte, wurde er zornig und erklärte, daß er auf die Königin als Verbündete sehr wohl verzichten könne. Bowes war entsetzt und antwortete heftig. Es kam zu folgendem Wortwechsel:

Bowes: Die Königin, meine Herrin, ist ein so großer Herrscher wie irgendeiner in der Christenheit, ebenbürtig auch dem, der sich der größte dünkt, und sie ist sehr wohl fähig, sich gegen seine Tücke zur Wehr zu setzen, wer immer es auch sein möge, und es ist ihr völlig egal, jemandem zu nahezutreten, wenn sie einen Grund hätte oder haben sollte, ihm feindlich gesinnt zu sein!

Zar: Nun, wie seht Ihr dann den französischen König oder den König von Spanien?

Bowes: Heilige Jungfrau! Ich erachte die Königin, meine Herrin, für ebenso großartig wie diese beiden.

Zar: Was sagt Ihr dann zum Kaiser von Deutschland?

Bowes: Die Erhabenheit der Königin, meiner Herrin, ist so groß, daß der König, ihr Vater, in seinen Kriegen gegen Frankreich selbst den Kaiser in seinen Diensten hatte!

Iwan war nicht entzückt von der Vorstellung, daß ein englischer König die Dienste eines deutschen Kaisers kaufen konnte, und wurde nur noch zorniger. Er befahl Bowes, sofort den Kreml-Palast zu verlassen, und fügte hinzu: »Wenn Ihr nicht ein Botschafter wärt, würde ich Euch vor die Tür setzen lassen!« Etwas später, als er sich beruhigt hatte, sagte der Zar: »Gebe Gott, daß ich einen solch treuen Untertanen besäße.«

Die unangenehmen Unterredungen nahmen ihren Fortgang. Eines Tages wurde Bowes zu einem Treffen mit dem Zaren und seinen engsten Ratgebern eingeladen. Anwesend waren Nikita Sacharin, Dimitrij Godunow, Bogdan Belskij, Andrej Schtschelkalow, Fürst Fjodor Trubezkoj, zwei Sekretäre und drei weitere Adelige aus dem Bojarenrat. Diese Männer lenkten die Geschicke des russischen Staates, und drei von ihnen — Sacharin, Belskij und Schtschelkalow — standen praktisch im Zentrum der Macht.

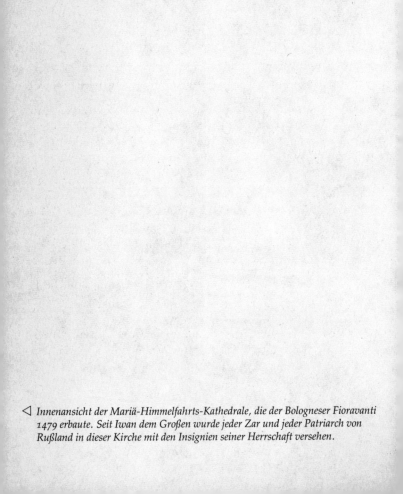

◁ Innenansicht der Mariä-Himmelfahrts-Kathedrale, die der Bologneser Fioravanti 1479 erbaute. Seit Iwan dem Großen wurde jeder Zar und jeder Patriarch von Rußland in dieser Kirche mit den Insignien seiner Herrschaft versehen.

Deshalb wurde ihnen auch befohlen, nahe an den Thron heranzutreten und mit Bowes eine Angelegenheit von äußerster Wichtigkeit zu besprechen: die Heirat des Zaren mit Lady Mary Hastings.

Es scheint, daß der Zar ganz angetan war vom Porträt der Dame und sich entschlossen hatte, sie zu ehelichen. Aber würde die Königin zustimmen, daß die Braut zum orthodoxen Glauben übertrat? Es gab auch noch andere Fragen zu klären, und Iwan wollte auch bereits das Datum der Hochzeit festsetzen. Bowes, der genau wußte, wie Lady Hastings über die Hochzeit dachte, zögerte. Er sagte, sie sei krank, und es sei unwahrscheinlich, daß sie eine orthodoxe Christin werden würde. Der Zar war bitter enttäuscht und sagte: »Ich sehe, Ihr seid nicht hierher gekommen, um Geschäfte abzuschließen, sondern um sie abzulehnen! Deshalb werde ich mit Euch nicht länger über diese Angelegenheit sprechen!« Bowes fürchtete, den Hauptzweck seines Auftrags zu gefährden – die Handelsprivilegien –, und versuchte daher, den Zaren milde zu stimmen, indem er andeutete, daß Lady Mary Hastings nur eine sehr entfernte Verwandte der Königin sei, und außerdem gäbe es viele andere, die wesentlich hübscher wären.

»Wer sind diese?« fragte der Zar.

Bowes erwiderte, es stünde ihm nicht frei, deren Namen preiszugeben. Er brauche die Erlaubnis der Königin und könne nicht mehr tun, als dem Zaren zu versichern, daß sie existierten. Das waren wenig erfreuliche Neuigkeiten, und Iwans Laune verschlechterte sich zusehends: »Welche Anweisungen habt Ihr dann? Wir können den Vertrag nicht so abschließen, wie die Königin von England es wünscht!«

Bowes sah, daß er den Zaren wieder besänftigen mußte, und erreichte durch die Fürsprache Dr. Jacobys eine weitere Privataudienz. Sofort fragte Iwan, ob er neue Instruktionen erhalten habe.

»Ich habe keine weiteren Anweisungen«, antwortete Bowes. »Aber die Königin trug mir auf, dem zuzuhören, was immer Ihr zu sagen wünscht, und ihr Eure Worte zu übermitteln.«

Bowes scheint nicht ohne Arroganz gesprochen zu haben, denn Iwan machte ihm sofort klar, daß er der Zar sei und jegliche Verständigung mit ihm über seine Bojaren laufe. Wenn die Königin nach Moskau käme, dann könnte sie mit ihm von gleich zu gleich sprechen. »Ihr sagt eine ganze Menge, aber nichts Bestimmtes. Ihr sagt Uns, Ihr hättet keine Anweisungen, aber gestern erzählte Uns Dr. Robert, Ihr wolltet mit Uns privat sprechen. Deshalb sagt, was Ihr zu sagen habt!«

Wieder vermied Bowes, über das Wesentliche zu sprechen. Doch Iwan wollte endlich zur Sache kommen.

»Sagt Uns, was die Königin Euch aufgetragen hat, über die Heirat zu sagen.«

Bowes erwiderte: »Die Königin wünscht Eure Freundschaft mehr, als die irgendeines anderen Herrschers, und mein Wunsch ist es, Euch zu dienen.« Auf so geschickte Weise gelang es ihm, den Zaren weiter hinzuhalten. Iwan meinte finster: »Sagt mir, wer die Jungfrauen, die Nichten der Königin sind, und ich werde meinen Botschafter schicken, sie anzusehen und Porträts von ihnen zu machen.«

Bowes erbot sich, naturgetreue Bilder herbeizuschaffen, doch da er Iwan nicht mit einem einzigen Namen der Damen aufwarten konnte, blieb dieser enttäuscht und verbittert. Als er Bowes einige Tage später sah, rief er : »Ihr seid ein Nichtskönner! Seit Ihr hier angekommen seid, habt Ihr nichts zustande gebracht.« Das stimmte nicht ganz, denn Bowes hatte eine erfolgreiche Verzögerungstaktik angewandt und glaubte immer noch, den Vertrag so, wie er ihn sich vorstellte, zu bekommen. Als Iwan einmal besonders ärgerlich war, beklagte sich Bowes, daß er schlecht behandelt würde. Man hätte ihm nur Schweinefleisch, das er verabscheue, gegeben statt Lamm- und Hühnerfleisch. Er beschuldigte in diesem Zusammenhang Schtschelkalow, und Iwan ordnete sofort an, daß dieser nichts mehr mit dem Engländer zu tun haben sollte. Die Kaufleute, die verpflichtet worden waren, Bowes mit Nahrungsmitteln zu versehen, kamen ins Gefängnis, während Bogdan Belskij angewiesen wurde, sich im Namen Iwans für die verbalen Beleidigungen zu entschuldigen, unter denen Bowes am Hof gelitten habe. Iwan war es außerdem vor allem darum zu tun, daß der Engländer ihm verzeihe, daß er ihn einen Nichtskönner genannt hatte.

Im ganzen fanden sechs Gespräche mit Bowes statt, das letzte am 20. Februar 1584. Sie waren immer geistreich, ironisch, wie eine Art Tanz. Bei einem der letzten Zusammentreffen bekräftigte Iwan, daß er entschlossen sei, eine Verwandte der Königin zu heiraten. Er habe vor, selbst nach England zu fahren und seine Braut auszusuchen, und er setzte hinzu, er werde seine Schätze mit sich nehmen. Anscheinend glaubte er, die Königin würde vom Glanz seiner Reichtümer so geblendet sein, daß sie ihm alles gäbe, was er verlangte.

In den letzten Wochen seines Lebens war er in eine unbekannte englische Frau verliebt, die er nie gesehen hatte. Man hätte ihn auch nicht von seinem England-Plan abbringen können, wäre er nicht weniger als einen Monat nach seinem letzten Treffen mit Bowes unverhofft gestorben. Iwan und Elisabeth Hand in Hand durch die Gärten von Windsor Castle wandelnd – um dieses Bild wurde die Geschichte also gebracht.

»Wo ist unser Herr, der Zar, der Großfürst von ganz Rußland…?«

Während seines Lebens beging Iwan jedes nur vorstellbare Verbrechen – und wurde mit erstaunlichen Triumphen belohnt. Die Götter waren ihm gnädig und erfüllten ihm die meisten seiner Wünsche. Kaum ein Feind kam unbestraft davon; seine Siege auf dem Schlachtfeld würden immer in Erinnerung bleiben. Zu dem von seinem Vater geerbten Reich fügte er zahlreiche große Gebiete hinzu. Seine Erfolge kamen manchmal ohne sein Wissen zustande; oft geschahen sie auch trotz seines Zutuns – aber stets rechnete er sie sich als sein Verdienst an. So schlug das russische Heer die Armee der Krim-Tataren, als Iwan in den Norden geflüchtet war. Er kehrte nach Moskau zurück, feierte den Sieg und hielt sich für einen großen Eroberer. In den letzten Jahren seines Lebens geschah etwas ganz Ähnliches: Das riesige Reich Sibirien fiel ihm praktisch in den Schoß.

Dieses neue Gebiet wurde ihm von der mächtigen und wohlhabenden Kaufmannsfamilie der Stroganows geschenkt, deren Grundbesitz von der nördlichen Dwina bis an den Ural reichte. Ursprünglich waren sie Kaufleute aus Nowgorod, doch sie wurden Rußlands erste große Industrielle. Sie besaßen Salzbergwerke, Holzplätze, Schmieden und handelten mit Holz, Eisen, Salz, Fisch, Getreide und Pelzen. Als sie weiter nach Osten vordrangen, gab man ihnen Freibriefe, unbewohnte Gebiete zu kolonisieren und Territorien zu erobern, in denen Tataren, Wogulen und Ostiaken lebten. Die Stroganows hatten ihre Privatarmeen, ihre Festungen und ihre eigene Hauptstadt in Solikamsk. Es gab immer wieder Kämpfe zwischen den kleinen Truppen der Stroganows und den Armeen Kutschums, des Khans von Sibirien. Die Scharmützel hatten 1573 begonnen, und im Jahr 1581 beschlossen die Stroganows, daß es für sie am vorteilhaftesten sei, das Khanat ganz zu zerstören. Khan Kutschum stammte von Fürst

Schiban ab, einem der jüngeren Söhne Dschingis Khans. Seine Hauptstadt war Sibir am Irtysch, der in den Ob mündet. Beide Flüsse haben ihre Quellen in den Bergen der Äußeren Mongolei.

Iwan begrüßte die Entscheidung, Sibirien zu erobern, bot aber sehr wenig Unterstützung. Die Stroganows dürften auf eigene Verantwortung handeln. Als Anführer der Expedition wählten sie Jermak Timofeewitsch, einen ehemaligen Straßenräuber von der unteren Wolga. Sein Heer bestand aus 540 Kosaken und ungefähr 300 Freiwilligen, alle mit Musketen bewaffnet. Zusätzlich verfügten sie noch über drei Feldgeschütze. Die Stroganows versahen sie auch mit Proviant und Bannern, auf denen heilige Bilder gemalt waren. Die Kosten des ganzen Feldzugs betrugen 20 000 Rubel.

Jermak brach am 1. September 1581 von einem Stützpunktla-

*Das große Siegel Iwans IV., 1583. Die kleinen Kreise stellen seine Fürsten-
tümer und Königreiche dar. Kasan wird durch die geflügelte Chimäre (oben
rechts) symbolisiert.*

ger an der Tschussowaja nach Sibiren auf, segelte flußaufwärts in Richtung Ural und passierte gefährliche Klippen und dichte Wälder. Nach sechs Tagen zogen seine Männer die Boote an Land und trugen sie über einen Paß. Am Ende ihres Weges erreichten sie ein befestigtes Lager, wo sie den Winter über blieben. Im Mai zogen sie weiter, setzten ihre Boote auf den Fluß Tagil und segelten ostwärts in den Herrschaftsbereich von Khan Kutschum. Am Wege liegende Tatarensiedlungen wurden überfallen. Als sie einmal einen berühmten Tatarenoffizier gefangengenommen hatten, sandten sie ihn voraus nach Sibir. Dort berichtete er dem Khan, daß die Kosaken Waffen hätten, die »Flammen und Rauch speien und tönen wie Donner«. Die Musketen und die drei Kanonen erschreckten die Sibirier, aber sie kämpften weiter.

Jermak kam nur langsam voran, viele seiner Männer wurden getötet oder verwundet. Am 23. Oktober 1582, als der Winter schon nahte, kam es zur ersten offenen Schlacht. In den vorherigen Kämpfen hatte es so viele Verluste gegeben, daß viele seiner Männer nach Rußland zurückkehren wollten. Doch Jermak befahl, das mit gefällten Bäumen verstärkte Lager der Tataren, das den Zugang zu Sibir bewachte, anzugreifen. Da die Tataren nur mit Pfeil und Bogen bewaffnet waren, unterlagen sie den Kosaken. Trotzdem wurde hart gefochten. Die Tataren stürzten hinter ihren Baumstämmen hervor, um sich den Kosaken im Einzelkampf zu stellen. Als Mametkul, der Neffe Kutschums, der die Tataren befehligte, verwundet wurde und an das gegenüberliegende Ufer der Irtysch getragen werden mußte, verließ die Tataren der Mut. Bald danach ritt Khan Kutschum, der die Schlacht von einem entfernten Hügel aus beobachtet hatte, nach Sibir zurück, aber nicht, um die Stadt verteidigungsbereit zu machen, sondern um seine Schätze für die Flucht nach Osten zusammenzuraffen.

Die Russen hatten ungefähr zweihundert Mann in den vorangegangenen Gefechten verloren und über hundert weitere in der Schlacht um Sibir. Drei Tage später zogen sie in die verlassene Stadt ein. Kurz darauf kehrten die Ostiaken und die Tataren zurück, nachdem man ihnen versprochen hatte, daß sie keine Strafe treffen werde. Jermak war sich der Bedeutung seiner Eroberung sehr wohl bewußt, denn nun war der Weg frei für eine Unterwerfung des restlichen Sibiriens bis an den Pazifik.

Aus bestimmten Gründen verzögerte Jermak seinen Bericht an Iwan, und erst Ende des Jahres, am 22. Dezember 1582 brach

Iwan Kolzo, der Vizekommandant, zusammen mit fünfzig Kosaken von Sibir nach Moskau auf. Sie nahmen eine größere Anzahl Felle und Pelze als Geschenk für den Zaren mit sowie lange Briefe Jermaks an Iwan und die Stroganows, die so einen vollständigen Bericht über den Feldzug erhielten. An den Zaren schrieb Jermak, er habe diesen Feldzug unternommen, um die Sünden seiner Zeit als Räuber zu büßen, und nun, da er erfolgreich das Khanat Sibirien erobert habe, das russisches Besitztum »für immer und ewig, so lange Gott die Welt dauern läßt«, bleiben möge, hoffe er auf Vergebung für sich und seine Kosaken. Falls er keine Begnadigung erhielte, versprach er, sein Leben heldenhaft auf dem Schafott zu opfern.

Der ausführliche Brief, an dem Jermak zwei Monate lang gearbeitet hatte, erreichte Iwan Ende Januar oder Anfang Februar 1583. Die Kirchenglocken läuteten, und es wurden Dankgottesdienste abgehalten, um die neue Eroberung zu feiern. Auf den Straßen Moskaus beglückwünschten sich die Menschen gegenseitig mit den Worten: »Gott hat Rußland ein neues Königreich gegeben.« Jeder stimmte in den Jubel ein, denn in den vergangenen Jahren war Rußland mit guten Nachrichten nicht verwöhnt worden. Iwan Kolzo avancierte zum Held des Tages, von jedem gefeiert und im Thronsaal des Kreml-Palastes begrüßt, wo er sich vor Iwan verneigte und dessen Hand küßte. Die Untaten der Kosaken wurden vergessen. Iwan befahl, daß Jermak ein besonderes Kettenhemd geschenkt werden sollte, mit einem goldenen doppelköpfigen Adler auf dem dazugehörigen Brustharnisch.

Sibirien ging in den Besitz des Zaren über. Dem Bischof von Wologda wurde befohlen, zehn Priester mit deren Familien nach Sibirien zu schicken. Iwan Kolzo wurde bevollmächtigt, neue Siedler für das eroberte Land anzuwerben. Fürst Simeon Bolchowskij erhielt Order, sofort mit fünfhundert Musketieren nach Sibirien aufzubrechen, um die Amtsgewalt des Zaren zu begründen. Jermak selbst wurde der Titel Fürst Sibirskij verliehen.

Auch die Stroganows standen hoch in Gunst. Iwan ließ sie an den Hof kommen, beschenkte sie mit neuen Ländereien an der Wolga und erlaubte ihnen, ohne Steuern oder Abgaben zahlen zu müssen, in allen ihren Städten und Dörfern Handel zu treiben. Das war ein fürstliches Geschenk, denn es bedeutete ungeheuren Wohlstand; eine angemessene Belohnung dafür, daß sie ein neues Reich zu Iwans riesigem Territorium hinzugefügt hatten.

Im Februar 1583, um die gleiche Zeit, da Iwan Kolzo in Moskau gefeiert wurde, gelang es den Kosaken Mametkul, den Neffen Kutschums, gefangenzunehmen. Jermak empfing ihn freundlich, ließ ihn aber streng bewachen, denn er war ein tapferer und wagemutiger Befehlshaber, der ihm und seinen Leuten während der vorangegangenen drei Monate manche Schwierigkeiten gemacht hatte. Als Iwan von der Gefangennahme erfuhr, befahl er, den Tatarenfürsten an seinen Hof zu bringen, empfing ihn wohlwollend und gewährte ihm nach einer althergebrachten Sitte die Rechte, deren sich alle Tatarenfürsten erfreuten, die ihm den Treueid schworen und sich in seine Dienste begaben.

Unterdessen streifte Khan Kutschum in den Steppen Zentralasiens umher, entschlossen, sein verlorenes Königreich zurückzugewinnen. Nach der ersten Niederlage kam es immer wieder zu Kämpfen. Die Tataren hatten viele Vorteile auf ihrer Seite: Sie waren den Russen zahlenmäßig überlegen, konnten gut größere Strecken wandern, und sie litten nicht unter dem Skorbut, die die Hälfte von Jermaks Kosaken dahinraffte. Ein Aufstand, der von einem gewissen Karatscha geführt wurde, breitete sich über ganz Sibirien aus, und Sibir, nun eine schwer befestigte Stadt, wurde von Karatschas Streitkräften umzingelt. In der Nacht des 12. Juni 1585 schlichen die Kosaken jedoch aus der Stadt und griffen Karatschas Truppen an. Viele der Tataren wurden im Schlaf umgebracht, der Rest vertrieben.

Zwei Monate später, am 5. August, ruhte sich Jermak in seinem Lager, das nur zwei Tagesreisen von Sibir entfernt war, aus, als er von einem Trupp unter Khan Kutschums Befehl überrascht wurde. Während der Nacht hatte es heftig geregnet, eine starke Brise kam auf, und Jermak gab seinen Männern die Erlaubnis zu schlafen, denn es war undenkbar, daß der Khan in einer solchen Nacht angreifen würde. Er ahnte nicht, daß die Spione des Khans ihm gefolgt waren und genau wußten, wo er sich befand. Mitten in der Nacht überfielen die Tataren das Lager, das auf einem alten Friedhof aufgeschlagen worden war, und töteten alle Kosaken außer zweien, denen es gelang zu fliehen. Einer der beiden konnte Sibir erreichen, der andere war Jermak, der in voller Rüstung in den schnellfließenden Irtysch sprang, in der Hoffnung, die Stelle zu erreichen, wo die Boote der Kosaken vertäut lagen. Doch er ertrank.

Nach seinem Tod wurde Jermak zur Legende, zum Volkshelden. Lieder wurden auf ihn gesungen und Geschichten über ihn erzählt. In der Sage war er der Mann, der Sibirien beinahe allein den Russen erobert hatte, wobei vergessen wurde, daß nach seinem Tod kaum ein Russe in Sibirien überlebte. Jermaks Nachfolger kämpften mit den Nachkommen von Khan Kutschum beinahe hundert Jahre lang, bis Sibirien ganz in russischer Hand war.

Auch Iwan wurde schon zu Lebzeiten zu einer Legende. In den Liedern war er immer »der schreckliche Zar Iwan Wassilijewitsch«, der Mann, der grausame Taten vollbrachte, der sich der Gewalt und dem Raub verschrieben hatte und schließlich in Kummer und Schmerz versank.

Obwohl er erst dreiundfünfzig Jahre alt war, glich er im Winter 1583 einem Greis. Er litt an der Wassersucht und war von Krankheiten jeglicher Art und Herkunft gezeichnet. Die Folgen seiner Exzesse machten sich jetzt bemerkbar; auch seiner Ängste wurde er kaum mehr Herr. In der Vergangenheit bekämpfte er seine Verzweiflung, indem er Menschen vernichtete; nun sah er sich selbst am Rande der Zerstörung und fand nirgends mehr Befriedigung.

Eines Tages, Anfang 1584, sah er vom Kreml-Palast aus einen Kometen, der die Form eines flammenden Kreuzes hatte und am Himmel zwischen der Verkündigungs-Kathedrale und dem großen Turm, bekannt als Iwans Glockenstuhl, stand. Er betrachtete ihn lange Zeit und sagte dann: »Dieses Zeichen sagt meinen Tod voraus.«

Er hatte immer an Hexenkunst, Geisterbeschwörung und Zauberei geglaubt, und nun hoffte er, allerdings zu spät, die dunklen Mächte zu seinem eigenen Vorteil nutzen zu können. Lappland war bekannt für seine Zauberer und Wahrsager, und auf seinen Befehl hin wurden sechzig lappländische Hexenmeister nach Moskau geholt und Bogdan Belskij, dem Liebling des Zaren, unterstellt. Sie murmelten Zaubersprüche, befragten Orakel und studierten die Sterne. Belskij suchte sie täglich auf und berichtete dem Zaren, was sie ihm mitgeteilt hatten. Unglücklicherweise konnten ihre Sprüche Iwan auch nicht zufriedenstellen, zumal sie zugaben, daß ihre Kunst gegen die Zeichen der Sterne machtlos sei. Allerdings konnten sie den Tag von Iwans Tod voraussagen – den 18. März. Belskij behielt diese Nachricht für sich, denn er betrachtete sich als Thronanwärter, und drohte den Zauberern, sie verbrennen zu lassen, wenn ihre Prophezeiung nicht einträfe. Am

10. März gab Iwan den Befehl, eine litauische Gesandtschaft auf ihrem Weg nach Moskau aufzuhalten. Um die gleiche Zeit schrieb er an alle Mönche des Kirillow-Klosters in Beloosero, daß sie für ihn beten sollten:

» . . . sendet der Großfürst Iwan Wassilijewitsch seine Grüße.
Er verneigt sich vor Euch bis zum Boden und betet kniend vor Eurer Seligkeit, bittet Euch, ihm wohlgeneigt zu sein, ob Ihr nun versammelt oder allein in Euren Zellen weilt, zu Gott und der reinen Muttergottes für seine sündige Seele zu beten, auf daß ich erlöst werde von allen meinen Sünden durch Eure gesegneten Bitten und daß mir Genesung von meiner derzeitigen tödlichen Krankheit gewährt werde.
Wo immer Wir Uns auch gegen Euch vergangen haben, erbitten Wir von Euch, Uns zu vergeben, und wo immer Ihr Euch gegen Uns vergangen habt, wird Gott Euch allen verzeihen.«

Iwan vergaß auch nicht, die Mönche an die vielen Wohltaten zu erinnern, die er dem Kloster erwiesen hatte. Er habe ihnen Öl für ihre Lampen gegeben, Speise für ihre Tische und Almosen für die Armen. Sie schuldeten ihm etwas, und es war an der Zeit, daß sie diese Schuld einlösten.

In seinem Testament ernannte er seinen gutmütigen und einfältigen Sohn Fjodor zum Thronfolger. Um Fjodor beim Regieren des Landes zu helfen, setzte er einen Regierungsrat aus vier Männern ein: Fürst Iwan Mstislawskij, Fürst Iwan Schuiskij, Nikita Sacharin und Boris Godunow. Iwans jüngerem Sohn Dimitrij sollte das Fürstentum Uglitsch gegeben werden.

In seinem Testament bezeigte Iwan den Bojaren und Wojwoden seine Hochachtung, die er als »meine Freunde und Mitarbeiter« bezeichnete. Er bat die Regenten, mit christlichen Staaten Krieg zu vermeiden, und wies dabei auf die unglückseligen Folgen seiner Kriege mit Litauen und Schweden hin, die das Land erschöpft hätten. Er befahl, die Steuern zu senken und alle litauischen und livländischen Kriegsgefangenen freizulassen. Und er bat Fjodor, gottesfürchtig zu herrschen, mit Liebe und Nachsicht.

Er wußte, daß er sterben würde, aber er konnte sich nicht damit abfinden. Der Komet stand noch immer am Himmel, und außerdem zog ein seltsamer Vogel über Moskau seine Kreise, der laut krächzend seinen Tod verkündete. Es wurde gesagt, der Vogel sei ungeheuer groß, und er würde bis zum Augenblick von Iwans Tod seine Stimme hören lassen. Und so geschah es.

Iwan hoffte, ruhig zu sterben, ohne Schmerzen, aber mit gerade ausreichender Vorwarnung, daß er noch im letzten Moment um sein Seelenheil beten könnte. Viele Jahre vorher hatte er eine Hymne an den Erzengel Michael verfaßt, den »Führer der himmlischen Heerscharen und Wächter über die ganze Menschheit«, in der er forderte, daß jeden Tag, und vor allem, wenn er tot daläge und sein Körper der Verwesung anheimgegeben sein würde, diese Hymne gesungen werden sollte. Der schreckliche Herrscher sprach zum schrecklichen Engel:

> »Vor Deinem fürchterlichen und schrecklichen Kommen
> Bete für deinen sündigen Diener.
> Laß mich wissen, wann meine Zeit kommt,
> Daß ich meine bösen Taten bereuen
> Und die Bürde meiner Sünden abwerfen kann.
> Ich werde eine lange Reise mit Dir tun.
> O fürchterlicher und schrecklicher Engel,
> Erschrecke mich nicht, denn ich bin hilflos.
>
> O heiliger Engel Christi, o schrecklicher Führer der Heerscharen,
> Habe Mitleid mit mir, Deinem sündigen Diener.
> Wenn, o Engel, die Zeit kommt, mich zu rufen
> Und meine Seele von meinem elenden Leib zu trennen,
> Dann komme gütig, laß mich Dich freudig anschauen,
> Und blicke beruhigend auf mich.
> O fürchterlicher und schrecklicher Engel,
> Laß mich bei Deinem Kommen nicht erschrecken.«

Doch noch regte sich in ihm das Leben. Als die wunderschöne Zarewna Irina, die Frau Fjodors, sein Schlafgemach betrat, um sich nach seiner Gesundheit zu erkundigen, erhob er sich halb vom Lager und versuchte, seine Arme um sie zu schlingen. Sie schrie und stürzte aus der Kammer. Immer noch gelüstete es ihn auch nach seinem Reichtum, und jeden Tag wurde er in einem Stuhl in seine Schatzkammer getragen, um Gold und Geschmeide anzustarren. Bei einer dieser Gelegenheiten, nur ein paar Tage vor seinem Tod, winkte er Jerome Horsey heran, ihn zu begleiten. Dieser bemerkte, daß Iwan begonnen hatte, »schmerzlich sich der schrecklichen Untaten zu rühmen, die er im Laufe von fünfzig Jahren an anderen verübt hatte, zu prahlen von tausend Jungfrauen, die er entjungfert habe, und Tausenden von Kindern, die er gezeugt und vernichtet habe«.

In der Schatzkammer sprach Iwan von seinen Reichtümern. Unter ihnen befänden sich Magneten, die »große und geheime Kraft« besäßen. Er ließ einige Nadeln magnetisch aufladen und staunte, daß sie wie eine Kette aneinanderhingen. Dann befahl er, daß man ihm eine Koralle und einen Türkis in die Hand lege, und er sah, wie sie plötzlich ihre Farbe verloren, ein sicheres Zeichen, daß sein Tod nahe bevorstand. »Ich bin von Krankheit verseucht«, sagte er, um gleich darauf über das Horn eines Einhorns nachzusinnen, das er »mein königlicher Stab« nannte. Dieses reichverzierte Horn hatte ein Vermögen von 70 000 Pfund Sterling gekostet, das an die große Bankiersfamilie der Fugger in Augsburg gezahlt worden war. Jahrhundertelang hatte man angenommen, daß das Horn wunderbarerweise fähig sei, die Anwesenheit von Gift anzuzeigen, aber gegen das vergiftete Blut in Iwans Adern konnte es auch nichts ausrichten. Der Zar wandte sich nun einem Holzbrett zu und befahl seinem Hofarzt Johann Eylof, einem Holländer, in dieses Brett einen Kreis mit dem Horn zu kratzen und in diesen Kreis eine Spinne zu setzen. Die Spinne starb, eine andere kurz darauf, die dritte rannte aus dem Kreis und überlebte. Iwan war verzweifelt. »Es ist zu spät. Es wird mich nicht mehr schützen«, sagte er.*

Jerome Horsey beobachtete alles, was geschah, mit dem Interesse eines Mannes, der weiß, daß sterbende Herrscher oft seltsame Dinge sagen. Iwan warf einen langen, letzten, hilflosen Blick auf seine Schätze, und der Engländer erinnerte sich seiner Worte:

»Seht diese Edelsteine. Dieser Diamant ist der köstlichste und kostbarste des Orients. Ich habe ihn niemals berührt; er zähmt Wildheit und Luxus und Enthaltsamkeit und Keuschheit; das kleinste zermahlene Stäubchen davon vergiftet ein Pferd, wenn dieses es trinkt, um so mehr einen Menschen.« Er deutet auf einen Rubin. »Oh! Dieser erquickt das Herz, das Gehirn, die Lebenskraft und das Gedächtnis des Menschen, reinigt erstarrtes und verdorbenes Blut.« Dann über einen Smaragd. »Die Beschaffenheit eines Regenbogens, dieser Edelstein ist ein Feind der Unreinheit. Versucht es; wohnen auch Mann und Weib

---

* Der Glaube an die wundersamen Kräfte des Horns war in Europa weit verbreitet. Es wurde angenommen, daß das Horn schwitzte und die Farbe wechselte, wenn Gift in der Nähe war. Königin Elisabeth besaß eines im Werte von 100 000 Pfund. Noch 1789 wurde ein solches Horn am französischen Hof benutzt, um Gift zu entdecken.

mit Lust einander bei, wenn dieser Stein in der Nähe ist, so wird er bersten beim Anblick der sich verströmenden Natur. Am Saphir habe ich große Freude; er bewahrt und steigert den Mut, entzückt das Herz, befriedigt alle Sinne, kostbar und unübertrefflich dem Auge, klärt den Blick, nimmt ihm das Blutunterlaufene, stärkt seine Muskeln und Sehnen.« Danach nimmt er einen Onyx in die Hand. »Sie alle sind Gottes wunderbare Geschenke, Geheimnisse der Natur, und doch gegeben dem Menschen zu Nutz und Freude, als Freunde des Anstands und der Tugend und Feinde des Lasters. Mir schwinden die Sinne; tragt mich hinweg bis auf ein andermal.«

Am 17. März 1584 fühlte Iwan sich besser, nahm ein Bad und gab Befehl, daß die litauische Gesandtschaft, die wegen seiner Krankheit in Moschaisk zurückgehalten worden war, sich jetzt weiter auf den Weg nach Moskau machen sollte. Sie würde zwei oder drei Tage dauern, diese Reise von sechzig Meilen, und bis dahin hoffte er, sie empfangen zu können. Am folgenden Nachmittag las er sein Testament noch einmal durch und schickte Bogdan Belskij zu den lappländischen Zauberern. Horsey berichtete, die Lappländer seien ziemlich sicher gewesen, daß Iwan an diesem Tag sterben müßte, und als Belskij sie daran erinnerte, daß er wahr machen würde, was er ihnen angedroht habe, erwiderten sie: »Herr, seid nicht so zornig. Ihr wißt, der Tag ist gekommen und endet mit dem Untergang der Sonne.«

Unterdessen befahl Iwan seinem Apotheker und seinen Leibärzten, seine verschiedenen Arzneien zuzubereiten, und anschließend nahm er ein weiteres Bad. Als er in Hemd, Leinenhose und einem leichten Morgengewand vom Bad zurückkehrte, setzte er sich auf sein Bett und befahl Rodion Birkin, einem Adeligen aus Rjasan, ein Schachbrett zu bringen. Bogdan Belskij, Boris Godunow und andere hohe Hofleute standen um ihn herum. Jerome Horsey, der dabei gewesen zu sein scheint, erzählt, daß Iwan die Figuren aufstellte, aber den König nicht gerade rücken konnte. Plötzlich fiel er in Ohnmacht und sank zurück aufs Bett.

Während der letzten Jahre hatte er oft an Ohnmachtsanfällen gelitten, aber diesmal war klar, daß es sich nicht um einen gewöhnlichen Anfall handelte. Innerhalb weniger Minuten, so Horsey, »war er erstickt und völlig tot«.

Doch gab es manche, die glaubten, er sei noch am Leben. Schon zweimal vorher hatte er solche Anfälle gehabt und sich wieder erholt. Deshalb blieben die Hofleute still, denn sie fürchteten, der

Zar könnte sie hören, wenn sie ein Zeichen der Trauer oder der Freude von sich gäben. Nur Feodosij Wiatke, der Beichtvater Iwans, schien genau zu wissen, was zu tun war. Er kleidete den Toten in eine Mönchskutte, setzte ihm eine Kapuze auf und gab ihm einen neuen Namen: Jona. Er vollzog jene Zeremonie, der sich ein Lebender unterziehen mußte, wenn er in die Gemeinschaft der Mönche eintreten wollte. Iwan hatte gehofft, vor seinem Tod wie sein Vater ein Mönch werden zu können. Nun geschah dies erst nach seinem Ableben.

Die vier Regenten waren alle in Moskau, und die Machtübernahme fand unter militärischem Schutz ruhig und rasch statt. Alle Kremltore wurden geschlossen, alle Kanoniere auf den Mauern angewiesen, sich bereit zu halten, auf sofortige Anweisung hin das Feuer zu eröffnen, um jeglichen, von einem eventuellen Usurpator angezettelten Aufruhr niederzuschlagen. Die Schatzkammern wurden versiegelt, die Wachen aufgeführt, die Fackeln zum Abfeuern der Kanonen angesteckt. Auf der Terrasse des Kreml-Palastes stehend gab Boris Godunow seine Befehle. Er und die anderen Regenten hatten schon lange den Plan für die Machtübernahme ausgearbeitet.

Der Zarewitsch Fjodor betrat das Schlafzimmer, wo Iwan in seinem Mönchsgewand lag, und weinte hemmungslos. Ihm folgte der Metropolit mit mehreren Priestern, die ebenfalls weinten. Der Metropolit sang:

»Wo ist die Stadt Jerusalem?
Wo ist das Holz des lebensspendenden Kreuzes?
Wo ist unser Herr, der Zar, der Großfürst von ganz Rußland, Iwan Wassilijewitsch?
Warum hast Du Dein russisches Zarenreich und Deine edlen Kinder und uns alle als Waisen zurückgelassen?«

Nachdem er dieses traditionelle und doch tiefergreifende Klagelied gesungen hatte, machte sich der Metropolit daran, den Zarewitsch und die anwesenden Adeligen zu trösten, indem er sie beschwor, ihr Vertrauen in Gott zu setzen und nicht zu vergessen, daß bald ein neuer Zar auf dem Thron sitzen würde. Dann eilte er davon, um Briefe an alle Erzbischöfe und Bischöfe in Rußland zu schreiben, in denen er sie aufforderte, nach Moskau zu kommen, um den Begräbnisfeierlichkeiten und der Krönung des Thronfolgers beizuwohnen.

Zwei Tage lang lag die Leiche in einem offenen Sarg, und die Leute drängten sich, den Mann zu sehen, der sie nun nicht mehr bestrafen konnte. Sie weinten mehr um sich selbst als um den Zaren.

Nach dem Requiem wurde der Sarg neben den Schrein des Zarewitsch Iwan gestellt, und nach einiger Zeit errichtete man über ihm ein bronzenes Grabmal, das des Zaren Namen und seine Titel trug. Legenden entstanden um seine Person, und es wurden Lieder über ihn gesungen. Seine Tugenden und Laster wurden zusammengetragen und eine Gestalt geschaffen, die wenig Ähnlichkeit mit dem wahren Iwan hatte.

Man erinnerte sich an ihn als den Führer eines scharfen und schrecklichen Schwertes, den sonderbaren Rächer, der Menschen für Verbrechen bestrafte, die sie niemals begangen hatten, Symbol einer mitleidlosen Majestät, die die Menschheit geißelte. Sie fügte sich ihm, weil er behauptete, ihr von Gott eingesetzter Herrscher zu sein. Er hatte mit ihnen gespielt wie ein Junge, der Fliegen die Flügel ausreißt, doch hegten sie keinen Groll gegen ihn. Er hatte mehr russisches Blut vergossen als irgendein anderer Zar – und sie waren stolz, daß sie so viel Blut besessen hatten ...

Am 23. April 1953 wurde sein Schrein geöffnet, und das Skelett, an dem noch Fetzen des Mönchsgewands hingen, wurde von sowjetischen Sachverständigen untersucht. Sie fanden wenig mehr, als sie erwartet hatten: die Überreste eines großen, massigen Mannes mit breitem Brustkorb, niedriger Stirn und langen Armen. Die Untersuchung der Knochen ergab, daß er an einer besonders schmerzhaften Arthritis gelitten hatte. Sie fanden Spuren von Arsen und Quecksilber, aber nicht genug, um den Verdacht zu rechtfertigen, daß er vergiftet worden sei, denn diese Substanzen waren oft mit in den Medikamenten jener Zeit. Von dem Schädel wurde ein Gipsabdruck angefertigt, und man versuchte, die Gesichtszüge Iwans nachzumodellieren. Dann wurden die Gebeine wieder vom Laboratoriumstisch in den Sarg gelegt – unter dem Surren von Filmkameras, die die Szene für die Nachwelt festhielten. Dann bedeckten sie ihn mit Sand und versiegelten den Sarg.

Dies war die zweite Ankunft des Zaren und Großfürsten Iwan

Wassilijewitsch, genannt Iwan der Schreckliche, Nachfahre des ruhmreichen Rurik, byzantinischer Kaiser und vieler unbekannter Vorväter, ein gepeinigter Mann, der seine Qualen an sein Volk weitergab. Durch seine bloße Anwesenheit zerstörte er während der zweiten Hälfte seiner Herrschaft alles Leben um sich herum, vergiftete und verletzte, was er auch berührte. Er hinterließ sein Land in Unordnung, erschöpft von seinem Wüten. All das vollbrachte er offenen Auges, er wußte jeden Augenblick, was er tat. Sein grausamer Geist war unberührt von der Erkenntnis, daß er nicht wiedergutzumachenden Schaden anrichtete. Schon zu Lebzeiten war er »der Schreckliche« genannt worden, und er war furchtbarer, als man sich überhaupt vorstellen kann. Bis in unsere Zeit gab es niemanden mehr, der mit ihm hätte verglichen werden können.

Anhang

Stammtafel I

WASSILIJ II. TJOMNIJ, Großfürst von Moskau (1415–1462)
∞ Fürstin Maria von Borowsk († 1485), Enkelin von Fjodor Koschkin

IWAN III., Großfürst von Moskau und ganz
Rußland (22. Jan. 1440 – 27. Okt. 1505)
∞ Sophia Paläologa († 1503)

ANNA († 1501)
∞ Wassilij, Großfürst von
Rjasan (von ihrer Tochter
Anna stammen die Fürsten
Belskij ab)

WASSILIJ III.,
Großfürst von ganz Rußland
(25. März 1479 – 3. Dez. 1533)
1. ∞ Salomonia Saburowa
(∞ 1505, gesch. 1525, wurde
daraufhin gezwungen, ins Kloster
zu gehen)
2. ∞ Helena Glinskaja
(† 3. April 1538), Tochter des
Fürsten Wassilij Glinskij von
Litauen

JURIJ, FÜRST VON DIMITROW
(23. März 1480 bis
3. Aug. 1536 [im Gefäng-
nis])

IWAN IV., Zar und Großfürst von ganz
Rußland
(25. August 1530 – 18. März 1584)

JURIJ, FÜRST VON UGLITSCH
(30. Okt. 1532 bis
24. Juni 1563)

ANDREJ, FÜRST VON STARIZA (* 5. Aug. 1490) ∞ 2. Febr. 1533 († 10. Dez. 1537 [im Gefängnis])	EWDOKIA (1492–1513) ∞ 1506 Fürst Kudaikul (Pjotr Ibrahimowitsch) von Kasan	Zwei weitere Söhne und zwei Töchter, die alle vor 1533 starben

WLADIMIR, FÜRST VON STARIZA (9. Juli 1535 – 9. Okt. 1569 [hingerichtet]) 1. ∞ Sept. 1550 Ewdokia, Tochter von Alexander Nagoj 2. ∞ 1555 Ewdokia, Tochter von Fürst Roman Odojewskij (wurde zusammen mit ihrem Mann 1569 hingerichtet)	ANASTASIA* ∞ 6. Juni 1538 Wassilij Schuiskij, den Regenten	ANASTASIA* ∞ 1526 Fjodor Mstislawskij

IWAN MSTISLAWSKIJ (1527 [oder 1528] bis 1586) |

WASSILIJ, FÜRST VON DIMITROW (1552–1573 [oder 1574]), Sohn von der ersten Frau	EWDOKIA (≈ 1553 bis 20. Nov. 1570)	MARIA (* nach 1555) ∞ 12. April 1573 Prinz Magnus von Dänemark, Tochter der zweiten Frau	Eine weitere Tochter von der zweiten Frau; 1569 zusammen mit den Eltern hingerichtet

* Beide Töchter Ewdokias hatten denselben Namen.

Stammtafel II

Vorfahren der Mutter Iwans IV., Fürstin Helena Glinskaja

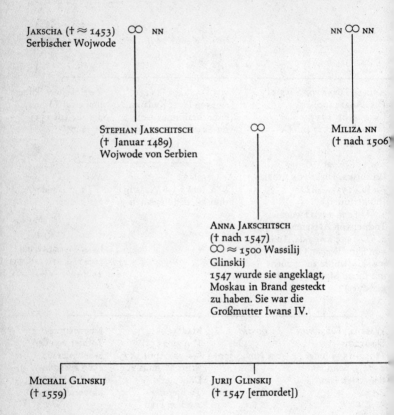

JAKSCHA († ≈ 1453) ∞ NN
Serbischer Wojwode

NN ∞ NN

STEPHAN JAKSCHITSCH
(† Januar 1489)
Wojwode von Serbien

∞

MILIZA NN
(† nach 1506)

ANNA JAKSCHITSCH
(† nach 1547)
∞ ≈ 1500 Wassilij
Glinskij
1547 wurde sie angeklagt,
Moskau in Brand gesteckt
zu haben. Sie war die
Großmutter Iwans IV.

MICHAIL GLINSKIJ
(† 1559)

JURIJ GLINSKIJ
(† 1547 [ermordet])

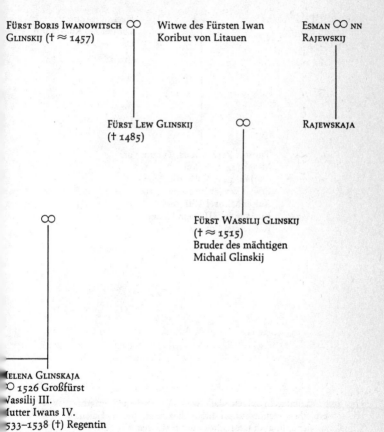

Fürst Boris Iwanowitsch ∞ Glinskij († ≈ 1457)

Witwe des Fürsten Iwan Koribut von Litauen

Esman ∞ nn Rajewskij

Fürst Lew Glinskij († 1485)

∞

Rajewskaja

∞

Fürst Wassilij Glinskij († ≈ 1515) Bruder des mächtigen Michail Glinskij

Helena Glinskaja ∞ 1526 Großfürst Wassilij III. Mutter Iwans IV. 1533–1538 (†) Regentin

Stammtafel III

Abstammung der Großmutter Iwans IV., Sophia Paläologa

MANUEL II. PALÄOLOGUS	∞	HELEN DRAGOSCH
Kaiser von Byzanz		Tochter des Konstantin
(1391–1425)		Dragosch von
		Mazedonien

THOMAS PALÄOLOGUS, Tyrann von
Morea (1409–1465)
∞ Jan. 1430 Katharina Sacharia
Er war der jüngere Bruder von
Kaiser Michael VIII. und
Konstantin XII., dem letzten
Kaiser von Byzanz

Die drei Stammtafeln zeigen, daß Iwan IV. russisches, griechi-
sches, serbisches, genuesisches, litauisches und, durch Helena
Glinskaja, vielleicht auch tatarisches Blut in sich hatte.

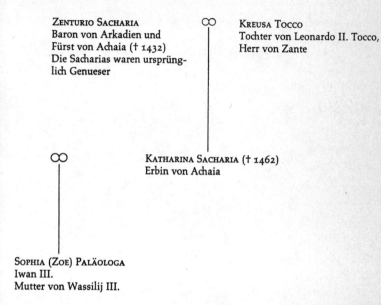

ZENTURIO SACHARIA
Baron von Arkadien und
Fürst von Achaia († 1432)
Die Sacharias waren ursprüng-
lich Genueser

∞

KREUSA TOCCO
Tochter von Leonardo II. Tocco,
Herr von Zante

∞

KATHARINA SACHARIA († 1462)
Erbin von Achaia

SOPHIA (ZOE) PALÄOLOGA
Iwan III.
Mutter von Wassilij III.

Zeittafel

Den in diesem Buch gemachten Zeitangaben liegt durchweg die russische Chronologie zugrunde. Während des 16. Jahrhunderts ist dabei eine neuntägige Zeitverschiebung gegenüber dem westlichen Kalender zu berücksichtigen. So geben wir Iwans Geburtstag mit dem 25. August 1530 an, der westliche Kalender nennt dagegen den 3. September des Jahres. Einige Schwierigkeiten ergeben sich auch aus der Tatsache, daß das russische Jahr im September beginnt. In Dokumenten aus der Zeit übernehmen die Russen die Praxis der Byzantiner, alle Ereignisse von der Erschaffung der Welt an zu datieren, die angeblich im Jahre 5508 v. Chr. stattfand. In zeitgenössischen Dokumenten wird daher als Jahr von Iwans Geburt 7038 angeführt.

1479	25. März	Geburt von Wassilij III.
1505	September	Heirat von Wassilij III. mit Salomonia Saburowa
1526	21. Januar	Wassilij III. heiratet Helena Glinskaja
1530	25. August	Geburt von Iwan
1532	30. Oktober	Geburt von Iwans Bruder Jurij
1533	3. Dezember	Tod von Wassilij III.
1533	11. Dezember	Verhaftung von Iwans Onkel Jurij
1534	3. August	Flucht von Simeon Belskij nach Litauen
1534	5. August	Verhaftung von Michail Glinskij, dem Onkel der Großfürstin Helena
1534	Juli bis Januar 1537	Krieg mit Litauen
1535	9. Juli	Geburt von Wladimir von Stariza, Iwans Cousin
1536	August	Iwans Onkel Jurij stirbt im Gefängnis
1536	15. September	Michail Glinskij stirbt im Gefängnis
1537	2. Juni	Verhaftung von Iwans Onkel Andrej von Stariza

1537	Dezember	Andrej von Stariza stirbt im Gefängnis
1538	3. April	Tod der Großfürstin Helena
1538	9. April	Verhaftung von Iwan Owtschina-Obolenskij und seiner Schwester Agrafena
1538	April – November	Herrschaft von Wassilij Schuiskij
1538	Oktober	Erste Verhaftung von Iwan Belskij
1538	November bis 25. Juli 1540	Herrschaft von Iwan Schuiskij
1539	Februar	Einsetzung des Metropoliten Daniel durch die Schuiskijs
1539	6. Februar	Joasaf Skrijptisijn wird zum Metropoliten ernannt
1540	25. Juli bis 3. Januar 1542	Herrschaft von Iwan Belskij
1541	Juli – August	Invasion der Krim-Tataren
1542	3. Januar	Zweite Verhaftung von Iwan Belskij durch die Schuiskijs
1542	3. Januar	Offizielle Einsetzung des Metropoliten Joasaf durch Iwan Schuiskij
1542	3. Januar–Mai	Iwan Schuiskij erneut an der Macht (bis zu seinem Tod)
1542	16. März	Makarij, Erzbischof von Nowgorod und Pskow, wird Metropolit
1542	Mai bis 29. Dez. 1543	Herrschaft von Andrej Schuiskij
1542	Mai	Iwan Belskij stirbt im Gefängnis von Beloosero
1543	28. Dezember	Andrej Schuiskij wird auf Befehl Iwans verhaftet und getötet
1543	Dezember	Fjodor Woronzow steht in der Gunst Iwans
1545	Oktober bis Juli 1546	Machtkampf: Kubenskij und die Woronzows gegen die Glinskijs
1546	21. Juli	Exekution der Bojaren Iwan Kubenskij, Fjodor und Wassilij Woronzow
1546	21. Juli bis Juni 1547	Herrschaft der Glinskijs
1547	16. Januar	Krönung Iwans
1547	3. Februar	Iwan heiratet Anastasia Sacharina

1547	bis 1560	Herrschaft Alexej Adaschows, Sylvesters und des Gewählten Rats
1547	Dezember	Der erste Feldzug des Zaren gegen Kasan
1549	27. Februar	Versammlung der kirchlichen Würdenträger, Bojaren und Adligen im Kreml-Palast
1549	28. Februar	Die Machtbefugnisse der Provinzstatthalter werden eingeschränkt
1549	3. März	Iwan spricht auf dem Roten Platz zum Volk
1549	10. August	Geburt von Iwans erstem Kind, Anna
1549	24. November	Der zweite Feldzug des Zaren gegen Kasan
1550	Juni	Erarbeitung eines neuen Gesetzeskodex
1551	23. Februar	Das *Stoglaw* oder Hundert-Kapitel-Konzil
1551	Mai	Die Gründung von Swijaschsk
1551	16. August	Schigalej wird zum Khan von Kasan ernannt
1551	September	Iwans Thron wird in der Mariä-Himmelfahrts-Kathedrale aufgestellt
1552	6. März	Schigalej verläßt Kasan
1552	16. Juni	Der dritte Feldzug des Zaren gegen Kasan
1552	Juni	Die Krim-Tataren fallen in Rußland ein
1552	Oktober	Die Eroberung von Kasan
1552	Oktober	Geburt von Iwans Sohn Dimitrij
1553	März	Krankheit Iwans
1553	Juni	Dimitrij stirbt
1553	Juni	Eintreffen der Engländer
1554	28. März	Geburt von Iwans zweitem Sohn, Iwan
1554	2. Juli	Eroberung Astrachans
1558	Januar	Beginn des Krieges mit Livland
1558	11. Mai	Die Russen nehmen Narva ein
1559	Frühling	Daniel Adaschows Feldzug gegen die Krim
1560	7. August	Tod Anastasias
1560	Winter	Alexej Adaschow und Sylvester fallen in Ungnade

1561	31. August	Iwan heiratet die Prinzessin Kotschenej (Maria Temriukowna)
1562	März	Der Krieg mit Litauen flammt erneut auf
1563	15. Februar	Der Zar nimmt Polozk ein
1563	Frühling	Erste Exekutionen: Verwandte von Alexej Adaschow
1563	24. November	Iwans Bruder Jurij stirbt
1563	31. Dezember	Tod des Metropoliten Makarij
1564	30. Januar	Ermordung Michail Repnins
1564	5. März	Iwans Beichtvater Andrej Protopopow wird unter dem Namen Afanasij zum Metropoliten ernannt
1564	März	Iwan Fjodorow druckt das *Apostol*
1564	30. April	Flucht von Andrej Kurbskij
1564	Mai	Kurbskijs erster Brief an Iwan
1564	5. Juli	Iwans Antwortschreiben an Kurbskij
1564	Juli	Dimitrij Owtschina-Obolenskij wird auf Iwans Befehl hin erdrosselt
1564	Sommer	Metropolit Afanasij und die Bojaren protestieren gegen die Gewaltherrschaft
1564	November	Rafaello Barberini besucht Iwan
1564	3. Dezember	Iwan verläßt Moskau
1565	Januar	Gründung der Opritschnina
1565	Februar	Zweite Welle von Massenexekutionen: Fürst Alexander Gorbatij-Schuiskij und andere bedeutende Adlige
1566	19. Mai	Metropolit Afanasij tritt zurück
1566	Mai	Hermann, Erzbischof von Kasan, wird zum Metropoliten bestimmt und zwei Tage später wieder abgesetzt
1566	28. Juni – 2. Juli	Friedensverhandlungen mit Litauen
1566	25. Juli	Philipp Kolijtschow, Abt des Solowezkij-Klosters, wird Metropolit
1566	Sommer	Eine Abordnung von Adligen bittet Iwan, die Opritschnina aufzulösen
1566	Herbst	Dritte Welle von Massenexekutionen: Adlige, die um Auflösung der Opritschnina gebeten hatten

1567	Frühling bis Sommer	Briefe von König Sigismund II. August von Polen und Litauen an Iwan Belskij, Iwan Mstislawskij, Michail Worotijnskij und Iwan Tscheliadnin
1568	Den größten Teil d. Jahres	Vierte und schlimmste Welle von Massenexekutionen
1568	22. März	Erste öffentliche Konfrontation zwischen Iwan und Metropolit Philipp
1568	28. Juli	Zweite öffentliche Konfrontation zwischen Iwan und dem Metropoliten im Nowodewitschij-Kloster
1568	11. September	Ermordung des Bojaren Iwan Tscheliadnin
1568	4. November	Gerichtsverhandlung gegen den Metropoliten Philipp
1568	6. November	Ermordung des Erzbischofs Hermann
1568	8. November	Metropolit Philipp wird in der Kirche verhaftet und deportiert
1568	11. November	Kirill, Abt des Troiza-Sergejewskij-Klosters, wird Metropolit
69ʃ16. September		Tod von Maria Temriukowna
69ʃ1 Oktober		Fünfte Welle von Massenexekutionen: Wladimir von Stariza, seine Frau und seine Tochter sowie deren Hofdamen (9. Okt.); Wladimirs Mutter Efrosinia (11. Okt.); weitere mit der Familie der Starizas in Verbindung stehende Personen
1569	November bis Dezember	Die führenden Opritschniki Alexej und Fjodor Basmanow sowie Afanasij Wiasemski fallen in Ungnade
1569	Dezember bis März 1570	Sechste Welle von Massenexekutionen: Strafexpedition nach Nowgorod, Pskow, Twer und andere Städte
1569	23. Dezember	Metropolit Philipp wird von Maliuta Skuratow ermordet
1570	Mai	Jan Rakitas Disputation mit Iwan über Religion
1570	Juni	Prinz Magnus von Dänemark wird von Iwan zum König von Livland ge-

		macht und mit der Tochter Wladimirs von Stariza verlobt
1570	Juni	Frieden mit Litauen
1570	Juli	Siebente Welle von Massenexekutionen: Iwan Wiskowatij und viele andere bedeutende Leute des öffentlichen Lebens
1571	Mai	Tatareninvasion und Flucht Iwans nach Wologda
1571	24. Mai	Die Tataren stecken Moskau in Brand
1571	Juni	Achte Welle von Massenexekutionen: führende Opritschniki
1571	28. Oktober	Iwan heiratet Marfa Sobakina, seine dritte Frau, die kurz nach der Hochzeit stirbt
1572	April	Iwan heiratet Anna Koltowskaja, seine vierte Frau
1572	1. Juni	Iwan reist nach Nowgorod, um einer erwarteten Tatareninvasion zu entgehen
1572	26. Juli– 2. August	Die Krim-Tataren fallen in Rußland ein und werden bei Molodi geschlagen
1572	18. Juli	Tod von Sigismund II. August, König von Polen und Litauen
1572	Herbst	Auflösung der Opritschnina
1573	Sommer	Verhaftung und Tod von Michail Worotijnskij
1574	bis Ende oder Anfang d. Jahres 1575	Dr. Eliseus Bomelius wird hingerichtet
1575	Mai	Iwans vierte Frau, Anna Koltowskaja, wird ins Kloster geschickt
1575		Iwan heiratet zum fünften Mal: Anna Wassiltschikowa
1575	Sommer	Verhaftung des Erzbischofs Leonid von Nowgorod und Pskow
1575	Herbst	Neunte und letzte Welle von Massenexekutionen: etwa vierzig Adlige und Priester in Moskau

1575	Herbst	Simeon Bekbulatowitsch wird von Iwan zum Großfürsten von ganz Rußland ernannt
1576	Februar	Iwan empfängt die Gesandten von Kaiser Maximilian II. in Moschaisk
1576	1. Mai	Stephan Bathory wird zum König von Polen gekrönt
1576	Herbst	Simeon Bekbulatowitsch wird von Iwan abgesetzt
1577		Anna Wassiltschikowa stirbt, und im selben Jahr heiratet Iwan Wassilissa Melentjowa, seine sechste Frau
1577		Iwan fällt in Livland ein und erobert alle Städte außer Riga und Reval
1577	12. September	Iwans zweiter Brief an Andrej Kurbskij, geschrieben in der livländischen Stadt Wolmar
1578	August	Der dänische Gesandte Jacob Ulfeld in Alexandrowa Sloboda
1578	21. Oktober	Niederlage der russischen Armee bei der livländischen Stadt Wenden
1578	Oktober–November	Andrej Kurbskijs dritter Brief an Iwan
1579	30. August	Stephan Bathorys erster Feldzug gegen Iwan und die Einnahme von Polozk
1579	3. September	Andrej Kurbskijs vierter Brief an Iwan, geschrieben in Polozk
1579	29. September	Andrej Kurbskijs fünfter Brief an Iwan
1579	Winter bis 1580	Iwan beruft das Kirchenkonzil ein und verlangt von der Kirche Kriegssteuern
1580	Winter bis Sommer	Jerome Horsey versucht in England Waffen bzw. Waffenhilfe für Rußland zu gewinnen
1580	Sommer	Iwan heiratet Maria Nagaja, seine siebente und letzte Frau
1580	7. September	Stephan Bathorys zweiter Feldzug gegen Iwan und die Einnahme von Weliki Luki

1581	August bis Januar 1582	Stephan Bathorys dritter Feldzug gegen Iwan und der Sieg über Pskow
1581	Herbst	Die Schweden nehmen Narva ein
1581	1. September	Jermak Timofeewitsch zieht gegen den Khan von Sibirien
1581	19. November	Der Zar tötet seinen Sohn Iwan
1582	15. Januar	Friedensschluß zwischen Iwan und Stephan Bathory
1582	Februar–März	Die Diskussionen über Religion zwischen Iwan und Possevino
1582	August bis Juni 1583	Pissemskijs Reise nach England, um eine Heirat zwischen Iwan und Mary Hastings zu arrangieren
1582	19. Oktober	Geburt von Iwans viertem Sohn Dimitrij
1582	26. Oktober	Jermak nimmt die Hauptstadt Sibiriens, Sibir, ein
1583	Februar	Iwan Koltso bringt die Nachricht von der Eroberung Sibiriens nach Moskau
1583	Juli	Jerome Bowes' Gesandtschaft nach Moskau
1584	18. März	Tod Iwans

Bildquellennachweis

Die Abbildungen dieses Buches sind – soweit in der entsprechenden Legende nicht anders angegeben – der amerikanischen Ausgabe entnommen bzw. von den Autoren zur Verfügung gestellt worden mit Ausnahme der Abbildungen auf den Seiten 63 und 127. Für die Überlassung der Bildrechte an diesen Aufnahmen danken wir Dilia, Prag (Foto Karel Neubert).

Literaturverzeichnis

Alpatow, M. W., *Art Treasures of Russia*, New York o. J.
Andrejew, N., *Studies in Muscovy. Western Influences and Byzantine Inheritance*, London 1970.

Bachruschin, S. W., *Ivan Grozny*, Moskau 1945.
Berry, L. E./Crummey, R. O. (Hrsg.), *Rude & Barbarous Kingdom. Russia in the Accounts of Sixteenth Century English Voyagers*, Madison, Wisconsin, 1968.
Blum, J., *Lord and Peasant in Russia From the Ninth to the Nineteenth Century*, Princeton 1961.
Bond, Sir Edward A., *Russia at the Close of the Sixteenth Century*, London 1856.

Chadwick, N. K., *Russian Heroic Poetry*, Cambridge, England, 1932.
Chroniken, Vollständige Sammlung der russischen: *Polnoje Sobranije Russkitsch Letopisej*, 26 Bde., Moskau 1841–1930.
Cowie, Leonard W., *The Reformation of the Sixteenth Century*, New York 1970.

Eckardt, Hans v., *Iwan der Schreckliche*, Frankfurt a. M. [2]1947.

Fedotow, G. P., *The Russian Religious Mind*, Cambridge, Harvard University Press, 1966.
Fennell, J. L., jr. (Hrsg.), *The Correspondence Between Prince A. M. Kurbsky and Tsar Ivan IV. of Russia, 1564–1579*, Cambridge, Cambridge University Press, 1955.
–, *Ivan the Great of Moscow*, London 1961.
–, *Prince Kurbsky's History of Ivan IV.*, Cambridge, Cambridge University Press, 1965.
Fisher, R. T., *The Russian Fur Trade 1550–1700*, Berkeley, University of California Press, 1943.
Florinsky, M. T., *Russia: A History and Interpretation*, New York 1955.

Gerassimow, M. M., *Ich suchte Gesichter. Schädel erhalten ihr Antlitz zurück*, Gütersloh 1968.

Graham, Stephen, *Ivan the Terrible*, Hamden 1968.

Grey, Ian, *Boris Godunow*, New York 1973.

–, *Ivan der Schreckliche, 1530–1584*, Tübingen 1966.

Hakluyt, Richard, *The Principal Navigations, Voyages, Traffiques and Discoveries of the English Nation*, 2 Bde., London/New York 1926.

Hamel, Joseph v., *Russia and England*, London 1854.

Hellie, Richard, *Enserfment and Military Change in Muscovy*, The University of Chicago Press 1972.

Hellmann, Manfred, *Ivan IV. der Schreckliche. Moskau an der Schwelle zur Neuzeit*, Göttingen 1966.

Herberstein, Sigmund Frhr. v., *Beschreibung Moskaus, der Hauptstadt in Rußland, samt moskowitischem Gebiet 1557*, Graz/Köln 1966.

–, *Reise zu den Moskowitern 1526*, München 1966.

Howes, R. C., *The Testament of the Grand Prince of Moscow*, Ithaca, Cornell University Press, 1967.

Kappeler, Andreas, *Ivan Grosnyj im Spiegel der ausländischen Druckschriften seiner Zeit. Ein Beitrag zur Geschichte des westlichen Rußlandbildes*, Bern/Frankfurt a. M. 1972.

Keenan, Edward L., *The Kurbskii - Grosnyi Apocrypha*, Cambridge, Harvard University Press, 1971.

Kirchner, W., *Commercial Relations Between Russia and Europe, 1400–1800*, Bloomington, Indiana University Press, 1966.

Kondakow, N. P., *Die russische Ikone*, 4 Bde., Prag 1928.

Koslow, Jules, *Ivan the Terrible*, New York 1961.

Lubimenko, I., *Les Relations Commerciales et Politiques de l'Angleterre Avec la Russie Avant Pierre le Grand*, Paris 1932.

Morgan, E. D./Coote, C. H. (Hrsg.), *Early Voyages and Travels in Russia and Persia*, London, Hakluyt Society, 1886.

Nagy, Iwan, *Iwan der Schreckliche. Zar Iwan IV.*, Bergisch Gladbach 1977.

Neubauer, Helmut / Schütz, Joseph (Hrsg.), *Der Briefwechsel zwischen Andrej Kurbskij und Ivan dem Schrecklichen. Eine Auswahl mit Einleitung und kurzem Glossar*, Wiesbaden 1961.

Nolde, B., *La Formation de l'Empire Russe*, Paris 1952.

Olearius, Adam, *The Voyages and Travels of the Ambassadors Sent by Frederick, Duke of Holstein, to the Great Duke of Muskovy and the*

King of Persia, Begun in the Year 1553 and Finished in 1639, London 1662.
Oman, C., *The English Silver in the Kremlin 1557–1663*, London 1961.

Pember, A., *Ivan the Terrible*, London 1895.
Platonow, S. F., *Ivan Groznyj*, Berlin 1924.
–, *Boris Godunow*, Prag 1924.
Portal, Roger, *Die Slawen. Von Völkern zu Nationen*, München 1971.

Riazanowsky, N. V., *A History of Russia*, New York, Oxford University Press, 1963.
Rice, D. T., *Russian Icons*, London/New York 1947.

Scherbatow, Fürst Alexis, *The Answer of Tsar Ivan IV. to Rakita: A Neglected Source on the Russian Attitude Towards Protestantism in the Second Part of the Sixteenth Century*, 1964 (unveröffentlicht).
Staden, Heinrich v., *Aufzeichnungen über den Moskauer Staat*. Nach der Handschrift des Preußischen Staatsarchivs in Hannover hrsg. v. Fritz Epstein, Hamburg 1930.
Stökl, Günther, *Testament und Siegel Ivans IV.*, Opladen 1972.

Tscherepnin, A., *Anthology of Russian Music*, Bonn 1966.
Tolstoj, Alexej K., *A Prince of Outlaws*, New York 1927.
Tolstoj, G., *The First Forty Years of Intercourse Between England and Russia 1553–93*, St. Petersburg 1875.

Vallotton, Henri, *Ivan le Terrible*, Paris 1959.
Vernadsky, G. V., *A History of Russia*, New Haven/Conn., Yale University Press, 5 Bde., [5]1959–1969.
–, *The Mongols and Russia*, Yale 1953.

Waliszewski, K., *Ivan the Terrible*, Hamden 1966.
Wipper, R. J., *Iwan Grosny*, Moskau 1947.

Zenkowsky, Serge A. (Hrsg.), *Aus dem alten Rußland. Epen, Chroniken und Geschichten*, München 1972.
Zernow, Nikolaj M., *Moscow the Third Rome*, London 1944.
–, *The Russians and Their Church*, London 1945.

Der an weiterführender (vor allem auch russischer) Literatur zum Thema interessierte Leser sei hiermit auf die ausführliche Bibliographie des Originals verwiesen:
Payne/Romanow, *Ivan the Terrible*, New York 1975, S. 451–463.

Personen- und Ortsregister